JN437212

개정판

국제협상

글로벌 통상시대

박건식 저

개정판 서문

‘국제협상의 이론과 실제’를 발간한 이후 여러 가지 면에서 생각을 재정리하게 되었다. 첫째, 초판은 매우 일반적이고 포괄적인 관점에서 저술하였기 때문에 특정 분야에서 협상을 가르치는 데 집중력이 떨어진다는 지적이 있었다. 둘째, 매우 세심하게 교정을 한다고 노력했지만 여러 가지 불완전한 부분이 발견되었다. 셋째, 가장 중요한 이유는 저자가 평소 가지고 있던 협상에 대한 관점을 좀 더 발전시킬 필요가 있다는 생각 때문이다.

이런 관점에서 이번 개정판에서는 일반적인 협상의 흐름은 유지한 채, 통상 분야에 초점을 맞추고 책의 내용과 순서를 완전히 조정하였다. 기존의 사례를 통상협상의 사례로 교체하였음은 물론이고, 10장에 국제통상협상의 내용을 추가하였다.

또한 개정판에서는 기존에 저자가 가지고 있던 생각을 발전시켜서 새로운 패러다임의 협상 개념을 선보이고 있다. 저자가 가지고 있던 협상이론의 의문은 이 학문이 개인주의 문화가 자리잡고 있는 서양, 특히 미국에서 발전해 왔기 때문에 사람보다는 문제에 집단의 이익보다는 개인의 이익에 과도하게 치중되어 있다는 것이다. 그래서 협상의 이론은 정연하고 합리적인 것처럼 보이지만 집단의 조화가 존중되는 동양(또는 한국)에서 실무에 적용하면 어딘지 어색하고 잘 풀리지 않는 문제가 발생한다. 우리나라에서 공공갈등의 문제가 잘 해결되지 않는 점이 여기에 기인한다고 생각한다.

저자는 이런 관점에서 협상의 문제를 해결할 때 문제와 이해관계를 다루기 이전에 우선 사람 상호간에 우호적인 관계를 조성하고 신뢰를 형성하는 것이 문제를 쉽게 해결하는 데 도움이 된다고 생각한다. 출발점은 협상에서 이기고 진다는 개념을 버리고 상호 만족할 수 있는 해결책을 찾는 것이다. 협상을 이기적인 관점에서 시작하지 말고, 이타적인 관점에서 시작하는 것이다.

저자는 이런 협상의 새로운 개념을 사회적 협상(Socio-Negotiation)이라고 명명하고자 한다. 협상은 상호간에 힘을 겨루는 것이 아니라 상호협력하면서 만족스런 합의점을 찾는 과정이다. 그리고 합의가 협상의 결말이 아니라 새로운 협력의 시작이라는 관점을 유지하는 것이다.

이런 생각은 아직 설익은 관점일 수도 있으며, 이런 관점을 뒷받침할 수 있는 이론적 배경이 단단한 것도 아니다. 단지 이런 관점으로의 전환을 주장하는 것이며, 이에 동의하는 학자와 실무자들이 많이 있어서 함께 연구할 수 있기를 바라는 소박한 바람이다.

2014. 12. 10

박 건 식

서 문

협상은 참으로 매력적인 학문이다. 협상을 배우고 익히면 상대방을 이해하려는 마음이 생기고 그것이 습관화되어서 자신의 태도와 행동이 된다. 그렇게 되면 일상의 삶이 즐겁고 행복해진다. 서로 상호작용하는 사람들과의 갈등이 줄어들고 쉽게 해결할 수 있다. 우선 가정이 화목해진다. 배우자와의 대화가 자연스러워지고 자녀들과의 관계가 부모 이전에 상담자나 조언자의 위치를 차지하게 되어 거리가 가까워진다. 직장이나 사회활동에서 동료나 선후배 간의 관계도 좋아지고, 고객과의 관계가 원활해져서 더 좋은 사회적인 인정도 받을 수 있다. 비록 어렵고 힘든 일이 닥친다 해도 두려워하거나 좌절하지 않게 된다.

협상은 또한 비용 효과적이다. 협상은 문제를 해결하는 또 다른 요소인 무력이나 법보다 훨씬 적은 노력과 비용으로 문제를 해결할 수 있다. 협상을 통한 문제해결은 갈등이나 분쟁 당사자들 간의 미래 관계를 원만하게 해서 갈등의 재발 부담도 적다. 비즈니스나 M&A, 국가 간의 외교, 통상에서도 좋은 협상 능력은 상호간의 이해관계를 충족하는 해결책으로 파레토최적에 이르는 최대한의 이익을 향유할 수 있다. 그리고 상호간에 존중과 배려를 통해 미래에 더 큰 이익을 공유할 수 있는 장기적인 파트너십의 관계를 구축하게 된다.

이 책을 쓰기 시작한 2011년 9월은 그리스의 재정위기로 전 세계의 경제가 요동을 치고 있었다. 유럽연합에 속해 있는 모든 나라들이 연일 이어지는 협상을 통해서 그리스의 재정위기를 극복할 방법을 모색하고 있었다. 오랜 협상 끝에 많은 나라들이 지혜를 모으고 그리스의 동의를 얻어서 문제를 해결하였다. 그러나 책을 마무리해가는 2012년 6월에 그리스는 구제금융 안에 반대하는 정당이 득세를 하면서 또 다시 혼란에 빠지기 시작했다. 그 사이에 유럽연합의 리더 중 하나인 프랑스는 대통령이 바뀌면서 독일과 함께 유지해오던 긴축 정책을 포기하고 성장을 추구하면서 유럽연합의 리더십도 혼란 속으로 빠져들기 시작했다. 프랑스의 새로운 대통령인 프랑수아 올랑드는 취임식 후 독일의 메르켈 총리와 협상하기 위해서 바로 독일을 방문했다.

유럽연합 뿐만이 아니다. 남중국해, 동북아시아, 남미, 북미 대륙 등 세계의 도처에서 하루도 협상이 없이 지나가는 날은 없다. 국내에서도 모든 조직들이, 조직 내에서는 소규모의 집단이나 개인들이 협상을 한다. 한 가족의 집안에서도 가족 간에 상충하는 이해관계가 있으면 협상으로 문제를 해결한다. 최근에 특히 더 사회문제가 되고 있는 학교폭력이나 왕따 문제도 협상이나 갈등해결 기법을 통하여 해결할 수 있다.

협상은 이제 우리의 일상이다. 그럼에도 불구하고 협상은 그동안 교육에서 도외시되어 왔으며, 현재도 마찬가지 상황이라고 볼 수 있다. 저자도 실무에서 협상지식의 필요성을 절감하고 협상 학습을 시작했으며, 협상문화의 확산을 위해 교육을 실행해 왔으나 교육을 뒷받침해줄 저서의 필요성을 실감하고 이 책을 썼다.

따라서, 이 책의 목적은 첫째, 학교에서 협상을 가르치는 교육자를 위한 것이고 둘째, 협상을 공부하는 학생들을 위한 것이고, 셋째, 실무에서 협상을 실행하고 있는 실무자를 위한 것이다. 책의 구성은 목적에 맞게 협상의 시작에서 합의 및 실행에 이르는 과정을 단계적으로 기술하고 있으며, 이론과 실무가 상호 적합하게 상호작용하기 위해서 최적이 무엇인가를 생각하고 게임과 사례와 시뮬레이션을 단계에 적합하게 배치하였다. 책의 구성은 어떤 특정 분야에 초점을 맞추고 있지 않으며, 정치외교, 통상, 경제, 경영, 사회 등 모든 분야에서 범용으로 사용할 수 있도록 협상의 기본 원칙을 근간으로 작성되었다.

이 책의 구성은 1부에서 협상의 성격, 필요성, 특징, 스타일 등 협상의 본질에 관한 내용을 다루고, 2부에서 양자협상, 다자협상, 분배적 협상, 통합적 협상 등 협상을 유형별로 다루고 있다. 3부에서는 협상의 준비와 본 협상, 합의와 실행에 이르는 전 과정을 다루고, 4부에서는 협상의 장애물, 의사결정, 연구와 교육 등 협상을 관리하는 방법을 다루고 있다.

이 책의 내용은 협상을 연구하는 훌륭한 학자들의 가르침을 저자가 학습하고 교육하면서 느끼고 깨우친 바에 따라 구성하고 수정하고 저자의 생각을 부가하였기 때문에 혹시 본래의 내용을 훼손하였거나 잘못된 부분이 있을 수 있다. 이것은 순전히 저자의 잘못이므로 피드백을 주시면 항상 겸허히 받아들이고 적정하게 수정할 것을 약속드린다.

아무쪼록 이 책이 협상을 연구하고 학습하며 교육하고 실행하는 모든 사람들에게 조금이나마 도움이 되기를 기대하며, 책을 쓰는 동안 아낌없이 격려하고 배려해준 아내와 두 아들에게 사랑의 마음을 전한다.

2012년 10월
강화도 작은 집에서
박 건 식

차 례

제1부 협상의 본질

제1장 ▮ **협상의 성격** 15

1. 협상의 정의 / 15
2. 협상의 필요성 / 18
3. 국제협상의 특징 / 23

제2장 ▮ **협상의 학문적 개괄** 26

1. 협상의 학문적 발전 / 26
2. 협상의 학문적 접근 / 37

제2부 협상의 유형

제3장 ▮ **분배적 협상** 47

1. 분배적 협상의 개념 / 47
2. 협력과 경쟁 / 56
3. 분배 전략과 전술 / 70

제4장 ▮ **통합적 협상** 79

1. 통합적 협상의 개념 / 79
2. 통합적 협상의 단계 / 82
3. 통합 전략 / 88
4. 파레토 효율 / 91
5. 사례 : 비즈니스거래의 통합적 협상 / 99

제5장 ▮ **다자협상** 107

1. 다자협상의 특징 / 107
2. 다자협상의 관리 / 115
3. 연합 / 117
4. 사례 : WTO 쌀 협상 / 119

제3부 협상의 과정

제6장 ▮ 협상의 준비 139

1. 협상의 과정 / 139
2. 협상의 구조분석 / 141
3. 협상의 상황진단 / 159
4. 협상스타일 분석 / 164
5. 협상준비의 점검 / 173

제7장 ▮ 본 협상 177

1. 협상의 태도 / 177
2. 정보교환 및 분석 / 180
3. 업무적 관계구축 / 195
4. 협상력의 강화 / 202
5. 게임의 전환 / 224
6. 협상의 교착과 타개 / 235
7. 공정성의 확보 / 249
8. 문화적 다양성 / 250

제8장 ▮ 협상의 합의와 실행 261

1. 협상의 의사결정 / 261
2. 협상의 마무리 / 270
3. 합의문 작성 / 272
4. 실행의 어려움 / 276
5. 분쟁의 발생 / 279
6. 재협상 / 283
7. 사례 : 한/미 FTA 쇠고기협상 / 287

제9장 ▮ 협상결과의 평가 304

1. 사례 : 북－미간 핵 협상 / 306
2. 협상과정의 평가 / 321
3. 협상결과의 평가 / 331

제4부 국제통상협상

제10장 ▮ 국제통상협상 341

1. 통상협상의 성격 / 341
2. 통상협상의 구조 / 342
3. 통상협상의 전략 / 345
4 투－레벨 게임 / 348
5. WTO 체제 / 352
6. 자유무역협정(FTA) / 356

부 록

(별첨 1) 시뮬레이션 : 파트너십 / 363
(별첨 2) 사례 : Enron's Dabhol Project / 382
참고문헌 / 393
찾아보기 / 403

그림 목차

[그림 3-1] 합의가능영역(ZOPA) / 49
[그림 3-2] 협력과 경쟁의 딜레마 / 63
[그림 4-1] 통합적 협상 / 80
[그림 4-2] 각 요소의 점수 시스템 / 93
[그림 4-3] Mr. Hee(실선)와 Ms. Shee(점선)의 동일가치곡선 / 94
[그림 4-4] 효율적 경계 / 95
[그림 4-5] Mr. Hee와 Ms. Shee의 부가가치 시스템 / 97
[그림 4-6] 시간과 비용에 관한 협상의 효율적 경계 / 98
[그림 4-7] 각 계약에 대한 성과 점수 / 99
[그림 5-1] 다자협상의 효과 : 4-3-2 Game / 116
[그림 6-1] 이해관계자 지도(예, 한미 FTA) / 149
[그림 6-2] 경쟁적 연계 / 158
[그림 6-3] 상호적 연계 / 158
[그림 6-4] 상황 매트릭스 / 160
[그림 6-5] 상황과 전략의 조합 / 163
[그림 6-6] Thomas-Kilmann 갈등 스타일 / 165
[그림 7-1] 게임의 전환 / 226
[그림 7-2] 문제해결의 4단계 / 240
[그림 7-3] 문화의 수준 / 251
[그림 8-1] 의사결정분석 / 262
[그림 8-2] 협상의 의사결정 / 267
[그림 8-3] 저비용의 분쟁해결 절차 / 283
[그림 9-1] 전략적 장애물 / 325
[그림 10-1] win-set의 개념 / 349

표 목차

〈표 4-1〉 선택된 계약에 대한 평가 / 98
〈표 4-2〉 Ultra에 대한 양사의 목표 및 저항 점 / 100
〈표 4-3〉 Ultra에 대한 예상 Rating 및 광고수입 / 101
〈표 4-4〉 Ultra의 재방영 횟수와 그에 따른 양사의 수익변동 내용 / 101
〈표 4-5〉 Ultra에 대한 양사의 첫 제안 / 102
〈표 4-6〉 Ultra에 대한 수정 제안 / 103
〈표 4-7〉 협상의 최종제안 / 104
〈표 6-1〉 이슈와 이해관계 / 152
〈표 7-1〉 협상에서의 질문 / 189
〈표 7-2〉 곤란한 상황에서의 질문 / 190
〈표 7-3〉 영향력의 두 경로 / 214
〈표 7-4〉 게임전환을 위한 숙고 / 226
〈표 7-5〉 갈등 상황에 관한 7가지 점검 요소 / 242
〈표 7-6〉 문화가 협상에 미치는 영향의 방법 / 256
〈표 9-1〉 협상구조의 재구성 / 323
〈표 9-2〉 문화적 영향의 진단 / 331

제1부

협상의 본질

제1장 협상의 성격

학습 목표

- 협상의 정의에 대한 이해
- 협상의 새로운 패러다임에 대한 개념과 사용방법에 대한 이해
- 사회적 협상(Socio-negotiation)의 개념 이해
- 협상이 사용되는 이유와 분야에 대한 이해
- 협상의 필요성에 대한 이해
- 국내협상과 국제협상의 차이에 대한 이해

1. 협상의 정의

협상은 필요와 욕구에 관한 것이다. 협상은 필요한 것과 원하는 것을 얻기 위한 여러 가지 수단들 중의 하나이다. 고대에는 이런 것들을 얻기 위해 무력을 동원하였기 때문에 항상 전쟁이 끊이지 않았다. 좀 더 문명화된 시대에는 상거래와 무역이 발생하였고, 갈등과 분쟁은 무력보다는 법으로 해결되기 시작하였다. 그러나 문명화되고 민주화된 현대에는 각 나라의 주권이 존중되면서 외교가 활기를 띠게 되었으며, 개인이나 조직이나 국가는 자신들이 필요한 것과 원하는 것을 얻기 위해 무력이나 법에 의존하기 보다는 협상을 사용하기 시작하였다. 이제 글로벌화 된 오늘 날에는 협상이 가장 중요한 문제해결 수단이 된 것이다.

협상이란 내가 원하는 것을 상대방으로부터 얻기 위해서 또는 필요한 어떤 문제를 해결하기 위해서, 상대방과의 의사소통 과정을 통해 내리는 의사결정이다. 따라서 협상의 주된 통찰은 상대방에게 초점을 맞추는 것이다. 협상은 상대방으로부터 무엇을 얻을 것인가를 생각하기 이전에, 상대방에게 줄 수 있는 것이 무엇인가를 생각하는 것으로 시작해야 한다. 이기적이기보다는 이타적으로 시작함을 의미하는 것이다. 그래야 상호간에 우호적인 관계가 싹트고, 협력의 장이 마련될 수 있다. 과거 협상의 개념에도 협력은 존재하였다. 그러나 죄수의 딜레마라는 덫에 걸려서 협력은 희망에 불과하고, 경쟁이 오히려 합리적인 것이며 대부분의 전략과 전술도 경쟁적인 개념이 우선하였다. 그리고 협상의 모든 초점은 이런 딜레마에서 벋어나는 것과, 공동의 문제해결을 달성하는 방법에 집중되었다. 그러나 그럼에도 불구하고, 우리의 가정에서부터 사회일반, 그리고 국가 간의 문제에 이르기까지 많은 문제해결이 법률이나 무력에 의하지 않고는 해결하기 어려운 것이 실상이다. 이제 우리는 협상의 패러다임을 이기적인 이익보다는 이타적인 이익에 우선적인 초점을 맞추어 보자. 그러면 문제 이전에, 그것을 다루는 사람이 먼저 보일 것이고 우리는 사람과의 우호적인 관계를 최우선적으로 다루는 협상의 전통을 만들 수 있다. 그리고 상대방과의 우호적인 관계 속에서 궁극적으로는 공동의 문제해결이라는 방법을 통해 상대방이 나의 방법을 따르도록 만드는 것이다. 그래서 협상은 개인의 수익을 극대화하는 것에 관한 것이 아니고, 협상 당사자들 모두의 연결이익을 극대화하는 것에 관한 것이 된다.[1] 나는 이 새로운 패러다임의 협상을 사회적 협상(Socio-Negotiation)[2]이라고 부르고자 한다.

사람들은 항상 협상을 한다. 아이들은 자신이 선호하는 TV 프로그램을 보기 위해서 협상을 하고, 친구들은 무슨 식사를 할 것인가를 결정하기 위해 협상을 한다. 사업가들은 원재료를 구입하고 자신의 물건을 팔기 위해 협상을 하며, 경찰은 인질범과 인질의 석방을 위해 협상을 하고, 법률가들은 법정에 들어가기 전에 법률적 주장의 방법이나 전략을 결정하기 위해 협상을 한다. 국가도 자유무역을 위해 시장 개방을 위한 협상을 하거나 외교를 위해 협상을 한다. 협상은 단지 잘 훈련된 외교관이나, 최고의 세일즈맨이나, 조직적인 로비를 위한 사람들만을 위한 과정이 아니다. 비록 걸려있는 보상이 극적인 평화협정이나 대규모 기업합

1) Menkel-Meadow, C. "Why hasn't the world gotten to yes? An appreciation and some reflections." Negotiation Journal 22(4): 2006a, pp.485-503.

2) 사회적 협상(Socio-Negotiation)에서 지칭하는 사회적의 의미는 사회적 자본 또는 사회적 신뢰라는 용어로 사용되는 의미의 사회적 이다. 즉, 신뢰와 직결되는 용어이며, 협상에서 사람들 간의 신뢰를 중요시하는 의미를 지니고 있다. 전통적인 패러다임에서 협상은 상호간에 원하는 것을 교환이라는 방법에 의하여 달성하는 것으로 상정하고 있으며, 이 과정에서 협상가는 자신의 효용을 극대화하는 *"homo economicus"*의 합리성을 가장 중요시 한다. 그러나 이 책에서 저자는 협상의 새로운 패러다임으로 교환이라는 방법에 우선하여, 상호간의 신뢰를 더 중요시하는 사회적 협상으로 전환하며, 이를 통해 죄수의 딜레마를 탈피하고 궁극적으로 협력적인 교환에 의하여 파레토 효율에 도달할 수 있다고 주장한다.

병이 아닐지라도 모든 사람들이 협상을 하고 있다. 사람들은 가끔 새로운 직장을 찾는 것처럼 중요한 협상을 할 수도 있고, 누가 청소를 할 것인가와 같은 작은 일로도 협상을 한다.

협상은 또한 국제문제를 다루는 주된 수단이며, 국가들이 무력을 사용하지 않고 그들의 차이를 해결하는 문명적인 방법이다. 협상은 각 당사자들이 효과적으로 그들의 행동을 조율하고, 그들의 이해관계를 함께 분석해서 상호 수용할 수 있는 합의를 만들어 내는 사실상 유일한 수단이다. 협상은 국제정치와 경제의 발전을 위해서 성장을 계속해 왔는데, 갈등의 맥락이거나 협력의 맥락이거나, 협상은 비폭력적인 방법을 통해서 더 좋은 선을 추구하는 상호작용의 과정이다. 협상은 또한 일반적인 국제체제 내에서 갈등을 예방하고 해결하는데 안정적인 역할을 해왔으며, 국제체제를 구성하는 국가들 간의 협력적인 관계를 촉진하고 생산하는 강력한 수단이 되고 있다.

국제적으로 이렇게 다양한 영역에서 협상의 이론적 개념과 일반적인 기술을 사용해 왔는데, 협상을 이런 다양한 영역으로 확장하기 위해서는 지적인 유연성과 실무적 민첩성 그리고 문화와 제도에 대한 지식의 높은 수준을 요구한다. 맥락이 같은 두 개의 협상은 없기 때문에, 특정한 상황에서 작동하는 행동의 규범, 의례, 협상의 전술은 다른 상황에서는 비참하게 실패하거나 오인되거나 거부될 수 있다. 그래서 협상의 학문적 발전은 이론과 실무의 상호 협력과 보완이 필수적이다.

협상을 하게 되는 이유는, ① 재산이나 물건과 같이 한정된 자원을 나누거나 공유하는 방법을 합의하거나, ② 누구도 혼자서는 할 수 없는 새로운 어떤 것을 만들거나, ③ 당사자 간의 문제나 분쟁을 해결하기 위해서 이다. 사람들은 가끔 자신들이 협상상황에 있다는 것을 인식하지 못하기 때문에 협상에 실패하기도 하고, 협상보다는 다른 옵션을 선택함으로서 자신들의 목표를 달성하는데 실패할 수도 있다. 사람들은 또한 협상의 필요성을 인식하기는 하지만, 과정에 대한 이해부족과 좋은 협상기술이 없어서 협상에 실패할 수도 있다.

그래서 이 책에서는 단순히 무엇이라도 협상할 수 있다고 말하기 보다는, 협상의 학문적인 학습을 통해서 이론적인 기본을 이해하고, 경험을 통해 더 깊이 이해하면서 특정한 제도와 문화적 특징을 존중하는 것이 협상의 이슈를 다루는 강력한 출발점이고, 어려운 문제의 건설적인 해결책을 찾는 것이라고 제안한다. 이 책을 읽고나면, 협상상황을 인식하는데 더 깊이 있는 준비를 하게 될 것이고, 협상이 어떻게 작동하는지 이해하게 될 것이고, 성공적인 협상을 계획하고, 실행하고, 완성하는 법을 알게 될 것이며, 무엇보다도 상호간의 만족을 극대화할 수 있게 될 것이다.

2. 협상의 필요성

사람들은 직장과 가정에서 일상적으로 협상을 하고 있다. 내가 맡을 직무와 부과되는 목표는 무엇인가? 나는 언제 승진할 수 있는가? 그리고 그것은 공정한가? 성별과 학력으로 인한 차별은 없는가? 맞벌이 부부로서 청소와 세탁, 음식과 같은 가사는 누가 얼마만큼 해야 하며, 자녀를 돌보는 것은 누구의 책임인가? 학교에서 내 아이가 불공정한 대우를 받는 것 같은데 어떻게 대응해야 할까? 불행한 일이긴 해도 이혼을 할 경우 꼭 비용이 많이 드는 변호사를 고용해서 법원으로 가야 하는가? 이혼 후에도 자녀를 생각해서 원만한 관계를 유지하면서 살수는 없을까? 이 모든 문제들은 법과 힘에 의존하지 않고 협상으로 해결할 수 있다. 사회적으로도 ① 갈등표출의 증대, ② 조직의 역동성, ③ 외교통상활동의 증대 등으로 협상의 필요성이 더욱 증대하고 있다.

갈등표출의 증대

사람들은 갈등에 대해 두 가지의 생각을 가지고 있다. 어떤 사람들은 갈등이 부자연스럽고 사람들 간의 관계나 사회의 조화를 해치는 해로운 것이라고 생각한다. 그러나 어떤 사람들은 갈등을 자연스럽고 일반적이며 오히려 건전한 발전을 위해서 필요한 것이라고 생각한다.

부모는 자녀들에게 자신들의 방식에 따라 생활하기를 권하며, 자신들이 좋다고 생각하는 분야의 교육이나 종교를 따르도록 강요한다. 그러면서 이것이 자녀들을 위하는 길이고 부모의 당연한 권리라고 주장한다. 유교의 규범이 지배적이던 시절에는 자녀들 모두가 이것을 순종적으로 따랐다. 물론 자녀들에게 다른 생

각이 없었던 것은 아니지만, 생각의 다름을 주장하지 못했고 그것을 갈등으로 표출하지도 않았다. 그러나 사회가 민주화된 오늘날에는 모두가 자연스럽게 자신의 생각을 표현한다. 그리고 그것이 부모의 생각과 충돌할 때에는 갈등이 되며 해결될 수도 있고 해결되지 않을 수도 있다.

직장에서도 같은 현상이 있다. 사회의 민주화 이전에는 직장 상사의 생각이나 지시는 이의를 제기할 수도 없었고 거부할 수도 없는 절대적인 것이었다. 그러나 지금은 직위 고하를 막론하고 모두가 자연스럽게 자신의 생각을 이야기하고 토론한다. 물론 의견이 일치하지 않거나 합의점을 찾지 못하는 경우에는 갈등이 발생하고 해결의 방법을 모색해야 한다.

사회적으로 공공부문에서 발생하는 갈등도 같은 맥락을 지니고 있다. 과거 권위적인 정부 하에서는 도로를 놓거나 하천을 개발하거나 원전을 건설하거나 공항입지를 선정하거나 하는 일들이 별다른 문제없이 진행되었지만, 민주화된 오늘날에는 도로개설에서 발생할 수 있는 동식물의 보존 때문에 발생한 갈등으로 인해 몇 년간의 공기 지연과 몇 조원의 비용이 추가로 발생하기도 하며, 하천 개발로 인한 환경오염의 우려 때문에 갈등이 발생하고 이것이 분쟁으로 발전하여 폭력사태를 빚기도 한다. 원전건설이나 쓰레기 매립장도 사회적으로 반드시 필요한 시설이기는 하지만, 님비(NIMBY) 현상으로 인해 대규모의 갈등을 유발한다. 더욱이 공항과 같은 편의시설은 서로 자기 지역으로 유치하기 위해서 온갖 수단과 방법을 동원하면서 사회갈등을 증폭시킨다.

과거에는 이 모든 일들이 마음속에 있으면서도 외부로 표출되지 않았지만, 현대에는 사회의 민주화와 함께 갈등으로 표출되고 인터넷과 같은 기술의 발전으로 대중으로 확산되면서 증폭된다. 이제는 이 모든 일들이 불편하고 위험한 요소라서 권위와 힘으로 눌러야 될 현상이라는 개념은 실현하기 어렵게 되었다. 이제는 오히려 갈등이 자연스러우며 잘 해결될 경우 사회발전에 기여하는 사회현상이라는 개념이 더 현실적이 된 것이다. 우리는 이제 이러한 문제들을 해결할 때 법에 호소하기 이전에 이해관계자들이 모여서 협상으로 해결해야 된다는 것을 잘 알고 있다. 문제는 이해관계자들이 이것을 협상으로 해결할 수 있는 훈련된 협상능력이 있어야 한다는 것이다.

조직의 역동성

당신 회사의 제품 개발 부서는 체코에 소재한 부품 제조업체로부터 현재 거래중인 국내의 공급업체보다 30% 낮은 금액으로 부품을 공급할 수 있다는 오파를 받았다. 당신의 상사는 체코의 제조업체와 장기공급계약에 관한 협상을 추진하라고 지시하였다. 당신은 체코에 관하여 아는바가 전혀 없으며 계약체결 시 국내에 있는 기존 공급업자를 어떻게 다루어야 할지 걱정스럽다.

당신 회사는 중국 기업과 제품생산 및 판매에 관한 합작법인을 설립하고 중국 및 동남아지역에 대한 판매를 시작하였다. 합작법인은 분명히 양측의 이익에 도움이 되지만, 양측 모두 정보공유에 관해서는 조심하고 있다. 중국 파트너는 제품에 관한 고객 불만 정보를 감추면서 신제품의 특징을 알고자 한다. 그러나 회사의 기술진은 합작법인에 필요한 기술이전을 늦추고 있다. 양측은 또한 광고비용에 관해 다투고 있다. 회사는 광고비를 늘려서 판매를 확대하길 원하지만, 중국 측은 추가적인 광고는 불필요한 것으로 치부하며 반대한다.

당신 회사는 이집트 정부와의 협상에 의하여 현지 공장 건설을 시작하였다. 회사는 이 공장 건설에 필요한 자금 조달을 위하여 런던에 있는 은행 2곳과 협상을 시작하였는데 금리와 기타 조건에서 합의를 보지 못하고 있다. 더욱이 이집트에서는 예상치 못한 시민혁명으로 기존 정권이 물러난 상태이다. 새로운 정부의 수립으로 새로운 정책을 추진하게 되었으나 정국은 여전히 불안정한 상태이다. 공장 건설의 지연을 만회하기 위하여 추가적인 자금 투입이 시급히 필요하지만, 은행 측에서는 협상 마무리를 위해 별다른 열의를 보이지 않는다.

이 모든 문제들은 비록 세계의 여러 다른 곳에서 발생하고 있으며, 모두 다른 비즈니스에 영향을 미치고 있지만, 그들 모두가 지니고 있는 공통점이 한 가지 있다. 그들의 해결은 모두 효과적인 협상을 요구하고 있다는 것이다. 당신은 체코의 공급업자, 중국의 합작 파트너, 런던의 은행가와 생산적으로 거래하기 위해서 숙련된 협상능력이 필요하다. 당신은 이미 국내에서 많은 비즈니스를 통한 경험을 보유하고 있지만, 그 경험은 체코. 중국, 런던의 거래를 위해서는 많은 도움이 되지 않는다. 아마도 이들 지역에서는 익숙하지 않은 언어와 문화, 법률과 정치 시스템, 비즈니스 관습과 외환관리 그리고 관료적 전통에 직면하게 될 것이다. 오늘날의 확장된 비즈니스 세계는 당신에게 글로벌 협상가가 되기를 요구한다.

글로벌 협상가가 된다는 의미는 체코와 중국 그리고 런던을 오가며 거래함을 의미할 뿐만 아니라, 전체 비즈니스의 관계를 시작부터 끝까지 효과적으로 수행해야 함을 의미한다. 그것은 잠재적인 외국 파트너와 첫 대면으로부터 시작해서 국제거래의 목적을 달성할 수 있는 마지막 계약까지, 전체 거래를 포괄적으로 다룰 수 있는 능력을 가지고 있음을 의미한다. 모든 국제거래는 협상의 산물이다. 글로벌 비즈니스에서 거래를 맺는 것은 국내에서는 일반적으로 발생하지 않는 많은 장애물들을 극복할 수 있는 능력을 요구한다.

비록, 많은 사람들이 모든 계약조건이 합의되고 계약서에 서명을 하면 협상이 종료된 것으로 생각하지만, 이런 생각은 현실과는 동떨어진 것이다. 사실상, 국제거래는 거래 상대방 간에 그들이 예상하지 못한 상황에 적응하기 위하여, 그리고 변화하는 국제환경에 그들의 관계를 조정하기 위하여 협상이 계속된다. 특히 장기 거래에서 문화가 다를 경우, 어떠한 계약도 당사자들이 직면할 수 있는 모든 상황을 예측할 수 없으며, 당사자 사이에 완벽한 이해가 달성되기를 기대할 수는 없다. 만약 양측이 상황변화를 인식하거나, 오해가 있거나, 계약서에 명시되지 않은 문제에 직면하면, 그 문제를 해결하기 위해서 최소한 처음에는 협상에 의존할 필요가 있다. 달리 말해, 협상은 거래를 맺을 뿐만 아니라 그 거래를 관리하는 도구로도 사용되는 것이다.

외교통상활동의 증대

글로벌화의 진전은 세계가 움직이는 시스템을 바꾸고 있다. 구조적으로는 2차 세계대전 이후 냉전으로 양극화된 세계에서 더 다변화된 세계 구조로 바뀌고 있으며 이것이 무엇보다도 먼저, 전통적인 동맹과 갈등해결의 패턴에 관해 변화를 요구하고 있다. 이제 전통적인 동맹관계는 느슨해지면서, 변화하는 세계관과 문화적 접근에 영향력이 집중되고 있다. 소련 연방의 해체와 유럽연합의 확대는 결과적으로 이 지역의 안보와 경제발전에서 협상을 통한 외교의 활동성을 증대시키고 있다.

지구상에서 경제발전의 차별화된 결과들이 새로운 이슈나 논쟁들과 마찬가지로 새로운 정치적 파워와 영향력을 발휘하게 한다. 전 지구적으로는 WTO 같은 국제기구를 통해서 모든 나라들이 함께 국제무역의 자유화를 도모하고 있으며,

발전된 국가들은 그들 자신의 경제적 문제점을 지니고 G20과 같은 정상회담이나 장관급 협상을 통하여 주기적으로 문제를 관리한다. 유럽연합은 궁극적으로 진정한 공동사회를 건설하기 위한 희망을 품고 협상에 박차를 가하고 있으며, 지역적으로는 아프리카, 아시안+3(중국, 일본, 한국), 아랍세계, 라틴아메리카, APEC 등이 주기적으로 회담을 진행한다. 개별 국가들도 독립적으로 안보, 통상, 양자관계, 영사문제, 예술, 과학, 교육 등 각각의 이슈에 관해서 협상을 진행한다.

기능적인 면에서, 이런 과정들은 국가들 간의 전통적인 상호작용의 변화를 수반하고 있다. 군사적 힘의 가치는 핵전쟁의 불가능성과 증가하는 국제법률제도의 힘에 의해 축소되고 있으며, 경제적 힘의 가치 또한 단순한 재화와 상품의 생산으로부터 금융과 기술적인 혁신으로 변화하면서 많은 이슈들을 발생시키고 있다. 인권문제의 중요성도 새로운 차원에서 힘의 상호작용을 초래한다. 이런 전통적인 문제들에 추가해서, 지역 갈등의 해결, 산성비의 문제, 오존층의 파괴, 기술이전, 지구 온난화, 해양자원의 개발 등 결과적으로 국제협상으로 해결해야할 수많은 이슈들이 증가하고 있다.

이런 과정들에 중첩되는 것이 국가들 간 상호의존성의 증대이다. 상호의존성은 몇 가지 차원을 지니고 있는데, 그중 하나가 안보문제에 관한 상호의존성이다. 현 시대에서 어떤 나라의 국가적 안보는 다른 나라의 안보와 분리할 수 없다. 만약 한 나라의 안보가 위협을 받으면 주변국의 안보도 안정적일 수 없다. 안보문제의 가능한 해결책 중 하나는 공동안보이며, 이는 포괄적이며 논리적인 국제협상의 체계를 통해서 얻어질 수 있다. 다른 차원은 경제인데, 경제성장과 국가의 발전이 국가규모의 크기에 불구하고 외국과의 교류와 협력 없이 독자적으로 이루어지는 것은 불가능하다. 2차 세계대전이후 GATT에 의한 다자간 통상협상의 결과 및 WTO 체제의 진행으로 국제통상은 급격하게 자유화되었다. WTO의 통계에 의하면, 산업화된 국가들은 GATT 라운드 기간 동안에 산업 생산물에 대해 평균 35% 이상의 관세인하를 단행하였으며, 이는 자유무역을 촉진하는 좋은 단초를 제공하면서 양자와 다자를 포함한 국제통상협상의 범위를 광범위하게 넓혀 놓았다. 또 다른 차원에서 증대되는 중요한 문제는 환경 문제이며, 전 지구적인 기후변화의 문제를 관리하기 위하여 모든 나라들이 함께 기후변화협약에 관한 협상을 계속하고 있다. 이 모든 상호의존적 문제들이 국제기구를 통해서 또는

국제기구의 하위 시스템을 통해서 해결되는 경향이 빈번해지고 있으며, 이런 문제에 대한 합의는 대체로 국제협상을 통해서 이루어진다.

3. 국제협상의 특징

협상의 필요성이 사회의 민주화와 글로벌화 그리고 외교통상활동과 밀접하게 연계되면서, 협상의 학문적 연구나 교육에서 국내협상만을 별도로 언급하는 것은 이제 무의미하게 되었다. 그래서 이제 협상의 이론이나 실무를 다루는 것은 당연히 국내협상과 국제협상을 포괄적으로 다루는 것으로 이해하는 것이 더 타당할 것이다. 그럼에도 불구하고 국내협상과 국제협상은 상당히 다른 면을 지니고 있다. 국제협상에서는 평소에 경험해보지 못한 문화와 규범, 법체계, 정치체제, 이념 그리고 이해할 수 없는 관용적 언어들이 등장한다. 그래서 체코나 중국, 이집트에서 협상하는 것은 당신이 교육받고 성장한 자국에서 협상하는 것과는 근본적으로 다른 상황을 의미한다. 어떤 상황이든 협상은 글로벌 환경에 대한 세심한 준비가 필요하며, 상대방의 이해관계가 무엇인지 알아야 하며, 문제해결을 위한 창의적인 옵션을 개발해야 하고, 과정을 이끌어갈 원칙을 적용해야 한다. Jeswald W. Salacuse(2003)[3]는 다음과 같은 내용들을 국제협상의 특징으로 제시하고 있다.

첫 번째 명백한 특징은 협상 환경이다. 국제협상의 당사자들은 일반적으로 멀리 떨어져 있는 다른 나라에서 협상하게 된다. 외국이라는 환경은 낯선 장소와 시간, 친근하지 않은 사람들과 물건들로 둘러싸여 있다. 이런 낯선 환경은 잘 관리하지 못하면, 협상의 진행이 예상치 못하게 늦어지고, 좋은 합의를 가로막거나, 최악의 경우 빈손으로 돌아갈 가능성이 높아진다. 비록 현대는 지구상의 어느 곳이라도 의사소통이 가능하며 초스피드의 여행이 가능하지만, 여전히 협상을 계획하고 실행하기에는 시간과 비용, 신속한 의사결정에서 불편한 점이 많다.

두 번째는 문화적인 차이이다. 국제협상은 국경을 넘을 뿐 아니라 문화적 경계의 벽을 넘어야 한다. 문화는 사람들이 생각하고, 의사소통하고, 행동하는 방법이 사회적 규범으로 녹아있는 강력한 요소이다. 따라서 문화는 협상에서 중요한

3) Salacuse, J. W. The Global Negotiator: Making, Managing, and Mending Deals Around the World in the Twenty-First Century. New York: Palgrave Macmillan, 2003.

영향을 미치는데, 의사소통에서 오해를 일으키거나, 용어와 행동을 해석하는데 차이가 있을 수 있다. 또한 문화는 협상의 스타일에 영향을 미쳐서 협상진행에 장애를 초래할 수 있으며, 합의에 도달한 경우에도 합의의 의미와 형태를 달리 할 수 있다.

세 번째는 법률적, 정치적 체계의 다름이다. 외국의 정치나 법률은 체계가 다를 뿐만 아니라 잘 알지 못한다는 문제가 있으며, 불공정하게 차별당하는 경우도 있다. 이것은 예기치 못한 문제를 일으키면서 협상의 성공과 실패를 좌우할 수 있는 요인들이다. 더욱이 주기적인 정권의 변동은 협상의 진행을 어렵게 하거나, 이미 이루어진 합의를 파기할 수도 있으며, 외환관리의 변동은 사업으로부터의 과실송금을 어렵게 하거나 막대한 환 손실을 초래할 수도 있다.

네 번째는 조직의 특성과 관료주의이다. 국제협상은 대부분의 경우 조직의 대리인인 대표와 협상하는 것이 일반적이므로, 그들의 조직이 어떻게 기능하고, 조직 내부의 협상은 어떻게 이루어지는지를 이해해야 효과적인 협상이 가능하며, 합의 후에도 함께 일하는 것에 시너지를 부여할 수 있다. 그리고 나라에 따라서는 관료적인 승인이 협상 상대방보다 더 중요할 수도 있으므로 관료주의의 행태에 세심한 주의를 기울여야 한다.

다섯 번째는 이념, 종교, 역사적인 사실, 특별히 금기시 하는 것들에 주의를 기울여야 한다. 우리가 평소에 생각하고 행동하던 것과는 정 반대의 상황들이 다른 지역이나 나라에서는 상식적인 것이 될 수가 있다. 더욱이 국제협상에서는 예기치 못한 변화가 언제라도 발생할 수 있다. 환율 변동, 전쟁, 천재지변과 같은 사건들이 발생해서 계약이 취소되거나, 지급이 보류되거나, 시장이 폐쇄될 수도 있다. 이런 사건들은 거래에서 계산하지 않았던 비용을 급격하게 높이는 결과를 초래한다.

국제협상에서 발생할 수 있는 이런 요소들은 국내협상과는 다른 특징들로서 협상의 실패 위험을 높이거나, 합의에 오랜 시간을 소요하게 하며, 거래의 비용을 높이는 경향이 있다. 그리고 합의에 도달하는 것이 협상의 종료를 의미하는 것이 아니고, 거래관계나 파트너십의 존속을 위한 계속협상의 필요성을 증대시킨다.

요약

이 장에서, 우리는 일상의 경험에서 오는 사례와, 글로벌한 사회에서 벌어지는 비즈니스와 외교의 사례를 통해서 협상의 성격에 관한 기초적인 개념을 정리 하였다. 우리가 행했던 협상의 정의와 이런 사례들이, 협상의 과정에서 사용되는 4가지 핵심적인 요소들인, 상호의존성의 관리, 상호조정에의 개입, 가치를 만들고 분배하기, 갈등의 관리로 우리를 이끌게 된다. 이 각각의 요소들은 협상이 작동하는 방법을 이해하는데 기초가 된다. **상호의존성**은 당사자들이 자신의 목표와 목적을 달성하기 위하여 상호 의존하는 방법을 이해하는 것이다. **상호조정**은 당사자들이 협상에서 자신의 목표를 설정하고 상호 만족하는 합의를 도출하기 위해서 상대방과 목표를 조정하는 방법을 소개한다. **가치를 만들고 분배**하는 것은 당사자들이 부족한 자원을 얻거나 공유하거나 향상시키는 협상의 기회를 다루는 과정이다. 마지막으로 **갈등의 관리**는 갈등이 어떻게 기능하는지를 협상가들이 이해하도록 돕는다. 이 4개의 과정은 어떤 협상에서나 중심적이며, 협상이라는 과제를 확장해서 다루기 위한 기초가 된다.

제2장 협상의 학문적 개괄

학습 목표

- 협상의 학문적 발전과정에 대한 이해
- 협상 환경의 다양성에 대한 이해
- 협상교육의 핵심적인 요소에 대한 이해
- 협상의 용어와 전제에 대한 이해
- 협상 학문의 다양한 접근방법에 대한 이해

1. 협상의 학문적 발전

교육자나 학생이 자신의 연구 분야가 겪어온 본원과 개념의 발전과정을 이해하는 것은 유용한 일이다. 마찬가지로 이런 개념들이 적용되고 있는 맥락의 변화를 이해하는 것도 역시 중요하다. 협상분야의 혁신에 많은 통찰을 제공한 *A Behavioral Theory of Labor Negotiations*(by Walton and McKersie, 1965)의 출판이후, 협상의 연구와 교육과 실무가 발전하고 있는 방향을 추적함으로서 두 가지의 인식을 제공하고자 한다.[4)]

1960년까지, 협상연구는 경제학, 집단협상, 국제외교의 범주 내에 있었다. 게임이론이 현저한 경제학에서는 주로 거래로서 협상을 모델화하였다. 거래의 맥락에서는 당사자, 역사, 미래의 관계보다는 경제적 교환이 개념적으로 주류였다. 협상은 경쟁적인 의사결정으로 특성화되었다. John Nash(1950)의 작업이 이 지적인 전통의 전형이다. 그것은 당사자들의 상호의존의 성격과 형태의 조건에서 제로섬(zero-sum)게임, 비 제로섬(non-zero-sum)게임, 그리고 이 둘의 혼합되는 관계를 모델화한다. 협상을 연구하는 많은 학자들은 이 경제적 모델에 맥락의 요소를

4) Greenhalgh, L. and Lewicki, R. J. "New Directions in Teaching Negotiations: From Walton and McKersie to the New Millennium" In Negotiations and change: From the Workplace to Society, ed., by Kochan T. A. and Lipsky, D. B. New York: Cornell University Press, 2003.

추가해서 현실의 협상에 적용하였다. 이런 인식의 관점에서는, 일방은 더 많은 것을 얻으려하고 상대방은 덜 주려고 하기 때문에, 협상 당사자들 간의 관계는 근본적으로 적대적이다. 협상 기술이나 전문성은 자신의 이해관계자를 위해 효용을 극대화하고 무엇이든 기회가 발생할 때 이득을 챙기는 것으로 정의된다.

Walton and McKersie는 협상의 현상에 대해 풍부한 관점을 제공하면서 협상과정에 대한 사람들의 이해를 전환하였다. 그들의 네 가지 하위과정인 분배적 협상, 통합적 협상, 태도의 구조화, 조직내부의 협상은 거래의 지적인 뿌리를 유지하면서, 집단협상의 연구에 귀납적인 접근을 도입하였다. 그것은 집단협상이 하나의 단일한 과정이 아니고 네 개의 하위과정이 작동하는 맥락을 보여주고 있다. 책의 제목이 제시하는 행태적 이론이 각 하위과정의 역동성을 설명하도록 구성되었다. 이런 인식이 다른 맥락의 협상에서도 일반화될 수 있다는 것을 학자들이 인지하면서 협상에 관한 풍부한 연구로 이어지고, 교육의 범위를 넓혀주었다. 지식의 유포(교육)는 항상 지식의 창조(연구)에 의존한다. 1975년까지 지식이 급격히 성장하면서, 교육에 사용할 수 있는 지식이 급격히 증가하였다. 사회심리학자, 행태적 의사결정이론가, 성격이론가들이 통합과 분배 협상과정의 전략적, 전술적인 미묘함을 연구하였다. 비슷하게, 집단 역동성의 연구자들과 연합이론가들이 이해관계자들 안에서 일어나는 대리인 문제를 탐구하였다.

협상에 관한 지식이 발전하면서, 법률과 비즈니스의 분야로 확장되었다. 이런 전문적 학교의 학생들은 이론과 실무, 모두를 배우길 원했다. 이론을 배우는 것은 다양한 교재를 통해서 가능해졌고, 주제가 크게 확장되고 발전하면서, 그들이 취하는 다른 맥락의 형태를 보여주었다. 그리고 연구는 협상가들이 행하는 인지적 편견과 조직의 맥락에서 발생하는 분쟁의 해결로 이어졌다. 이론의 적용은 사례와 실제 협상하는 모습을 촬영한 필름을 통해서 어느 정도 성취되었다. 그러나 더 중요한 것은 경험적인 학습을 통해서였다. 경험적 학습은 사례연구의 다른 형태이다. 그것은 전통적인 사례연구와는 다르다. 경험적 학습은 기본적인 시나리오를 주고 협상가의 역할을 하도록 요구하며 그 상황에서 최상의 행동이 무엇인가를 묻는다. 그 역할을 다르게 해석하는 것으로부터 오는 경험의 다양성과 협상의 문제, 협상가의 개성과 스타일, 그리고 참가자들에 의해서 사용되는 전술들을 보면서, 교육자들은 이 다양한 요소들이 어떻게 다른 과정과 결과를 도출하는지 알게 되며, 동시에 학생들은 협상기술을 연습하고 개인적인 효과를 개선하는 기회를 얻는다.

이렇게 협상에 관한 연구와 교육이 꽃 피우면서, 교육에 관한 이론적 토대가 대부분 문화적으로 자유기업의 맥락에 위치해 있는 부유한 서구에서 발전하였고, 그들의 세계관이 개인주의, 이기심, 경제적 합리성, 지배－복종, 권리와 규칙을 강조하기 때문에, 협상교육에서 문화적 편견이 있다는 비판이 대두되었다. 이런 비판에 대한 대안적 접근으로 떠오른 것이 당사자 간의 관계를 강조하는 것이다. 이런 관점의 도입이 가르칠 수 있는 지식을 풍부하게 제공하였다. 서로 다른 관계들을 어떻게 결과로 유도할 것인지, 관계를 어떻게 관리할 수 있는지, 미래의 관계가 경제적 이익과 나란히 하는 협상의 결과로 어떻게 고려될 수 있는지를 연구하였다. 경제적 교환보다 더 포괄적인 당사자 간의 관계의 개념화는 분쟁을 다루는 접근의 목록을 넓혀주었다. 분쟁을 관계의 긴장으로 이해하는 것이 그들을 다루는데 사용할 수 있는 접근범위를 폭넓게 하도록 북돋는다. 협상은 분쟁을 제기하는 과정이다. 각 당사자는 힘을 사용할 수 있고, 다양한 힘이나 전술의 지렛대를 사용할 수 있다. 협상은 관계의 맥락에 기초하는 특정 전술을 선택하는 것과 마찬가지로, 효과적으로 이런 범위의 전술을 사용하는 데 관련된 기술에 집중할 수 있다. 이제 관계를 다루는 지적인 기초는 노조, 개인, 집단, 비즈니스, 국가를 다루는 협상가의 효과성이 증가할 것인지 감소할 것인지를 정교하게 진단할 수 있는 지점까지 발전하였다. 그러나 협상 학문이 이렇게 태동해서 발전하는 동안 협상의 환경 또한 급격한 변화를 맞이하고 있다.

1) 협상환경의 변화

조직과 기술의 발전 그리고 글로벌화가 협상의 환경을 급격하게 변화시키고 있다. 변화는 가르칠 필요가 있는 교육의 범위를 확대하고, 다시 학문적인 연구의 범위를 확장한다. 상황에 집중하는 협상교육이 과거보다 훨씬 더 복잡해지고 있다. 협상의 당사자에 대한 과거의 이론들은 양자협상이든 다자협상이든 단일한 행위자로서의 관점을 가지고 있었다. 그래서 협상은 그런 실체들을 대표하는 대리인들 간의 협상으로 가르칠 수 있었다. 이것은 편리한 단순화로서, “당사자”를 단일한 행위자로 간주하는 것은 개인주의를 지향한 학자들의 이론을 모든 집

단 내, 집단 간, 조직 내, 국제 수준의 협상에 적용하는 것을 허용한다.[5] 그러나 우리가 맞이하고 있는 세상은 더 복잡해지고 있다. 분산과 이합의 증가가 더 큰 집중과 통합을 수반하고 있다. 이 명백한 모순이 새로운 형태의 조직에 내재하고 있다. 그래서 협상의 모델에서 수용해야할 경향이 새롭게 발생한다.

글로벌화(Globalization)

협상환경의 패러다임이 변하고 있다. 과거의 협상이론은 동등한 힘을 가진 양자 간의 경제적인 거래에 집중해 왔다. 각 당사자는 시장이나 계층 그리고 계약의 맥락에서 자신의 효용을 극대화하기 위해 상황을 통제하려고 노력한다. 이런 생각은 글로벌 상황에서 협상을 묘사하는데 부적합하다. 글로벌 무대에서 협상은 다양한 힘을 가진 다자간의 복합작용이다. 예를 들어, 글로벌기업은 외국기업과 상대할 뿐만 아니라 그 나라의 정부기관도 상대해야 한다. 노사 간의 협상도 노조와 사용자 그리고 정부와의 사회적 계약으로 발전하고 있다. 북한의 핵개발이나, 남중국해 섬들에 대한 영유권 같은 국가 간의 분쟁도 다자간의 협상으로 확대된다. 게다가, 전통적인 체계도 점점 사라지고 있으며, 주된 시장은 EU, NAFTA 같이 복잡한 과점형태로 발전하고 있다. 이런 대단한 변화가 전통적인 협상 패러다임을 압도하고 있다. 다양성이 조직 체계처럼 복잡한 분석적인 도구를 요구한다.

네트워크화(Networking)

조직의 형태가 크게 변하고 있다. 조직의 영역은 유동적이며 실체가 확장되어 네트워크화 된 조직으로 기능한다. 각 조직은 가치사슬의 상태에 놓이고, 각자의 독특한 경쟁력의 범위에서 기여한다. 그래서 경쟁자, 구매자, 판매자, 동맹의 맥락에서 협상하는 대신에, 끊임없이 모이고 조율하면서 가치사슬의 파트너를 개선한다. 전통적인 조율과 통제의 기제는 가치사슬 대 다른 가치사슬의 경쟁에서 잘 적용되지 않는다. 체계는 새로운 경쟁자, 기술의 발전, 환율의 변동, 규제의

---

5) 집단 실체와의 협상을 마치 그들이 개인인 것처럼 다루는 것은 법의 전통에 의해서 쉬워진다. 예를 들어, 기업은 많은 법적인 공식화에서 사람으로 취급된다.

변화, 정치적 변동, 산업의 전환에 대응해야 하는 유기체의 네트워크로 변하고 있다. 시장의 작동에서 정형화된 계약의 효력이 점점 약화되고 있으며, 안정된 구조 대신에 변화가 상수인 협상과 재협상의 질서가 자리 잡고 있다. 이런 변화가 네트워크의 전략적 관리를 요구한다.

디지털화(Digitalization)

기술의 진보는 조직의 세계에서 많은 것을 바꾸고 있다. 협상의 관점에서 중요한 것은 의사소통의 과정이다. 오래된 거래 관점의 협상에서는, 합의의 조건이 그들의 행동을 구속하는 대면협상이 주류이며, 계약이 만료되면 조건을 재협상하기 위해서 다시 만난다. 오늘날은, 엄청난 양의 의사소통이 순간적으로 컴퓨터상에서 시간과 공간의 제약 없이 이루어지며, 그래서 협상은 마치 부부나 동료 관계처럼 장기적이고 지속적인 일이 되었다. 새로운 기술의 이용 가능성이 협상을 마치 방송처럼 폭넓고 신속하게 새롭게 한다. 이런 방법으로 대중이 노사관계, 국제관계, 비즈니스거래, 의회, 법원의 진행과정과 같은 협상분야에서 활동적인 당사자가 되고 있다. 협상의 이론과 교육은 이런 현실의 특징을 반영할 필요가 있다.

2) 협상교육의 초점

조직적 맥락에서의 발전은 협상교육에서 이에 상응하는 발전을 요구한다. 이를 달성하는 것은 기존의 패러다임에 큰 변화를 요구하며, 이는 쉬운 일이 아니다. 사실상, 기존의 패러다임이 문제가 있는 것은 아니며, 오히려 협상의 발전을 위한 견고한 출발점으로서 칭찬을 받아야 한다. 필요한 것은 단지 변화에 맞추어 기존의 패러다임을 발전시키고, 이를 협상교육의 기초로 삼는 것이다.

관계의 연속성(Relationship Continuity)

전통적인 관점에서의 협상은 거래를 관리하는 과정으로 관계를 연상한다. 이것의 대안적인 관점은 계속되는 관계 속에서 그런 거래를 보는 것이다.[6] 후자의

---

6) Greenhalgh, L. Managing Strategic relationships. New York: Free Press, 2001.

관점에서 중요한 것은 거래의 세밀함에 관한 것이라기보다는, 상대방과의 관계의 성격이나 형태이다. 단 한 번의 거래일 경우에는 거래의 세밀함이 더 중요하다. 그러나 기업의 전략적 제휴나 합병, 가치사슬 내의 상호작용, FTA 같은 국가 간 경제행위, 6자회담 같은 다자간 협상, EU에 포함된 국가 간의 상호작용 등에서 전통적인 협상전략의 요소는 관계적 고려에 자리를 내놓아야 한다. 의뢰인과 대리인(대표) 간의 관점의 차이나, 조직내부의 다른 의견을 수렴하는 것도 관계의 맥락에서 중요하게 다루어야할 필요가 있다.

그래서 학생이나 실무자는 관계와 관계의 긴장에 관해서 정밀하게 진단할 필요가 있다. 협력과 경쟁, 시장체계의 계약과 같은 전통적인 관계의 범주는 중요하게 알아야 할 것들의 표면에 불과하다. 합리적 형태를 가장한 낡은 생각이 개인적 이기심을 추구하게 한다. 관계적 합리성과 같이 공동의 이해관계를 추구하는, 세상에서 작동하고 있는 다른 형태의 합리성이 있다. 이 분야는 교환과 신뢰라는 두 차원의 관계에 초점을 맞추고 있다. 교환은 전통적인 범주의 관계 속에서 이루어지고 있지만, 신뢰는 계속되는 관계의 개념 속에서 싹틀 수 있다. 이런 관점에서 보면, 전통적으로 중요했던 교환보다 신뢰가 앞에 와야 한다. 교환이 우선인 전통적인 패러다임에서는 자신의 이기적인 이익이 우선하고, 죄수의 딜레마의 덫에 걸려서 신뢰를 형성하기 어렵다. 그러나 교환보다 신뢰를 우선하는 새로운 패러다임의 협상 즉, 사회적 협상(Socio-Negotiation)에서는 죄수의 딜레마에서 벗어나게 되고, 교환에서 파레토 효율을 달성할 수 있다. 협상교육은 또한 협상의 결과로부터 영향을 받는 잠재적 이해관계자들에 대해서 더 많은 주의를 기울여야 한다. 디지털시대에 모든 정보는 공개되어 있고, 진실과 거짓이 구분되지 않는 정보들이 인터넷을 통해 이해관계자를 자극한다. 협상교육은 이제 관계의 개념을 재정의 하고 대상의 범위를 확대할 필요가 있다.

비합리성(Irrationality)

전통적인 모델의 협상은 협상가를 경제적 인간으로 불리는 이상적인 행위자로 가정한다. 성격 심리학자들은 수많은 연구를 통해서 이상적인 모델로부터의 분산이 협상의 결과에 어떻게 영향을 미치는지 그 진수를 보여주었다.[7] 이런 접근

7) Rubin, J. Z. and Brown, B. R. The Social Psychology of Bargaining and Negotiations. New York:

이 개인의 성격과 그것의 영향에 관하여 왜곡된 방법으로 협상을 가르칠 수 있다. 그러나 Kahneman & Tversky는 인간행동의 연구에서 상당히 다양한 비합리성을 발견하였다. 이들의 발견은 사람들이 체계적인 방법으로 비합리적인 의사결정을 한다는 것이다.[8] 이외에도 인간의 합리적인 행동이 비합리적인 결과를 초래하는 대표적인 사례로 죄수의 딜레마가 있다. 죄수의 딜레마는 개인들 사이에서 쉽게 극복되지 않는 어려운 문제로 남아 있으며, 집단 속에서 사회적 딜레마의 문제를 일으킨다. 더욱이 글로벌사회에서는 문화적 차이로 인해서 어떤 사회에서의 합리적인 행동이 다른 사회에서는 비합리적인 것으로 취급되는 상황이 다반사이다.

이런 현실적 상황의 대안적인 관점은 협상과정을 합리적인 개인들 간의 비합리적 상호작용으로 해석하는 것이다. 이 접근은 특정 종류의 합리성에 관한 규범적인 가정을 만들지 않고, 오히려 **개인적인 선호**[9] 차이(Preferential difference)에 적응하는 조건으로 협상가의 합리성을 보는 것이다. 그런 적응이 현실 세계에서는 대단히 중요하다. 왜냐하면 개인의 성격과 문화의 차이가 관계, 과정, 효용구조, 스타일, 전술에 강한 영향력을 미치기 때문이다. 좋은 협상교육은 협상가에게 그 자신과 다른 사람에 대한 통찰을 제공한다. 협상가는 개성의 차이, 문화적 차이, 수동 대 능동, 갈등의 확대, 힘에 대한 욕구, 관계지향, 마키아벨리즘, 괴롭히는 성향, 공감 능력, 그리고 협상이나 분쟁에서 무슨 일이 일어나는지를 설명할 수 있는 많은 개인적 차이들에 대해 알 필요가 있다.[10]

Academic Press, 1975.

8) Kahneman, D. & Tversky, A. "Prospect Theory: An Analysis of Decision under risk." Econometrica, 47(2), 1979, pp.263-292.

9) 개인적인 선호는 사람들에게 깊이 내재해 있는 정신모델의 일종이다. 이것은 선천적으로 유전된 것이면서, 성장하는 과정에서 환경에 의해 습득되고 계속 변화하는 것이다. 사람들은 자신이 왜 이것은 좋아하고, 저것은 싫어하는지 설명하기 어렵다. 단지 그렇게 선호하도록 입력되어 있는 것이다. 협상에서 사람들이 자신이 선호하는 가치나 이해관계를 어떻게 주장하고 옹호하는지를 생각해 보자. 상대방의 선호를 무시하면 상대방은 화를 내거나 방어적이 되고, 반대로 관심을 보이고 이해하면 협력적인 협상이 가능해짐을 알 수 있다.

10) Gilkey, R. W. and Greenhalgh, L. "The Role of Personality in Successful Negotiating." Negotiation Journal 2(3): 1986, pp.245-256.

복잡성(Complexity)

세상은 변하고 있다. 기업이나 국가나 조직은 훌륭한 협상가에 의해 관리될 필요가 있다. 그러나 변화하는 세상의 맥락에서 좋은 협상가를 구성하는 정의는 진화한다. 그것은 고립된 거래에서 효용의 마지막 한 방울까지 쥐어짤 수 있는 사람이 아니다. 그것은 또한 파레토 효용 영역을 개발하고 내쉬균형으로 쉽게 모을 수 있는 사람도 아니다. 이것들은 분명히 중요한 기술이지만, 협상가들이 직면할 도전을 관리하기에는 충분하지 않다. 변화하는 사회에서 최대의 경제적 영향력은, 순간적인 경쟁력을 포착해서 도전받을 때 방어하거나 회복하기 위해 신속하게 대응하는, 글로벌사회에 퍼져있는 경계 없는 조직 네트워크의 성공적인 상호작용으로부터 초래될 것이다.[11)]

이렇게 급격히 변화하면서 도전받는 그리고 그것을 극복해야 하는 글로벌사회의 관리자로서, 협상가는 폭넓은 상황적 맥락에서 협상을 이해할 필요가 있고, 사람들에게 현실의 도전을 반영한 복잡성을 제공하는 전략적 유연성을 유지할 필요가 있다. 중고차 매매나, 다자간 연합, 집단의 역동성 연습들은 모두 유용한 기반을 제공하지만 현대의 복잡성을 설명하기에는 역부족이다. 따라서 학습의 많은 부분이 복잡하게 변화하는 세상에서 협상가들이 실제로 행동하는 것에 관한 연구로부터 도출된 시뮬레이션으로 행해져야 한다.

시뮬레이션은 전통적인 맥락에서 가르치는 것이 아니다. 대부분의 경우에 교육자는 직접적인 행동으로부터 벗어남으로써, 학생들이 시나리오에서 요구하는 자신들의 역할을 책임지고 수행하는 것이다. 학생들은 이런 독립적인 상황을 처음에는 불편해 하지만 곧 적응하게 되며, 선생의 자연스런 도움도 불편해진다. 심지어 학생들은 선생의 도움이 있었으면 더 많은 성취를 이루었을 상황에서도, 그들 스스로 행동함으로써 더 많은 것을 배울 수 있다. 선생은 학생들이 학급을 운영하는 방법을 알도록 가르쳐야 한다. 이것은 단지 학생들이 성취하는 모습을 지켜보면서, 촉진자의 역할을 하는 것으로 쉽게 이룰 수 있다.

---

11) D'Aveni R. A. Hypercompetition. New York: Free Press, 1994.

3) 협상 실무자의 교육

협상의 실무자들은 학생들과는 달리, 현재의 실무에서 협상을 경험하고 있는 사람들이다. 그러나 불행하게도, 우리나라의 교육에서는 아직까지 체계적인 협상교육을 실행한 적이 없었다. 그래서 많은 사람들이 실무에서는 협상을 경험하고 있지만, 실전에서 만족할만한 성과를 달성하기 어려우며, 심지어 큰 조직이나 정부가 수행하는 협상에서도 많은 이해관계자들의 이해관계를 충족시키는 결과를 보기가 쉽지 않다.

그래서 학생들 못지않게 조직의 실무자들에게도 협상교육이 필요하며, 오히려 협상의 결과가 조직의 비용과 이익에 영향을 미침을 고려할 때, 그 필요성은 더욱 크다. 현재 협상을 경험하고 있는 실무자들에게 교육이 필요한 이유는 첫째, 경험을 통해서 배우는 협상은 학습의 속도와 범위가 제한적이다. 둘째, 협상은 규모와 형태에서 크게 다양하기 때문에, 경험을 체계화하는 경험적인 틀이 있어야 한다. 체계적인 틀이 없으면 개인적 취향에 따라 취약한 협상스타일을 만들어 내며, 이것이 매번 조직의 비용이나 개인적 비용을 증가시킨다.

따라서, 조직의 실무자들은 좋은 협상교육 프로그램으로 훈련하고 기술을 연마하여야 한다. 좋은 협상교육 프로그램은 협상에 대한 이론적 개념과 시뮬레이션 협상연습이 체계적으로 포함된 프로그램이다. 협상은 상대방이 있는 상호작용이기 때문에, 잘 계획된 준비와 협상가의 순발력에 의존하는 경향이 높다. 그래서 경험이 습관화된 협상스타일이 중요하며, 이런 필요에서 실무자를 위한 협상교육은 시뮬레이션으로 진행되는 학습과정이 필요하다는 것이 선진교육의 전형이다.

교육은 이론과 사례의 설명, 그리고 시뮬레이션 연습으로 구성하는 것이 좋다. 책에서도 읽을 수 있는 설명은 귀중한 시간을 할애해서 훈련을 받는 실무자에게는 적합하지 않으며, 오히려 실질적으로 가치 있는 협상기술을 계발해 주는 과정이 필요한데, 시뮬레이션 협상연습이 이런 필요를 충족시킨다. 협상연습이 중요한 것은, 이것이 협상의 연습으로 끝나지 않고 연습 후에 이어지는 토론에서 다른 사람들과의 결과가 비교되며, 무엇이 필요하고 무엇이 잘못되었는지를 즉시 깨달을 수 있기 때문이다.

이 책은 협상의 이론을 배우면서 실무에서 좋은 결과를 달성할 수 있도록, 이론과 실무의 균형을 고려하여 기획되었다. 그래서 이론에 충실하면서도 협상이 진행되는 과정에 맞추어서 이론과 사례, 그리고 시뮬레이션을 배치하였다. 그래서 실무자를 위한 협상교육 프로그램의 내용도 이 책의 내용과 순서를 그대로 원용하는데 무리가 없다. 교육을 진행하면서 주의해야 할 점은, 협상에서의 상호작용과 마찬가지로, 협상교육에서도 선생과 학생, 학생과 학생간의 능동적 참여에 의한 상호작용이 중요하다는 점이다.

4) 기본개념의 정리

복잡한 사회적 과정이라고 알려진 협상을 분석해 들어가기 전에, 몇 가지 내용에 관해 이 책에서 다룰 관점을 명확히 할 필요가 있다.

첫째, 이 책에서 다루는 가장 기본적인 용어인 협상에 관해 언급하고자 한다. 대부분의 책에서는 흥정(bargaining)과 협상(negotiation)을 동일한 의미로 사용하고 있다. 그러나 한글과 영어에서 모두 다른 단어를 사용하고 있듯이 두 단어가 의미하는 뉘앙스는 조금 다르다. 흥정은 대체로 물건을 사고파는 시장에서 발생하며, 자신의 이익을 가장 중요시하면서 경쟁적인 한 번의 거래로 당사자 간의 관계가 종료되는 거래에서 빈번하게 사용된다. 반면에 협상은 좀 더 복잡한 갈등상황에서 상호 수용할 수 있는 해결책을 발견하려고 노력하는 지속적인 관계에서 사용된다. 따라서 흥정과 협상이 개념상으로는 유사하더라도 맥락에 따라서 거기에 적합한 용어를 사용하는 것이 바람직하다.

둘째, 많은 사람들이 협상의 핵심은 합의에 도달하기 위해 서로 주고받고, 양보하는 과정이라고 가정한다. 물론 협상에서 상호 주고받는 과정과 양보하는 과정은 대단히 중요하다. 그러나 그것은 협상을 진행하는 하나의 기술에 불과하며, 복잡한 사회적 과정인 협상에서 더 중요한 것은 상호간에 원하는 것을 충분히 만족시키기 위해서 그 해결책을 만들어 내는 것이다. 그러기 위해서는 협상을 시작하기 전에 협상상황을 만들어 가는 준비 즉, 구조화가 대단히 중요하며, 협상장에서는 그 협상과정을 이끌어 가는 무형의 과정관리가 협상의 결과만큼 중요하다. 또한 계속되는 관계에서는 합의에 도달한 것으로 협상이 종료되지 않는다. 협상의 합의가 실질적인 이익으로 돌아오는 것은 합의 후이며, 그래서 합의의 실행과정이 또한 대단히 중요하다. 따라서 협상의 학습은 양보와 타협의 방법도 중요하지만, 그보다는 협상과정 전반에 대한 관리를 더 중요시할 필요가 있다.

셋째, 사람들의 협상에 대한 통찰은 대체로 다음의 세 가지 원천으로부터 온다. ① 매일의 일상생활에서 오는 협상가로서의 풍부한 경험, ② 매일 발생하는 실질적인 협상을 보도해 주는 TV, 신문, 잡지, 인터넷과 같은 미디어, ③ 오랜 기간 동안 경제학, 정치학, 심리학, 법학, 경영학, 노사관계, 의사소통 등 협상에 관해서 다양하게 다루어 온 사회과학의 연구결과들이다. 이런 연구결과와 원천들은 학문이나 영역의 특성에 따라서 다른 방법으로 협상에 접근하고 있다. 그래서 동일한 협상 사건이나 결과가 동시에 다른 관점으로 다루어지기도 한다. 협상을 공부하는 사람들은 이점에 관한 명백한 이해와 폭넓은 관점을 견지할 필요가 있다.

넷째, 협상의 당사자들은 상호의존적이다. 그들은 자신들이 선호하는 목적이나 결과를 달성하기 위해서 서로를 필요로 한다. 그래서 그들은 자신들의 목적을 달성하기 위해 서로 조율하거나, 또는 같이 일해야 하지만 그 정도에서는 차이가 있다. 협상 당사자들 간의 대부분의 관계는 ① 독립적인 관계, ② 의존적인 관계, ③ 상호의존적인 관계로 특징 질 수 있다. 독립적인 당사자는 자신의 필요와 욕구를 다른 사람의 도움 없이 해결할 수 있다. 그들은 비교적 다른 사람들과 개입되지 않으면서 무관심하게 분리될 수 있다. 의존적인 당사자들은 자신들의 필요를 위해서 다른 사람의 협력과 자비와 도움을 필요로 하기 때문에, 다른 사람들에게 의존해야만 한다. 의존적인 당사자들은 상대방의 변덕과 특성을 수용해야만 한다. 상호의존적 당사자들은 서로 맞물린 목표에 의해서 특징지어질 수 있다. 그들은 자신들의 목적을 달성하기 위해서 서로를 필요로 한다. 상호의존적 목표를 가지고 있다는 것이 그들의 필요와 욕구가 동일함을 의미하지는 않는다. 가치사슬의 구성원들은 다른 일들을 필요로 하지만, 자신들의 목표를 달성하기 위해서는 서로 함께 일해야만 한다. 이렇게 갈등하고 수렴하는 목표의 혼합이 상호의존적 관계의 성격이다. 따라서 협상을 평가할 때 상호간의 관계의 성격에 따라 다른 기준을 적용하여야 함은 이론의 여지가 없다. 이 책에서 다루는 협상의 주된 관점은 의존의 정도에 관계없이 상호의존적 관계로 본다.

2. 협상의 학문적 접근

대단히 현명한 봉사에게 코끼리를 정의해 달라는 요청을 하였을 때, 돌아오는 대답은 그가 접근했던 부분에 대한 기술로서 정의된다. 꼬리를 만졌을 때는 코끼리를 밧줄로 묘사하고, 다리를 안아보고는 나무로 정의하며, 코를 만져보고는 뱀이라고 말한다. 협상에 대한 접근도 단일하지 않다. 협상의 실질은 다양한 방향으로부터의 접근에 의해서 깨닫게 된다. 물론 그 학문과 관련된 분석가들은 현명하며 봉사가 아니지만, 그들은 자신들이 코끼리를 다루고 있음을 알게 된다. 협상연구에 대한 다양한 접근들은 과학적인 의문과 마찬가지로 발전하고 있는 문제이다. 오래된 접근법은 새로운 대답을 낳고 새로운 질문이 다시 새로운 접근과 혼합된다. 가장 오래된 접근은 역시 역사적 접근법이다. 그러나 협상의 많은 부분이 법률의 뒷받침을 받거나, 경제적인 이유로 행해지기 때문에 법률적 접근, 경제적 접근, 조직적 접근. 과정적 접근, 구조적 접근, 심리적 접근, 게임이론 접근, 리더십 접근 등등 매우 다양하다. 그러나 여기에서는 이달곤(2002)[12]의 접근 방법을 주로 참조하겠다.

1) 역사적 접근법

역사적 접근법은 협상결과가 나오게 된 배경을 특정한 역사적 요소로서 설명하고, 협상의 과정을 시대사적인 맥락과 당시의 사건들로 기술하는 방법이다. 협상은 함께 연구되어야할 서로 연결된 차원의 범위를 포함한다. 협상이 이루어지는 통시적이고 공시적인 환경에서, 이미 이루어졌거나 동시에 이루어지고 있는 다른 협상을 고려하면서, 실제로 협상되는 것이 무엇이고 결과는 무엇인지, 누가 누구에게 무슨 행위를 어떤 효과를 노리고 왜 했는지를 연구한다.[13] 어떤 역사적 사실에 대한 연구는 이에 대한 정확한 정보를 수집해야만 어떤 명제를 가지고 인과관계에 대한 연역적 혹은 귀납적 추론이 가능해진다. 이러한 현실파악을 위한 정보 수집은 사실규명 작업에 해당하는데 역사적 접근법에서는 역사적 사

12) 이달곤, 협상론, 제2판, 서울: 법문사, 2002.

13) Freymond, J. F. "Historical Approach." In Kremenyuk, V. A. (ed.). International Negotiation: Analysis, Approaches, Issues. 2nd ed., San Francisco: Jossey-Bass, 2002.

실의 정확한 규명에 상당한 비중을 둔다. 그리고 협상이라는 상호작용과정에서 핵심적인 문제가 해결되는 결정적인 시기가 있게 되는데, 이러한 주요한 시기의 상황과 특징을 당사자들의 협상력과 연결시켜 연구하기도 한다.

이 접근법에서는 모든 변수에 관심을 분산시키기 보다는, 시기 순으로 일어나는 사건들을 사전에 선택한 분석틀에 들어맞는 몇 개의 변수에 초점을 맞추어 분석한 다음, 이들의 관계에 입각하여 협상결과를 설명하려고 한다. 이러한 선별적 방식으로 인과관계를 설명하는 것에는 한계가 있겠지만, 무수한 사실의 집적과 분석이 제한되는 현실적 여건에서 불확실한 의사소통에 따른 구구한 해석에 의해 연구자가 매몰당하지 않기 위해서는 이 방법이 차선책이라고 믿는 것이다. 사실 협상관계에 관한 내부의 상세한 정보를 밝혀내기가 힘든 국제협상에서는 외부에 나타난 지표나 간접적 추정치에 의존할 수밖에 없다. 물론 이러한 간접적인 사실이 협상의 제 국면에 대한 체계적인 설명을 대체할 수는 없겠으나, 때로는 아주 적절한 해석을 가능하게 하기도 한다.

이러한 역사적 접근법과 관계가 깊은 접근법이 맥락 접근법이다. 이 접근법은 협상결과의 특정국면을 분석함에 있어서 주변여건이 협상의 전개과정에 어떻게 영향을 미치는가를 설명하는 방식이다. 협상결과를 협상 자체의 역사적인 국면이나 협상이 일어나고 있는 상황의 역사적 전개과정으로부터 설명하려는 것이다. 이 방법도 시기 순으로 전개되는 사건을 설명한다는 측면에서는 역사적 접근법과 공통되는 일면이 있다. 국면의 전개에는 시간이라는 변수가 개입된다. 넓게는 협상과 관련된 역사적인 맥락과 환경의 변화가 시간의 흐름으로 인지되며, 좁게는 협상 자체의 전개역사가 시간의 함수로서 이루어진다. 바로 이 점이 협상과정이 역동적이라는 증거이다.

2) 구조적 접근법

구조적 접근법은 협상 당사자들 간의 관계나 그들이 갖고 있는 상위 및 하위 목표들 간의 관계에서 협상결과를 설명해 보려는 방법으로 협상과정을 움직여나가는 주체들의 상호관계나 구조에 초점을 두는 것이다. 협상 당사자가 수적으로나 조직 형태면에서 어떻게 구성되어 있는지 또 조직 내부의 결속력과 분파작용 등이 어떤 상태인가 등에 관해서 관심을 갖는다.

협상의 구조적인 취약성을 극복하는 보완장치로는 당사자들의 일부가 제휴하여 연합을 도모하는 집단화, 기정사실화, 자율적으로 약세입장을 취하는 것과 상대방에게 애원하는 것 등의 수법이 있는데, 이러한 수단들이 어떻게 효과적으로 사용되고 있는가도 분석된다. 다수의 협상 당사자가 참여하는 경우 연합내의 권력적 서열과 보상구조 등이 협상의 성공적인 타결에 크게 작용할 수 있다.[14)]

협상 이슈의 구조도 협상결과를 설명하는데 유용하게 사용된다. 이슈의 짜임새, 즉 이슈의 구조란 협상의 목적과도 밀접한 관련이 있는 것으로 목적이 달라짐에 따라서 협상전략과 전술, 협상의제와 대안, 협상과정의 역동성 등이 달라져서 협상결과에 영향을 미친다.

구조적 접근법 중에서 협상 당사자들의 효용이 교환을 통하여 증대될 수 있다는 점을 부각시킨 분석이 J. Nash에 의하여 제안되었다. 내쉬는 양자독점이론을 이용하여 협상을 통해서 결합이득이 증진되는 것을 보여주고 있다. 파레토최적이 되는 점들이 바로 양 당사자가 가지는 효용의 합이 최대가 되는 곡선임을 보여준다.[15)] 물론 이것은 순수한 효용구조주의에 입각한 것이어서 실제 적용상 한계는 있으나 협상 당사자의 이해구조를 이해하는데 도움을 준다.

이런 분석은 교환을 통해 집합적인 효용을 극대화시키는 방법을 구조적으로 설명하는 것이다. 개별적인 이익과 당사자 모두에게 걸려있는 공통이익을 동시에 증대시킬 수 있는 방안을 찾아낼 수 있다. 물론 이런 분석에서는 협상 당사자들의 세력이나 협상자원의 우열, 그리고 정보의 통제로 인한 논리성의 제약 등에 따른 다양한 추론과정은 나타나지 않는다. 즉 완전한 정보를 전제로 한 정태적인 분석이어서 협상의 동태적인 상호작용과정이 구체적으로 밝혀진다고 보기는 어렵다.

협상관계에서 중요한 설명변수 중의 하나가 힘의 상대적 지위이다. 보통 세력이 약한 당사자와 강한 당사자가 있기 마련인데, 힘의 우열에 따라 책략이 달라지고 협상과정의 유연성과 경직성의 정도가 달라진다. 완강한 당사자가 상대적으로 더 많은 이익을 얻을 가능성이 높다는 연구결과가 있는가 하면, 유순한 당사자가 어떤 중요한 이슈에서 이기기도 하고, 약한 쪽은 강한 쪽을 움직이는데

14) Arild Underdal, "Multinational Negotiating Parties," Cooperation and Conflict, VIII, No. 3, 4. 1973, pp.173-182.

15) John, F. Nash, "The Bargaining Problem," Econometrica, XVIII, No. 1. 1950, pp.155-160.

적은 힘이 필요하므로 오히려 강한 상대방을 용이하게 제압하는 경우도 있다.

3) 전략적 접근법

전략적 접근법은 상대방의 행동을 사전에 고려하여 자신의 입장에서 최적 안을 모색하는 구도를 협상에서 활용하는 방법으로, 이 접근법은 게임이론에 의해서 잘 뒷받침되고 있다. Peyton Young(1991)[16]은 협상을 분석하는 원칙적인 이론적 틀은 게임이론이라고 지적한다. 게임이론은 일방의 행동이나 의사결정의 결과가 상대방의 행동이나 의사결정에 의존하는 어떤 상황에도 적용된다. 이것은 상대방의 선택유형과 가치구조에 의해 나타나는 전략적 선택에 관심을 집중시킨다. 즉 선택유형과 가치구조를 두 개의 독립변수로 놓고 협상결과를 종속변수로 보는 것이다. 여기서 선택유형이란 일종의 행동들을 지칭하는 것이며 가치구조란 협상 당사자가 선택하는 전략에 따라 돌아오는 이익의 크기를 지칭하고 있다. 특징적인 것은 하나의 독립변수인 선택유형이 사전 평가된 이익의 크기에 어느 정도 영향을 받는다는 것이다. 협상을 게임이론의 시각에서 보는 것은 계량화될 수 있는 효용을 척도로 하여 협상과정에 대한 통찰력을 얻는 논리적 분석절차의 하나라고 할 수 있다.[17]

협상이론에서 사용하는 전략이라는 용어는 특정분야를 고려하지 않고 보편적으로 추출해낼 수 있는 것이다. 전략은 상대방의 일차적인 의사결정을 전제로 분석한 다음 자신의 목적을 최대로, 그리고 가장 용이하게 구현할 수 있는 방안을 모색하는 활동이라고 규정할 수 있다. 전략적 사고란 명확하게 설정된 목적을 달성하기 위하여 상대방과 관련 환경이 변모할 상황을 고려하여 자신의 행동방안을 설정하는 논리적 추론 체계이다. 이러한 전략적 사고는 기본적으로 마키아벨리 전통에 그 뿌리를 두고 있다. 그리고 전략이라는 용어에는 평균적인 의미와 장기적인 의미가 추가적으로 내포되어 있다. 수차례의 특수한 형태의 결정이 낳은 평균적인 값이거나 장기정책이라는 의미가 포함되어 동태적인 사회현상 속에서 최적화를 구축하는 의미로 사용되기도 한다. 따라서 개별적인 사안에 대한 대

---

16) Young, H. P. (ed.), Negotiation Analysis. Ann Arbor: University of Michigan Press, 1991.

17) Robert L. B. "Game Theoretic Analyses of Bargaining," in Oran R. Young(ed.), Bargaining, Chicago: University of Illinois Press, 1975, pp.85-130.

처방안이라는 의미도 있지만, 본질적으로는 상당한 혼조가 예상되는 상호작용과정에서 자신의 이익을 최대화하려는 일련의 결정과 정책방향을 전략이라고 부를 수 있다.

4) 행태적 접근법

행태적 접근법은 협상과정에서 당사자들이 취하는 행동이나 협상기법 등이 협상과정과 협상결과에 중요한 영향을 미친다고 보고 이를 연구의 초점으로 삼는다. 흔히 협상이라고 하면 협상기술이나 술책을 연상하리만큼 이에 대해서는 풍부하고 다양한 연구결과가 축적되어 있다. 이 접근법은 협상 당사자의 성품, 개성, 사회화 과정, 기술, 태도, 혹은 행동준칙 등이 주요 분석대상이 되는데, 신사적 행위, 경고, 위협, 언약, 약속 등의 여러 가지 현실적인 협상기법에 관심을 가진다. 따라서 외교관의 교육이나 훈련을 위해서 사용되기도 하고, 사기업에서 영업직원의 행동변화를 유도하는 데도 사용된다. 이러한 행태적 기술들은 처방적인 성질을 가지고 있으나 그것 자체가 협상의 결과를 과학적, 체계적으로 설명하는 데는 한계가 있다. 행태나 협상기법이 협상결과에 영향을 미치는 것이 사실이지만, 이것은 전적으로 과학적 분석의 대상이라기보다는 예술의 영역에 속하는 측면이 더 많다.

최근 사회심리학자들에 의해서 행태적 특성요인이 협상에 어떤 영향을 미치는가에 대해 많은 연구가 이루어지고 있다. 이들은 완고함, 신뢰감 등과 같은 개인적인 특성과 협상과정에서 이루어진 위협, 협박, 언약, 약속 등과 같은 행태변수가 어떻게 작용하여 합의절차와 내용에 영향을 미치는가에 대해 연구하고 있으며 당사자들 간의 의사소통행태와 양보과정을 움직여나가는 대면기법들에 초점을 맞춘다. 협상 당사자의 경직성과 유연성도 그것이 어떤 계기를 갖게 되는데, 이러한 계기는 상대방의 행태적인 계기에 부분적으로 의존하고 또 상대방은 다양하게 심리적, 행태적 전략을 고려할 것이므로 조건적인 상황 하에서 전개되는 협상과정에 초점을 맞춘다. 아울러 상대방과 같은 수법을 사용할 때 행태적인 요소들이 협상결과에 어떤 영향을 미치는가에 대해서도 관심을 갖는다.

이 분야의 처방적인 연구는 대칭성의 문제를 갖게 된다. 예를 들면, 완강한 사람이 유순한 행태를 갖는 사람을 상대방으로 하였을 경우에는 비교적 성공적일 수 있다. 그러면 누가 유순한 행태로 협상에 임하려고 할 것인가? 모두가 완강한 태도를 취하려고 할 것이다. 그런데 당사자들 모두 완강한 태도를 취하는 경우에는 단지 합의의 가능성만 줄어들 뿐이다. 즉 협상을 교착상태로 빠뜨릴 가능성만 높여 준다. 이 문제는 다른 요소들을 고려함으로서 해결의 실마리를 찾을 수 있다. 협상에는 당사자가 어떤 관계를 유지하는가에 따라서 결과적으로 분배되는 가치의 합이 변할 수도 있다는 점이 지적되어야 한다. 협상과정의 상호모색, 협상기술 등과 더불어 협상상황, 당사자의 자원 등도 작용하여 협상력이 결정되기 때문에 협상행태의 대칭성 문제는 다른 요소들과 더불어 종합적으로 고려되어야 한다.

5) 과정변수 접근법

과정변수 접근법은 상호작용과정을 중시하며 협상을 학습과정으로 보아 협상과정상의 변화에 초점을 맞추고 있다. 협상과정을 제안이나 행마의 수순과 이에 따른 응수로서 파악하고 이러한 과정의 발전단계에 초점을 맞추어 연구한다. 상호제안의 교환을 도전과 응전으로 보는 이 접근법은 단순한 초기상황이나 투입요소들로서 협상결과를 분석하거나 이해관계의 분석에 초점을 두어 효용을 주요 의사결정 척도로 다루는 접근법들의 한계를 인식하고 나온 것이다. 협상결과로서 나타나는 이해관계나 기댓값에 부여되는 효용이 초기 값으로 고정되어 있지 않고 협상과정에서 변하는 것이 더욱 현실적이라고 볼 때, 이 접근법은 당사자들의 효용이나 가치의 변화과정에 초점을 맞추어 협상을 미시적으로 분석한다는 점에서 그 나름의 강점을 지니고 있다.

어느 당사자가 일방적으로 강력한 요구를 통하여 협상타결 시 돌아오는 기대이익을 상승시키려고 하면 상대방의 양보 율에 따라 결정되는 협상의 타결시간을 연장시키게 될 가능성이 커진다. 또 갑자기 대폭적인 양보를 하게 되면 협상제안과 당사자의 신뢰성이 떨어지고 동시에 상대방도 자신의 요구를 가장할 가능성이 높아진다. 어떤 합의점으로 협상제안과 대응제안이 수렴되어가기 위해서는 양보 폭과 양보 율이 어느 정도 규칙성을 가져야 할 것이고 합의점에 대한 예측가능성을 가질 수 있어야 할 것이다.

협상 당사자가 이런 학습과정에서 상대방의 양보 율을 잘 감지하여 자신을 그

런 상호작용에 적응시키게 되면, 오히려 자신이 불리하게 될 가능성이 많다는 경험적 연구도 있다. 이런 양보행태가 이 접근법의 중요한 분석단위가 된다. 그런데 이러한 행태가 협상의 국면에 따라 달라지기도 한다는 점이 협상연구를 복잡하게 만들고 있다.

6) 내용분석 접근법[18]

다른 어떤 기법보다도, 내용분석이 국제협상의 체계적인 연구에 중요한 역할을 해왔다. 이것은 "객관적이고 체계적으로 확인된 특정한 메시지의 성격을 가지고 추론하는 기법"으로 정의된다.[19] 이것은 분석가들이 다양한 맥락을 통해서 의사소통의 내용을 비교 가능하게 하며, 서면이나 구술이나 어떤 의사소통에도 적용할 수 있다. 이 기법은 협상의 기록을 서류화 하는데 적합하며, 다양한 사례연구에 사용되어 왔다. 다른 측정 가능한 기법과 마찬가지로, 내용분석은 연구의 설계에서 그 의미를 추출한다. 기법은 이론, 자료수집, 분석 그리고 해석의 통합을 확실하게 하는 설계의 한 부분이다(Holsti, 1969, p.27). 설명과 추론 간의 특징이 내용분석이 사용되는 목적의 다양성을 요약하고 있다. 협상과 숨겨진 의도 사이에 만들어지는 의사소통 간의 관계는 예를 들어, 인터뷰 같이 다른 배경의 협상가들에 의해 만들어진 이야기에 의해서 가끔 확인된다. 협상의 측정은 독립변수(시간 1에서 협상가 A에 의한 이야기)와 종속변수(시간 2에서 협상가 B에 의한 이야기)에 의해서 평가되곤 한다. 반면에 A와 B의 다른 이야기는 의도(관찰된 협상행동에 대한 설명)를 추론하는데 사용된다. 모든 사회과학 기법들에서 내용분석의 주된 이슈는 추론의 타당성이다. 이슈는 정확도와 의미 간의 교환조건으로 이해할 수 있다. 신뢰성을 강화하기 위해서 코더 간의 합의를 극대화하려고 시도하면, 평가되는 개념의 왜곡을 초래해서 타당성으로부터 멀어진다.

내용분석은 동일한 사례에서 다른 곳에서 벌어지는 협상가의 행동을 비교하거나, 복잡한 협상에서 동일한 기간 동안에 발생하는 토론이나 과정의 차이를 비교

18) Druckman, D., & Hopmann, P. T. "Content Analysis." In Kremenyuk, V. A. (ed.). International Negotiation: Analysis, Approaches, Issues. 2nd ed., San Francisco: Jossey-Bass, 2002.

19) Holsti, O. R. "Foreign Policy Formation Viewed Cognitively." In Axelrod, R. (ed.), Structure of Decision. Princeton, N.J.: Princeton University Press, 1976.

하는데 특히 유용하다. 이 방법론은 경험이나, 현장에서 관찰되는 것과 같은 모의협상에서 관찰되는 과정을 비교하는데 또한 유용하다. 그런 비교는 자료를 축적하고 개발을 가능하도록 해서 협상행동의 이론을 새롭게 하는데 기여한다. 내용분석 접근법의 진보는 시간과 노동력이라는 비용의 함수이다. 또 다른 비용은 정보의 유용성이다. 많은 중요한 논의들이 사적이고, 기록되지 않거나 대화에 관한 메모로 분류되어 왔다. 정부가 협상의 자료에 관하여 좀 더 공개적인 정책을 편다면 아마 이런 문제들은 줄어들게 될 것이며, 내용분석을 통한 협상연구가 협상이론의 발전에 크게 기여하는 전환점이 될 것이다.

요약

협상의 학문적 연구는 경제학, 집단협상, 국제외교에서 시작되었지만, 1965년 *A Behavioral Theory of Labor Negotiations*의 출판이후 짧은 시간에 다양한 학문 분야로 눈부신 발전을 거듭하고 있다. 협상의 학문은 이론의 개발이 즉시 실무에 영향을 미치고, 실무의 피드백이 곧 이론의 연구에 영향을 미치는 특성을 지닌다. 그리고 현대는 조직과 기술의 발전 및 글로벌화의 진전으로 협상의 환경이 급격하게 변화되고 있다. 따라서 이런 변화가 교육의 범위를 확대시키고, 다시 학문적인 연구의 범위를 확장하고 있기 때문에, 교육자는 물론이고 학생도 이론의 변화와 새로운 실무의 방향에 세심한 주의를 기우릴 필요가 있다. 협상은 또한 삶 자체를 포괄하면서 다양한 분야를 다루기 때문에, 학문의 분야별로 다양한 접근법을 가질 수 있으며, 어떤 협상도 동일한 상황을 다루지 않기 때문에, 하나의 원칙이나 기술이 모든 협상에 동일하게 적용되지 않음을 이해하여야 한다.

제2부

협상의 유형

제3장 분배적 협상

학습 목표

- 분배적 협상의 개념에 대한 이해
- 합의가능영역(ZOPA)의 개념과 활용에 대한 이해
- 가치청구(Value Claim)의 개념과 방법에 대한 이해
- 협상의 목표와 저항 점의 사용에 대한 이해
- 협상의 제안과 태도의 적정성에 대한 이해
- 협상에서 양보의 사용과 방법에 대한 이해
- 협상에서 언약의 정의와 사용에 대한 이해
- 협력과 경쟁의 역동성에 대한 이해
- 죄수의 딜레마에 대한 이해와 해결방법의 모색
- 사회적 딜레마에 대한 이해와 해결방법의 모색
- 분배전략 및 전술의 내용과 사용에 대한 이해

1. 분배적 협상의 개념

협상은 과정의 진행방법과 결과의 배분방법에 따라서 분배적 협상과 통합적 협상으로 구분할 수 있다. 분배적 협상은 일방승리, 일방패배 식의 협상을 의미하는데, 당사자 간의 관계가 기본적으로 경쟁적이어서 어느 일방이 이익을 보는 만큼 상대방이 손해를 보게 된다. 예컨대 가치의 크기가 고정되어 있는 상황에서 서로 더 가지려고 협상을 벌이는 경우가 바로 이 유형에 속한다. 협상가들은 분배적인 상황에서 경쟁에 이기려고 상대방을 공격하거나 고정된 몫에서 최대한 많은 것을 얻으려는 자극을 받는다. 협상가들은 이런 목표를 달성하기 위해서, 통상 승－패의 전략과 전술을 채택한다. 분배적 협상이라고 불리는 이런 접근이 주어진 상황에서 단지 한 사람의 승자가 있다는 사실을 받아들이고, 승자가 되기 위해서 일련의 행동을 추구한다. 이 협상의 목적은 무엇이든 보상을 청구하거나 가능한 한 최대의 몫을 얻으려고 노력하는 가치청구(Value Claiming)이다.[1)]

분배적 협상은 당사자 간에 나누어 가질 가치의 양이 고정되어 있는 상황을 전제로 하는데, 이런 경우의 사례는 주택의 매매나, 중고자동차의 매매와 같이 가격이라는 단일 이슈를 가진 거래에서 일반적이다. 결국 분배적 협상의 주된 초점은 제한된 자원에 대해 누가 얼마만큼의 몫을 가질 것인가에 있다. 일방이 많이 가져가면 상대방은 조금 가지게 된다. 양측이 공평하게 반씩 가질 수도 있지만, 일방이 모두 가져갈 수도 있다. 그러나 협상의 당사자들이 목적을 달성하는가의 여부는 그들이 사용하는 전략이나 전술에 달려있다.[2] 어느 경우에도 나누어 가질 몫이 있을 때 거래는 성사될 수 있다. 협상에서 이렇게 나누어 가질 수 있는 몫이 잉여가치이다. 그리고 이런 잉여가 존재하는 영역을 합의가능영역(ZOPA, zone of possible agreement)이라고 한다. 이런 합의가능영역이 어떻게 존재하는지를 보기위해 단순한 중고자동차매매 거래를 사례로 보겠다.

[그림 3-1]에서 판매자가 이 중고자동차를 팔기위한 최저가격은 1,100만원이다. 그리고 구매자가 이 자동차를 사기 위해 지불하고자 하는 최대가격은 1,500만원이다. 협상에서는 이렇게 최저가격 또는 최대가격이 위치하는 지점을 저항 점(resistance point) 또는 유보 점(reservation point)이라고 부른다. 그리고 판매자의 저항 점과 구매자의 저항 점이 겹쳐지는 부분이 합의가능영역이다. 물론 판매자나 구매자는 자신의 저항가격을 노출하지 않기 때문에 이 거래의 합의가능영역은 눈에 보이지 않고 얼마만큼의 규모인지도 알 수 없다. 양측은 이미 거래의 경험이 많기 때문에 자신들의 저항가격보다는 훨씬 높은 곳에서 거래를 시작한다.

---

1) Lax, D., & Sebenius, J. The Manager as Negotiator: Bargaining for Cooperation and Competitive Gain. New York: Free Press, 1986.

2) Walton, R. E., & McKersie, R. B. A Behavioral Theory of Labor Negotiations: An Analysis of a Social Interaction System. New York: McGraw-Hill, 1965.

[그림 3-1] 합의가능영역(ZOPA)

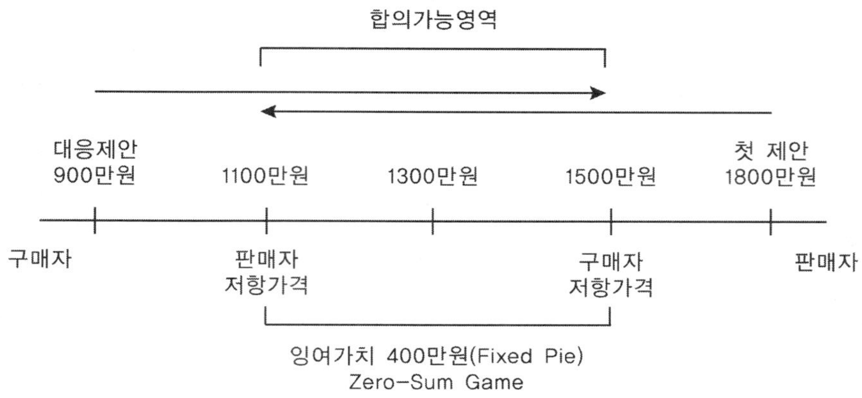

[그림 3-1]에서 판매자는 처음에 1,800만원을 판매가격으로 제안하였고, 구매자는 그에 대응해 900만원을 구매가격으로 제안하였다. 협상에서는 이를 첫 제안과 대응 제안이라고 한다. 이 거래에서 판매자는 1,100~1,800만원까지의 협상범위를 가지고 있으며, 구매자는 900~1,500만원까지의 협상범위를 가지고 있다. 이런 단 한번으로 끝나는 거래에서의 가치는 가격이라는 경제적 가치에 국한된다. 협상의 당사자들은 그 경제적 가치의 취득을 극대화하기 위해서 가치청구에 몰두하게 되고, 협상가들은 협상의 진행에 따라서 그 고정된 가치가 점점 줄어들어 감을 인식하면서 분배를 위한 경쟁으로 빠져들게 된다. 만약 판매자의 저항점과 구매자의 저항 점이 겹쳐지지 않는다면 그 거래의 합의가능영역은 없는 것이다. 따라서 합의가능영역이 없는 분배적 상황에서 협상을 계속하는 것은 시간낭비가 될 가능성이 있다. 결국 분배적 협상의 요점은 자신의 저항 점을 어떻게 정하고, 상대방의 저항 점은 어디인가를 찾아내는 것이며, 그렇게 해서 찾아낸 협상의 잉여를 어떤 기술을 사용해서 최대한 많이 취하는 가에 달려 있다.

1) 목표와 저항 점

협상에서 자신의 목표와 저항 점을 분명히 하는 것이 중요한 만큼, 상대방의 목표와 저항 점에 대한 정보를 얻는 것이 중요하다. 협상가는 이 과업을 달성하기 위해서 두 개의 경로를 사용할 수 있다. 하나는 이슈의 뒤에 있는 배경 요소들에 관하여 간접적으로 정보를 얻는 것이고, 다른 하나는 상대방으로부터 직접 그들의 목표와 저항 점에 관하여 정보를 얻는 것이다.

사람들은 많은 잠재적 요소들에 기초해서 저항 점을 정한다. 저항 점을 판단하기 위한 간접적인 평가는 사람들이 목표와 저항 점을 결정하기 위해서 무슨 정보를 사용하며, 이 정보를 어떻게 해석하는가를 의미한다. 예를 들어, 노사협상에서, 경영진은 노조의 협상태도나 파업자금의 규모에 의해서 노조가 파업할 의지가 있는지 없는지를 추론할 수 있다. 노조는 상품재고의 규모나 회사제품에 대한 시장조건 또는 근로자중 노조원의 비율에 의해서 회사가 파업을 견뎌낼 수 있는지 없는지를 결정한다. 자동차 구매자는 판매회사의 신차 재고량을 검토할 수 있으며, 자동차 판매에 관한 신문 광고를 참고할 수도 있고, 소비자 구매안내서에서 특정한 차의 인기순위를 읽고 평가할 수 있다.

다양한 정보의 원천들이 상대방의 저항 점을 평가하는데 사용될 수 있다. 사람들은 관찰할 수 있고, 이용·가능한 서류나 발간물을 이용할 수 있고, 전문가의 의견을 들을 수도 있다. 그러나 이것들은 간접적 척도라는 점이 중요하다. 사람들은 주어진 자료를 매우 다르게 해석할 수 있다. 대규모의 신차 재고를 가지고 있다는 것은 판매상의 가격인하 의지를 읽을 수 있으며, 구매자는 가격인하를 기다릴 것이다. 그러나 판매상은 시장이 곧 바뀔 것으로 기대하고, 대규모 판매촉진 캠페인을 시작해서 구매자의 기대를 꺾을 수 있다. 간접측정은 상대방이 결국 직면하게 될 현실을 반영할 수 있는 가치 있는 정보를 제공한다. 그러나 중요한 것은 같은 정보라도 사람에 따라서 다르게 해석하고 평가할 수 있다는 사실이다.

협상에서 상대방은 통상 자신의 목표나 저항 점, 기대에 관하여 정확한 정보를 노출하지 않는다. 그러나 가끔은 상대방이 정확한 정보를 제공할 수 있다. 상대방은 빠른 결정이 필요할 때나, 절대적인 한계점으로 밀릴 때, 사실을 분명하게 설명한다. 만약 임금 수준이 어떤 점을 넘어서면 회사가 적자가 된다고 회사의 경영진이 믿는다면, 그들은 절대적인 한계를 분명하게 설정할 수 있고 그것이 어떻게 결정되었는지를 설명할 것이다. 이런 상황에서 정보를 노출하는 당사자는, 상대방이 제공된 그 정보를 협상 계략이라기보다는 진실로 보고, 제안된 내용이 결정범위 내에 있으면 수용할 것이라고 믿는다.

그러나 대부분의 경우에, 상대방은 그렇게 협력적이지 않으며, 직접정보를 얻

는 방법은 더 복잡하다. 국제외교에서는 다양한 수단들이 정보를 얻기 위해 사용된다. 정보의 원천들이 양성되거나 메시지가 도청되며, 코드가 해독된다. 노사협상에서, 회사는 정보제공자를 가지고 있고, 노조 회의실은 도청될 수 있으며, 노조는 경영진으로부터 정보를 수집하는 회원을 가지고 있다. 추가적인 접근은 상대방을 화나게 해서 폭발하게 하거나, 상대방이 가치 있는 정보를 노출하도록 압력을 가하는 것이다. 협상가들은 또한 상대방이 실제로 원하는 것을 노출시키기 위해서 분개하게 하거나 화가 나도록 조금씩 접근하면서 자극하기도 한다.

2) 제안(offer)과 태도

협상을 시작할 때, 협상가들은 난처한 문제에 직면한다. 시작 제안을 어떻게 해야 할까? 제안이 상대방에 의해서 너무 낮게 보일까, 아니면 너무 높게 보일까? 혹시 경멸스럽게 거절되지는 않을까? 상대방에 의해서 온건하게 보이는 제안은 아마 더 높일 수 있었거나, 전략적으로 더 많은 여지를 남길 수 있었을 것이다. 시작 제안이 저항 점에 가급적 더 가까워야만 하는 것인가? 이런 의문들은 협상가가 상대방의 한계와 전략에 관하여 더 많이 알 때 덜 난처해진다. 상대방에 대한 지식은 협상가들이 시작 제안을 하는데 도움이 되지만, 정확하게 무엇을 해야 할지는 말해주지 않는다.

Adam Galinsky and Thomas Mussweiler(2001)[3]의 연구는 협상에서 첫 제안을 하는 것이 협상가들에게 이점이 있음을 제시한다. 첫 제안은 특히 대안적 협상결과가 고려되지 않을 때, 협상을 고정시킬 수 있다. 그러나 협상가들은 자기 자신의 목표나 상대방의 저항 점에 집중함으로서 첫 제안효과를 좌절시킬 수 있다.

근본적인 의문은 시작 제안이 과장되어야 하는가, 아니면 적정해야 하는가이다. 연구는, 과장된 시작 제안을 하는 협상가들이 낮거나 적정한 시작 제안을 하는 협상가보다 더 높은 결과를 얻음을 보여준다. 과장된 시작 제안이 장점이 되는 두 가지의 이유가 있다. 첫째, 그것이 협상가들이 움직일 수 있는 여지를 만들어서 상대방의 우선순위를 알 수 있는 시간을 제공한다. 둘째, 과장된 시작 제안은 분석용 메시지로 작용해서, 상대방의 마음에 ① 합리적인 결과를 얻을 때까지

3) Galinsky, A. D. & Mussweiler, T. "First offers as anchors: The role of perspective-taking and negotiator focus." Journal of Personality and Social Psychology, 81 (4), 2001, pp.657-669.

오래 걸리겠구나, ② 양측의 시작 입장 사이의 간극을 메우기 위해서는 원래 의도한 것보다 더 큰 양보를 해야 되겠구나, ③ 상대방의 저항 점을 잘못 예측했구나, 하는 인상을 남길 수 있다. 또한 두 개의 단점도 있는데, ① 상대방에 의해서 간단하게 거절될 수 있으며, ② 의사소통의 태도가 거칠어서 상대방과의 장기관계를 해칠 수 있다. 제안이 더 과장될수록 상대방에 의해서 거절될 확률은 더 커진다. 그럼으로, 과장된 시작 제안을 하려는 협상가는 만약 상대방이 거래를 거부할 경우, 선택할 수 있는 대안을 가지고 있어야만 한다.

분배적 협상을 시작할 때 두 번째로 고려해야 할 점이, 협상을 진행하면서 취해야 할 태도나 자세이다. 경쟁적이어야 할까, 아니면 협력적이어야 할까? 어떤 협상가들은 호전적인 자세를 취하거나, 공격적인 입장이나 제안을 하고, 심지어는 상대방의 인격까지 공격한다. 그에 대한 대응으로, 상대방도 최초의 자세를 똑 같이 할 수 있다. 상대방이 비록 직접적으로 공격적인 자세를 취하지 않더라도, 따뜻하거나 열린 자세로 대응하지는 않을 것이다. 어떤 협상가들은 온건하고 이해하려는 입장을 취한다. 상대방의 대응이 거울처럼 똑 같지는 않을지라도, 온건한 태도에 영향을 미칠 가능성은 있다.

협상가들은 자신들의 시작 자세와 이어지는 양보의 신호로 보내려는 메시지에 관해 주의 깊게 생각해야 한다. 왜냐하면, 협상가들은 협상에서 분배적 전술에 비슷하게 대응하려는 경향이 있기 때문이다.[4] 그래서 협상가들은 시작 제안과 이어지는 양보에 관해 상대방에게 보내려는 신호가 무엇인지 의식적인 결정을 해야만 한다.

효과적인 의사소통을 위해서, 협상가들은 제안과 태도에 관해 일관성 있는 메시지를 보내야 한다. 합리적인 협상의 입장은 통상 친근한 자세와 어울리고, 과장된 협상 입장은 거칠고 더 경쟁적인 자세와 어울린다. 갈등상황에서, 초기에 공격적인 제안과 태도로 메시지를 보낼 때, 상대방은 메시지를 해석하고 답장을 보내는데 혼란스러움을 발견할 것이다.

---

4) Weingart, L. R., Prietula, M. J., Heider, E. B., & Genovese, C. R. "Knowledge and the sequential process of negotiation: A Markow Chain analysis of response-in-kind." Journal of Experimental Social Psychology, 35, 1999, pp.366-393.

3) 양보

첫 제안은 통상 대응 제안을 만나게 되며, 이 두 제안이 최초의 협상범위를 결정한다. 가끔은 상대방이 대응 제안을 하지 않고 첫 제안을 수용할 수 없다고 말하면서, 좀 더 합리적인 제안을 하라고 요구한다. 어떤 경우에도, 첫 번째 제안 이후에 이어지는 의문은, 무슨 행동과 양보를 해야 되는가 이다. 협상가들은 원래의 입장을 유지하면서 아무것도 안 하고 그대로 있거나, 어떤 양보를 할 수도 있다. 만약 양보가 이루어진다면, 얼마나 크게 해야 하는가? 첫 양보가 당신이 어떻게 진행할 지에 관해 상대방에게 상징적인 메시지를 전달할 수 있음에 주의해야 한다.

첫 제안, 첫 태도, 그리고 첫 양보가 협상의 시작에서 당사자들이 의도하는 협상의 방법을 의사소통하는데 사용할 수 있는 요소들이다. 과장된 첫 제안, 단호한 첫 태도, 그리고 매우 작은 첫 양보가 강경한 입장의 신호이며, 온건한 첫 제안과 합리적이고 협력적인 첫 태도, 그리고 합리적인 첫 양보가 기본적으로 유연한 상태의 의사소통이다. 협상가들은 강경한 입장을 취함으로서, 최종 협상결과를 극대화할 수 있도록 자신들에게 유리한 협상범위를 설정하려고 시도한다. 강경함은 또한 양보가 너무 빈약해서 상대방이 항복하거나 생각보다 빨리 결정할 수 있는 분위기를 만들 수 있다. 강경함은 또한 상대방에 의해서 되돌아오는 매우 현실적인 가능성이 있다. 상대방은 타협하지 않거나 싫어하거나 완전히 철수할 수도 있다.

사실상, 유연한 입장을 취해야 할 좋은 이유가 있다. 협상에서 서로 다른 태도를 취할 때, 상대방의 목표에 관해 알 수 있고, 상대방이 다른 제안을 대하는 방법을 관찰함으로서 가능성을 짐작할 수 있다. 협상가들은 더 좋은 합의를 희망하면서 전투적인 관계보다는 협력적인 관계를 맺길 원한다. 유연성은 상대방이 합의의 가능성을 더 믿을 수 있도록 협상의 진행을 유지한다.

4) 언약(Commitment)

분배적 협상에서 상대방의 행동을 유도하거나 제약하기 위해서 사용하는 방법 중의 하나가 언약이다. 언약의 정의 중 하나는 미래의 행동에 대해 명백하거나 모호한 언질이 있는 협상의 입장을 취하는 것이다.[5] 하나의 예로서, 선수의 대리인이 프로스포츠 팀의 경영진에게 "만약 원하는 만큼의 연봉이 아니면, 내 선수는 다음 시즌에 뛰지 않을 겁니다." 라고 한다면, 이 행동이 협상가의 협상 입장과 미래 행동의 언질을 정의한다. 언약의 목적은 행동가의 의도된 행동경로에 대해 모호하게 움직이는 것이다. 언약을 함으로서, 협상가는 자신의 의도가 이 행동의 경로를 취할 것이라는 신호를 보낸다. 협상가는 이 목적을 추구하기 위해서 "만약 당신도 마찬가지로 당신의 목표를 추구한다면, 우리는 직접 갈등에 처하게 될 것이고, 우리 둘 중 하나는 이기거나 둘 다 목표 달성을 못하게 될 겁니다." 라고 말할 것이다. 언약은 또한 상대방의 옵션을 축소한다. 그것은 상대방의 선택 범위를 축소해서 제약되도록 설계된다.

언약은 상대방에 의해 가끔 위협으로 해석된다. 만약 상대방이 따르지 않거나 포기하지 않으면, 어떤 부정적인 결과가 발생할 것이다. 어떤 언약은 위협이 될 수 있지만, 어떤 것은 상대방에게 상호간의 재앙을 피하기 위한 책임을 떠넘기려는 단순하게 의도된 행동의 상태이다. 다른 나라를 침략하려고 공개적으로 성명을 내는 국가는 대담하고 극적인 언약을 하는 것이다. 이런 성격 때문에, 언약은 통상 이어지는 행동을 요구하는 상태이다. 결과를 예고하는 협상가와 협상에서 그들이 원하는 것을 얻는데 실패한 협상가가 언약에 따른 행동을 하지 않는다면, 그 협상가는 미래에 믿음을 상실할 것이다. 공개적으로 행한 언약에 후속 조치를 하지 않는다면 그 협상가의 이미지는 손상된다. 그럼으로, 협상가가 일단 언약을 하면, 그것을 지키려는 강한 동기가 생긴다. 상대방도 이것을 이해하기 때문에, 일단 상대방이 가능하다고 믿으면 언약은 강력한 효과를 발휘한다.

언약 사용의 전술적 고려

많은 도구들처럼, 언약도 양날의 칼이다. 언약은 이점을 얻기 위해 사용될 수도 있지만, 협상가를 특정한 입장에 고정시킬 수도 있다. 언약은 어떤 행동을 위한 유연성을 제공하지만, 만약 새로운 입장으로 움직이기를 원한다면 어려움이 될 수도 있다. 예를 들어, 당신이 행동의 경로를 언약한 후에, 다른 입장이 더 바람직하다는 추가적인 정보를 발견한다고 가정해보자. 그 정보는 당신이 상대방

5) Walton, R. E., & McKersie, R. B., 1965.

의 저항 점이라고 예측한 것이 잘못되었음을 보여주고 있으며, 실제로 부정적인 협상범위이다. 그것은 언약을 한 후에 입장을 바꾸는 것이 바람직하고 필요하다는 것이다. 이런 이유들 때문에, 언약을 할 때는 우발상황에서 적절하게 빠져나올 수 있는 계획도 세워야 한다. 원래 언약이 효과적이 되기 위해서는, 우발상황의 계획은 비밀이어야 한다. 언약은 당신이 사용함으로서 유용할 수 있지만, 상대방이 사용하는 것을 막는 것도 이득이 될 수 있다. 만약 상대방이 언약의 입장을 취해야만 한다면, 그에게 한 가지 이상의 방법을 열어 놓도록 하는 것이 도움이 된다.

언약은 ① 고도의 결말, ② 고도의 특정, ③ 분명한 결과의 상태 등 세 가지 속성을 가지고 있다. "우리는 다음 계약에서 10%의 양적 할인을 요구합니다. 그렇지 않으면 다음 달에 다른 공급자와 계약할 겁니다." 라고 구매자가 말한다면, 여기에는 결말(다음 계약)과 특정(10%의 양적 할인), 그리고 그것이 되지 않을 경우의 결과의 상태(다른 공급자와 계약)가 모두 전달되고 있다. 이런 언약을 만드는 방법에는 다음과 같은 몇 가지가 있다.

➢ **공개 선언** : 언약의 상태는 더 많은 사람들이 알 때 잠재력이 증가한다. 협상에서 어떤 당사자는 그들이 원하는 것이 무엇이고, 만약 그것이 성취되지 않으면 일어날 일에 대하여 기자회견을 하거나 신문에 공고를 한다. 이런 상황에서, 더 많은 청중이 있다는 것은 언약이 변경될 가능성이 줄어든다.

➢ **외부와의 연계** : 언약을 강하게 하는 또 다른 방법은 외부의 동지와 연계하는 것이다. 개별기업의 노사협상에서 불만족한 노조가 산별노조와 연대하는 것은 표준적인 결과를 얻기 위해 연합하는 것이다. 이런 과정의 변화는 협상가들이 선언한 언약을 깨기 어렵게 하는 조건을 만들 때 발생한다.

➢ **요구에 대한 관심의 증가** : 많은 일들이 언약 상태에 대한 관심을 증가시키기 위해서 행해진다. 만약 대부분의 제안과 양보가 구두로 행해졌다면, 언약의 관심을 끌기 위해서 성명서가 쓰여 진다. 성명이 발표되고 나면, 다른 크기와 색깔의 형태로 또 다시 만들어지고 발표된다. 상태를 현저하게 만들기 위해서는 반복이 가장 강력한 수단이다. 다른 의사소통 수단을 통해서 언약을 전달하는 것도 상태를 강력하게 만든다.

➢ **위협과 약속의 강화** : 위협을 할 때는 그것이 너무 지나칠 위험이 있다. "쌀과 비료를 즉시 주지 않으면, 서울을 불바다로 만들겠다." 라고, 너무 강하게 표현하는 것은 위협이라기보다는 약하거나 바보처럼 보일 수 있다. 길고 세세한 성명은 과장되게 보이는 반면, 간단하고 직접적인 요구나 조건 또는 결과가 더 효과적이다.

언약의 입장으로부터 오는 협상가의 모든 장점은 상대방이 언약을 할 때 반대의 결과가 된다. 그래서 상대방이 언약하는 것을 막는 노력이 중요하다. 사람들은 화가 나거나 한계상황으로 밀리는 느낌을 받을 때 가끔 언약의 입장을 취한다. 이런 언약은 가끔 계획 없이 양측에 불이익을 초래할 수 있다. 결론적으로, 협상가들은 상대방의 초조함, 화남, 흥분 등에 상당한 주의를 기울여야 한다.

2. 협력과 경쟁

협상에서 가장 중요한 화두 중의 하나는 협력과 경쟁을 어떻게 관리할 것인가에 관한 것이다. 협력하는 것이 좋은가, 경쟁하는 것이 좋은가? 언제 협력하고, 언제 경쟁해야 할까?

협력은 믿음의 태도, 도움을 주려는 자세, 의사소통의 공개성, 신뢰와 친절한 태도, 공통의 이해관계에 대한 민감성, 상반되는 이해관계의 경감, 상호 협상력 강화의 지향 등에서 인식된 유사성에 의해 유도된다. 비슷하게, 경쟁은 상호간의 협상력 차이를 강화하려고 시도하는 강압적인 전술, 위협, 속임수의 사용과 빈약한 의사소통, 가치관의 유사성 최소화, 상반되는 이해관계의 민감성, 의심과 적대적인 태도, 갈등 이슈의 중요성과 경직성 등에 의해 유도된다.

협력과 경쟁의 가장 중요한 함의는, 협상에서 협력적이거나 승－승(win-win)을 지향하는 것이 건설적인 해결을 크게 촉진한다는 것이다. 반면에 경쟁적이거나 승－패(win-lose)의 지향은 건설적인 해결을 방해한다. 만약 당신이 어떤 문제의 해결을 위해 사회적 지원을 얻을 수 있다면 상호승리의 태도를 개발하고 유지하는 것이 더 쉬운 일이다. 그런 사회적 지원은 친구나 동료, 대중매체나 공동체로부터 올 수 있다. 적대적인 환경에서 상호승리의 태도를 지니는 것은, 사회적 네

트워크의 한 부분이 되거나 비슷한 지향성을 지닌 집단의 일원이 되는 것 같이 가치 있는 일이다.

상대방과 협력적인 관계를 유지하는 사람은 더 긍정적인 상호의존의 특성을 보이면서 다음과 같은 효과를 만들어낸다.

- 효과적인 의사소통이 가능하다. 아이디어가 이야기되고 집단의 구성원들은 서로 친절하게 대하며, 다른 사람의 생각을 수용하고 그들에게 영향을 미친다. 그들은 다른 사람을 이해하거나 대화하는 것이 어렵지 않다.
- 대화에서 친근감과 유익함이 표현되고 상대방을 방해하지 않는다. 구성원들은 집단에서 더 만족스럽고 해결책은 다른 동료의 기여로 더 인상적이 된다.
- 협력적인 집단에서는 동등하게 노력하고 노동력을 분할하며, 과업성취 지향적이고 토론에 질서가 있으며, 높은 생산성이 이루어진다.
- 협력적인 집단에서는 자기 자신의 생각에 자신감을 갖는 것과 마찬가지로 다른 사람의 생각에 동의한다는 느낌이 있고 믿음과 가치에서 기본적으로 비슷하다는 감을 받는다.
- 지식이나 기술, 자원과 같은 상대방의 능력이 강화되면서 자신의 능력도 강화된다. 능력이 강화되는 것은 상대방은 물론 자신에게도 가치 있는 것이다.
- 상충되는 이해관계를 협동적인 노력으로 해결해야 될 상호간의 문제로 정의하는 것은 서로의 이해관계에 대한 공정성의 인식과 모든 사람의 욕구에 부합하는 해결책을 찾아야 할 필요성을 촉진한다.

반대로, 경쟁적인 특성을 보이는 사람은 갈등해결이나 협상의 과정에서 그 반대의 효과가 있다.

- 갈등 당사자들은 거짓 약속이나 아첨 전술, 잘못된 정보로 상대방을 유도해서 이점을 얻으려 하기 때문에 의사소통은 손상된다. 그들은 서로의 의사소통이 정직하거나 유익하다고 신뢰하지 못하기 때문에 점점 무익해진다.
- 방해와 무익함이 서로 부정적인 태도를 취하게 하고 서로의 의도를 의심한

다. 상대방에 대한 인식은 그 사람의 부정적인 면에 초점을 맞추는 경향이 있다.

- 당사자들은 일을 분업할 수 없으며 서로의 노력은 중복된다. 만약 그들이 일을 분업하게 되면, 상대방이 계속 일하고 있는지 점검할 필요를 느끼게 된다.
- 부동의의 반복되는 경험과 아이디어의 심각한 거부가 상대방은 물론 자신의 자신감도 줄인다.
- 갈등 당사자들은 자기 자신의 힘을 강화하려 하고 상대방의 힘은 약화시키려 한다. 상대방의 힘이 증가하는 것은 자신을 위협하는 것으로 본다.
- 경쟁적인 과정은, 갈등의 해결책이 단지 상대방에게만 부과될 수 있다는 관점을 자극한다. 이 관점은 물리적이고 심리적인 위협과 같은 강압적인 전술을 사용하도록 만든다. 이것은 서로가 힘과 정당성에서 우위에 서려고 하기 때문에 갈등하는 이슈의 범위를 확장하는 경향이 있다. 갈등은 힘겨루기나 도덕적 원칙의 문제가 되고 더 이상 정해진 시간과 장소에서 특정한 이슈에 한정되지 않는다. 갈등의 확대는 참가자에게 자극적인 중요성을 증가시켜서 제한적인 패배나 상호간의 재앙을 만들 수 있다.

갈등해결이나 협상에서 건설적인 과정은 문제해결의 협력적인 과정과 비슷하고, 파괴적인 과정은 경쟁적인 과정과 비슷하다. 그래서 협력적인 과정이 상호이익과 만족, 관계의 강화, 긍정적인 심리적 효과와 같은 좋은 결과를 산출하게 되는 반면에, 경쟁적인 과정은 물질의 손실과 불만족, 관계의 악화, 부정적인 심리적 효과를 만들게 된다. 이와 같이 협력이 모든 면에서 경쟁보다 좋은 결과를 초래함에도 불구하고, 현실 사회에서는 왜 협력이 어렵고 경쟁과 위협 그리고 배신이 난무하는 것일까?

이런 현실의 문제를 경험하기 위해서 다음의 시뮬레이션을 연습한다. 이 시뮬레이션에서는 협상에 참여하는 행위자들이 협력할 때 얻을 수 있는 결과와 경쟁할 때 얻을 수 있는 결과가 알려져 있다. 당연히 협력할 때의 결과가 더 좋으며 참가자들은 그렇게 하도록 권장되지만 어쩔 수 없이 경쟁으로 빠져들면서 더 나쁜 결과를 초래한다. 일단 경쟁으로 빠져든 참가자들은 나쁜 결과를 인식하고 협

력으로 전환하고 싶지만 상대방에 대한 불신으로 인해 협력으로의 전환이 어렵다. 경쟁전략을 취한 참가자 중에는 협력스타일의 상대방을 만나서 일시적으로 상당한 이득을 얻는 경우도 있지만, 결국에는 상대방이 경쟁스타일로 전환함으로서 결과적으로는 모두가 좋지 않은 결과를 얻게 된다.

1) 시뮬레이션 : Pricing

이 게임은 두 팀이 죄수의 딜레마 상황에서 다수 라운드의 입찰가격을 결정하는 연습이다. 게임은 8라운드 동안 진행되며, 사전설명 10분, 팀별 준비 10분, 게임의 진행과 토론을 합해서 1시간이 적당하며, 팀은 4~6명으로 구성한다. 각 팀은 라운드별로 입찰을 하고, 결과는 매회 공표된다. 따라서 각 팀은 입찰의 결과로 획득한 점수를 즉시 알 수 있다. 이어지는 다음 입찰의 준비를 위해서 각 팀은 입찰가격을 변경할 것인지, 그대로 유지할 것인지를 팀원 회의를 통해서 결정해야 한다. 그리고 게임 진행자의 지시에 따라서 바로 다음 입찰이 진행되며, 상황은 전과 동일하다. 게임 진행자는 라운드 중간에 시장상황의 변동을 공표하고 입찰로부터 얻어지는 결과를 일시적으로 변경할 수 있다. 이렇게 하는 것은 각 팀이 상황의 변화에 따라 변경되는 대응과 그 결과를 참가자들에게 연습을 통해 알게 하고자 함이다. 게임 진행자는 또한 각 팀의 대표자 간 미팅을 주선할 수 있다. 이것은 경쟁으로 치닫는 상황을 대화를 통해서 협력으로 전환할 수 있는 기회를 주는 것이다. 그러나 그 결과가 곧 협력으로 나타나지 않음을 참가자들은 알게 될 것이다. 이 경우 대표의 약속은 거짓이 되고, 대표는 신뢰를 잃게 된다. 그래서 대표는 자신의 평판을 유지하기 위해서 최대한 팀원들의 동의를 이끌어내야 한다. 그러나 최선을 다해 약속을 지키는 순간, 상대방으로부터 배신이라는 선물을 받을 수 있다. 이 시뮬레이션은 단순하지만, 다양한 학습의 관점을 지니고 있다. 우선 4~6명으로 구성된 팀 활동을 통해 팀 내의 의사소통과 의사결정하는 방법, 대표의 책임과 리더십, 대표의 대외적인 약속과 그 이행(또는 불이행)에 따른 신뢰와 평판의 중요성에 관해 배울 수 있다. 또한 협상을 위한 목표의 수립과 이 목표의 달성을 위한 전략을 설계하고 실행하며 상대방의 반응에 따라 전략을 변경하는 방법, 상대방과 무언의 의사소통을 실행하고 상대방의 의도를 파악하며 대응하는 방법, 그리고 협력과 경쟁의 차이점, 경쟁으로 빠져드는 이유, 경쟁을 협력으로 유도하기 위한 방법 등 협상을 배우고 실행하기 위해 생각하고 갖추어야 할 내용들을 다룬다는 점에서 가치가 높다.

입찰 정보

현대와 미래의 두 기업은 배럴당 10$ 미만의 가격에서 석유를 생산한다. 한국은 많은 양의 석유를 소비하는 나라이기 때문에, 석유를 안정적으로 구입하기 위해 산유국에 유정을 가지고 있는 현대와 미래로부터 모든 석유를 구입하고 있다. 최근에 현대와 미래 두 회사는 배럴당 $20의 가격에서, 한국에 석유를 판매하고 있다. 그들 양쪽이 같은 가격에 판매하는 한, 그들은 한국 시장의 약 절반을 점유한다. 만약 한 쪽이 상대편보다 더 낮은 가격에 판매한다면, 그것은 상대방의 희생을 대가로 자신의 시장 몫을 확대하고 이익을 증가시킬 것이다. 그러나 어떤 쪽도 더 싸게 판매함으로써 상대방을 시장 밖으로 영원히 내쫓을 수 없다.

당신은 현대 또는 미래의 가격결정위원회 구성원이다. 위원회의 다른 구성원들처럼, 당신은 현재 8개월의 직무기간이 남아있다. 위원회는 매달 한국에 판매하는 그 달의 석유가격을 정하도록 요청 받을 것이다. 위원으로서 당신의 목표는 석유 판매에서 회사의 이익을 극대화하는 것이다. 석유 판매수입은 당신 회사의 총수입의 중요한 부분이다. 당신은 전적으로 상대편의 이득에 무관심하다.

한국과 맺은 장기간의 계약으로, 각 회사가 입찰하는 가격은 $10, $20, 또는 $30이어야 한다. 역사적으로, 일시적인 단기간 수요변동에도 불구하고, 한국의 석유시장은 상대적으로 안정적이었고, 현대와 미래가 한국에 석유 판매로 기대할 수 있는 일반적인 월 수익(단위, 백만$)은 아래 표에 제시되어있다. 현대와 미래는 최근 2세들의 불화로 공식적인 관계를 끊었다. 그러므로 각 위원회는 상대방이 얼마의 가격으로 입찰할 것인지에 대한 정보 없이, 한국에 제안할 다음 달의 판매가격을 정해야 한다. 현재의 상황에서 상대편과 협의하거나 친숙한 관계로 보이는 것은, 확실하게 CEO의 미움을 사서 가격결정위원회로부터 해고되는 결과를 낳을 것이다.

입찰가격	$30	$20	$10
$30	11 11	18 2	15 2
$20	2 18	8 8	15 3
$10	2 15	3 15	5 5

시뮬레이션에 대한 토론

라운드별로 가격이 취합되고 이익이 결정되면, 게임 진행자는 흥미로운 결과를 도출한 팀을 선택해서 참가자 전체가 참여하는 토론을 한다. 토론에는 다음과 같은 질문들이 유용할 수 있다.

목표와 전략

- 팀의 목표는 무엇인가?
- 목표를 달성하기 위한 팀의 전략은 무엇인가?
- 어떤 점에서 팀의 전략을 변경하였는가?

의사소통

- 이번 입찰을 통해 상대방에게 보내는 메시지는 무엇인가?
- 상대방의 입찰로부터 얻은 메시지는 무엇인가?

팀 의사결정

- 이번 선택에 대해 팀원 전체가 동의하였나?
- 이견은 팀에서 어떻게 수용되었나?
- 특정한 전략을 위해서(또는 반대를 위해서) 팀 내에 연합이 형성되었는가?
- 현명하고 효과적인 팀의 의사결정을 위해서 어떤 규칙(또는 지침)을 추천하고 싶은가?

팀 간 관계

- 상대방의 약속 위반에 대해 팀은 어떻게 대응하였나?
- 상대방의 앞선 입찰이, 당신 팀의 다음 입찰의 의사결정에 영향을 미쳤는가?
- 상호 대화 없이 게임을 진행하는 동안에도 팀 간에 의사소통이 되었는가?
- 죄수의 딜레마 상황에서 협력과 경쟁의 동력은 무엇인가?

대표의 역할

- 대표가 상대방과 논의하고 합의한 것은 무엇인가? 약속은 얼마나 견고했나?
- 각 팀은 대표가 합의한 것을 존중했는가, 존중하지 않았는가? 왜 그랬는가?
- 대표의 역할에서 개인적인 스트레스는 무엇인가?
- 대표가 팀에서 취한 협상 전략은 무엇인가?

2) 죄수의 딜레마

죄수의 딜레마는 일방이 협력적인 태도를 취할 때, 상대방이 경쟁적(배신)으로 대응하면 경쟁적인 상대방은 풀려나고, 협력적인 일방은 중형을 받게 되는 결과이다. 따라서 이런 결과를 예측하는 협력적인 일방도 태도를 바꾸게 되고, 양측이 모두 경쟁적이 되어서 같이 협력한 것보다 훨씬 좋지 않은 결과를 얻게 되는 딜레마의 상황이다. 이 상황을 협상의 상황으로 바꾸어서 협력과 경쟁의 딜레마로 생각해 보자.

[그림 3-2]에서 A와 B는 협력을 할 수도 있고, 경쟁을 할 수도 있다. 만약 A와 B가 협력을 한다면, 둘은 모두 (+)의 결과를 얻을 수 있다. 그런데 만약 A가 협력을 할 때, B가 경쟁(배신)을 하면 B는 (++)의 결과를 얻게 됨으로 경쟁을 하려는 유인이 생긴다. 반면에 A는 그 결과로 (--)를 얻게 된다. 반대의 경우도 마찬가지이다. 따라서 A와 B는 모두 경쟁을 하려는 유인이 생기게 되고, 그 결과로 양측은 모두 (-)의 결과를 얻게 된다. 물론 둘이 같이 협력을 해서 얻는 (+)의 결과보다 못하지만, (--)의 결과보다는 좋기 때문에 양측 모두 협력보다는 경쟁이 유리한 선택이 되는 것이다. 게임이론에서는 이것을 '절대우위전략(dominant Strategy)'이라고 한다.

[그림 3-2] 협력과 경쟁의 딜레마

A \ B	협 력	경 쟁
협 력	+ / +	++ / – –
경 쟁	– – / ++	– / –

따라서, 다시 만날 가능성이 없는 양자 간에 다루어지는 일회성 거래에서는 양측 모두 경쟁적인 성향을 띠게 되고, 그 결과로 협력보다는 훨씬 좋지 않은 결과를 얻게 된다. 이런 거래는 반복적인 거래에서도 횟수가 유한하거나 끝날 때를 알 수 있는 거래에서는 일회성 거래와 동일한 효과가 있다. 이렇게 되는 이유는, 후진귀납(backward induction)으로 거래의 결과를 뒤에서부터 앞으로 추론해 볼 수 있기 때문이다. 예를 들어, 두 번의 게임이 이루어지는 경우를 생각해 보자. 참가자들은 두 번째 게임의 입장에서 생각할 수 있다. 이번 게임 앞에는 한 번의 게임이 있게 되고, 그 한 번의 게임에서는 협력보다는 경쟁이 절대우위전략이다. 그렇다면 두 번째인 이번 게임에서도 경쟁이 절대우위전략이 되는 것이다. 이런 상황은 세 번의 게임이나 열 번의 게임에서도 마찬가지이다.

이런 상황을 탈피하는 최선의 전략은 Axelrod(1984)[6]의 무한반복게임의 결과로부터 찾을 수 있다. 그는 컴퓨터 게임을 통하여 죄수의 딜레마 상황에서 가장 좋은 결과를 도출하는 Tit-for-Tat이라는 전략을 발견하였다. 캐나다의 Anatol Rapoport 교수가 제안한 이 전략은, 라운드별로 결과가 공개되는 상황에서 ① 우선 협력으로 게임을 시작하고, ② 상대방이 협력하는 한 계속 협력하며, ③ 상대방이 배신하면 즉시 보복하고, ④ 상대방이 다시 협력으로 돌아오면 관용으로 맞이한다. 이 전략은 먼저 협력으로 시작하기 때문에 상대방보다 더 많은 점수를 얻을 수는 없지만, 다수의 상대방과 수많은 게임을 치르면서, 상대방에게 배신(경쟁)보다는 협력이 더 좋은 결과를 얻을 수 있음을 알려줌으로서 상대방을 협력으로 유도하는 것이다. 이런 Tit-for-tat 전략의 장점은 다음과 같은 이유에서 발

6) Axelrod, R. The Evolution of Cooperation, New York: Basic Books, 1984.

생한다.

➢ **시기하지 않는다** : 이 전략은 상대방을 이길 수 없다거나, 상대방이 더 많은 점수를 얻게 되는 점을 시기하지 않는다. 단지 자신이 얻는 것을 극대화하는 것에만 관심이 있다.

➢ **멋지다** : 이 전략은 항상 협력으로 시작하며, 자신이 먼저 배신하지 않는다. 상대방이 공격할 수 있다는 가능성을 염려하지 않고, 모두를 파멸로부터 보호한다.

➢ **맞대응 한다** : 이 전략은 협력으로 시작하지만, 상대방이 배신하면 즉시 보복한다. 상대방에게 배신의 쓰라림을 알게 하는 것이다. 배신에 맞대응함으로서 나를 이용할 수 없다는 메시지를 전달하며, 다시 협력으로 돌아오도록 한다.

➢ **용서 한다** : 이 전략의 핵심은 협력에는 협력으로, 배신에는 배신으로 맞대응 하는 것이다. 그러나 상대방이 잘못을 뉘우치고 다시 협력으로 돌아오면 그를 용서하고 포용한다. 그래서 다시 협력으로 돌아오는 것을 용이하게 하는 것이다.

➢ **단순하다** : 이 전략은 단순하며 복잡하지 않다. 어떤 상대방도 이 전략의 핵심내용을 쉽게 알 수 있다. 따라서 상대방이 방어적이 되거나 의심할 필요 없이 명확한 것이다.

3) 사회적 딜레마

사회적 딜레마가 죄수의 딜레마와 다른 점은 사회적 딜레마에서는, 집단이 더 크고 수많은 사람이 포함될 수 있다. 거기서는 모든 사람들이 익명으로 선택을 하며, 그래서 결과에 대해 어느 개인을 비난하거나 고마워할 수가 없다. 그리고 수익이나 비용은 한 사람에 의해서보다는 많은 사람에 의해서 공유된다.

사회적 딜레마의 전통적인 형태는 Hardin(1968)의 "공유지의 비극"이다.7) Hardin은 17세기 영국 작은 마을의 일상적인 한 면을 설명한다. 대부분 마을의 중심 근처에는 마을의 모든 사람들이 사용할 수 있는 공유지가 있었다. 그 공유

7) Hardin. G. The tragedy of the commons. Science 162: 1968, pp.1243-1248.

지에서는 마을 장도 열리고 사람들이 피크닉을 하거나 결혼식장으로도 사용하였다. 처음에는 이 지역에 관해 어떤 규칙도 없었다. 마을의 모든 사람들은 그들이 즐거운 어떤 방법으로도 그 공유지를 사용할 수 있었다.

불행하게도, 마을의 한 목축업자가 그 공유지에서 자신의 소떼에게 생풀을 먹인다면, 더 많은 땅을 사지 않고도 소떼를 더 키울 수 있음을 알게 되었다. 이런 방법으로 그는 가장 좋은 자신의 농장을 가질 수 있게 되었고 목축업으로부터의 수익을 극대화할 수 있었다. 일단 한 사람이 시작하자, 마을의 다른 사람들도 이것이 좋은 방법임을 알게 되었고, 그들도 역시 공유지에서 자신들의 소떼에게 풀을 먹이게 되었다. 당연히 오래지 않아서, 그 공유지는 풀이 없는, 그래서 어떤 사람이나 사회적 활동으로부터 매력이 없는 불모의 땅으로 변해갔다. 비가 오면, 공유지는 진흙탕이 되었다. 어느 누구도 더 이상 그곳에서 결혼식을 할 생각을 하지 않았다. Hardin은 그것을, “공유지가 자유로운 곳이라고 믿는 사회에서 각자가 자기 이익만을 추구한다면, 모든 사람이 달려가는 목적지는 바로 파멸이다. 공유지에서의 자유는 모두에게 파멸을 초래한다(p. 1245).”고 표현하였다.

개인의 이익을 위해서 공유지 같은 공공재를 사용하고자 하는 유혹은 특별한 것이 아니다. 문제는 한 사람이 사용하게 되면, 권한이 있는 다른 사람이 동일한 주장을 하면서 끼어든다는 것이다. 그래서 죄수의 딜레마 상황에서의 참가자처럼 각자의 선택에 의존하게 되고, 그래서 역시 사람들은 공유지를 공유하게 된다.

Hardin은 사람들이 “상호 동의하는, 상호억제”에 순종해야 한다고 주장하기 위해 공유지의 비극을 사용한다. 우리가 스스로, 다른 사람의 권리를 침해하지 않으면서 또한 모든 사람이 더 좋을 수 있는 법률을 제정해야 한다고 주장한다. 이런 관점은 집단에 대한 기여에 필요한 입법과 제제를 위해서 모든 사람들에게 개인적인 위험을 감수하도록 하는 문제를 포함한다(Olson, 1965).[8] 죄수의 딜레마에서 발생했던 문제가 그것을 더 글로벌한 사회적인 상호작용으로 확장할 때, 매우 중요해질 수 있음이 분명하다.

사회적 딜레마의 사례들

➢ **가뭄으로 인한 물 부족** : 매년 가뭄으로 물 부족을 겪는 지역에서는 지역이

8) Olson, M. The Logic of Collective Action. Cambridge, MA: Harvard University Press, 1965.

나 마을마다 자발적으로 물 사용의 제한을 독려한다. “물 절약, 샤워는 친구와 함께” 같은 슬로건들이 등장한다. 만약 모든 사람들이 물 사용을 줄인다면, 아마도 물 부족이 일어나지는 않을 것이다. 그러나 여름철 더운 날 오후, 샤워는 분명히 기분 좋은 일이고, 개인적으로 약간의 샤워는 그렇게 큰 문제를 일으키지는 않을 것이다. 이것은 완전히 사적인 행동이기 때문에 아무도 알지 못한다. 이런 개인의 선택이 전체 시스템에는 어떤 영향을 미칠까? 물의 사용을 줄이기 위해서 사람들에게 어떻게 사회적 책임을 자극할 수 있을까?

이 사례는 물 부족을 기술했지만, 그것이 에너지, 식료품, 그리고 야생 동물 등 어떤 상황에서도 원칙은 동일하다. 위험에 처한 재화나 종의 개인적인 사용을 제한하지 않는 것은 더 많은 것을 잃는 위험 속에서 개인의 이익을 증가시킬 수 있다. 효과적인 사회적 협력이 위험에 처한 것들을 보호할 수 있다. 해결책은 분명하지 않고 대규모의 사회적 집단이 포함되어 있는 이것이 진정한 사회적 딜레마이다.

➢ **투표** : 어떤 한 투표자의 선택이 선거의 결과에 얼마나 큰 영향을 미칠까? 당신의 투표가 큰 선거에 영향을 미칠 기회는 거의 미미하다. 그런데, 왜 투표가 당신을 성가시게 하는가?

➢ **쓰레기 투기 행위** : 매년 목격하는 일이지만, 여름에 큰비가 온 후에는 우리의 식수원인 강에 쓰레기가 가득하다. 각 지류가 속해 있는 산과 계곡, 도로에서 사람들이 몰래 버린 쓰레기가 빗물에 쓸려 떠내려 오는 것이다. 그 광경을 보고 놀라는 사람들 중에는 그 쓰레기를 버린 사람들도 있을 것이고, 반성의 기회도 가졌을 터이니 다음부터는 이런 일이 발생하지 않아야 할 텐데, 그럼에도 불구하고 매년 똑 같은 일이 발생하고 있다. 어떤 경우에는 강물에 몰래 폐수를 방류해서 많은 사람들을 불안에 떨게 한다. 어떻게 하면 이런 일을 방지할 수 있을까?

해결책

사람들이 궁핍, 굶주림, 또는 무주택에 기부하도록 요청받을 때, 그 요구는 통

상 개인적이 된다. 당신은 “당신이 기부한 만원이 가난한 아이를 일주일간 먹일 수 있습니다.”라고 말하는 광고를 보았을 것이다. 만약 당신이 앞으로도 계속 기부한다면, 당신은 한 아이로부터 개인적인 편지를 받게 될 것이다. 이런 상황에서 그런 요구는 긍정적인 효과에 직접적으로 연결된다. 자선사업은 이런 광고가 당신이 기부할 기회를 증가시킬 것으로 분명히 생각한다. 연구의 결과도 이런 믿음을 지지하고 있다. 자연보호, 기부, 그리고 투표는 모두가 개인이 집단의 사회적인 이익을 보증할 수 있는 행동들이다. 완전하게 합리적이고 이기적인 관점에서는 다음과 같은 비협력이 절대우위전략이다. ① 원래의 죄수의 딜레마에서 자백이 공범자들에게는 개인적으로 합리적인 것이다. ② 경쟁시장에서 가격을 인하하는 것이 단기적으로는 최상의 방법이다. ③ 쓰레기를 몰래 버리면 개인적으로는 분명히 비용이 들지 않는다. 사회적 딜레마에서 개인이 택해야만 하는 선택이, 죄수의 딜레마에서의 선택과 매우 유사하다. 그러나 개인적인 비협력이 모든 사람을 유혹하는 동안, 상호협력이 대규모 집단에 거대한 이익을 제공할 수 있다. 사회적 딜레마에 관한 연구들이 우리가 어떻게 사회적 딜레마를 해결할 수 있는지에 관한 몇 가지 요소들을 알려준다.

➢ **구조적인 요소** : 사회적 딜레마의 해결책은 크게 구조적인 요소와 심리적인 요소의 두 가지 범주로 구분할 수 있다. 그 중에 구조적인 요소가 우리가 관찰하는 협상에서 행위의 주된 결정자이다. 구조가 참여자들의 효과적인 행위를 제한하며, 그래서 효과를 지니고 있는 다른 요소들에 대한 기회를 제약한다. 예를 들어, 죄수의 딜레마에서 상호협력에 대한 보상을 증가시키면 협력이 증가한다. 그리고 장기간에 걸친 상호작용이 계속될 때, 협력이 증가한다. 상호작용에 대한 구조를 적절한 방법으로 변화시키면 협력은 증가한다. 이것이 Hardin이 제안한 “상호 동의하는, 상호억제”와 직접적으로 연결되는 것이다.

- **행동의 감시** : 행동을 감시하면 사람들은 집단의 규범을 잘 지킨다. 자기 자신의 행동을 스스로 지켜볼 때도 같은 효과가 있다. 예를 들어, 물 부족 기간에 스스로 물 소비량을 측정한다면 물을 덜 사용하게 된다. 교통 규범을 지키기 위해서 감시카메라를 설치하는 것도 같은 맥락이다.

운전자들은 감시카메라에 의해 행동의 감시를 받음으로서 교통신호나 속도를 준수한다.

- **규제** : 규제란 사회복지를 향상시키기 위해 정부가 시장에 개입하는 것을 말한다. 물과 같은 공공재의 사용과 환경보호를 위한 시설물 규제, 교통흐름의 원활화를 위한 버스전용차선 등의 규제가 공공이익을 위한 적당한 예이다.
- **사유화** : 사유화란 공공재를 개인이나 집단의 관리 아래 놓는 것을 말하며, 이 경우 공공재가 더 잘 보호된다는 기본 논리에서 출발한다.
- **오염물질 거래제도** : 예를 들어, 지구온난화를 방지하기 위하여 온실가스를 무단으로 배출하는 대신에 온실가스 배출권을 구입해서 배출한다. 이렇게 되면 사용자들은 이런 권리를 전통적인 관념상의 재산으로 여기게 되어 자원이나 환경을 신중하게 보호하게 된다.

➢ **심리적인 요소** : 구조적인 요소들에 곁들여서, 심리적인 요소들이 근본적으로 협력에 영향을 미칠 수 있다. 사회적 딜레마에서 협력의 수준을 강화하는데 기여하는 심리적인 요소들은 아래와 같다.

- **의사소통** : 의사소통이 협력을 촉진한다. 의사결정을 하기 전에 구성원들과 의사소통이 가능하다면, 협력의 가능성은 매우 커질 것이다. 이것은 두 가지 이유에 기인하는데, 첫째, 의사소통이 집단의 정체성을 강화시키기 때문이다. 둘째, 의사소통은 집단구성원들이 협력의사를 공개적으로 표명하도록 허용하기 때문이다. 이런 상황에서의 구두약속이란 상대방에게 기꺼이 협력하겠다는 것을 의미한다. 따라서 이런 상황에서는 상대방에 대한 불확실성이 줄어들고 의사결정자에 대한 믿음이 증대된다.
- **지식** : 상대방과의 게임에 관한 지식이 보완적인 방법으로 협력을 증대할 수 있다. 사람들은 상대방이 협력적으로 행동할 것을 기대할 때, 자신들도 더 협력적으로 행동하게 된다(Wyer, 1969).[9] 만약 우리가 이 결과를 논리적으로 확장한다면, 비협력적인 행동이 장기적으로 기능하지 않는다는 것을 아는 사람들은 상호협력의 관계를 수립하려고 노력할 것

---

9) Wyer, R. S. Prediction of behavior in two-person games. Journal of Personality and Social Psychology 13: 1969, pp.222-238.

이다. Stern(1976)[10]은 협력의 가치를 학습하는 것이 더 큰 협력을 촉진할 수 있음을 보여주었다. 참가자들은 경험을 통해서 자신들의 장기적인 행동의 결과에 대한 정보를 제공받았다. 그들은 빠른 협력이 매우 가치가 있음을 이해할 기회를 가졌으며, 이런 정보를 갖지 못한 참가자보다 더 협력적이 되었다. 그래서 협력의 가치를 밝게 하는 지식이 특히 이로울 수 있다.

- **집단 정체성** : Kramer & Brewer(1983)[11]는 집단이 정체성을 확립하거나 공동의 운명을 경험함으로서 더 협력으로 이끌 수 있음을 보여주었다. 그들의 연구에서, 집단의 정체성을 더 강하게 느끼는 사람들이 어려운 과업을 수행하면서 더 큰 협력을 행하였다. 집단 정체성의 효과는 다양한 이유에 기인할 수 있다. ① 작은 집단에 대한 보상의 증대, ② 집단에서 배신의 가능성 감소, ③ 각 개인 행동의 중요성의 증가, ④ 책임소재의 명확화, ⑤ 높은 집단편견, ⑥ 큰 순응 압력, ⑦ 제재의 두려움, ⑧ 구성원 간 사회 심리적 거리의 축소, ⑨ 구성원들이 느끼는 높은 책임감.
- **사회적 규범** : 문화에 내재하는 사회적 규범, 또는 윤리의식이 사회적 딜레마를 억제한다. 우리는 어릴 때부터 교육을 통해서 공공장소에서 침을 뱉거나 쓰레기를 버리는 것이 나쁜 행동임을 알고 있다. 그리고 사회의 규범이나 질서를 해치는 것이 도덕적으로 잘못된 것임을 알고 있고, 다른 사람으로부터 지적을 당하면 수치심을 느낀다. 그래서 사회적으로 좋은 규범을 만들고, 교육을 통해서 규범을 알리고 윤리의식을 심어주는 것이 사회적 딜레마를 해결하는데 근본적으로 중요한 방법이 될 수 있다.

---

10) Stern, P. C. Effect of incentives and education on resource conservation decisions in a simulated 'commons dilemma.' Journal of Personality and Social Psychology 34: 1976, pp.1285-1292.

11) Kramer, R. M., and Brewer, M. B. Effects of group identity on resource use in a simulated commons dilemma. Journal of Personality and Social Psychology 46: 1983, pp.1044-1057.

3. 분배 전략과 전술

전략과 전술의 차이는 다소 모호하긴 하지만, 주된 차이점은 관점과 규모 그리고 즉시성에 있다. 전략은 전술적인 행동의 방향성이며, 지속적이고 안정적이다. 반면에 전술은 단기적이며, 전략을 추구하는데 적합한 움직임이 되도록 설계된다. 따라서 전술은 전략적인 고려에 의해서 만들어지고 움직인다.

1) 분배 전략

Leigh Thompson(2001)[12]은 분배적 협상의 능력 향상을 위하여 다음과 같은 기본적인 분배전략을 제안한다.

대안과 저항 점을 정함

대안(BATNA, Best Alternative to a Negotiated Agreement)이란 협상에서 합의에 도달하지 못했을 때 차선으로 당신이 선택할 수 있는 다른 거래(또는 해결책)이다. 물건을 매매하는 경우에는 동일한 품질일 경우 가격을 비교하는 것으로 대안을 확인할 수 있다. 그러나 사례의 예와 같이 중고자동차를 구입하는 경우에는 동일한 조건의 물건을 비교하기 어렵기 때문에 대안이 불확실할 수 있다. 그렇다고 해서 대안의 평가가 전혀 불가능한 것은 아니다. 협상을 하기 전, 사전준비로서 많은 대안을 구하고 그 중에서 가장 좋은 대안을 자신의 저항 점으로 정해야 한다. 협상을 진행하는 동안에도 대안은 계속 개선할 수 있다. 좋은 대안은 자신의 저항 점을 높여서 협상의 목표와 기대치를 높이게 되고, 상대방에 대한 의존도를 줄여서 좋은 협상결과를 성취할 수 있다.

협상에서는 아무리 우호적인 상황이라도 자신의 대안이나 저항 점을 명확히 밝히지 않아야 한다. 만약 당신이 대안이나 저항 점을 노출한다면, 상대방은 그것을 이용하여 잉여가치의 많은 부분을 가져갈 것이다. 그러나 장기적인 관계를 유지하고 있는 당사자들 사이에서는 대안이나 저항 점을 밝히는 경우들이 간혹

12) Thompson, L. The mind and heart of the negotiator. (2nd ed.), Upper Saddle River, NJ: Prentice Hall, 2001.

있다. 이것이 상호간의 신뢰를 위해서 좋은 방법이라고 판단할 수도 있지만, 이것은 어디까지나 자신의 협상력을 취약하게 만든다. 그렇다고 해서 대안이나 저항 점을 거짓으로 말하는 것은 바람직하지 않다. 왜냐하면, 저항 점을 거짓으로 높인다는 것은 결국 협상가능영역의 크기를 줄이게 되며, 이는 협상의 합의를 어렵게 만들 수 있다. 그런 상황에서 협상의 타결을 위해 당신이 제안을 철회한다면 당신의 체면이 손상되며, 또한 거짓이 드러날 경우 당신의 평판은 악화되고 상대방과의 신뢰관계를 해치게 된다.

만약에 당신이 아주 훌륭한 대안을 가지고 있고 상대방이 이 대안보다 더 좋은 제안을 하기는 어려운 상황임을 안다면, 상대방에게 당신의 대안을 알리는 것이 불필요한 시간의 낭비를 막으면서 우호적으로 협상을 타결하는 방법이 될 수 있다.

상대방의 대안과 저항 점을 예측함

상대방의 대안을 파악함으로서, 상대방의 저항 점을 예측할 수 있고 협상의 잉여가 얼마인지를 알 수 있게 된다. 그래서 협상가는 상대방의 대안을 알기 위해 다양한 방법을 동원해야 한다. 그렇다고 해서 만약 상대방에게 "당신이 수용할 수 있는 최저가를 터놓고 얘기하시오, 그러면 그 위에 얼마나 더 얹어줄 수 있는지를 생각해 보겠소"라고 노골적으로 물어본다면, 상대방은 이에 속지 않고 "당신이야말로 지불하고자 하는 최고가를 얘기해보시오, 그러면 내가 얼마를 깎아줄 수 있는지를 생각해 보겠소"라고 역으로 답할 것이다. 그러나 상대방이 솔직하게 대안을 노출하겠다고 할 때는 오히려 상당한 주의를 기울여야 한다. 이 경우 당신은 상호주의 원칙에 따라 당신의 대안을 노출할 수도 있으며, 만약 상대방의 대안이 거짓이라면 많은 손해를 볼 수 있다.

높은 목표를 정함

목표는 당신이 협상에서 얻기를 기대하는 것의 상한선을 의미한다. 협상가는 협상과정에서 자신의 저항 점보다는 목표에 초점을 맞춤으로서, 궁극적으로 얻게 될 성과의 가치를 증대시킬 수 있다. 그래서 도전적이며 달성하기 쉽지 않더라도 구체적이고 높은 목표를 설정하는 것이, 낮은 목표를 설정하는 것보다는 더 좋다. 높은 목표를 세우면 협상에서 자신을 규제하는 효과가 있다. 높은 목표를 부여받은 협상가는 그 목표를 달성하기 위해서 더 어렵게 새로운 목표를 설정하는 경향이 있다. 반면에 낮은 목표를 가지면, 협상에서 많은 노력을 하지 않게 되고 쉽게 타협하며, 그 타협점은 최적상태가 되지 못한다. 그럼에도 불구하고, 협상가들이 목표를 낮추는 것은 협상의 타결을 쉽게 해서 자신의 성과를 높이거나, 협상의 결렬에 따른 위험을 줄이려는 의도가 있다.

목표가 높아야 협상에서 첫 제안가격을 높일 수 있다. 당신은 결코 첫 제안보다 더 많은 것을 얻을 수는 없다. 따라서 첫 제안이 협상의 가장 중요한 기준점이 된다. 기준점은 상대방의 생각을 그것에 고정시키는 효과가 있어서 상대방의 대응제안을 끌어당긴다. 따라서 목표를 높이면 당신의 협상범위가 저항 점으로부터 넓어지고, 합의가능영역이 당신에게 유리한 지역에서 형성되면서 협상과정에서의 양보와 타협에 유연하게 대응할 수 있다.

많은 사람들이 첫 제안가격을 너무 높게(또는 낮게) 하는 것은 상대방을 모욕하는 것이 아닌가 하고 우려하는 경향이 있다. 그러나 상대방에게 모욕이 된다거나 협상 분위기가 불편해질 것이라는 우려는 기우에 불과하다. 특히 당신의 요구가 논리에 바탕을 두고 있다면 더욱 그러하다. 그렇다고 해서 당신의 목표나 첫 제안이 너무 터무니없는 것이어서는 안 된다. 만약 제안이 상대방으로부터 터무니없다고 판단되면, 상대방도 이에 상응하는 제안을 할 수 있으며, 이 경우에 불필요한 경쟁으로 상호관계를 악화시키면서 서로 손해 보는 죄수의 딜레마 결과를 초래할 수도 있다.

제안은 먼저 하고, 상대방이 먼저 제안하면 다시 대응 제안함

제안은 상대방보다 먼저 하는 것이 유리하다. 이것은 첫 번째 제안이 닻의 고정효과(anchoring effect)가 있기 때문이다. 가격협상에서 당신이 첫 제안을 하게 되면, 상대방은 이 제안을 기준으로 대응제안을 고려하게 된다. 그러면 이 두 제안 사이에 협상범위가 정해지게 되는데, 연구결과에 의하면 대응제안을 하는 상대방은 첫 제안의 기준점에 영향을 받아서 그 제안으로부터 멀리 떨어지지 못하는 경향이 있다. 한 가지 주의해야 할 점은 제안을 어디에서 어디의 사이라고 범

위의 형태로 해서는 안 된다는 것이다. 이 경우 낮은 쪽이 기준점이 되는 것은 누구나 아는 사실이지만, 급여를 정하는 것과 같은 현실의 협상에서는 종종 발생하는 실수이다.

상대방이 먼저 제안을 한다면, 공은 당신에게 넘어와 있는 셈이다. 이때 적절히 대응제안을 하는 것이 두 가지 점에서 중요하다. 첫째, 상대방의 첫 제안이 유발하는 닻의 고정효과를 감소시킨다. 둘째, 상대방에게 당당히 협상하겠다는 의사를 표시하는 셈이다. 당신이 상대방의 제안가격을 듣기 전에 자신의 제안가격을 구상해 놓는 것이 중요하다. 그렇지 않으면 당신은 상대방의 제안에 휘둘릴 위험에 처하게 된다. 상대방으로부터 터무니없는 제안을 받으면 그 제안이 옳지 않다는 것을 보여주는 정보에 초점을 맞추는 것이 좋다. 상대방의 대안이나 저항점을 미리 생각해 두면 상대방의 제안이 당신에게 별 영향을 미치지 않게 된다. 무엇보다도 당신의 목표를 상대방의 제안에 따라서 조정하지 말아야 한다. 효율적인 대응제안은 상대방의 제안을 합리적으로 조정시킬 수 있다.

제안을 먼저 하는 것과 나중에 하는 것의 우열은 상황에 따라 다르다. 당신이 협상에 대한 준비가 잘 되어 있고, 제안하려는 거래에 관해 전문성을 지니고 있으며, 해당 지역 또는 시장상황에 대해 잘 알고 있다면 제안을 먼저 하는 것이 훨씬 유리하다. 그러나 반대로 당신이 이 거래에 대해서 정확한 지식과 정보를 가지고 있지 않다면 상대방의 제안을 받은 후 당신의 정보를 분석하여 대응제안하는 것이 안전할 것이다.

양보에 관하여 미리 구상함

양보란 협상과정에서 협상가가 자신의 목표를 낮추는 것이다. 첫 제안은 출발점일 뿐이다. 대부분의 협상가들은 첫 제안을 자신의 기대치보다 높이기 때문에, 항상 양보할 준비가 되어 있다. 그러나 당신의 몫을 최대화하려면 양보의 방법이 적절해야 한다. 올바른 양보를 위해서 양보의 방법과 양보의 크기 그리고 양보의 시점을 알아야 한다.

➢ **양보의 방법** : 분배에서 자신의 몫을 최대화하기 위해서는 양보를 적게 하는 것이 효율적이다. 그러나 양보는 당사자들 간에 서로 주고받는 형식으로

이루어지기 때문에, 일방이 양보하면 상대방이 양보로 대응하기를 기대한다. 그래서 협상가는 한 번에 한 가지 이상을 양보해서는 안 되며, 추가 양보를 하기 전에 상대방의 양보를 기다려야 한다.

➢ **양보의 크기** : 협상 당사자 간에 주고받은 양보의 교환은 양보의 크기와는 무관하다. 따라서 양보를 할 때는 상대방의 크기에 견주어서 하는 것이 일반적이며, 통상 처음에 하는 양보가 크며, 저항 점에 가까워질수록 그 크기는 축소된다.

➢ **양보의 시점** : 이것은 양보가 즉각적인가, 점진적인가, 또는 지연되는가를 의미하는 것이다. 상대방의 제안에 대해 즉각적으로 양보하는 것은 상대방으로부터 부정적인 평가를 받기 쉽다.

객관적인 근거를 사용하고 공정성에 호소함

당신의 제안을 뒷받침하기 위해 객관적인 논리를 제안하고, 상대방이 당신의 논리에 수긍하도록 설득하자. 당신의 제안이 공정하다면 그 영향력은 훨씬 크다. 대부분의 협상가는 자신이 공정하거나 공정하기를 원한다고 생각하기 때문에 공정성은 협상에서 매우 중요하다. 분배의 이상적 전략은 상황에 따라 어떤 공정성 규범이 적합한지를 정하고, 그 규범을 목표달성의 논리로 사용하는 것이다. 공정성은 주관적이며 자기중심적인 개념이다. 즉 공정성 규범은 다양하며, 협상가는 보통 자신의 이익에 부합하는 공정성 규범에 초점을 맞춘다. 따라서 공정성이란 상대방과의 협상전략으로 사용될 수 있는 임의의 개념이라는 사실을 인식해야 한다.

2) 분배 전술

분배전략이 비교적 합리적이고 공정한 측면을 강조하고 있는 반면에, 분배전술은 대체로 상대방에게 압력을 가하기 위해서 개발된 것들이다. 이런 기술들은 대개 완고한 협상가의 투쟁적인 협상방식에 기인한다. 상대방이 온건한 방식으로 협상한다면 이런 기술들이 효과를 발휘하겠지만, 결과적으로 그런 거래는 한 번으로 끝나게 된다. 만약 상대방이 똑 같이 투쟁적인 협상방식을 취하거나, 원

칙에 입각한 협상을 한다면 투쟁적인 협상방식은 효과가 없거나 더 나쁜 결과를 초래할 수 있다. 그래서 현명한 협상가라면 이런 투쟁적인 기술을 적극적으로 사용하지 않겠지만, 상대방이 이런 전술을 사용할 경우 그것을 이해하고 대처하기 위해서 숙지할 필요가 있다.

- **좋은 사람(Good guy)/나쁜 사람(Bad guy)** : 이 전술은 한 사람은 친절하고, 다른 사람은 거친 두 경찰관이 용의자를 번갈아 심문하는 기법에서 따온 것이다. 팀 협상에서 종종 사용되며 한 사람은 상대방의 말에 이의를 제기하거나 반대를 하면서 협상진행을 방해하는 반면에, 다른 사람은 상대방에게 공감하거나 호의적인 제안을 하면서 상대방의 양보를 이끌어 낸다. 이 전술은 비록 다소 명백하게 드러나 보이긴 하지만, 가끔은 양보와 합의를 이끌어 내는 효과가 있다.[13)]
- **하이볼(Highball)/로우볼(Lowball)** : 이 전술은 자기들이 결코 달성할 수 없는 터무니없이 높은 가격이나 낮은 가격으로 첫 제안을 시작함으로서, 상대방으로 하여금 자신의 최초가격을 재평가하게 해서 저항가격에 좀 더 가까이 다가서도록 하는 것이다.
- **버리는 패(Bogey)** : 이 전술은 자신에게 별로 중요하지 않거나 전혀 중요하지 않은 쟁점을 상당히 중요한 것인 척해서, 상대방의 쟁점과 맞교환하거나 양보하는 패로 사용하는 것이다. 그러나 상대방이 이 전술을 인지하고 강하게 반응하면 관계를 해칠 수 있다.[14)]
- **조금씩 갉아먹기(Nibble)** : 이 전술은 협상을 마무리 짓기 전에 이전에 한 번도 논의된 바 없는 항목에 대하여 작은 양보를 요구함으로서 총수익을 증대하는 방법이다. 상대방은 작은 양보 때문에 협상을 결렬시킬 수는 없으므로 이에 응할 수밖에 없는 약점을 이용하는 것이다.
- **겁쟁이(Chicken)** : 이 전술은 목숨을 건 위협을 통해 상대방을 겁먹게 함으로서 자신이 원하는 것을 내주도록 강요하는 것이다. 협상가들이 이 전술

---

13) Brodt, S. E. & Tuchinsky, M. "Working together but in opposition: An examination of the Good-Cop/Bad-Cop negotiating team tactic." Organizational Behavior and Human Decision Processes, 81 (2), 2000, pp.155-177.

14) O'Connor, K. M., & Carnevale, P. J. "A nasty but effective negotiation strategy: Misrepresentation of a common-value issue." Personality and Social Psychology Bulletin, 23, 1997, pp.504-515.

을 방어하기는 대단히 어렵다. 어느 정도는 언약을 평가절하하거나 무시할 수 있지만, 협상력을 잃을 수 있다. 아마도 가장 위험한 대응은 똑 같이 겁쟁이 전술로 맞서는 것이다. 그 때에는 양측 모두 체면을 잃지 않기 위해서 물러서지 않으려 할 것이다. 양측 모두 이 전술이 어디서 시작하고 실제로 끝날 것인지를 확인하기 위해 상황에 대한 철저한 이해와 준비가 절대적으로 필수적이다. 정보를 확인하거나 상황인식을 다시 하기 위해서 외부의 제3자를 사용하는 것도 또 다른 옵션이다. 벼랑 끝 전술이 이와 유사하다.

이 밖에도 위협과 협박, 그리고 약속, 언약을 동원하는 공격적인 전술들은 다양하게 많다. 이러한 전술에 대응하는 방법은 당신의 목적과 협상의 상황에 따라 달라진다. 따라서 어느 경우에나 적용될 수 있는 한 가지 정답은 없다. 그러나 이런 전형적인 강경전술에 대처하는 일반적인 대응방법을 상황에 맞게 사용한다면 의연한 협상진행에 도움이 될 것이다.

➢ **무시하자** : 강경한 전술에 대응하는 강력한 방법 중의 하나는 못 들은 척하거나, 주제를 바꾸거나, 협상을 일시 중단함으로서 그 전술이 부과하는 협박의 효과를 무산시키는 것이다.
➢ **의논하자** : 이것은 상대방이 강경한 전술을 사용할 경우, 실질적 안건에 대한 협상을 하기 전에 협상을 어떤 방식으로 수행할지에 대해 협상함으로서 협상방식의 전환을 유도하는 것이다.
➢ **같은 방식으로 대응하자** : 강경한 전술에 당신도 강경하게 대응함으로서, 당신의 결단력을 시험하는 상대방에게 무리한 전술이 효과가 없음을 알리는 것이다.
➢ **친구가 되자** : 상대방이 강경전술을 사용하기 전에 미리 관계를 증진함으로서, 상대방이 강경전술의 사용을 어렵게 만드는 것이다.

분배적 협상은 정해진 잉여가치 중에서 자신의 몫을 최대화한다는 전제가 있기 때문에, 자칫하면 협상의 태도가 협력보다는 경쟁으로 흐를 가능성이 많다. 더욱이 어느 일방이라도 투쟁적 분배 전술을 사용하면, 협상은 거의 위협과 언약

과 되받아치기의 악순환에 빠지는 것이 확실해 진다. 이런 상황이 죄수의 딜레마이며, 분배적 협상의 문제이다. Lax and Sebenius(1986)는 이런 상황을 협상가의 딜레마라고 말한다. 협상가들은 공동의 연결이익을 찾으려고 노력할 때마다 가치를 주장하려는 개인적 행동에 취약해지는 딜레마에 직면한다.[15] 각자는 "내가 진심으로 원하는 것을 상대방에게 알려야 할까?" 하는 선택에 직면한다. 만약 양측이 모두 그렇게 한다면 좋은 결과의 합의에 이르겠지만, 일방은 진심을 이야기하고, 상대방은 그것을 이용한다면 결과는 한쪽으로 기울어진다. 만약 양측이 모두 이것을 염려하여 정보를 공개하지 않으면 거래는 깨어질 수도 있다.

요약

이 장에서, 우리는 경쟁적이고 분배적인 협상 상황의 기본적인 구조를 연습하고 몇 가지 전략과 전술들을 사용하였다. 분배적인 협상은 목표와 저항 점을 설정하면서 협상을 시작한다. 사람들은 곧 상대방의 시작점을 알게 되고 추론을 통해서 목표를 알게 된다. 사람들은 조심스럽게 자신의 저항 점을 감추기 때문에, 일반적으로 상대방의 저항 점을 알 수 없다. 모든 점들이 중요하지만, 그 중에서도 저항 점이 가장 중요하다. 당사자들의 저항 점이 겹치는 공간이 협상의 범위를 정의한다. 만약 그것이 긍정적(+)이라면, 그 안에서 협상의 합의가 발생할 수 있으며, 당사자들은 가능한 한 많은 범위를 차지하기 위해서 노력할 것이다. 만약 부정적(-)이라면, 성공적인 협상이 불가능할 수 있다. 협상이 한 가지 항목만을 포함하는 경우는 드물며, 다양한 항목(bargaining mix)을 다루는 것이 더 보편적이다. 그 각각의 항목들도 시작과 목표, 저항 점을 가질 수 있으며, 항목의 다양성이 이슈를 다발로 거래하거나, 상호 양보하면서 항목을 교환할 수 있는 기회를 제공한다.

분배적 협상의 구조를 검토하는 것은 협상가가 성공적인 해결책을 얻을 수 있도록 많은 옵션을 제공한다. 그 중의 한 가지는 상대방의 입장과 저항 점에 관해 가능한 한 많이 배우면서, 무엇이 가능한지에 관한 상대방의 믿음에 영향을 미치는 것이다. 분배적 협상에서 협상가의 기본적인 목표는 가능한 한 상대방의 저항 점에 근접해서 최종 합의에 도달하는 것이다. 이 목표를 달성하기 위해서, 협상가는 상대방의 입장과 반대에 대한 정보를 취득하려는 노력

15) Lax, D. and Sebenius, J, The Manager as Negotiator. New York: Free Press, 1986.

을 한다. 그리고 상대방이 자신의 목표를 달성하는 능력에 관한 자신감을 변화시키고, 그들 자신의 욕구와 필요와 불가피성에 관한 목표의 조정을 정당화시키려 노력한다.

분배적 협상은 기본적으로 갈등 상황이다. 당사자들은 자신들의 정보를 감추거나, 호도하는 행동을 하면서 이익을 취하려 한다. 이런 전술들이 상호간의 차분한 의논을 적대감으로 이끌면서 쉽게 갈등을 유발시킨다. 그러나 협상을 성공적으로 이끌기 위해서는, 결국 당사자들이 도달할 수 있었던 합의가 최상이었음을 느껴야 한다. 그래서 효과적인 분배적 협상은 사려 깊은 계획과 강한 실행, 상대방의 반응에 대한 지속적인 관찰이 요구되는 과정이다. 마지막으로 분배적인 협상의 기술은 협상의 각 단계에서 가치를 주장할 때 중요하다.

제4장 통합적 협상

학습 목표

- 통합적 협상의 개념과 절차에 대한 이해
- 가치창조(Vale Creation)의 개념과 방법에 대한 이해
- 통합전략의 내용과 사용에 대한 이해
- 파레토 효율의 개념과 도달 방법에 대한 이해
- 파레토 효율의 측정을 위한 점수시스템의 활용과 효용에 대한 이해

1. 통합적 협상의 개념

통합의 의미는 협상에서 모든 창조적 기회를 활용하고, 협상테이블에 자원을 하나도 남기지 않는 상태를 의미한다. 많은 사람들이 협상이 합의에 이르면 승-승의 협상이라고 생각할 수 있지만, 협상을 위해 많은 자원을 사용하였으면서도 당사자들의 이익이 모두 충족되지 못하는 경우가 많다. 통합적 협상은 협상에 참여한 당사자들의 목표가 만족스럽게 달성되어서 당사자들이 모두 승리하는 협상이다.[16] 즉 상대방의 이익을 손상시키지 않으면서 나의 이익을 최대화하는 파레토 최적에 이르는 길을 의미한다. 통합적 합의의 잠재성은 모든 협상에 존재한다. 통합적 협상이 가능하기 위해서는 공통이익, 공유이익, 결합이익을 발견하고, 이들을 실현시킬 수 있는 과정이나 절차를 개발할 수 있어야 한다. 그런데 사람들은 이런 잠재적 이익이 존재한다는 사실을 깨닫기 어려우며, 설령 알고 있다할지라도 서로 정보를 통제하면서 접근하기 때문에 그것을 구현하기가 쉽지 않다.

통합적 협상의 가치는 분배적 협상과는 달리, 경제적 가치와 관계적 가치, 그리고 유형의 가치와 무형의 가치 모두를 포괄한다. 경제적 가치는 가격으로 표시되지만, 당사자 간의 신뢰에 바탕을 둔 관계적 가치는 단순히 가격으로 표현할

16) Walton, R. E., & McKersie, R. B., 1965.

수 없으며, 보다 장기적으로 가치를 제공한다. 금전, 사무실, 공장과 같은 유형의 물질은 눈에 보이는 가치이지만, 기술, 전문지식, 특허권과 같은 무형의 물질은 시너지가 있는 가치이다. 이렇게 다양한 가치를 다루는 통합적 협상에서는 협상의 당사자가 나누어야 할 가치가 고정되어 있지 않기 때문에, 협상가들은 가치의 청구에 앞서서 가치창조(Value Creation)를 고려하여야 한다. 가치창조를 위해서는 정보의 공유와 의사소통이 원활해야 하며, 창의적인 옵션을 개발할 수 있어야 한다. 협상은 경쟁보다는 협력을 통하여 파레토 효율에 이르는 길을 찾는 것이다.

가치창조와 가치청구의 관계는 [그림 4-1]과 같다. 가치를 청구하기 전에 가치를 창조하는 과정은 두 가지 이유에서 중요하다. ① 가치창조 과정은 누가 무엇을 가질 것인가에 초점을 맞추지 않고 협동적으로 행해질 때 효과적이다. ② 가치청구는 통합적 협상에 조심스럽게 도입될 필요가 있는 분배적 협상과정을 포함한다. 가치창조의 목표는 가치가 그림의 우측 경계선인 파레토의 효율적 경계까지 커지도록 가치청구의 시점을 늦추는 것이다. 그리고 "어느 누구도 상대방의 결과를 축소하지 않고는 더 이상 좋은 결과를 얻을 수 없는 합의 점"인 파레토 최적이라고 불리는 그 선의 어느 점에서 창조된 가치를 나누는 것이다. 통합적 협상을 개념화하는 방법 중의 하나가 파레토 최적의 해결책을 확인하는 과정이다.

[그림 4-1] 통합적 협상

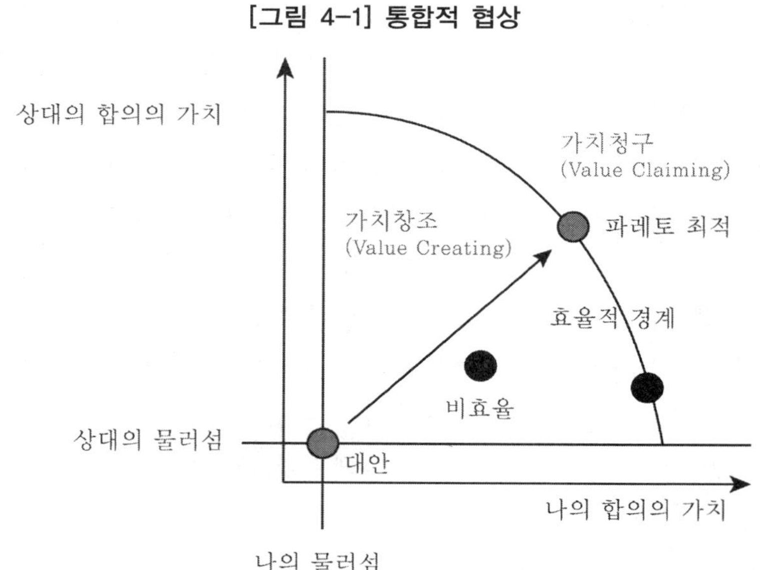

그런데 협상가들이 세상을 보는 경향은 통합적이거나 가치창조 과정보다는 더 경쟁적이거나 가치청구 적이어서 차선의 결과 밖에는 산출하지 못하는 분배적 협상으로 귀결될 가능성이 많다. 대부분의 차원에서 상호의존의 성공적인 조율은 전체가 부분보다는 더 크다는 생각에서 시너지를 만드는 잠재력을 가지고 있다. 비즈니스에서의 합작투자가 이런 시너지의 예이다. 이런 상황에서, 둘 이상의 당사자들 간의 상호의존은 가치를 창조하고, 이런 기업의 창조자는 이 책을 통해서 논의되는 협상기술을 성공적으로 적용한다. 가치는 여러 가지 방법으로 창조될 수 있다. 그리고 그 과정의 핵심은 협상가들 사이에 존재하는 신뢰와, 차이를 다루는 능력에 달려있다.[17] 협상가들 간의 핵심적인 차이는 다음의 내용을 포함한다.

➢ **이해관계의 차이** : 협상가들은 협상에서 모든 항목에 동일한 가치를 부여하지 않는다. 예를 들어, 종업원에 대한 보상의 논의에서 회사는 봉급보다는 보너스에서 더 양보하려고 한다. 반대로 종업원들은 봉급의 인상을 더 중요시 한다. 왜냐하면 보너스는 일회적이지만, 봉급은 영구적이기 때문이다. 서로 다른 이해관계에서 양립성을 찾는 것이 가치창조의 퍼즐을 푸는 핵심이다.

➢ **미래에 대한 판단의 차이** : 사람들은 가치가 있는 것이 무엇이고 그 항목의 미래가치는 얼마인가에 대한 평가를 달리한다. 예를 들어, 물에 잠긴 토지가 좋은 투자인가 나쁜 투자인가를 평가할 때, 어떤 사람은 미래에 주택지를 상상할 수도 있지만, 다른 사람은 위락단지를 상상할 수도 있다. 부동산 개발업자는 현재의 소유자가 놓치고 있는 토지의 미래 잠재력을 확인하기 위해 열심이다.

➢ **위험허용의 차이** : 사람들은 자신이 편안하게 감당할 수 있는 위험의 양이 다르다. 아이가 둘이 있는 가정의 가장보다는 아이가 없이 맞벌이 하는 부부가 훨씬 위험에 대한 수용 폭이 넓다. 회사의 경우에도 현금여유가 적은 곳보다는 많은 곳에서 보다 공격적인 투자가 이루어진다.

➢ **시간선호의 차이** : 협상가들에게는 시간이 미치는 영향이 서로 다르다. 어

17) Lax, D., & Sebenius, J., 1986.

떤 협상가는 실질적인 수익이 적더라도 지금 당장 얻기를 원하는 반면, 어떤 협상가는 수익을 미래로 미루면서 더 많은 것을 얻길 원한다. 일방은 빠른 변화를 원할 수 있지만, 반면에 상대방은 현상 변경을 원치 않을 수도 있다.

가치는 공통의 이해관계를 이용해서 창조될 수도 있지만, 서로 다른 차이가 가치창조를 위한 기초를 제공할 수 있다. 협상의 핵심은 가치를 창조하기 위해서 공통의 이해관계와 서로 다른 이해관계를 이용하는 것이며, 그런 이해관계를 강하게 지속되는 합의의 기초로 채택하는 것이다. 차이는 극복할 수 없는 것으로 보일 수도 있으며, 그런 경우에는 합의 도달의 장애물로 작용한다. 결과적으로, 협상가들은 그들의 차이를 관리하기 위해서 연결 가치를 극대화하는 방법을 찾으면서 갈등을 효과적으로 다룰 수 있어야 한다.

통합적 협상이 성공하기 위해서는 다음과 같은 전제가 충족되어야 한다. 첫째, 당사자들이 상대방의 진정한 이해관계를 이해할 수 있어야 한다. 둘째, 당사자들은 정보흐름을 원활히 하면서, 창의적인 아이디어를 교환하고 개발하여야 한다. 마지막으로, 당사자들은 서로 관계를 증진하면서, 모두의 목적을 실현시키려고 노력해야 한다. 이런 통합적 협상이 순조롭게 진행되기 위해서는 당사자들이 이렇게 진행할 수 있는 동기부여가 있어야 하고, 상호간의 신뢰와 명확한 의사소통이 이루어져야 한다.

2. 통합적 협상의 단계

통합적 협상과정에는 4개의 단계가 있다. ① 문제를 확인하고 정의하기, ② 문제를 이해하고 이해관계를 표면으로 끌어내기, ③ 문제에 대한 대안적 해결책을 만들기, ④ 그 대안들을 평가하고 선택하기이다. 처음 3단계는 가치창조를 위해 중요한 과정이다. 협상가들이 가치창조를 위해 같이 일하기 위해서는, 문제를 이해하고, 양측의 이해관계를 확인해야 하며, 대안적 해결책을 만들어야 한다. 4번째 대안들을 평가하고 선택하기는 가치청구의 단계이다. 가치청구는 분배적 협상에도 포함되는 기술이다.

문제를 확인하고 정의하기

문제 확인이 가장 어려운 단계이며, 다수의 당사자가 포함되면 더욱 어려워진다. 이상적으로 당사자들은 서로의 필요에 대해 열린 마음과 해결책에 관한 사전적 개념을 가지고 통합적 협상과정에 참여하여야 한다. 문제를 공동으로 정의할 때, 양측의 필요와 우선순위가 정확하게 반영되어야 한다. 불행하게도, 이것이 잘 행해지지 않는다. 통합적 협상에 대해 이해할 수 있는 폭넓은 염려는, 문제를 정의하는 동안에 상대방이 자신의 이득을 위하여 정보를 조작하는 것이다. 긍정적인 문제해결이 되기 위해서는, 양측이 중립적인 조건에서 문제를 다루기로 언약하여야 한다. 문제의 현상은 양측이 수용하여야 한다. 당사자들은 그 문제의 현상을 문자화 하는데 동의할 때까지 여러 번 개정하도록 요구할 수 있다. 문제의 정의는 대안을 만들거나 선택하는 어떤 노력과는 분리되어야 하는 것이 중요하다. 이 단계에서는 문제를 분명하게 정의하는 것이 중요하다.

통합적 협상의 초점은 문제를 해결하는 것이다. 이 초점을 흐리게 하는 어떤 것도 제거되어야 한다. 협상가들은 문제의 현상을 분명히 하기 위해서 논쟁을 할 수는 있다. 그러나 만약 문제가 복잡하고 다면적이라면, 그리고 문제의 상태가 그 복잡성을 반영하지 못한다면, 문제해결의 노력은 불완전해질 것이다. 사실상, 문제가 복잡하다면, 당사자들은 문제의 상태에 대해서 동의하지 못할 수 있다. 목적은 가장 중요한 차원과 요소가 문제의 정의에 포함되면서 동시에 가능한 한 문제의 상태를 간단명료하게 하는 것이다. 이 접근이 분배적 협상의 과정과는 뚜렷하게 대조되는 것이다. 만약 통합적 협상에 다수의 이슈가 있다면, 당사자들은 그들 사이가 연결되는 것인지 또는 분리된 문제로 접근할 수 있는 것인지를 결정하기 위해서 분명하게 확인하기를 원할 것이다.

당사자들은 문제를 해결과정이라기 보다는 달성해야 될 특정한 목표로 정의하여야 한다. 그들은 어떻게 그것을 달성할 것인가 보다는 달성하기를 원하는 것에 집중하여야 한다. 그리고 그들은 목표를 달성하기 위해서 무슨 장애를 극복해야 하는지를 특정해서 진행하여야 한다. 예를 들어, 목표를 "거절 숫자를 최소화하는 것"이라고 하기 보다는 "거절 숫자를 반으로 줄이는 것"이라고 하는 것이 더 좋다. 목표를 정하고 나면, 당사자들은 결과를 어떻게 만들 것인지, 결함이 발생하면 어떻게 고칠 것인지 등에 관해 그들이 알 필요가 있는 것을 정해야 한다.

장애물을 명확히 정의하는 것은 협상 당사자들이 그것을 고치거나 수정하도록 노력하게 하려는 것이다. 만약 당사자들이 장애를 효과적으로 대처할 수 없다면, 제한된 시간과 자원 속에서, 장애가 전반적인 협상의 한계선이 된다. 통합적인 협상에서는 어떤 장애가 대처할 수 있는 것이고 어떤 것이 아닌지에 관한 분명한 이해가 협상이 가능한 것과 가능하지 않은 것을 명확하게 아는 것만큼 실질적으로 중요하다.

당사자들은 갈등에 개입될 때, 평가하고 판단하는 경향이 있다. 그들은 자신의 행동과 전략과 선호는 긍정적으로 보면서 상대방의 행동과 전략과 선호는 부정적으로 본다. 상대방에게 "당신의 관점이 틀립니다." 라고 말하는 것은 문제점을 이야기하기 보다는 상대방을 공격하는 것이다. 그 대신에 "우리는 이 문제에 관해 서로 다른 관점을 가지고 있습니다." 라고 말한다면, 이슈가 어느 일방에 속하는 문제라기보다는 외부적 문제로서 양측이 접근하는 것을 용이하게 한다.

문제를 이해하고 이해관계를 표면으로 끌어내기

통합적 협상을 달성하기 위한 핵심은 서로의 이해관계를 이해하고 만족시키는 당사자들의 능력이다. 이해관계를 확인하는 것이 통합적 협상과정에서 중요한 단계이다. 이해관계는 협상가들이 특정한 입장을 취하도록 유인하는 숨겨져 있는 관심, 필요, 욕구, 두려움이다. 만약 협상가들이 이해관계를 드러내지 않고 숨긴 상태로 입장을 추구하는 협상을 계속한다면, 가능한 결과의 조합은 일방의 승리이거나 어느 누구도 원하는 것을 얻지 못하고 타협하는 것이다. 여기서 타협의 의미는 양측이 모두 원하는 것을 얻지 못한 불만족한 상태이기 때문에 승-승에 비하여 패－패의 결과이다.

이런 결과에서 유념하여야 할 것은, 왜? 그들이 원하는 것을 원하는 가에 대한 질문이다. 양자가 협상을 시작할 때, 그들은 통상 입장이나 요구를 내세운다. 분배적 협상에서, 협상가들은 가능한 한 자신들의 목표에 근접한 결과를 성취하려는 시도에서 입장을 주고받는다. 그러나 통합적 협상에서는, 협상가들이 상대방이 도달하려는 목표의 동기가 되는 요소를 이해하기 위해서 그들의 생각과 논리를 이해할 필요가 있다. 만약 양측이 상대방의 유인 요소를 이해한다면, 그들은 이해관계에서 양측이 수용할 수 있는 옵션을 개발할 수 있다.

Lax & Sebenius(1986)[18]는 협상에 걸려있는 몇 가지 형태의 이해관계를 다음과 같이 제시하고 있다.

➢ **실질적 이해관계** : 협상에서 가격이나 자원의 분배와 같이 실질적인 경제적 이슈들이 여기에 해당된다. 이런 이해관계는 본질적인 것일 수도 있고, 수단이 되는 것일 수도 있다.

➢ **과정적 이해관계** : 이것은 갈등이 해결되는 방법에 관련된다. 일방은 경쟁적 게임을 즐기기 때문에 분배적 협상을 추구할 수 있고, 상대방은 문제를 어떻게 해결할 것인지에 관해 관심이 있기 때문에 통합적 협상을 추구할 수 있다. 후자의 경우에, 협상가는 토론하면서 자신의 의견을 말하고 주장하는 것보다 이슈가 덜 중요하다는 것을 발견할 수 있다. 과정적 이해관계도 본질적이거나 도구적이다. 주장을 한다는 것은 집단에서 그들의 정당성과 가치를 확언하고 역할을 돋보이게 함으로서 본질적으로 중요할 수 있다. 그리고 만약 협상에서 그들이 주장한 것을 성공적으로 얻는다면, 협상가로서의 그들의 능력을 보여줄 수 있기 때문에 수단으로도 중요하다.

➢ **관계적 이해관계** : 이것은 양측이 서로의 관계에 대해 지니는 가치이며, 그것을 손상시킬 행동을 원치 않는 것이다. 관계적 가치는 당사자들이 서로가 관계를 가지고 있다는 것과 그 관계를 즐긴다는 것에 있을 수도 있고, 그 관계로부터 실질적인 이득을 얻을 수 있을 때도 존재한다.

이 밖에도 이해관계는 어떤 원칙에 관한 것일 수도 있다. 무엇이 공정한가? 무엇이 옳은가? 무엇이 윤리적인가? 무엇이 과거에 행해졌고, 미래에 행해져야 하는가? 이렇게 눈에 보이지 않는 무형의 원칙들이 협상가를 지배하고 행해질 수 있다. 아래에 실제의 협상에서 관찰되는 몇 가지 형태의 이해관계의 목록이 있다.

- 협상에는 거의 항상 한 가지 형태 이상의 이해관계가 있다.
- 당사자들은 다른 형태의 이해관계를 가질 수 있다.
- 이해관계는 가끔 깊게 뿌리박힌 인간의 가치와 필요로부터 나온다.

18) Lax, D., & Sebenius, J., 1986.

- 이해관계는 협상이 진행되면서 변할 수 있다.
- 이해관계는 표면으로 드러내야 한다.
- 이해관계를 드러내는 것은 쉽지 않거나 최상의 강점이 안 될 수도 있다.
- 이해관계에 집중하는 것이 해로울 수도 있다.

대안적인 해결책 만들기

대안을 찾는 것이 통합적 협상에서 창의적인 단계이다. 당사자들이 일단 문제의 정의에 동의하고 서로의 이해관계를 이해하면, 다양한 대안적 해결책을 만들 필요가 있다. 목적은 옵션의 목록이나 문제에 대한 가능한 해결책을 만드는 것이다. 그 옵션들을 평가하고 선택하는 것이 마지막 단계에서의 과업이 될 것이다.

협상가들이 대안적인 해결책을 만드는데 도움이 되는 몇 가지 기법들이 있다. 이 기법들은 두 개의 범주로 나누어진다. 첫째는 승－패의 문제로 보이는 것을 승－승의 대안으로 만들기 위해 문제를 재 정의하거나, 상황인식을 새롭게 하거나, 역할을 바꾸거나 해야 한다. 둘째는 문제를 주어진 것으로 받아들이고 당사자들이 선택할 수 있는 옵션의 목록을 만드는 것이다. 복잡한 문제에 관한 통합적 협상은 두 가지 형태의 기법이 모두 사용될 수 있다.

➢ **문제를 재 정의해서 해결책 만들기** : 이 범주에 속하는 기법은 당사자들이 숨겨져 있는 필요를 정의하고 거기에 부합하는 대안을 개발할 것을 요구한다. 통합적 협상을 성취하기 위해 몇 가지 방법이 제안되어 왔다. 각각의 방법은 논의되는 이슈에 초점을 맞추고 상대방의 진정한 필요에 관해 점진적으로 더 많은 정보를 요구한다. 해결책은 단순한 것으로부터 더 복잡하고 포괄적이며 통합적인 것으로 움직인다. 거기에는 연결이익을 발견하는 몇 개의 경로가 있다. 당사자들은 가장 쉽고 비용이 적게 드는 방법부터 시작해서 그것이 실패할 경우 더 많은 비용이 드는 접근으로 움직이는 것이 좋다.

- **파이 키우기** : 대부분의 협상이 부족한 자원을 가지고 시작하므로, 양측의 이해관계를 만족시키거나 목적을 달성하기에 쉽지 않다. 간단한 방법은 자원을 추가해서 양측의 목적을 달성하는 것이다.
- **상부상조(logrolling)** : 성공적인 상부상조는 당사자들이 갈등에서 한

개 이상의 이슈를 발견하고 그 이슈들의 다른 우선순위를 발견하는 것이다. 그리고 당사자들은 그 이슈들 중에서 자신에게 더 우선순위가 높지만 상대방의 우선순위는 낮은 것과, 상대방에게는 높은 우선순위이지만 자신에게는 낮은 우선순위의 이슈를 서로 교환하는 것이다.

- **불특정 보상** : 이 방법은 일방이 자신의 목적을 달성하면서 상대방에게는 협상의 이슈와 관련이 없는 다른 보상을 하는 것이다. 상대방은 이것이 협상의 이슈와는 직접적인 관련이 없지만, 다른 방법으로 자신의 이익을 보상하는 것이기 때문에 수용할 수 있다.
- **비용 줄이기** : 일방은 자신의 목적을 달성하면서 상대방의 비용을 최소화시키는 것이다. 이것이 불특정 보상과 다른 점은, 비용절감이 해결책에 동의하는 상대방의 비용을 최소화하도록 설계되는 점이다. 이 기법은 상대방의 진정한 필요와 선호에 관해 더 은밀한 부분을 알아야 하기 때문에 더 세련된 것이다.
- **새로운 해결책 개발** : 양측의 진정한 이해관계를 모두 만족시킬 수 있는 새로운 옵션을 개발하는 것이다. 이를 위해서는 양측이 진정한 이해관계에 관한 충분한 정보를 교환하고 이를 만족시키는 옵션을 개발하기 위해 문제를 근본적으로 재구성해야 한다.

➢ **현재 상태에서 문제에 대한 해결책 만들기** : 이 접근은 협상가 자신이나 다른 사람들에 의해 수행될 수 있다. 이런 방법은 대체로 작은 집단에서 사용되는데, 개인보다는 집단에서 사용될 때 더 효과적이기 때문이다.

- **난상토론(brainstorming)** : 작은 집단의 사람들은 그들이 할 수 있는 한, 문제에 대해 가능한 한 많은 해결책을 만들어 낸다. 사람들은 이견의 제기 없이 해결책을 제시하고 기록한다. 참가자들은 서로의 아이디어를 비판하지 않으면서 자발적으로 심지어 비현실적인 생각까지 이야기 한다. 어떤 해결책이 제안되더라도 논의되거나 평가되지 않으면서, 참가자들은 새로운 생각의 흐름을 멈추지 않게 된다. 난상토론의 성공은 다른 생각을 만들어내는 지적인 시뮬레이션의 양에 달려있다. 아이디어를 모으는 좀 더 혁신적인 방법은 전문적인 진행자의 도움을 받거

나 온라인 난상토론을 사용하는 것이다.

- **조사(surveys)** : 다수의 사람들에게, 문제를 제시하고 그들이 생각하는 해결책을 묻는 질문지를 배포해서 아이디어를 얻는 것이다.

대안을 평가하고 선택하기

협상가들은 제시된 각 옵션에 대해서 순서와 가중치를 매겨야 한다. 당사자들은 각 협상가의 선호하는 옵션과 관련된 이점을 토론하고 가장 좋은 옵션에 동의할 의사결정과정에 참여해야 한다. 만약 적당하거나 수용할 만한 옵션이 없다면, 문제가 분명하게 정의되지 않았음을 의미하며, 다시 첫 단계로 되돌아가야 한다. 다음은 옵션을 평가하고 합의하는데 사용되는 지침들이다.

- 옵션을 평가하기 전에 범주를 합의한다.
- 옵션의 범위를 좁힌다.
- 옵션을 질과 표준과 수용가능성에 기초해서 평가한다.
- 개인적 선호의 정당성을 표현한다.
- 옵션을 선택할 때 무형의 영향력에 유의한다.
- 복잡한 옵션을 평가할 때 하위그룹을 이용한다.
- 주장이 과열되면 쉬는 시간을 갖는다.
- 교환을 위해 선호의 다름을 이용한다.
- 모든 면에 합의가 될 때가지 결정은 잠정적이고 조건부를 유지한다.
- 최종 합의가 될 때까지 기록은 최소화한다.

3. 통합 전략

Bazerman & Neale(1982)[19]은 통합적 협상의 합의를 이루는데 도움이 되는 다음과 같은 전략을 제안한다.

19) Bazerman, M. H., & Neale, M. A. "Improving negotiation effectiveness under final offer arbitration: The role of selection and training." Journal of Applied Psychology, 67(5), 1982, pp.543-548.

신뢰를 구축하고 정보를 공유함

신뢰를 구축하고 정보를 공유하는 협상가들은 통합적 합의에 도달할 가능성이 크다. 협상가들이 공유해야할 정보는 협상의 이해관계와 우선순위에 관한 것이다. 협상의 당사자들은 일반적으로 정보공개에 민감하다. 그러나 당신이 정보를 공개하지 않으면, 상대방도 공개하지 않을 것이며, 서로의 관심사에 대해 소통하지 않으면 협상의 순조로운 진행은 장담하기 어렵다. 중요한 것은 정보를 공개할지의 여부가 아니고, 무슨 정보를 어떻게 공개하느냐 이다.

상황진단을 위한 질문을 함

협상가는 상대방에게 여러 가지 질문을 할 수 있지만, 이해관계와 우선순위에 관한 질문이 통합적 합의에 도움이 되는 질문이다. 그 이유는 첫째, 그 질문들은 상대방이 무엇을 원하고 무엇에 가치를 두는지 가르쳐준다. 둘째, 상대방은 상황진단을 위한 질문에 대해서는 거짓말을 하거나 위장하려고 하지 않는다. 왜냐하면, 그 질문은 상대방을 수세로 몰지 않기 때문이다.

의제를 많이 만듦

협상이 실패하거나 분배적으로 흐르는 데에는 협상의 당사자들이 가격과 같은 단일의제를 놓고 겨루기 때문이다. 노련한 협상가들은 협상 가능한 의제를 늘리는데 능숙하다. 의제를 추가하고, 새로운 의제를 만들고, 어려운 의제는 변경함으로서, 분배적 협상을 통합적으로 전환한다. 통합적 합의를 위해서는 두 가지 이상의 의제가 필요하며, 많을수록 선호의 다름에 의한 교환이 가능해서 협상이 더 쉬워진다.

안건을 패키지로 다룸

다수의 의제를 하나씩 차례로 다루는 것은 단일의제 협상과 같은 것이다. 이런 접근은 몇 가지 이유에서 잘못이라 할 수 있다. 첫째, 각 의제를 분리하여 협상하면 의제들 간의 교환이 어렵다. 당사자들은 선호의 강도가 서로 다른 점을 활용하여, 의제를 비교 대조하고 그것을 교환해야 한다. 둘째, 협상영역이 좁은 경우에 단일의제 협상을 하면 파국 가능성이 크다. 마지막으로 단일의제 협상에서는 당사자들이 타협의 유혹을 느끼게 된다.

동시에 동일 가치의 복수제안을 함

정보의 교환이 원활하지 않아서 상대방의 선호를 알기 어려울 때에는 동시에 복수의 제안을 하는 것이 좋다. 이것은 동등한 가치를 가진 둘 이상의 제안을 상대방에게 동시에 하는 것이다. 이렇게 함으로서 상대방이 그중 어느 하나를 선택할 경우, 상대방이 선호하는 것이 무엇인지를 알 수 있다. 이 전략은 상대방에게 다양한 전략을 동시에 제안하고는 상대방의 반응을 기다려야 한다. 상대방에게는 이것이 패키지 거래이며, 각 제안 중에서 자신이 원하는 것만을 선택할 수 없음을 알려야 한다. 이 제안의 또 다른 장점은 협상을 적극적으로 주도할 수 있으며, 원하는 정보를 얻을 수 있다는 것이다.

조건부 계약(Contingent contract)을 맺음

협상의 당사자들은 이해관계와 선호도에 차이가 있을 뿐만 아니라 세상을 보는 관점에서도 차이가 있다. 합의에 대한 미래의 결과에 대해서 서로가 예측을 달리 할 수 있다. 이 경우 상대방을 설득하려는 시도는 회의감, 적대감, 분노 등을 야기할 수 있다. 오히려 당신은 이러한 차이를 활용하여 조건부 계약을 맺음으로서 통합적 협상의 합의를 달성하여야 한다.

단계적 합의를 함

지금 당장 모든 문제를 해결하기 어려운 경우에는 문제를 여러 단계로 나누어서 우선 가능한 합의를 하고, 다음 단계의 협상을 약속하는 것이다. 이 전략의 특징은 첫째, 협상에 대한 구체적이고 구속력 있는 의무를 정한다는 의미에서 공식적이다. 둘째, 나중에 공식합의에 의해서 대체된다는 점에서 초기 단계의 합의이다. 셋째, 당사자 간의 모든 현안을 다루지 않는다는 점에서 부분적이다.

합의 후 보완책(Post-settlement Settlement)을 찾음

협상이 충분히 만족할 수 없는 상태이지만, 시간, 비용, 기타의 어려움을 고려하여 현 상태에서 합의를 하고 더 좋은 해결책이 나오면 보완 합의를 하는 방법이다. 이 경우 후속 합의는 당사자 모두가 유리해지는 조건의 합의여야 가능하다. 이 방법의 장점은 최소한 현재 합의의 내용은 유지되면서 더 좋은 안을 찾는 것이기 때문에 당사자들이 편안한 마음으로 협상에 임할 수 있다는 것이다.

4. 파레토 효율[20)]

1) 점수 시스템

어떤 종류의 협상이든, 협상을 준비할 때는 각자 자신의 선호를 해결하기 위해서 노력해야 한다. 협상가들은 협상을 진행하는 동안 이것을 선호하는지 또는 저것을 선호하는지 지속적으로 질문 받는다. 그들은 이것으로 종료하고 싶은 것일까 아니면 저것으로 종료하고 싶은 것인가? 협상가들은 궁극적으로 자신들이 원하는 것을 결정해야할 뿐만 아니라, 자신들의 목표를 달성하기 위해서 포기해야 할 것도 결정해야 한다. 협상가들은 다양한 교환가치를 어떻게 평가할 수 있는가? 그리고 이런 가치들이 협상의 역동성에 어떻게 영향을 미치는가?

당신이 환경부의 공무원이라고 가정해보자. 당신은 정책 A와 B 중에서 하나를 선택해야 한다. 당신의 보좌관이 각 정책의 특성(경제적 효율성, 건강관련 항목, 환경적 요소, 정치적 문제 등)이 적혀있는 리스트를 준비하였고, 당신은 이 특성들에 관하여 두 정책을 평가해야 한다. 어떤 특성은 정책 A가 더 좋고, 어떤 것은 B가 더 좋다. 당신은 어떻게 그런 요소들을 종합해서 체계적으로 평가할 수 있는가? 이런 이슈가 협상에서는 물론이고, 폭넓게 의사결정과 정책의 입안에서도 문제가 된다.

이런 문제가 마음을 복잡하게 만들지만, 정형화된 분석이 혼란한 마음을 질서

---

20) 이글은 Howard Raiffa, “The Art and Science of Negotiation: How to Resolve Conflicts and Get the Best out of Bargaining, 1982. 중에서 Chapter 11, Tradeoffs and Concessions, pp.148-165를 부분적으로 발췌 수록함.

있게 만드는데 도움이 될 수 있다. 한 가지 접근방법은 각각의 특성에 다양한 수준의 점수를 부여하여, 이슈 간의 교환을 계량화하는 점수 시스템을 만드는 것이다. 이것이 쉽지는 않지만, 단순한 가상적 선택 사이에서 관측되는 선호에 의해서 가치가 탐색될 수 있다. 대부분의 의사결정이나 정책의 입안자들은 이런 접근방법에 회의적이다. 그들은 자신들의 주관적인 선택에 의해, 실제의 대안들 사이에서 단순하게 선택할 수 있다고 믿기 때문에 정형화에 대해 필요성을 느끼지 않는다. 그러나 상황을 바꾸어서 당신 대신에 대리인에게 산업체 대표와 복잡한 협상을 책임지는 그런 결정을 위임한다고 가정해보자. 협상하는 동안 대리인은 다양한 이슈들에 대해서 상대방과 타협을 해야 할 것이다. 더욱이 당신은 이런 종류의 협상을 동시에 여러 건 수행해야 한다. 이런 관점에서 보면, 정형화된 점수 시스템을 만들 필요는 더욱 커진다. 그런 시스템이 없다면, 대리인은 나침반이 없이 바다에 떠 있는 것처럼, 이슈들 간에 어떻게 교환할지 모르면서 협상을 수행하는 것과 같다.

이제 한 가지 상황을 가정해서 점수 시스템의 효용성을 검토해보자. 당신이 어떤 사업체의 관리자로서 공장 건축을 위해 건축업자와 협상에 임한다고 가정해보자. 당신은 비용, 준공기간, 품질의 3가지 요소에 관심을 가지고 있다. 당신은 내부적인 의논에 의해서 이들 요소에 잠정적인 범위를 정하였다. 비용은 $3.0~4.5백만, 기간은 250~400일, 품질은 최고1등급~최저5등급. 물론 당신은 $3,0백만, 250일, 1등급 품질을 가장 좋아한다. 그러나 그런 협상의 결과는 기대하기 어렵다는 것도 알고 있다.

우리는 검토의 편의를 위해서 한 가지 요소는 고정된 상태에서 다른 두 요소의 수준을 교환하는 것으로 가정하겠다. 예를 들어, 비용과 기간의 교환에서 품질은 관여되지 않는 것이다. 그리고 표준화의 목적에서 가장 좋은 계약($3.0백만, 250일, 1등급)에 100점을, 가장 나쁜 계약($4.5백만, 400일, 5등급)에 0점을 부여한다. 이것은 3가지 질문을 가진 시험과 같다. 그래서 참가자는 각 질문에 얼마만큼의 가중치를 부여하고 또 부분적으로는 몇 점을 부여할지를 결정해야 한다. 예를 들어서, 비용(C)에 .5의 가중치, 기간(T)에 .3의 가중치, 그리고 품질(Q)에 .2의 가중치를 부여한다고 가정하자. 내부적인 점수 구성은 [그림 4-2]와 같다고 가정한다. 만약 계약이 $4백만, 350일, 2등급으로 결정되었다면, 종합 점수는 $(.5 \times 50) + (.3 \times 25) + (.2 \times 80) = 48.5$점이다.

그러면 각 요소의 가중치는 어떻게 결정하고 각 요소 내의 점수는 어떻게 결정해야 하는가? 우선 최악의 경우($4,5백만, 400일, 5등급)로부터 시작한다. 만약 최악의 경우로부터 한 단계 개선된 선택을 한다면, 우선 비용이 1순위, 기간이 2순위, 품질이 3순위로 선호한다고 가정한다. 이것은 가중치의 순위를 반영한 것이다. 그리고 비용 가중치 .5는 기간과 품질의 가중치를 더한 것과 같다고 가정한다.

[그림 4-2] 각 요소의 점수 시스템

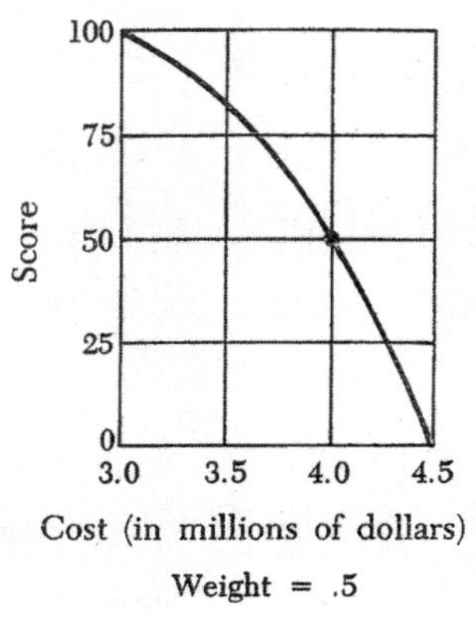

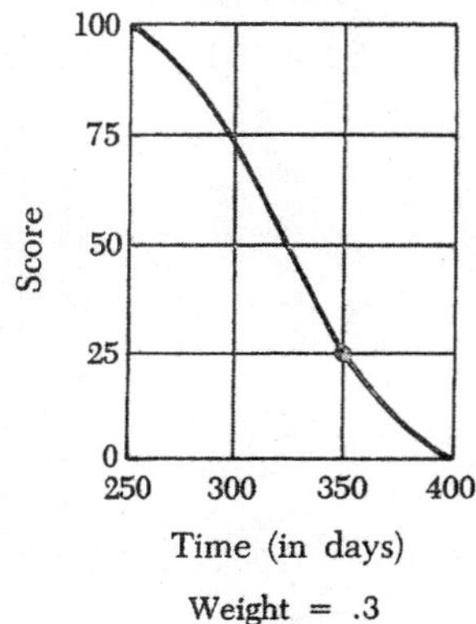

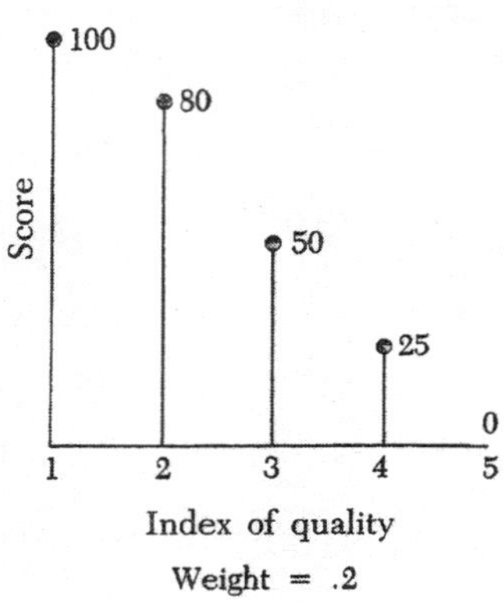

- **비용 요소** : 비용을 $4.5백만에서 $4.0백만으로 감소시키는 것은 $4.0백만에서 $3.0백만으로 감소시키는 것만큼 중요하다. 이것이 비용함수의 모습이다.
- **기간 요소** : 처음에 기간을 400일에서 축소하는 것은 별로 중요하지 않다. 그러나 350일에서 300일로 축소하는 것은 훨씬 더 중요하다.
- **품질 요소** : 품질 한 등급의 가치는 거의 비슷하다. 그러나 3등급에서 2등급으로 상승하는 가치는 조금 더 중요하다.

이로서 점수 시스템을 만드는 대략의 기준이 정해졌다. 그리고 각자가 의도하는 결과를 시험하기 위해서 숫자와 커브를 조정해서 시스템을 조율하면 된다. 이것은 점수 시스템의 한 예로서 각자의 선호에 의해서 다양한 방법을 채택할 수 있는 것이므로 유연성이 있다.

요소들이 균형이나 형평성이 필요할 때는 상호의존적이 될 수도 있다. 당신이 협상가이고 내부의 두 그룹(A와 B)을 위해서 선의로 행동한다고 가정하자. 당신은 협상을 하면서 두 그룹의 이익을 고려하지만, 정치적인 이유로 A의 이익은 항상 B의 이익과 상응해야만 한다. 그래서 B의 이익이 낮은 수준에 있는 상황에서, 이미 높아진 A의 이익을 증가시키는 것은 매우 바람직하지 않다. 그래서 이런 상황에서는 균형이 깨지지 않도록 주의해야 한다.

계속 이어지는 두 이슈의 교환

Mr. Hee와 Ms. Shee는 두 개의 계속 이어지는 이슈인 비용과 기간에 관하여 협상하고 있다. 논의의 범위는 $3.0백만~$4.5백만 그리고 250일~400일이다. 그는 높은 금액과 긴 기간을 원하고, 그녀는 낮은 가격과 짧은 기간을 원한다. [그림 4-3]은 그들 각각의 교환이 나타내는 무차별(동일가치)곡선을 나타낸다. 예를 들어, 계약 V, Q, P는 그의 동일가치의 곡선 상에 놓여있어서 그는 그들을 동일한 가치로 여긴다. 그는 계약 R을 계약 V, Q, P보다 더 선호한다. 그래서 R은 더 높은 가치의 곡선 상에 있다. 그는 북동쪽으로 가기를 원하며, 그녀는 남서쪽으로 가기를 원한다. 자 이제 그들이 잠정적으로 $4.0백만과 275일의 계약에 합의한다고 가정하자. 그것은 P 지점에 위치하고 그에게는 20점, 그녀에게는 50점에 해당된다.

[그림 4-3] Mr. Hee(실선)와 Ms. Shee(점선)의 동일가치곡선

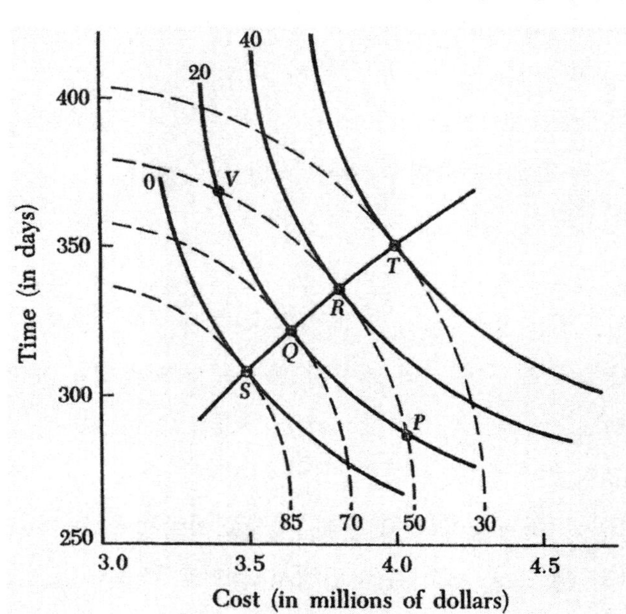

[그림 4-3]에서 보면, 만약 최종 계약이 P 지점으로부터 Mr. Hee의 동일가치곡선(PQV)을 따라서 움직였다면, 그의 점수는 20점에 머무르겠지만, 그녀의 점수는 50점(P 지점)에서 시작해서 점차 70점(Q 지점)으로 올라가다가, 점차적으로 다시 50점(V 지점)으로 떨어지게 된다. 그래서 만약 협상가들이 P로부터 시작해서 공동의 수익을 찾으려 노력한다면, 그리고 만약 Mr. Hee가 P로부터 Q, V 곡선을 따라 움직이는 것이 무차별하고, 만약 그가 그녀로 하여금 그 곡선 상에서 한 점을 선택하도록 요청한다면, 그녀는 자신의 요구를 가장 잘 충족하는 Q를 선택하길 원할 것이다. 반면에 만약 그녀가 PRV 곡선을 따라서 움직이는 것이 무차별함을 표현했다면, 그는 그녀에게 40점이 돌아오는 R로 움직이길 원할 것이다([그림 4-4]에서 Q와 P 점을 볼 것).

렌즈 모양의 PQVRP 지역에서 어떤 점이 그들 모두에게 P보다 개선되는 지점인지를 관찰하라. [그림 4-3] 또한 SQRT 곡선을 따라서 어떤 점이 공동으로 효율적인지를 관찰하라. [그림 4-4] 그들의 동일가치 곡선은 S, Q, R, T 점에서 보이는 것처럼 그들이 이 효율곡선 상의 한 점을 통해서 움직일 때마다 각자에게 접선이다.

[그림 4-4] 효율적 경계

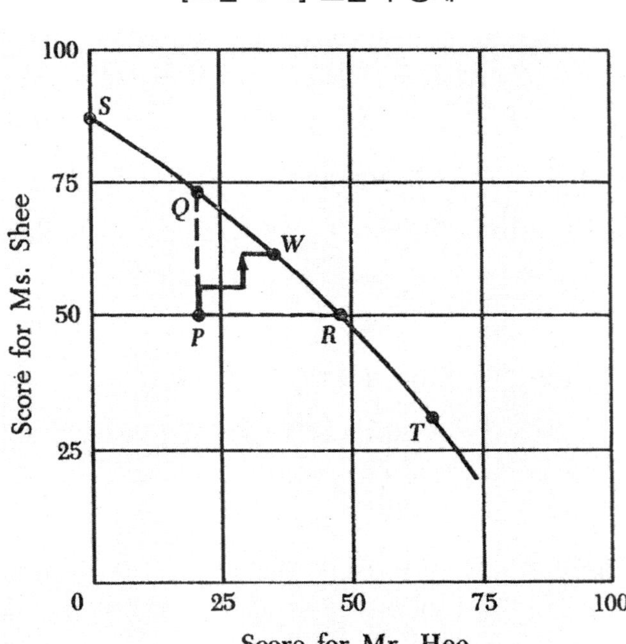

이제, 협상가들이 잠정적으로 P에서 합의하고 공동으로 개선할 방법을 찾고 있으며, 그리고 각자는 단지 자신의 동일가치 곡선만을 알고 있다고 가정하자. 그들이 공동의 수익을 얻을 수 있는 방법은 한 가지이다. Mr. Hee가 P를 통과하는 자신의 동일가치 곡선에 관하여 몇 가지 점을 언급하면서 시작한다. P에 근접해서 북서쪽은 P′, 남동쪽은 P″이다. Ms. Shee는 P″는 P보다 나쁘지만, P′은 조금 좋다고 말한다. 그녀는 P′이 자신에게 무차별하다고 말하고, 그는 자신의 개선점을 선택한다. 이런 방법으로 반복하면서 그들은 점차 자신의 점수를 개선하고 결국에는 Q와 R 사이의 계약 곡선 상에서 점수를 추가하고 종료한다. [그림 4-4]가 W 지점에서 이것을 보여준다. 그들은 P로부터 효율적 경계 상의 W 지점으로 움직임으로서 공동으로 점수를 얻는다. 당연히 그들은 더 이상 개선할 것이 없을 때, 자신들이 효율적 경계에 도달했음을 인식한다.

2) 파레토 효율

그러면 파레토의 효율적 경계에 어떻게 도달할 수 있는지, 그리고 협상의 역동성에는 어떤 함의가 있는지를 알아보자.

[그림 4-5]에서는 양측 협상가를 위한 점수 시스템을 보여준다. 일반적으로 협상 참가자들은 자신의 가치 시스템만 알 수 있다. 이제 그들 모두가 진심으로 상대방에게 자신의 점수 시스템을 공개한다고 생각하자. 그들이 각 이슈에서 중간점수를 선택한다고 가정하면, \$3.75백만과 325일이다. [그림 4-5]에서 Ms. Shee가 비용에서 50점을 얻게 되고 Cs(3.75) = 50이라고 표시할 수 있다. 기간에서는 75점, Ts(325) = 75을 얻게 된다. Ms. Shee의 비용과 기간 요소의 가중치는 .7과 .3이다. 그래서 이 계약에서 그녀의 총 가치 Vs는 다음과 같다 :

$$\begin{aligned} Vs(3.75,\ 325) &= .7Cs(3.75) + .3Ts(325) \\ &= (.7 \times 50) + (.3 \times 75) \\ &= 57.5 \end{aligned}$$

[그림 4-5] Mr. Hee와 Ms. Shee의 부가가치 시스템

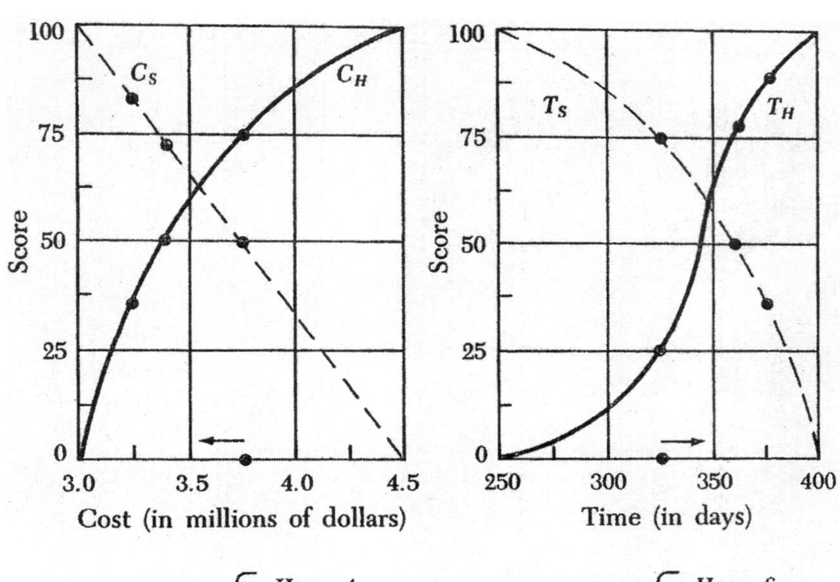

Mr. Hee는 비용 점수에서 Ch(3.75) = 75, 그리고 기간 점수에서 Th(325) = 25를 얻는다. 그의 비용과 기간의 가중치는 .4와 .6이기 때문에 이 계약에서 그의 총가치 Vh는 다음과 같다 :

$$
\begin{aligned}
Vh(3.75,\ 325) &= .4Ch(3.75) + .6Th(325) \\
&= (.4 \times 75) + (.6 \times 25) \\
&= 45.0
\end{aligned}
$$

이 계약에서 그의 점수 45와 그녀의 점수 57.5를 포함하는 연결점수는, 다른 가능한 8개의 연결점수와 함께 [그림 4-6]의 한 점에 표시되어 있다. 우리는 <표 4-1>에서 이 계약(3.75, 325)이 비효율적임을 알 수 있다. 두 협상가는 각각 (3.0, 400)과 (3.4, 360)이 더 좋다. 당연히 이것들 중에, 그는 (3.4, 360)을 그녀는 (3.0, 400)을 더 선호한다.

[그림 4-6] 시간과 비용에 관한 협상의 효율적 경계

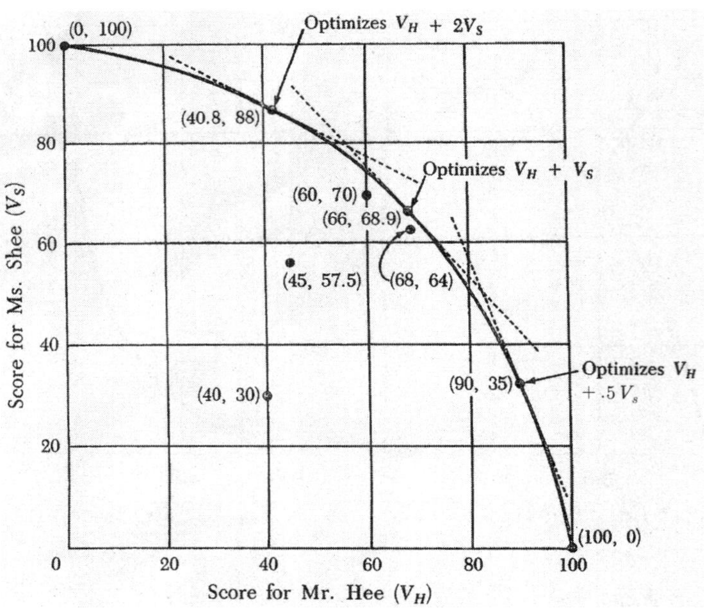

〈표 4-1〉 선택된 계약에 대한 평가

Contract		Evaluations					
		Mr. Hee			Ms. Shee		
		C_H	T_H	V_H	C_S	T_S	V_S
Cost	Time	(Wt.=.4)	(Wt.=.6)		(Wt.=.7)	(Wt.=.3)	
3.75	325	75	25	45.0	50	75	57.5
3.00	250	0	0	0.0	100	100	100.0
4.50	400	100	100	100.0	0	0	0.0
3.00	400	0	100	60.0	100	0	70.0
4.50	250	100	0	40.0	0	100	30.0
3.40	360	50	80	68.0	70	50	64.0
3.25	375	30	90	66.0	83	36	68.9
3.75	400	75	100	90.0	50	0	35.0
3.00	350	0	68	40.8	100	60	88.0

이제 두 협상가를 위해 총 점수의 합계가 극대화되는 C와 T의 적절한 가치를 찾는다고 가정해 보자. 다양한 (C, T) 계약에 대한 점수가 [그림 4-7]에 나와 있다. 우리의 과제는 총 점수가 극대화되는 C와 T를 선택하는 것이다. 이것은 C에

의해서 조정되는 두 개의 부분 총점이 극대화되는 C를 선택하고, T에 의해서 조정되는 두 개의 부분 총점을 극대화하는 T를 선택함으로서 달성할 수 있다. 미세측정기를 사용해서 계산하면 가능한데, 비용의 기여를 극대화하는 C의 가치는 3.25로서, Ch(3.25) = 30, 그리고 Cs(3.25) = 83이다. 여기서 C의 가치 3.25는 .4Ch(30) + .7Cs(83)으로 극대화된다. 동일하게 T 가치 375 = .6Th(T) + .3Ts(T)는 Th(375) = 90, Ts(375) = 36을 산출하고, 따라서 .6Th(90) + .3Ts(36)으로 극대화된다.

[그림 4-7] 각 계약에 대한 성과 점수

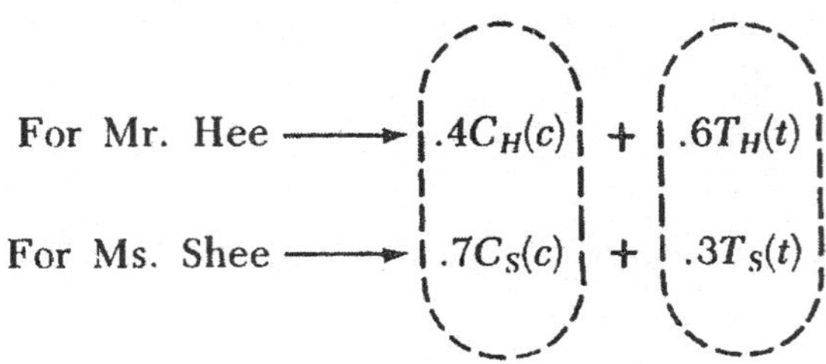

계약 (3.25, 375)로 Mr. Hee는 총 66점을 얻고, Ms. Shee는 총 68.9를 얻어서, 연결총점은 134.9점이다. 이 보다 더 큰 연결점수를 얻는 다른 계약은 없다. 당연히 연결총점 (66.0, 68.9)는 효율적 경계에 놓여야 한다. 거기에는 달리 추가점수를 얻을 수 있는 방법이 없다(점수 시스템을 사용하여 파레토 효율에 도달하는 협상 시뮬레이션을 연습하려면 권말 부록 별첨 1 시뮬레이션 '파트너십'을 참조하십시오).

5. 사례 : 비즈니스거래의 통합적 협상

협상에서 통합적 합의의 과정과 결과를 이해하기 위해서, 일반적인 구매/판매 협상사례[21]의 진행과정을 가정해 보기로 하자. 구매자는 한국의 CBC TV 방송국이고, 판매자는 방송용 프로그램을 제작하는 미국의 NSoft이다. CBC는 과거에

21) 이 사례는 Dispute Resolution Research Center, Kellogg Graduate School of Management, Northwestern University에서 개발된 것으로서, Leigh Thompson의 The Mind and Heart of the Negotiator 2nd ed., New Jersey, Prentice-Hall. 2001. 에 수록된 내용을 일부 개정한 것임.

점유율 1위의 TV 방송국이었지만, 지금은 방영 프로그램의 열세로 2위에 처져있다. NSoft는 Ultra 라는 어린이용 만화프로그램이 히트를 치고 있지만, 현재 회사의 자금흐름이 좋지 않아서 Ultra를 조속히 임대하고자 한다. 이 프로그램은 시리즈로 100편이 제작되었으며, 이 시장에서는 통상 임대기간을 5년으로 정하고 있다. 양사의 협상 담당자들은 이미 다른 회사와도 거래의 제안을 주고받았지만, 기대하는 만큼의 수익이 예상되지 않아서 새로운 거래대상을 찾는 중이다. 이메일과 전화로 이미 상대방이 원하는 내용은 알고 있는 상태이며, 오늘 첫 만남을 통해서 구체적인 조건들에 대해 제안을 할 계획이다. 각 사의 담당자들은 이미 몇 번의 의사소통을 통해서 상대방에 대해 호감을 가지고 있으며, 향후 거래에 대해 좋은 기대를 가지고 있다.

1) 협상의 준비 : 이슈의 확인과 목표, 저항 점을 정한다

양측은 이번 협상에서 다룰 이슈를 확인하고, 각 이슈별 목표와 저항 점, 그리고 다른 회사로부터 이미 제안 받은 내용을 계산하여 대안 거래의 수익을 계산하였다. 실제의 협상에서는 양측 모두 공개할 수 없는 협상의 비밀이지만, 여기서는 설명의 편의를 위하여 양측이 가지고 있는 거래 조건을 다음과 같이 가정하겠다.

〈표 4-2〉 Ultra에 대한 양사의 목표 및 저항 점

단위 : $

이슈	CBC 저항 점	CBC 목표	NSoft 목표	NSoft 저항 점
편당 가격	60,000	30,000	65,000	35,000
재방영 횟수	6회	8회	6회	8회
대금 지급 (이자 비용)	계약 100% (총액의 10%)	매년 20%	계약 100%	매년 20% (총액의 30%)
대안	3M			2.5M
기타(Star)	20,000			10,000

〈표 4-3〉 Ultra에 대한 예상 Rating 및 광고수입

단위 : $

Ratings	CBC 예상		NSoft 예상	
	확률	광고수입	확률	광고수입
4-5	20%	7,000,000	10%	7,000,000
5-6	50%	8,000,000	10%	8,000,000
6-7	10%	9,000,000	10%	9,000,000
7-8	10%	10,000,000	50%	10,000,000
8-9	10%	11,000,000	20%	11,000,000
예상수입		8,400,000		9,600,000

Rating : TV를 소유한 모든 가정에서 특정 프로그램을 보는 비율
CBC : (.2 x 7M) + (.5 x 8M) + (.1 x 9M) + (.1 x 10M) + (.1 x 11M) = 8.4M
NSoft : (.1 x 7M) + (.1 x 8M) + (.1 x 9M) + (.5 x 10M) + (.2 x 11M) = 9.6M

〈표 4-4〉 Ultra의 재방영 횟수와 그에 따른 양사의 수익변동 내용

단위 : $

재방영 수	CBC 수익	NSoft 수익
4	-1,600,000	+500,000
5	-800,000	+250,000
6	0	0
7	+800,000	-250,000
8	+1,600,000	-500,000

이 거래의 협상을 통해서 양사의 담당자들이 추구하는 것은 현재의 대안을 초과해서 수익을 극대화하는 것이다. 그러나 양사의 현재 상황은 수익의 극대화를 위해서 많은 시간과 힘겨운 노력을 투입하기에는 좋은 상황이 아니다. 더욱이 양사의 CEO들은 이 거래가 양사의 어려움을 극복할 수 있는 좋은 기회로 여기고 있으며, 거래가 성사될 경우 향후 장기적 파트너십의 관계로 발전되기를 기대하고 있다. 이 상황에서 양사의 협상 담당자들이 논의할 주된 이슈는 ① Ultra의 편당가격, ② 재방영 횟수, ③ 대금지급방법이다. Ultra는 5년간 100편이 제공되며, 시장의 통상적인 재방영 횟수는 6번이다. CBC는 광고수입의 증대를 위해서 더 많은 재방영을 원하지만, NSoft는 향후의 가격하락을 염려하여 많은 재방영을 원치 않는다. 대금지급방법은 일반적이지 않으며 계약에 따른다. 따라서 CBC는 가

급적 늦게 지급하는 것이 유리하며, NSoft는 회사의 자금사정이 좋지 않아서 일시불을 원한다. 자금에 대해 양사가 가지는 이자비용은 서로 다르다. 그래서 5년간 균등 지급할 경우 CBC는 매매금액의 10%를 이자수익으로 얻을 수 있으며, NSoft는 30%의 비용이 발생한다. 일시불 지급의 경우는 반대가 된다. NSoft는 인기가 좋은 또 다른 프로그램인 Star(100편)를 가지고 있으며, Ultra의 거래가 합의될 경우 Star도 같이 거래하기를 원한다. CBC도 가격의 부담이 없다면 더 많은 프로그램이 더 좋다.

2) 협상의 시작 : 수익을 극대화할 수 있는 첫 제안을 통해 상대방을 탐색하고, 생각의 차이를 확인하며, 이슈 간 교환 방법을 찾는다

양측은 준비과정에서 확인한 이슈에 대해 미리 준비한 목표를 도입해서 수익이 극대화 될 수 있는 첫 제안을 하였다. 물론 이 제안을 상대방이 수락할 것으로는 생각하지 않지만, 상대방의 반응을 탐색하고 서로 다른 차이가 무엇인지를 알 수 있는 좋은 기회가 될 것으로 생각한다.

〈표 4-5〉 Ultra에 대한 양사의 첫 제안

단위 : $

이슈	CBC 첫 제안	NSoft 첫 제안
편당 가격	30,000	65,000
재방영 횟수	8회	4회
대금 지급	매년 20%	100%
예상 수익	7.3M	7.0M

첫 제안을 통해서 양측은 생각의 차이가 상당히 크다는 것을 알았고, 협상이 쉽지 않을 것임을 느끼게 되었다. 이제 분배적 협상에서 쉽게 작동하는 첫 제안의 효과는 기대하기 어렵게 되었다. 그리고 협상을 원활히 진행하기 위해서는 좀 더 솔직한 정보교환을 통해서 서로의 이해관계를 확인하고 각 사의 이익을 최대화 할 수 있는 아이디어를 같이 생각하기로 의견의 일치를 보았다. 우선 재방영 횟수와 대금지급을 자신에게 가장 유리하게 제안하는 것은 상호 이해할 수 있는 일이지만, 편당 가격에서 너무 큰 차이를 보이는 것은 문제가 있는 것이었다. 그

래서 가격산정 기준에 관해 의견을 교환해 보니, 광고수입에 영향을 주는 Rating에 대한 예상이 크게 다름을 알게 되었다. CBC는 5-6등급을 예상하고 있는 반면에, NSoft는 7-8등급을 예상하고 있었다. 이로 인해 발생하는 가격차이가 편당 $12,000 이다. 이렇게 미래에 발생할 일을 미리 예상하는 것은 누구의 판단이 옳다고 단정할 수 없는 것이므로, 우선은 그 차이가 있음을 인지하고 제안을 수정하기로 하였다.

〈표 4-6〉 Ultra에 대한 수정 제안

이슈	CBC 수정 제안	NSoft 수정 제안
편당 가격	40,000	60,000
재방영 횟수	8	6
대금 지급	매년 20%	100%
예상 수익	6.4M	6.0M

수정 제안에서 CBC는 가격에서 유연성을 보이고 재방영 횟수와 대금지급에는 변함이 없었다. 반면에, NSoft는 가격과 재방영 횟수에서 유연성을 보이고 대금지급에서는 변함이 없었다. 양측은 일단 가격은 접어두고, 재방영과 대금지급의 이해득실을 검토하기로 하였다. CBC가 재방영 횟수의 주장을 변경하지 않는 것은 그에 의한 광고수입이 크기 때문이었다. 반면에 NSoft는 재방영 횟수가 늘어날 경우 손실이 발생하지만, 그 규모는 상대적으로 크지 않았다. 대금지급에 대해서는 NSoft의 사정이 더 중요했다. 당장 자금의 필요성이 클 뿐만 아니라 금리부담이 CBC의 3배에 달했다. 이런 상황이 파악된 후에 양측은 일단 두 이슈에 대해 서로 유익한 쪽으로 교환하기로 하였다. 즉, 재방영은 8회로, 대금지급은 계약과 동시에 100% 지급하기로 합의하였다. 재방영을 8회로 함으로서 양측은 $1.1M의 가치를 창조하게 되었다(CBC $1.6M 수익증가, NSoft $0.5M 수익감소). 그리고 대금지급에서는 편당 $50,000을 가정할 경우 양측의 가치창조는 $1M이다(CBC $0.5M 수익감소, NSoft $1.5M 수익증가). 따라서 총 $2.1M의 가치가 창조되며 이를 양사가 분배할 경우 각각 $1.05M의 잉여가 발생해서 가격조정의 가능성을 가지게 되었다. 이 시점에 NSoft는 Star의 매매도 같이 할 것을 제안하면서, $20,000의 가격을 제시하였다. CBC도 프로그램의 확보를 위해서 Star의 매매

에 긍정적이지만 $20,000은 자신의 저항 가격에 해당되는 것이었다. 그래서 아직 합의되지 않은 Ultra의 가격과 Star의 가격을 포함해서 다시 제안을 하기로 하였다. 각사의 손익계산을 명확히 하고 미래의 파트너십을 위한 조건을 숙고하기 위해서 오늘의 미팅을 종료하고 다음 날 최종제안을 하기로 하였다.

양측은 다시 만나서 <표 4-7>과 같이 최종 제안을 하고 협상의 합의에 도달하였다. 양측에서 가격조정이 가능했던 이유는 어제의 합의로 발생한 가치창조 금액을 가격에 반영하였기 때문이다. 양측은 협상을 진행하면서 보여준 각 사의 성실함과 솔직한 정보교환에 신뢰를 가지게 되었으며, 협상의 결과도 서로 만족할 수 있는 수준으로 공정한 결과에 도달하였음을 인정하였다.

〈표 4-7〉 협상의 최종제안

단위 : $

이슈	CBC 최종 제안	NSoft 최종 제안
편당 가격	50,000	50,000
재방영 횟수	8회	8회
대금 지급	100%	100%
기타(Star)	15,000	15,000
예상 수익 (가치창조)	5.0M (5.0 − 대안 3.0 = 2.0)	5.0M (5.0 − 대안 2.5 = 2.5)

결국 양측은 자신들의 대안보다도 훨씬 큰 수익을 올리게 되었다. CBC는 $2백만의 추가수익을 얻게 되었고, NSoft는 $2.5백만의 추가수익을 얻었다. Rating에 대해서는 의견의 일치를 보지 못했지만, CBC는 자신의 예상을 기준으로 수익을 측정했기 때문에 만족하며, NSoft도 충분한 수익을 확보했으므로 굳이 Rating의 예상 차이에 따른 조건부 합의를 시도하지는 않았다.

그러나 만약 NSoft가 Rating에 대한 이견을 조건부계약(Contingent contract)으로 처리하고 싶은 욕구가 있다면, 일정기간이 경과한 후의 측정결과로, 자신이 예상한 7~8이상의 Rating이 나올 경우, CBC가 예상한 것과의 차익을 양측이 분배하는 계약을 맺을 수 있을 것이다. 이것이 현재 상태에서 수익의 증가를 의미하는 것은 아니지만, 후일에 0.6M(9.6M − 8.4M / 2)의 수익증가를 기대할 수 있게 되며,

또한 자신의 의견이 상대방에 의해서 반영되었다는 무형의 만족이 달성되는 이중의 효과가 있다. 이런 종류의 협상과정의 만족은 양측이 파트너십으로 관계를 발전시키면서 시너지를 발휘하는 데에도 큰 기여가 된다.

3) 사례에 대한 토론(Debriefing)

사례분석 후, 다음과 같은 질문을 통해서 관련된 협상의 개념들에 관해 토론하는 것이 학습의 효과를 증대할 수 있다.

- 이 사례에서 합의가능영역을 예측할 수 있었나?
- 통합적 협상의 교환 개념을 실행하기 위해서 어떤 이슈를, 어떻게 활용하였나?
  - 재방영 횟수는 누가 더 선호하는 이슈인가?
  - 대금지급조건은 누가 더 선호하는 이슈인가?
- 파레토최적의 달성을 위해 어떤 행동이 필요한가?
  - 질문과 답변?
  - 연속되는 제안?
  - 복수의 제안?
  - 서로 다른 우선순위의 교환?
- 공유하는 이해관계나 양립하는 이해관계가 있었나?
  - Star?
- Rating의 차이(미래 기대의 차이)는 어떻게 처리되었나?
- 조건부계약(Contingent contract)에 대한 고려가 있었나?

요약

이 장에서, 우리는 통합적 협상의 전략과 전술을 검토하였다. 통합적 협상의 근본적인 구조는 당사자들이 그들의 목적을 달성할 수 있는 목표를 정할 수 있다는 것이다. 통합적 협상은 상호간에 이런 목표를 정하고 그들의 목표를 극대화하도록 과정에 개입하는 것이다. 상호간에 자신의 목표를 달성하기 위하여 기울여야할 최고의 관심은 협동과 문제해결 접근에 관한 것이다. 협상가들은 협상의 상황에서 자주 통합의 잠재성을 인식하지 못하기 때문에 통합적 협상에 실패한다. 그러나 협상가 상호간의 과거의 부정적인 관계나, 또는 협상에 관한 분배적인 가정 때문에 실패하기도 한다.

성공적인 통합적 협상은 몇 가지 과정을 요구한다. 첫째, 당사자들은 상호 상대방의 진정한 목표와 필요를 이해해야 한다. 둘째, 당사자들은 정보와 아이디어의 자연스러운 흐름을 만들어야 한다. 셋째, 당사자들은 차이보다는 공통점을 강조하면서 유사성에 초점을 맞추어야 한다. 마지막으로 당사자들은 상호간의 목표에 도달할 수 있는 해결책을 발견하려고 노력해야 한다. 이것은 분배적 협상과는 아주 다른 과정이다. 통합적 협상의 과정에서 4가지 핵심적인 단계는 문제를 확인하고 정의하는 것, 이해관계와 필요를 확인하고, 대안적 해결책을 만들고, 대안을 평가하고 선택하는 것이다.

우리는 또한 성공적인 통합적 협상을 촉진하기 위한 다양한 요소들을 논의하였다. 첫째, 과정은 몇 가지 공통적인 목표를 추구하는 형태로 촉진되어야 한다. 이 목표는 그들이 함께 일하지 않으면 얻을 수 없는 것이거나, 그들이 공히 얻기를 원하거나 공유하기를 원하는 것일 수 있다. 둘째, 문제해결에서 서로에 대한 믿음을 가져야 한다. 셋째, 당사자들은 상대방의 필요가 가치 있는 것이라는 믿음을 가져야 한다. 넷째, 그들은 함께 일하는 동기와 책임감을 공유해야 한다. 다섯째, 그들은 상호 신뢰할 수 있어야 하고, 그 신뢰를 만들고 유지하는 노력을 해야 한다. 여섯째, 의사소통은 각자가 원하는 것과 상대방의 필요를 이해하려는 노력에 관하여 분명하고 정확하게 소통되어야 한다. 협상가들은 서로의 필요를 달성하기 위해 파레토 최적을 찾기 위한 의지를 가져야 한다. 그것은 통합적 협상의 역동성에 대한 이해가 필수적이다.

제5장 다자협상

학습 목표

- 다자협상과 양자협상의 차이에 대한 이해
- 집단의 상호작용에 대한 이해
- 집단 의사결정의 문제점에 대한 이해
- 의사결정 방법의 다양성과 효과에 대한 이해
- 연합의 종류와 각각의 특성에 대한 이해

1. 다자협상의 특징

다자협상은 셋 이상의 당사자가 참여하는 협상이다. 다자협상은 협상이 진행되면서 다자의 형태로 상호작용하거나, 또는 양자의 형태로 변형될 수 있다.[22] 다자협상이 양자협상과 본질적으로 차이나는 점은, 첫째, 연합이 발생하고, 집단 상호작용이 복잡하며, 협상과정이 다양한 구조를 지닌다는 점이다. 둘째, 양자협상에서 배운 다음의 교훈들, 즉 가치를 창조하고 언약하는 전략, 의사소통에서의 장애물과 기회, 그리고 정보를 더 조심스럽게 관리해야할 필요성에 관하여 다자협상의 성격에 맞추어 수정할 필요가 있다.

다자협상도 단일의제 협상과 다수의제 협상으로 나눌 수 있다. 그러나 다자가 개입되는 협상의 경우 보통 협상의제는 복잡하다. 다자협상은 양자협상과는 상당히 다른 요인들이 협상과정 뿐만 아니라 합의의 집행과정에도 작용하기 때문에 정교한 분석방법이 필요하다. 당사자의 집합이 변하면 이슈를 처리하는 방식도 변하게 된다. 이슈를 보는 시각이 달라짐에 따라 이슈의 군을 형성하는 방법이 달라지기 때문이다. 이런 경향은 자연히 이슈를 패키지화하는 방식에도 영향을 미친다. 계속적으로 이슈들의 집합이 변화되고 연합의 구성 주체가 변하게 되

22) Touval, S, "Multilateral Negotiation: An Analytic Approach." In Negotiation Theory and Practice, edited by Breslin, J. W., & Rubin, J. Z., Cambridge, MA: PON Books, 1991, pp.351-365.

면 협상과정에는 무한 협상게임이 전개될 가능성이 있다. 그러나 협상주체들이 협상의 조기타결 필요성을 인식하고 타협정신을 발휘한다면 궁극적으로 수렴되는 안을 찾을 것이고, 당사자들 간의 관계도 안정화될 수 있다. 이러한 다자간의 새로운 규범과 이해관계의 속성은 해양법 협상이나 기후변화협약과 같이 국가간의 첨예한 이해관계가 걸린 다국 간 협상의 경우에서 구체적으로 발견된다.

다자 간 다수의제 협상에서는 개별적인 이슈를 중심으로 협상을 전개하는 이슈별 접근이나 일괄타결 접근이 어렵기 때문에 하나의 단일협상안을 만들어서 이용하는 단일제안서방식이 널리 활용되고 있다. 협상을 주관하는 곳에서 총괄적 협상안을 만들어 내고 각 당사자들이 이 단일협상안을 수정하는 절차를 거치게 된다. 각 당사자들이 이 수정안 속에서 자신의 입장을 반영시키기 위해 노력하게 되는데 이 과정이 바로 협상과정이다.

1) 집단의 상호작용

양자협상과는 달리, 다자협상에는 참가자들의 집단이 참여한다. 모든 집단은 자신들만의 독특한 역동성을 지니고 있다. 집단은 어떤 면에서 상호 의존하는 둘 이상의 사람으로 구성되며, 그들은 최소한 동일한 사회적 배열의 구성원으로서 동질감을 공유한다.[23] 다자협상은 많은 집단을 포함할 수 있는데, 참가자들은 한 집단 이상의 구성원일 수 있다. 다자협상에는 실무위원회, 전문위원회, 공동의 사실조사위원회, 운영위원회 등이 포함된다.

집단은 다른 사회적 상황들로부터 구분되는 자신들만의 규범과 임무를 만들어 낸다. 집단에서 배제되는 것은 반대편 입장에 처하게 되는 위험이 있어서, 합류에 대한 큰 압력을 느낄 수 있다. 물론 이미 다른 집단에 속해 있을 때는 예외이다. 집단은 내부적인 응집력과 기능을 유지하기 위해서 자신들만의 규범을 만든다. 그런 규범이 집단에서 다른 관점을 제한하면서 합의를 이루는데 압력으로 작용하곤 한다. 규범은 또한 신뢰를 구축하는데 필수적이다. 집단 내 협력을 증대시키는 또 다른 수단은 역할 분담이다. 어떤 참가자는 리더의 역할을 하고 대부

23) Rubin, J. & Swap, W. "Small Group Theory: Forming Consensus Through Group Process." In International Multilateral Negotiation: Approaches to the Management of Complexity, ed. by I. W. Zartman. San Francisco: Jossey-Bass, 1994, pp.132-147.

분은 추종자가 된다.

집단에 관련되는 잠재적인 문제는 “집단사고(Groupthink)”와 집단의 극단화이다. 집단사고는 오랫동안 같이 일한 집단들에서 발견되는 비효율과 비합리적인 사고를 말한다. 집단사고는 집단이 그 내부에 있는 지식에만 집중하면서 다른 요소에 대한 고려는 하지 않을 때 발생할 수 있다. 집단은 자신의 힘과 능력 그리고 내재하는 도덕을 과신해서 자신들의 합리적인 틀에 도전하는 비판을 받아들이지 않는다.[24] 집단은 또한 협상 당사자의 대표에게 의뢰인의 이해관계를 넘어서는 집단의 요구를 수용해서 대리인 관계를 해석하도록 압력을 가할 수 있다.[25]

2) 다양한 구조

다자협상과정에 대한 설계가 합의에 도달할 가능성뿐만 아니라 내용이나 질에 영향을 미치는데 중요하다. 일련의 의사결정과 다음과 같은 특성들을 어떻게 포함해서 과정을 진행할 것인지 명확히 해야 한다.

다양한 의사결정규칙

다자협상에서 가장 중요한 특성의 하나는 의사결정 방법을 선택하는 것이다. 양자협상은 당사자들이 합의하거나 결렬하는 것이지만, 다자협상에서는 의사결정규칙의 선택이 각자가 가진 영향력의 정도에 크게 의존하며, 만장일치 규칙이 아닌 한 구속력 있는 합의에서 배제되는 참가자가 있을 수 있다. 다자협상에서는 다음과 같은 많은 규칙들이 가능하다.

- ➢ **다수결** : 50 % +1표
- ➢ **가중치 있는 다수결** : 당사자별로 투표권의 수에 차등을 둔다.
- ➢ **다수결 + 거부권** : 50% +1표에 거부권 있는 참가자가 포함되어야 한다.
- ➢ **합의** : 만장일치를 위해 노력하면서 대부분의 동의로 합의된다.

---

24) Janis, I. L. Groupthink: Psychological Studies of Policy Decisions and Fiascoes. Boston: Houghton Mifflin, 1982.

25) Ancona, D., Friedman, R. and Kolb D. "The Group and What Happens on the Way to "YES"", Negotiation Journal, 7 (2): 1991, pp.155-173.

➢ **만장일치** : 모든 참가자가 동의해야 한다.
➢ **혼합** : 상기 범주에서 둘 이상을 혼합한다.

부가적 합의

협상 당사자는 집단에서 고려되는 주된 거래 이외에, 다른 거래에 참여할 수 있다. 부가적인 거래를 선택함으로서 협상가는 협상의 합의가능영역을 변경할 수 있고, 특정한 이해관계를 달성할 수 있다.

참가자의 유동성

양자협상에서는 합의가능영역의 변경이나 전략적인 이점을 위해서 이슈를 추가하거나 축소할 수 있다. 반면에 다자협상에서는 어떤 당사자가 참석하고, 어떤 능력이 필요한가를 결정하는 것이 협상의 효과성과 정당성에 영향을 미칠 수 있다. 첫째, 누구를 초청할 것인가의 결정에 따라서 협상의 참가자가 확인된다. 둘째, 어떤 능력을 가진 당사자를 참여시켜야 하는가의 결정이 중요하다. 어떤 참가자들은 관찰자로서, 전문가로서, 사실의 공동조사자로서 참석할 수도 있다.

다수의 회의체와 규모의 문제

다자협상에서는 협상의 효과를 위해서 규모가 다른 다수의 회의체를 구성한다. 협상은 대화를 촉진하고, 협상력을 강화하며, 어려운 문제를 다루고, 가치를 창출하는데 사용될 수 있는 회의체와 연결된다. 그런 회의체에는 정보의 교환이나 공통의 이해관계를 찾는 간부회의, 협상력을 높이는 연합, 실무위원회와 어려운 문제를 다루는 전문위원회, 그리고 과정의 관리와 공정성을 감시할 운영위원회 등이 포함된다. 이런 회의체의 사용은 협상가나 촉진자들이 다음과 같은 일을 하는데 중요한 수단이 된다.

- 더 적은 참가자들이 복잡한 문제를 다루면서, 더 심사숙고 한다.
- 협상을 입장에서 벗어나게 한다.
- 많은 당사자들이 참여하는 대규모 협상을 관리한다.

과정의 관리와 기회주의

의사결정규칙의 선택이 각 당사자가 자신의 이해관계를 추구하도록 협상력을 변경시킬 수 있다. 회의체에 참여하는 당사자나, 그들의 지식, 아이디어와 같은 능력을 변경함으로서, 참가자의 이해관계가 강조되거나, 특정한 해결책을 강조하거나, 연합이 되거나 또는 그 반대가 될 수 있다. 또한 참가자는 심의되는 내용을 바꾸거나, 심의되는 내용의 취지나 질을 바꿈으로서 힘의 균형을 바꿀 수 있다. 이런 많은 기회들이 존재하기 때문에, 협상가에게는 그들에게 경쟁력을 제공하는 과정의 관리가 중요해진다.[26] 그래서 협상가들은 복잡한 다자협상의 관리를 위하여 다음과 같은 점에 주의할 필요가 있다.

➢ **정보를 잘 관리하고 제안준비를 체계적으로 한다** : 많은 당사자들이 모여서 다양한 문제를 다룰 때는 정보의 과부하를 겪게 된다. 정보관리가 없이 모든 의제, 대안, 그리고 다른 집단들의 선호를 안다는 것은 불가능하다. 모든 집단들과 의제들을 두 축으로 하는 매트릭스 표를 만들어서 집단별 선호내용을 분석할 필요가 있다. 이런 정보가 얼마나 공개되느냐에 따라 만족스런 합의 가능성이 커질 것이다.

➢ **역할을 분담한다** : 대부분의 집단은 집단사고의 영향이나, 무임승차의 문제로 개인보다도 아이디어를 적게 내며, 그 질도 떨어진다. 따라서 집단의 구성원에게 역할을 분담하고 책임을 부여해서 적극적인 참여의 폭을 넓혀야 한다. 다자협상에서는 최소한 시간관리, 진행관리, 그리고 정보기록 등에 담당이 필요하다. 이런 역할을 구성원들에게 부여한 후, 협상에 들어가기 전에 진행상황을 점검한다.

➢ **협상테이블에 남아 있는다** : 모든 당사자들이 합의를 원하는데 협상테이블을 벗어나는 것은 어리석은 짓이다. 협상테이블에 부재하는 것은 정보의 흐름에서 배제되며, 남아있는 사람들끼리 제휴할 가능성이 커진다. 그것은 이탈자에게 치명적이다.

➢ **합의를 해야 한다는 생각을 버린다** : 다자협상에서 모든 참가자가 합의를

---

26) Susskind, L., McKearnan, S., & Thomas-Larmer, J. The consensus building handbook. Thousand Oaks: Sage Publications, 1999.

원한다고 생각해서는 안 된다. 어떤 상황에서는 합의를 저지하거나 지연을 바랄 수도 있다. 합의가 지연되면 난항에 빠지기 쉽다. 이럴 경우, 결론적인 합의만을 추구하지 말고, 합의에 도달하기 위한 과정이라도 합의하는 것이 좋다.

3) 양자협상 개념의 수정

공감과 주장

양자협상에서는 언제 공감하고 언제 주장할 것인가가 대단히 중요하다. 공감을 선택함으로서, 협상가는 상대방과 관계를 개선하고, 신뢰를 쌓으며, 상대방이 자신의 이해관계에 대하여 솔직히 의사소통하도록 북돋는다. 동시에 협상가는 자신의 이해관계를 방어하고 주장하는 것이 중요하다. 모든 것이 가치를 창출할 수 있는 가능성이다.

그러나 다자협상에서는 주장과 공감 행동의 선택을 더 조심스럽게 해야 한다. 첫째, 협상가는 대화에서 그것들의 필요성을 고려하여야 한다. 예를 들어, 대규모의 전체회의이거나, 역사적으로 관계가 좋지 않은 구성원과 같이 있을 때에는 그들로부터 관찰될 수 있기 때문에 특정한 당사자와 공감하기 어렵다. 둘째, 협상가는 자신의 행동이 협상에 직접 참여하지 않은 다른 당사자에게 어떤 영향을 줄 것인지를 고려해야만 한다. 참가자들이 비밀리에 만나지 않는 한, 다른 당사자는 나중에 그에 관해 알게 될 것이다. 그래서 당신은 당신의 행동이 다른 당사자에게 전달될 수 있음을 고려해야 한다. 한 당사자에 대한 공감의 행동은 다른 당사자에게는 적대적으로 간주될 수 있는 것이다.

협력과 경쟁

양자협상에서는 협상가들이 어떤 정보를 공개하고 또 언제 공개할 것인지를 선택해야 하는 딜레마에 처한다. 그런 정보는 양측에 가치를 창조할 수 있는 것도 있고 진정한 이해관계를 포함할 수도 있다. 딜레마는 상대방이 그런 정보공개에 대하여 전략적 이점의 기회로 사용할 것인지 또는 상호주의로 정직한 정보를 공개할 것인지를 확신할 수 없기 때문에 발생한다.

다자협상에서는 협상가들이 어떤 정보를 언제 공개할 것인지의 선택 외에도, 정보의 공유를 모든 당사자와 할 것인지 또는 일부와 할 것인지를 결정해야 한다. 만약 당신이 단지 일부의 당사자와 공유하는 것을 선호한다면, 추가적인 신뢰의 문제에 직면한다. 그 정보를 들은 당사자가 정보의 이점을 취하는 것에 대하여 걱정해야할 뿐만 아니라 그들이 다른 당사자에게 그 정보를 누출할 수 있는 점을 고려해야만 한다. 정보를 공개할 것인가 숨길 것인가의 딜레마는 다자의 맥락에서 더 커진다. 누군가 당신에게 피해를 주면서 자신의 목적 달성을 위해서 공개된 정보를 사용할 수 있다는 위험이 당사자들의 수에 의해서 몇 배로 늘어난다. 그러나 정보를 공개하지 않으면 가치를 창조할 수 있는 기회도 사라진다.

게다가, 당사자의 수가 증가하면, 당사자들이 기여하려는 동기보다는 무임승차의 동기가 더 커진다.[27] 그 이유는 첫째, 당사자의 수가 증가하면, 감시가 더 어려워지고, 둘째, 행동의 범위가 경계를 초월해서, 배신자를 수혜로부터 제외할 수 없기 때문이다.

의뢰인과 대리인

다자협상에서 집단은 개인에게 규범을 부과하거나, 순응을 요구하거나, 집단사고를 유도하는 등 커다란 압력을 행사한다. 이런 집단의 압력은 대표를 그들 의뢰인의 이해관계로부터 멀어지게 할뿐만 아니라, 무엇이 중요한가에 대한 대표의 관점을 바꿀 수 있다. 대표에게 부과되는 다양한 긴장을 관리하고 대표가 의뢰인의 이해관계를 충실히 반영하도록, 대리인과 의뢰인은 그들의 의사소통을 신중하게 관리하여야 한다.[28]

대표는 의뢰인뿐만 아니라, 집단이나 연합을 대표할 수도 있다. 연합의 구성원이 연합을 대표할 때, 다른 구성원에게 피해가 될 수 있는 자기 자신의 관점을 말할 수도 있다. 집단의 구성원으로서 집단을 대표하는 행위자는 집단의 안과 밖에서 협상을 하여야 한다. 그들에게는 집단의 이해관계와 자신의 이해관계 사이에서 균형을 유지하는 것이 요구된다.

---

27) Olson, M. The Logic of Collective Action: Public Goods and the Theory of Groups. Cambridge, MA: Harvard University Press, 1965.

28) Mnookin, R. H. & Susskind, L. (eds.). Negotiating on Behalf of Others. London: Sage, 1999.

언약을 하고 관리하기

양자협상에서는 기준점 설정이 가치를 분배하는데 중요한 전술이 될 수 있다. 다자협상에서도 당사자들은 예를 들어, 연합을 구축하기 위해 다른 당사자들과 언약을 할 수 있다. 그러나 그런 언약은 다자협상에서는 선천적으로 불안정하다. 첫째, 협상가나 당사자가 더 좋은 거래를 제안 받을 가능성이 항상 있다. 둘째, 다자협상에는 둘 이상의 당사자가 있기 때문에, 자신의 거래를 실행하기 전에 통상 다른 합의에 참여할 기회를 찾는다. 당사자들은 일례로 "누군가 더 좋은 제안을 하지 않는 한, 나는 이 거래를 유지하겠다."는 잠정적인 언약을 할 수 있다. 다자협상에서 추가적인 가능성은 당사자들 간의 부가적인 거래이다.

보류(Holdouts)

중요한 언약의 문제는 참가자가 거래를 하기로 약속한 상대방으로부터 추가적인 이득을 얻기 위해서 협력을 유보하는 것이다. 보류하는 당사자는 거래의 성공에 절대적인 역할을 한다. 이 전략은 ① 의사결정규칙이 만장일치를 요구하거나, ② 보류하는 자가 거부권을 가지고 있거나, ③ 보류하는 자가 거래의 성공에 절대적인 지식과 자원을 보유하고 있는 경우 특히 강력하다.

교환(Trades)

다자협상에서는 창의적인 교환의 기회가 더 많다. 예를 들어, 당사자들은 순환교환을 할 수 있는데,[29] 교환은 A→B→C→A의 순서를 통해서 이루어질 수 있다. 언약을 하는 교환은 합의가능영역을 좁히거나, 가능한 옵션을 바꾸거나, 합의에 도달할 가능성을 제외할 수도 있다. 이런 이유로, 교환에서 순서가 중요하고 궁극적인 합의의 질과 내용을 결정할 수 있다. 이것은 다시 의사결정규칙에 의해 좌우되는데, 특히 만장일치 규칙이나 거부권을 가진 당사자가 많을 경우 문제가 된다.

---

29) Touval, S., & Rubin, J. Z. Multilateral Negotiation: An Analytic Approach. Boston: Harvard Law School, 1987.

의사소통의 복잡성

협상 당사자가 많아질수록, 의사소통은 점점 어려워진다. 의사소통의 질이 연합을 형성하는 과정과 협상의 결과를 만들 수 있다. 다자협상에서는 당사자들이 직, 간접적인 의사소통을 할 수 있다. 협상에서 의사소통의 흐름을 통제하는 당사자가 다른 사람들보다 실질적인 이득이 있다. 의사소통은 모든 참가자들 사이에서 이루어질 수도 있고, 하위집단이나 단 두 사람 사이에 사적으로 이루어질 수도 있다. 의사소통은 많은 시간을 요구하며, 참가자들의 행동이나 성명이 모든 당사자들에게 다르게 이해될 수 있다.

2. 다자협상의 관리

수많은 당사자가 모이는 다자협상은 궁극적으로는 양 극단의 의견을 가진 두 집단과 중도의 의견을 가진 한 집단 또는 두 집단으로 연합이 형성된다. 협상을 양자에서 삼자로 확장하는 것은 작은 변화이지만, 협상을 대단히 복잡하게 만들면서 연합을 형성하는 기회를 제공한다. 세 사람은 통상 “2 대 1”을 의미한다.[30] 먼저 삼자협상의 기본적인 사례로서 4-3-2 게임을 가정해 보자. 삼자는 각각 다른 4표, 3표, 2표의 투표권을 가지고 있다. 의사결정을 위해서는 과반수인 5표 이상이 필요하며, 이를 위해 삼자가 동의를 하거나, 4+3, 4+2, 또는 3+2의 연합이 필요하다. 일단 과반수를 확보하면 100의 가치를 나누어 가질 수 있다. 얼마씩 나눌 것인지는 연합의 당사자들이 결정하면 된다. 결정의 방법은 일방이 상대방을 정해서 ① 분배방법을 제안하고, ② 상대방이 수용하면, 다시 ③ 최초 제안자가 승인하면 된다. 이런 분배과정을 거치는 동안에 연합에서 배제된 사람은 다른 제안을 해서 상대방 연합을 깨트리고 자신의 연합을 구성할 수 있다. 물론 이 경우에 상대방에게 처음보다 더 좋은 제안이 되어야만 상대방이 수용할 것이다. 그러나 상대방이 이 제안을 수용하지 않고 연합을 결정하면 게임은 종료된다.

30) Caplow, T. Two Against One. Englewood Cliffs, NJ: Prentice Hall, 1968.

[그림 5-1] 다자협상의 효과 : 4-3-2 Game

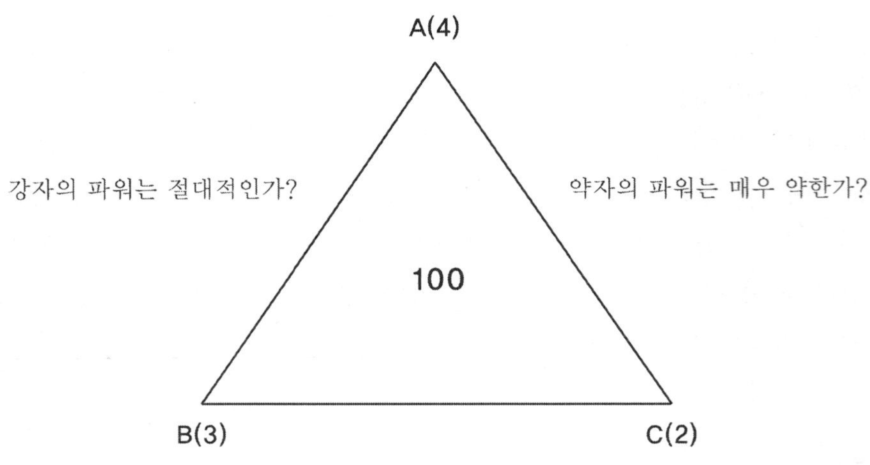

이런 게임에서 강자는 누구이고, 약자는 누구일까? 그리고 강자와 약자의 지위는 항상 안정적으로 유지되는 것일까? 이 게임은 중요한 경험적인 연구결과를 제공한다. 이 연구는 다른 모든 발생 가능한 요소들을 배제하고 연합의 효과에만 초점을 맞춘 것이다. 이 게임에서 역할의 당사자들은 매우 자주 3-2 연합을 형성할 뿐만 아니라, 게임을 계속 반복할 경우 3-2 연합 형성을 계속하는 경향이 있다. 이런 경향은 다른 연합에서도 마찬가지의 사실이다. 일단 당사자들이 성공적인 조합을 발견하고 나면, 그들은 그것을 계속 반복한다. 배제된 당사자들은 결코 어떤 연합에도 포함되지 못한다. 이 3-2 연합에서 대부분의 안정적인 배분은 50-50 이다. 일단 연합이 형성되면, 그들은 그들의 합의를 지지하는 메시지를 보내며, 서로 앞의 분배 결과를 반복하는 제안을 한다. 4표의 투표권을 가진 당사자는 계속해서 배제된다. 4표의 당사자는 계속 아무것도 얻지 못하거나, 상대방의 연합을 깨트릴 필요가 있다.

일단 연합에서 안정성이 발생하면, 논리적으로 배신의 의문이 뒤따른다.[31] 그러나 연구에 의하면, 배제된 당사자는 자신의 제안을 급격히 증가시키지 않으며, 단지 점진적으로 증가시키는 반응을 보인다. 그는 마치 자신의 제안이 안정된 연합을 깨트리기에 충분한 정도의 설득이 되기를 희망하는 것처럼 보인다. 그들은

31) Murnighan, J. K. "Defectors, Vulnerability and Relative Power: Some Causes and Effects of Leaving a Stable Coalition." Human Relations 34: 1981, pp.589-609.

안정된 연합이 그들의 제안수준이 더 증가하기를 기다리고 있다는 사실을 이해하지 못하는 것 같다. 그래서 그들의 제안을 80-20처럼 엄청나게 올리지 않고, 단지 천천히 유혹하는 것이다.

4표의 당사자는 결국 높은 제안을 통해서 상대방 연합을 깨고 자신의 연합을 구성한다. 3-2 연합 중에 3이 더 많은 이익을 탐내서 배신을 한 것이다. 그럼 4표의 당사자는 앞으로도 계속 3에게 많은 몫을 주어야 할까? 그렇게 하고 싶지 않을 것이다. 3이 그렇게 많은 몫을 받을 가치가 있다고 생각하지 않으며, 배제된 2도 자신과의 연합을 갈망하기 때문이다. 만약에 4-3 연합이 깨진다면, 3은 배신자로 낙인이 찍혀서 4와 2 모두로부터 외면 당할 것이다. 이제 3이 다시 연합을 원한다면 전보다는 훨씬 많은 것을 포기하여야 할 것이다. 분명한 것은 배신이 많은 것을 보상받지 못한다는 것이다.

또 다른 예를 생각해보자. EU의 초기 구성은 독일, 프랑스, 이태리, 벨기에, 네델란드, 룩셈부르크의 여섯 나라였다. 이들은 각각 4표, 4표, 4표, 2표, 2표 1표의 투표권을 가지고 있으며, 일반적인 의사결정은 12표를 필요로 한다. 게다가, 독일과 프랑스는 사실상의 거부권을 가지고 있다. 그래서 일반적인 의사결정에서 독일과 프랑스의 동의는 필수적이며, 그밖에 이태리의 4표 또는 벨기에와 네델란드 합의 4표를 필요로 한다. 따라서 룩셈부르크는 아무런 의사결정 권한이 없다. 그러나 특별히 중요한 의사결정이라서 만장일치의 합의를 원한다면, 룩셈부르크도 동일한 권리를 가지면서 거부권을 가지게 된다.

3. 연합

연합은 협상 행위자들의 일부분이다.[32] 연합의 목적은 공통의 목표를 성취하려는 구성원들이, 그들의 이익이 극대화되도록 전략적으로 공격적인 “승리연합(Winning coalitions)”을 만드는 것이다. 어떤 경우에는, 협상과정의 관리자들이 약체의 당사자들에게 대규모 협상에서 요구되는 복잡한 정보를 잘 다루기 위하여

32) Sebenius, J. K. “Thinking Coalitionally: Party Arithmetic, Process Opportunism, and Strategic Sequencing." In Negotiation Analysis edited by P. Young, Chp. 3. Ann Arbor: University of Michigan Press, 1991.

연합을 권유할 수 있다. 다른 연합은 발생하는 거래로 인하여 위협받을 수 있는 자신들의 이해관계를 보호하기 위하여 "방어연합(blocking coalitions)"을 구성할 수 있다. 특히, 당사자들이 자신의 대안이 어떤 가능한 합의보다도 더 좋다고 믿을 때는, 모든 가능한 거래를 저지하려고 할 수도 있다.

연합은 많은 집단들에서 형성된다. 예를 들어, 정치가들은 입법을 지지받거나, 다른 입법을 저지하기 위하여 연합을 형성한다. 연합은 조직 내에서도 형성된다. 그들은 공통의 목표를 가진 사람을 포함할 수도 있고, 다른 이유로 조직에 참여하는 사람들에게로 범위를 넓힐 수 있다. 환경론자들을 저지하기 위해서 기업과 정부가 연합할 수도 있고, 기업을 좌절시키기 위해서 정부와 환경단체가 연합할 수도 있다. 조직에서 구성원들은 조직의 의사결정을 거부할 수 없다. 그러나 조직의 대부분을 배제시킨 의사결정은 실행과정에서 실패하게 된다. 그래서 조직의 정책은 중요한 의사결정에 영향을 미칠 수 있는 효과적인 연합의 형성에 달려있다. 상대적으로 약하게 형성된 네트워크는 이슈에 관해 신속히 연합을 형성하고 신속히 해산해서 반대가 형성될 수 없게 하곤 한다.[33)]

연합은 한 당사자가 공동의 목표를 협력적으로 추구하기 위해서 다른 당사자에게 접근하면서 시작된다. 협상가에게 연합형성의 핵심 의문은 누가 접근하는가와 어떤 이슈가 떠오르는가이다. 두 번째는 그 당사자와 이슈를 접근하는 순서를 결정하는 것이다.[34)] 승리연합 또는 방어연합을 구축하려고 누구를 어떤 순서로 접근할 것인가를 결정함에 있어서, 협상가는 목표나 이해관계, 가치의 공통점, 공유하는 정체성, 신뢰관계, 힘이나 자원과 같은 많은 다른 범주를 사용할 수 있다. 동일한 협상에서 다른 시간에 논의되는 이슈에 따라서는, 당사자들이 다른 연합의 구성원이 될 수 있다. 그들은 심지어 동시에 승리연합과 방어연합 모두에서 구성원이 될 수도 있다.

협상가가 일단 연합을 하기 위해 필요한 사람들과 이슈들을 결정하면, 다른 이슈와 언약이 논의되는 순서를 결정하기 위한 전략을 설계해야 한다. 주된 관심은

---

33) Murnighan, J. K., & Brass, D. "Intraorganizational coalitions." In Bazerman, M., Lewicki, R., & Sheppard, B. (Eds.), The Handbook of Research on Negotiations. Greenwich, Conn: JAI Press, 1990.

34) Sebenius, J. K. "Sequencing to Build Coalition: with Whom Should I Talk First?" In Wise Choices: Decisions, Games, and Negotiations, edited by R. Zeckhauser, R.L. Keeney, et al. Boston: Harvard Business School Press, 1996, pp.324-348.

각각의 성공적인 모집이, 이어지는 모집과 협상가능영역에 어떤 영향을 미칠 것인가이다. 어떤 경우에는, 연합에 추가되는 한 당사자가 다른 사람의 참여를 막을 수 있기 때문에, 가장 중요한 것이 사람들을 접근하는 순서이다. 다른 경우에는, 더 중요한 것이 구성이나 기준점, 이슈들이며, 그 다음에는 미래의 이슈들과 접근해야 될 사람들이 정해진다.

각 협상 모임에서 채택되는 의사결정의 규칙이 연합구축 전략을 유형화하는데 중요한 역할을 한다. 첫째, 그것이 승리를 충분하게 하는 참여자의 수를 결정한다. 만약 의사결정 규칙이 다수결이라면, 협상가는 단지 많은 사람을 모집하면 된다. 만약 어떤 당사자가 거부권을 가지고 있다면, 그 당사자는 당연히 참여시켜야 한다. 동일한 고려가 방어연합을 구성하는 데에도 역시 유효하다.

연합을 형성하는 것 외에도, 협상가들은 연합을 관리하는 것에 관하여도 생각해야 한다. 연합의 구성원들 간에도 갈등이 존재하며, 발생할 수도 있다. 연합의 구성원들은 새로운 옵션이나 다른 거래가 발생할 가능성에 따라서 자신들의 언약을 관리해야만 한다. 연합의 연결이 깨지는 것은 그들의 이해관계를 위협한다. 연합을 깨는 한 방법은 구성원 중의 일부를 새로운 연합으로 유인하는 것이다. 또 다른 방법은, 비록 행동에 있어서 윤리적인 고려가 있어야 하지만, 연합 내에 불신을 조장하는 것이다.

4. 사례 : WTO 쌀 협상

2004년 1월, 우리나라는 WTO에 쌀 관세화유예 연장을 위한 협상개시 의사를 통보하였다. 한국은 GATT(관세 및 무역에 관한 일반협정) 체제의 1994년 UR(우루과이라운드) 최종 합의에서 농업부문에 대해 개도국 지위를 인정받았다. UR의 최종 합의는 선진국의 경우에는 향후 6년간, 그리고 개도국에 대해서는 향후 10년간 농업의 국내지원, 통상보호, 수출보조금의 3개 분야에 대해 지원과 보호를 줄이는 것이었다. GATT 체제에서는 대부분의 국가들의 식량안보와 가격안정을 목적으로 국내생산에 대한 보호(보조금 지급이나 수입 장벽 등)가 이루어지는 등 농산물 비관세 장벽이 허용되었었다.

1995년 1월 1일에 출범한 WTO(세계무역기구)는 거의 전 세계적인 수준에서 국가들 간의 무역규범을 다루는 곳[35]으로 1994년의 UR 협정에 따라 기존의 GATT 체제를 대체하는 새로운 무역기구이다. WTO 체제의 최대 목적은 부작용이 발생하지 않는 한 무역이 최대한 자유롭게 이루어질 수 있도록 하는 것이다.[36] 따라서 WTO 체제에서는 농산물 교역도 무역자유화의 대상에 포함되어 각국의 농산물에 대한 각종 수입규제조치를 철폐하고 기준시점의 국내가격과 국제가격의 차이를 관세로만 보호하는 '포괄적 관세화'가 이루어졌다.

한편 UR협정에서 일본, 필리핀, 그리고 한국은 국내 쌀 산업의 막대한 피해가 예상되는 등의 이유로 10년의 쌀 관세화 유예기간을 예외로 인정받았다. 또한 대만도 2002년 WTO에 가입하면서 가입의정서에 의거하여 2003년 말까지 쌀에 대한 관세화 유예기간을 인정받았다. 한국은 UR 협정에서 WTO가 시작되는 1995년부터 2004년까지 10년 동안 쌀에 대한 관세화를 유예하되, 매년 쌀의 의무수입량을 늘려가는 방식을 선택하였다. 그리고 한국 정부는 '2005년 이후 관세화유예 지속여부는 2004년 중 협상하며, 연장 시 이해관계국에 대해 추가적이고 수락가능한 수준의 양보가 필요하다'는 UR 협정에 따라 쌀 관세화연장 재협상을 하게 되었다.

쌀 협상을 앞둔 당시 한국의 농업상황은 국제적인 쌀 가격과 국내가격의 차이를 축소하는 데 실패하였고 국내의 쌀 소비가 줄어들어 재고가 쌓이는 등의 문제점을 지니고 있었다. 대외적으로는 WTO 체제 하에서 DDA 협상이 진행되고 있었는데, 농업부문에서 통상의 장애물과 생산자에 대한 보조금 등으로 인한 무역왜곡[37]을 더욱 줄이려는 노력을 하고 있었다. 따라서 한국이 쌀 수입을 관세화 하는 경우, DDA의 농업협상에서 쌀의 수입 관세율, TRQ[38]증량원칙, 쌀의 특별품목 적용 가능성 여부 등이 불확실한 상황이었다.[39] 이러한 국내외적인 상황에 따라 농민들의 쌀 관세화에 대한 우려가 높아 쌀 시장 개방을 둘러싼 국내 갈등이 일어나게 되었다.

---

35) 외교통상부 (2007) WTO 이해하기, 9면.
36) 외교통상부 (각주 12) 10면.
37) 상품의 가격이 경쟁적인 시장에서 일반적으로 존재하는 수준과 다른 경우 왜곡되었다고 말한다. (외교통상부 (2007) WTO 이해하기, 26면)
38) TRQ: Tariff Rate Quota (관세할당량 - 저율관세(5%)로 수입해야 할 물량)
39) 이재길 (2012) 'WTO 쌀 협상', 행시 10회 1971-2011, 공직 40년, 기록과 회고, 한국경제사회발전연구원, 23-60면 중 30면.

한국의 농업 현황

한국의 농업분야는 종사인구와 생산성 측면에서 그 비중이 제조업이나 서비스업에 비해 현저히 낮았다. 1960년대의 수출주도 경제개발정책 추진 이후 농업부문의 GDP 차지 비율은 약 40%에서 2000년에는 4.2%로 떨어졌다.[40] 한편 한국농업은 노동력의 노령화, 경영규모의 영세성, 농가소득의 상대적 열위 등의 문제점을 지니고 있었다. 따라서 농가의 소득안정 및 도시와의 소득격차 해소를 위한 농업 보조금 지원 정책이 계속해서 이루어져 왔다. OECD의 평가에 의하면, 한국정부의 농업정책은 주로 생산과 무역을 왜곡하는 정부수매 및 공공재고와 무역조치 및 국내가격의 안정화정책으로 이루어졌다. 그리고 쌀과 같은 주요 농산물은 국제시장의 흐름에서 배제되어, UR 협상타결과 WTO 출범으로 인한 국제농산물시장의 개방화 등 변화하는 국제시장 환경에 농민들이 적응하지 못하게 되는 결과를 낳게 되었다.[41] 게다가 쌀 소비의 지속적인 감소추세에 따라 국내 쌀의 공급과잉 및 재고량 증가 등이 가시화되면서 여러 가지 농업구조전환에 대한 정책적 노력이 요구되었다.

쌀 협상에 관한 국내의 이해관계자

➢ **정부** : 정부는 관세화유예를 기본방향으로 설정하여 2004년 12월 말까지 협상을 타결[42]할 것을 목표로 하였다. 그리고 쌀 협상의 원활한 진행 및 이해를 돕고자 국내 이해관계자들을 대상으로 대내 홍보를 활발히 하였다. 예를 들어, 협상이 진행되던 2004년 5월부터 농어업·농어촌특별대책위원회와 한국농촌경제연구원이 주최하는 '쌀 협상 국민 대토론회'가 수시로 열려 협상의 진행상황에 대한 설명과 함께 정부와 농민단체, 학계·연구기관, 언론, 시민단체간의 대화가 시도되었다. 또한 학계 중심의 '쌀 협상연구 협의회'가 구성되어 쌀 협상전략 수립 및 국내 보완대책이 마련되기도 하였다.[43]

---

40) 이재길 (2012) 26면.

41) 김상현 (2003) OECD 2001년 한국농업정책 평가 www.krei.re.kr/kor/info/world_view.php?paperno=WRD-00462&paperclass=3&division=3

42) 연내에 협상이 타결되지 않을 경우 협상 상대국의 이의 제기 및 이의 제기 시에 한국이 패소할 가능성이 우려되었다(농어업·농어촌특별대책위원회 (2004) 쌀 협상과 쌀 소득대책에 관한 대토론회 개최결과, 12면).

➢ **농민단체** : 농민의 이익을 대변하는 농민단체로는 농업협동조합, 전국농민회총연맹과 같은 농민운동단체, 그 외 업종별, 지역별 생산자단체 및 협회 등이 있다.[44] 이러한 농민단체는 관세화 전환이나 관세화유예 연장 여부도 중요하지만, 그보다는 협상에 따른 실질적인 피해가 없도록 정부가 협상을 중단하거나 국내대책을 세울 것을 주장하였다.[45]

➢ **학계 및 연구기관** : 정부의 관세화유예 입장과는 달리 학계 및 연구기관은 관세화유예로 수입하는 최소시장접근물량(MMA)에 대한 우려를 표명하였다. 오히려 관세화로 전환하여 쌀 산업의 경쟁력을 제고 하거나, 관세화유예 후 DDA 협상에서 세부원칙에 대한 합의가 나올 경우 재검토 과정을 거쳐 관세화 여부를 결정하는 방안을 제시하였다.[46]

➢ **언론 및 시민단체** : 실질적인 이해관계에 있는 농민단체보다 더 중립적인 입장을 가질 수 있는 언론과 시민단체는, 소비자가 심리적으로 받아들이는 시장가격에 대한 우려를 나타내고, 농민단체의 지나친 주장을 경계하며 관세화유예가 국내에 미칠 수 있는 영향이 최악이 되지 않게끔 신중한 협상을 제안하였다.[47]

쌀 관세화유예 연장협상의 개시

2004년 1월 WTO에 쌀 관세화유예를 위한 협상 개시를 통보한 이후, 쌀 협상대책 실무추진단이 구성되었다. 이 실무추진단은 범정부적인 협의체로서 대외협상전략의 수립과 함께 국내홍보, 쌀 산업대책 등 국내대책 추진에 각 부처 간 유기적인 협조체제를 구축하기 위한 것이었다. 실무추진단의 단장은 농림부 차관이 되고, 협상대책팀은 외교통상부 DDA 이재길 협상실장, 외교통상부 임영록 다자통상국장, 재정경제부 안호영 경제협력국장, 농림부 최정섭 농업통상정책관, 농림부 윤장배 국제농업국장이 맡았다. 아울러 국내대책팀장은 재경부 국제업무정책관과 농림부 차관보가 공동으로 맡아서 정부부처 간 역할분담을 분명하게

43) 이재길 (2012) 42면.
44) 이재길 (2012) 28면.
45) 농어업 · 농어촌특별대책위원회 (2004) 쌀협상과 쌀소득대책에 관한 대토론회 개최결과, 10면.
46) 농어업 · 농어촌특별대책위원회 (2004) 10-11면.
47) 농어업 · 농어촌특별대책위원회 (2004) 11면.

하였다. 그리고 협상 전에 국내 이해관계자들 사이에 발생할 갈등의 완화 노력도 필요하였다. 당시 협상대표였던 이재길 전 사우디 대사는 이에 대해 다음과 같이 언급하였다.[48)]

> "한국의 농업 문제는 정치, 사회문제이다. 경험상 협상에 앞서 쌀과 관련된 이익단체와의 만남이 우선되어야 한다고 보았다. 게다가 UR 이후, 재야에서 이러한 통상협상을 정치적 목적으로 이용하는 경우도 종종 있었다. 따라서 쌀 관세화유예 기간연장 협상이 개시됨에 따라 관세화를 우려하는 시민단체나 언론과의 충분한 대화를 가졌다. 예를 들어, 전국농민연대와의 대화에서 관세화유예 기간을 연장할 수 있도록 노력하겠으나, 상대국과의 협상이기에 결과는 보장할 수 없지만 최선을 다하겠다는 의지를 보여주었다. 또한 한겨레, 오마이뉴스와 같은 언론 측과의 만남도 가졌고, 언론 측이 주최하는 토론회에도 참여하였다. 농과대학 및 관련 교수진들의 모임에도 참여하여 쌀 협상 전략에 대해 설명을 하는 시간을 갖기도 하였다."

1995년에 한국과 함께 관세화유예를 선택하였던 일본과 대만은 이미 1999년과 2003년에 관세화로 전환한 상태였다. 그래서 관세화유예 연장을 위한 협상의 전례가 없었기 때문에, 관세화유예를 위한 절차 및 협상방식에 대해서 법률적인 검토가 병행되었다. WTO 농업협정 부속서 5B 제8항에서는 '이행 마지막 연도(2004년)에 협상을 시작하고 종결'하도록 규정하고 있으나 세부절차에 대한 규정은 없었다. WTO 사무국의 의견은 협상의 개시는 언제라도 가능하나, 협상의 완료는 연말까지이며, 협상 실패 시 2005년 1월 1일부터 자동관세화가 된다는 것이었다. 3월에 호주가 처음으로 협상 참여를 통보해 왔고, 이후 아르헨티나, 태국, 중국, 이집트, 미국, 캐나다, 인도, 파키스탄이 참여하여 9개국이 최종적으로 협상대상국으로 결정되었다. 이에 따라, 한국 협상단은 대외경제장관회의로부터 관세화유예 기간을 10년으로 연장하며, 유예대가를 최소화할 것을 교섭지침으로 받았다. 한국 협상단은 상대협상국이 한국의 관세화유예를 수용하는 조건으로

48) 국립외교원 (2012.12.12) 이재길 주 전 사우디아라비아 대사 면담기록.

요구하는 사항들을 협상 개시 이전에는 알기 어려운 상황이었다. 따라서 최초 협상을 위한 지침으로는 상대국의 요구조건이 과도할 경우 쌀 산업의 피해를 최소화하는 차원에서 입장을 재검토[49]한다는 것이었다.

협상참가 주요국 협상단

- 한국 측 협상대표단
  - 외교통상부 이재길 DDA협상대사(수석대표)
  - 농림수산식품부 윤장배 국제농업국장
  - 재정경제부 김의수 DDA대책반장
  - 외교통상부 세계무역기구과 천춘호 외무관
  - 농림수산식품부 농업협상과 정현출 사무관
  - 농림수산식품부 식량정책과 김병은 사무관
  - 재정경제부 안형준 사무관
- 한국 측 별도의 협상단 (동시다발적 협상 진행)
  - 농림부 최정섭 농업통상정책관
  - 농림부 농업협상과 오경태 농업협상과장
  - 농림부 농업협상과 최정록 사무관
  - 농림부 농업협상과 이충원 사무관
  - 외교통상부 세계무역기구과 김석우 사무관
- 주요 대상국 협상단

미국 - 무역대표부 농업담당 대표보 James Murphy (수석대표)
- 무역대표부 한·일담당 대표보 Wendy Cutler
- 농무부 해외농업처 차장보 James Crueff

중국 - 상무부 국제무역기구 국장 장샹천(張向晨) (수석대표)
- 상무부, 국가발전개혁위원회, 재정부, 농업부 관계관

태국 - 상공부 국제협상국장 아프리라리 탄트라폰(수석대표) 외

호주 - 외교부 통상협상국장 Bruce Gosper (수석대표) 외

---

49) 이재길 (2012) 34면.

최초 협상

최초의 협상은 5월에 시작되었다. 한국 측 협상단은 상대 협상국의 쌀 관세화 유예 합의에 대한 요구사항이 무엇인지 파악할 필요가 있었다. 한국은 협상대상국을 두 그룹으로 나누어서 미국, 중국, 태국, 호주 등과 같은 주요 협상대상국은 원칙적으로 상대국 수도에서 협상을 실시하고, 기타의 국가들은 별도 협상일정을 수립하여 원칙적으로 제네바에서 협상을 갖기로 하였다. 워싱턴에서 열린 미국과의 1차 협상에서 미국 측은 관세화유예 협상 고려 변수로 TRQ 증량수준, 최소한의 시장점유율 확보, 유예 연장기간, TRQ 기준연도, 실질적인 시장접근 보장(용도제한, 민간수입) 등 5개 사항을 제시하였다.[50] 캔버라에서 열린 호주와의 1차 협상에서는 한국 관세화유예 연장에 대한 호주의 지지 약속을 받아내었다. 한편, 베이징에서 개최된 중국과의 첫 협상에서 중국 측은 WTO 원칙에 따라 관세화를 강조하면서, 관세화유예의 경우 3년 정도의 단기간을 수용한다는 입장을 밝혔다.[51] 그리고 방콕에서 개최된 태국과의 1차 협상에서 태국 측은 WTO 농업협정에 따른 관세화 원칙을 강조하면서 관세화유예 연장에 대한 부정적인 입장을 표명하였다.[52] 요약하자면 주요 협상국 중 미국과 호주는 한국의 쌀 관세화 유예를 지지하는 대신 자국의 한국 쌀시장에의 접근 확대에 관심을 보인 반면, 중국과 태국은 WTO 관세화 원칙을 강조한다는 것을 파악할 수 있었다.[53]

한편, 나머지 5개국과는 스위스 제네바에서 최초 협상을 개최하였다. 당시 이들 국가는 한국 쌀 시장의 이해관계가 앞의 협상국에 비해 현저하게 낮음에도 불구하고, 협상참가 목적이 향후 한국 쌀 시장에의 진출에 있음을 알 수 있었다.[54] 그리고 아르헨티나와 캐나다는 WTO 농업협정의 '모든 농산물의 예외 없는 관세화'원칙을 강조하면서, 금번 한국과의 쌀 관세화유예 협상도 이 원칙과의 연관성을 고려한 직접적 이해관계를 주장하였다.[55] 특히 캐나다의 경우 쌀 생산

50) 이재길 (2012) 36면.
51) 이재길 (2012) 36-37면.
52) 이재길 (2012) 37면.
53) 이재길 (2012) 38면.
54) 농업 · 환경 · 생명을 위한 WTO 협상 범국민연대 (2004) 2004 쌀 협상의 진로?, 토론회 자료집, 8면.
55) 농업 · 환경 · 생명을 위한 WTO 협상 범국민연대 (2004) 9면.

을 하지 않기 때문에 한국 쌀 시장에의 이해관계는 없었지만 쌀 이외의 다른 품목[56]에 대한 협상을 하기 위해 참여한 것으로 알려졌다.[57] 각 협상국과의 1차 협상이 끝난 후, 1차 협상결과 평가 및 향후 추진전략을 논의하기 위한 제24차 대외경제장관회의가 6월 16일에 개최되었다.[58] 이 회의에서 한국 측 협상단은 관세화 원칙을 강조하는 중국과 태국을 설득하고 이를 바탕으로 관세화유예에 보다 우호적인 국가들과의 협상을 진행하는 것을 원칙으로 세웠다.

주요 협상국과의 협상

6월 18일에 개최된 중국과의 협상을 시작으로 주요 협상국과 2-3차 협상을 진행하였다. 중국 측은 관세화유예 연장기간을 5년 연장, UR 협상에서 결정된 수준 이상의 TRQ 증량, 자국의 시장점유율 일정비율 이상 보장 및 쌀의 실질적 시장접근 허용(소비자 시판) 등을 요구하였다.[59] 특히 중국은 과일, 야채, 축산물 등의 검사·검역 개선 등 양자무역현안과의 연계협상을 강하게 주장하였다.[60] 반면, 미국과의 협상에서는 관세화 유예 연장 기간, TRQ 증량수준, 수입쌀의 용도제한 등 주요 쟁점에 대한 실질적 논의가 이루어졌고,[61] 태국과의 협상에서는 관세화유예 연장기간, TRQ 증량수준, TRQ 입찰절차 및 수입쌀 관리방식 등 주요 쟁점에 대한 실질적 논의가 이루어졌다.[62]

주요쟁점[63]

➢ **유예기간** : 한국 측 협상단은 국내 농업에서 쌀이 차지하는 비중이 높은 만큼 10년의 유예기간 연장이 필요함을 협상국에 피력하였다. 이에 대해 주요

56) 캐나다는 자국 식용유에 대한 한국의 관세율 인하를 조건으로 한국의 쌀 관세화 유예 협상에 참여함.
57) 이재길 (2012) 38면.
58) 이재길 (2012) 38면.
59) 농업 · 환경 · 생명을 위한 WTO 협상 범국민연대 (2004) 9면, 이재길 (2012) 41면.
60) 이재길 (2012) 41면.
61) 농업 · 환경 · 생명을 위한 WTO 협상 범국민연대 (2004) 9면.
62) 농업 · 환경 · 생명을 위한 WTO 협상 범국민연대 (2004) 10면.
63) 국회 (2005) 쌀 관세화 유예 연장 국정조사 특별 제3차, 쌀 관세화 유예 연장 국정조사 회의록, 6-8면.

협상국들은 유예기간을 3년 또는 5년으로 더 짧은 기간으로 연장할 것을 제안하였다. 협상국들을 설득하는 과정에서 주요국들은 한국의 10년 유예기간 필요성을 인정할 수 있으나, 일단 5년으로 연장한 후 후반 5년의 연장 여부는 중간점검을 통해 결정하자는 쪽으로 한 발 물러섰다. 하지만 한국 측은 중간점검은 수용하되 중단가능성 없는 10년 연장에 대한 동의를 촉구하였다.

- ➢ **TRQ[64] 물량** : 주요 협상국들은 한국의 관세화원칙에 대한 예외조치를 인정하기 위해서는 그에 합당한 대가가 지불되어야 하며 TRQ 증량은 그러한 대가로써 요구한다는 입장이었다. 그런 만큼 유예기간이 길면 길수록 TRQ 증량 수준도 높아야 한다고 주장하였다. 협상이 진행되면서 주요국들은 유예 기간이 10년이 될 경우 10년차에 약 9%에 해당되는 45만 5천 톤 수준의 증량을 요구하였다. 이에 대해 한국 측은 해당 수준은 유예의 실익이 없음을 주장하면서 더 낮은 물량을 주장하였다.
- ➢ **TRQ 배분** : 한국은 미국, 중국, 태국, 호주 4개국에 2001년부터 2003년까지 수입실적을 기준으로 국별 쿼터[65]를 인정하고, 새로 증량되는 부분에 대해서는 모든 국가에 공개적인 국제경쟁입찰(최혜국 대우)을 통해 배분하는 총량쿼터로 운영하는 이원적 접근방식의 TRQ 배분원칙을 제시하였으나, 각 나라들은 자국에 증량되는 부분을 최대화하는 노력을 시도하였다.
- ➢ **민간 직수입 허용** : 주요 협상국들은 한국시장의 직접 침투를 위하여 민간 직수입 허용을 요구하였다. 그러나 한국은 전량 국영무역방식을 유지하는 조건으로 민간 수입을 허용할 수 없음을 주장하였다.
- ➢ **소비자 시판** : 미국 측 협상단은 한국이 수입하는 쌀을 식용으로 판매할 것을 요구하였다. 만약 이를 수용하지 않을 경우 관세화유예를 허용할 수 없다는 입장이었다. 한국은 이 부분에 대해서는 어느 정도의 허용이 필요할 것으로 판단하고 있었으나, 양적으로 최소화하는 것이 중요한 과제였으며, 소비자 시판 량을 단계적[66]으로 늘리고자 하였다.

---

64) TRQ: Tariff Rate Quota (관세할당량 - 저율관세(5%)로 수입해야 할 물량)

65) 미국 50,076톤, 중국 116,159톤, 태국 29,963톤, 호주 9,030톤 (이행계획서 3조 1항, <첨부 1> 참조)

66) 2005년 수입물량 10%에서 2010년 30%까지 균등 증량. 이 후 2014년까지 30% 유지 (이행계획서 6조 2항, <첨부 1> 참조)

➢ **양자현안** : 쌀 이외의 품목(과일, 야채, 축산물 등)의 검역·검사 개선, 수입 입찰제도 개선 등의 문제를 쌀 협상과 연계하는 일부 협상국들의 요구에 대해, 한국 측은 기본적으로 쌀 이외의 양자현안을 협의하지 않겠다는 원칙적인 입장을 밝혔다.

이렇게 주요국과의 2-3차 협상이 이루어진 후, 그동안의 협상 결과를 평가하여 추후 협상에 대한 지침[67]이 마련되었다. 그리고 다시 9월 10일, 미국을 시작으로 주요국가와의 4-5차 협상을 진행하였다. 미국과 중국, 태국은 쌀 관세화 유예기간을 5년으로 수용하고 중간점검을 거친 후 5년의 추가유예를 허용할 것을 주장하였다. TRQ수준에 대해서는 10년 차에 9% 수준으로 하고, 수입쌀에 대한 소비자 시판 등의 점진적 개선이 필요하다는 것에 대해 의견이 모아졌다.[68]

한편 9월 10일, 2003년 9월에 있었던 제5차 WTO 각료회의(멕시코 칸쿤)에서 자살한 전 한국농업경영인연합회 회장인 이경해씨에 대한 1주기 추모 행사가 쌀 시장 개방에 반대하는 농민대회로 전국 90여개 시, 군에서 열렸다. 농민 35만 여명이 참여한 이날의 농민대회에서 우리 쌀 지키기 식량주권수호국민운동본부는 서울 광화문에 소재한 열린 시민공원에서 기자회견을 열어 "전국 각지에서 정부의 쌀시장 개방 정책에 반대하는 100만 농민대회를 개최한다."고 밝혔다. 이후, 전국에서 '논 갈아엎기', '쌀 협상 중단과 국민투표 실시', '국민적 합의 없는 쌀 개방 협상무효', 등을 주장하는 시위가 이어졌으며, 단식농성, 미곡처리장 습격, 차량농민대회와 같은 시위들이 계속되었다.

정부는 쌀 협상 관련 각종 간담회나 협의회에 참석하여 협상내용을 설명하고 의견을 교환하는 노력을 진행하면서, 10월 16일 열린 제 28차 대외경제장관회의에서 쌀 협상을 타결해야 하는 시점이 얼마 남지 않은 만큼, 조속히 주요 협상국과의 협상쟁점을 최소화하고 최종입장을 조율하도록 노력할 것을 지침으로 마련하였다.[69] 하지만 10월과 11월에 열린 협상에서도 미국, 중국과의 협상에 별다른 진전을 이루지 못하였고, 결국 한국 측 협상단은 관세화가 불가피한 상황까지 고

67) 기존의 유예기간 10년 확보, TRQ 증량 최소화 등의 원칙을 고수하고, 쌀의 민간수입 불허 지침 마련 (이재길 (2012) 41면)
68) 이재길 (2012) 44면.
69) 이재길 (2012) 45면.

려해야 하는 상황에 이르렀다. 그러나 12월 1일에 열린 중국과의 마지막 협상에서 중국이 한국 측의 요구사항들을 전격적으로 수용함으로써 TRQ 증량수준, 국가별 쿼터 설정 등에 대한 합의가 이루어졌다. 하지만 중국 측이 계속 요구해온 양자 현안사항에 대해서 한국 측은 상대방의 체면을 세워주는 차원에서 신속한 검역·검사 개선을 약속하였다. 그리고 중국과의 합의 내용을 바탕으로 미국과의 협상도 순조롭게 이루어져 유예기간 10년 연장, TRQ 증량 7.96% 수준, 국별 쿼터 배분 및 소비자 시판허용 등에 대한 합의를 이끌어냈다.[70)]

미국과 중국과의 협상에서 큰 진전을 이룬 직후인 12월 9일, 국내에서 제30차 대외경제장관회의가 열려 아직 협상 일정이 남아있는 국가들과의 협상에 대한 대책을 마련하였다. 그리고 12월 13일 태국과의 마지막 협상에서 태국에 대한 쿼터 배분에 합의를 이루었고, 16일 호주와의 마지막 협상을 통해 국별 쿼터와 미국·중국과의 협상을 통해 마련된 협상패키지에 대한 합의를 도출하였다.

기타 5개국과의 협상

주요 협상국이 아니지만, 나머지 5개국은 협상에서 파키스탄을 제외한 4개국이 쌀 관세화유예 연장에 대한 각기 다른 요구사항을 제시하였다. 그 결과, 이집트는 북한에 지원하는 용도로 쓰일 이집트 쌀의 2만톤 수입, 캐나다는 캐나다산 카놀라유 수입에 대한 관세율 인하, 아르헨티나는 가금육, 쇠고기 등의 검역 협의에의 노력을 약속하는 대가로 쌀 협상을 마무리 지을 수 있었다.[71)] 그러나 인도가 마지막에 패키지 안에 대해 합의를 거부하였다. 정해진 협상시점 내에 인도와의 합의를 이루지 못한 한국 정부는 12월 31일, 쌀 협상 결과를 반영한 이행계획서(Country Schedule) 수정안을 WTO에 통보하였다.[72)] 그리고 1월부터 4월까지 WTO 전 회원국에게 한국의 수정양허 표를 공개하는 3개월의 회람기간동안, 한국 정부는 인도와의 협상을 마무리 짓는데 총력을 기울였다. 결국 2005년 3월에 한국 측 협상대표가 인도에 세 차례 방문하여 인도 측 대표인 Pillai 차관보와 협상을 가지게 되었고, 인도가 관심을 보이는 한·인도 FTA에 대한 향후 협의가능

---

70) 이재길 (2012) 48면.

71) 이재길 (2012) 49면.

72) 외교통상부 (2005) 2005년 외교백서 - 제2장 2004년도 주요 외교 성과, 143면. www.mofat.go.kr/trade/data/whitepaper/year/20110906/1_24879.jsp?menu=m_30_170_40&tabmenu=t_1

성이 제시되고 나서야, 관세화유예 기간 동안 인도산 쌀을 연간 9,121톤을 구매하는 조건[73]에서 합의를 하였다.

쌀 협상 이면합의 파문 및 국정조사 실시

2005년 4월 12일 WTO의 한국 이행계획서 수정안[74] 인증에 대한 정부의 발표가 있은 뒤, 주요 언론들은 쌀 협상 이면합의 의혹에 대해 보도하였고, 야당과 농민단체에서도 이면합의에 대한 의문을 제기하였다. 전국농민연대는 4월 13일 외교통상부 건물 앞에서 '쌀 협상 이면합의 규탄·국정조사 촉구 긴급기자회견'을 개최하였다.[75] 민주노동당은 14일 기자회견문에서 쌀 협상 국정조사 및 정부의 각국과의 협상전문과 별도 합의문 공개를 요구하였다.[76] 야당 농촌지역 의원들은 18일 국정조사 요구 공동결의문을 채택하는 모임을 가졌고, 야당과 열린우리당의 일부 의원을 포함한 148명의 의원들은 22일 국정조사를 요구하는 서명서를 국회에 제출하였다. 전국농민회총연맹은 27일 쌀 협상 이면합의 규탄 국정조사를 촉구하고 쌀 협상 무효를 요구하는 전국농민대표자대회를 개최하였다.[77] 이에 따라 국회는 5월 12일부터 6월 15일까지 국정조사를 실시하고 6월 13~14일에 청문회를 개최하였다.

국정조사는 쌀 협상 전반에 대한 평가 및 이면합의에 대한 조사에 초점을 두고 이루어졌다. 수입쌀의 소비자 시판, 양자현안 합의내용 등을 근거로 쌀 협상은 성공적이지 못하였다는 야당의 평가와는 달리, 정부는 협상목표인 관세화유예 10년 연장에 대한 합의를 이루었다는 점에서 의의가 있다는 입장을 표명하였다. 또한 쌀 협상 관련 전문 및 외교문서의 공개에 대한 야당의 요구에 대해 정부는 국정조사 위원에 한해 전문 및 외교문서의 열람을 허용하였다. 한편 이면합의에 대해 정부는 쌀 협상의 의제는 오직 쌀에만 해당되는 것으로 그 이외 품목은 이면합의가 아니라, WTO 규정에 규정된 부가합의 사항에 의해 진행되었으므로, 합법적 협상절차 내 이루어진 부가합의라고 주장하였다. 하지만 야당은 쌀

73) 외교통상부 (2005) 144면.
74) <첨부 1> 참조.
75) 여의도연구소 (2005) DDA 쌀 불투명협상: 국정조사와 향후 과제, 3면.
76) 여의도연구소 (2005) 3면.
77) 여의도연구소 (2005) 4면.

이외 품목에 대한 합의내용을 정부가 공개하지 않고 있다가 WTO 이행검증기간이 끝난 후 부가합의 내용으로 발표를 했다는 점에서 이면합의 의혹을 계속 제기하였다. 특히 중국과의 이면합의가 계속 거론되었는데, 이에 대해 당시 협상대표였던 이재길 전 사우디 대사는 다음과 같이 회고한다.[78]

> "한국은 중국의 과실류를 '위생식물검역조치 적용에 관한 협정'에 따라 수입하지 않는다. 이에 대한 검역을 중국이 요구하는 것인데, 쌀 협상 당시 협상기술로서 상대국의 체면을 세워주는 차원에서 검역에 대한 빠른 진행이 되도록 협조를 당부한다는 서한을 보내겠다고 말했다. 그런데 이 부분을 농림부가 발표하는데 있어 자세한 설명 없이 '조속한 검역 진행'이라고 발표하여 농민단체의 반발이 일어났다."

이렇게 35일간 열린 국정조사는 정부와 각 당의 입장 간의 이견에 대한 합의를 이루지 못하여 국정조사 결과보고서를 채택하지 못하고 종료되었다. 그리고 정부는 국정조사가 이루어지고 있던 6월 7일, 국회에 비준동의안을 제출하였다. 그러나 야당의 반대로 여러 차례의 안건 상정이 무산되었지만 결국 10월 27일 상임위를 통과하고 11월23일 본회의에 상정되어 통과되었다.[79]

맺음말

한국은 2004년 WTO 쌀 협상의 결과에 따라 2014년 12월 31일까지 10년의 관세화유예 기간을 가진 후, 2015년 1월 1일부터 자동으로 관세화로 들어서게 된다. 한국 쌀 시장의 관세화 준비에 대한 검토는 이미 수 년 전부터 이루어졌다. 한국농촌경제연구원이 제출한 2010년 보고서[80]에 따르면, 2014년 이내에 쌀의 조기 관세화가 될 경우 수입쌀의 물량이 늘어날지에 대한 연구[81]가 수차례 이루

78) 국립외교원 (2012.12.12) 이재길 전사우디아라비아 대사 면담 기록.

79) 이재길 (2012) 58면.

80) 송주호 (2010) 쌀 관세화 전환의 필요성과 통상 관련 검토, 한국농촌경제연구원.

81) 박동규 등. (2007) 중장기 쌀 수급안정 방안, 한국농촌경제연구원.
김명환 등. (2007) 쌀 관세화유예를 계속할 것인가?, GS&J Institute.
박동규 등. (2009) 쌀 관세화 유예평가 및 관세화 대비 보완방안, 한국농촌경제연구원.

어진바, TRQ 물량이 넘는 쌀이 수입될 가능성이 낮은 것으로 밝혀졌다. 오히려 관세화 유예를 유지할 경우 조기 관세화 할 경우보다 쌀 수입량이 더 많아 관세화 유지비용이 더 높다는 평가를 내렸다.[82] 또한 2005년 이후 쌀의 국제가격이 상승하여 국내에서 생산되는 쌀의 가격경쟁력이 제고되었다.

이러한 조기 관세화에 대한 검토에 따라 실제로 정부는 2012년부터 조기 관세화에 들어갈 준비를 하였으나, 정부와 농민단체 간 의견 수렴이 제대로 이루어지지 않았고, 정부의 WTO 통보에 대한 준비부족,[83] DDA 협상과 향후 FTA 협정 등의 대외적인 상황[84]변화 가능성, 2012년 국내 총선 및 대선의 고려 등으로 관세화의 조기 추진을 포기하였다.[85] 이재길 전 사우디 대사는 관세화를 할 경우 관세율에 대해서 다음과 같이 언급한다.[86]

> "국제가격과 국내가격의 차이를 관세로 보호하는 것이 관세화인데, 그 관세율을 정하는 기준년도가 있다. 현재는 그 기준년도가 1990년이다. 당시 정해진 관세율을 현재에 대비하면 과거에 비해 현재 국제 쌀 가격이 올랐기 때문에, 지금 당장 개방해도 문제없다. 작년에 농림부에서 조기 관세화에 대한 논의가 나온 것도 이러한 이유에 있다. 물론 여러 가지 사정으로 관세화를 하지 않았지만, 2015년부터는 자동 관세화가 된다. 결론적으로 관세화에 있어 큰 문제는 없다고 본다."

정부는 WTO의 DDA 협상과 2004년 쌀 협상의 결과에 따른 국내 쌀 시장 개방의 확대를 대비하여, 2004년 2월에 '쌀 산업 종합대책'을 수립하였다. 이에 따라

---

82) 송주호 (2010) 4-5면.

83) 아시아경제 (2011.09.15) 쌀 조기 관세화 올해도 물건너갔다
view.asiae.co.kr/news/view.htm?idxno=2011091510060147725&nvr=Y

84) 쌀 조기 관세화는 DDA 협상에서 한국의 개발도상국 지위 유지 전제로 추진되는데 당시 DDA 협상은 장기 교착상태에 빠져 있었다. 또한 쌀 관세가 정해지면 각국과의 FTA 협상에서 쌀이 협상 대상이 될 수 있는 빌미를 제공할 가능성도 있었다. (농민신문 (2011.09.26) 쌀 조기관세화 사실상 무산)
www.nongmin.com/article/ar_detail.htm?ar_id=193074&subMenu=articletotal)

85) 서울신문 (2011.09.30) '쌀 조기 관세화' 3년 만에 포기
www.seoul.co.kr/news/newsView.php?id=20110930016019

86) 국립외교원 (2012.12.12) 이재길 전사우디아라비아 대사 면담 기록

기존의 정부수매제도를 공공비축제로 전환하고, 쌀 농가의 경영규모화 및 소득 안정화를 도모하기 위하여 쌀소득보전직불제를 실시하였다. 하지만 쌀에 대한 국내의 수요 감소와 쌀 농가의 고령화 등 여러 가지 이유로 국내 쌀 산업은 큰 발전을 이루지 못하고 있다. 2015년 관세화를 앞둔 현재, 쌀의 국제가격이 높아졌음에도 불구하고 관세화에 대한 쌀 농가의 소득 및 가격불안의 우려는 여전히 높은 상황이다.

국가별 후속 합의 결과

➢ 기술적 · 절차적 사항 관련

- (미국 · 중국 · 태국 · 호주 4개국 공통) 국별 쿼터 이행 관련 국제적인 상 관행에 따른 경쟁 입찰 실시, 3회 유찰시 최혜국 대우 물량으로 전환토록 하는 등 구체적인 운용 방법과 절차
- (미국) 일부 수입물량의 소비자 시판과 관련 구체적인 공매 절차 및 수입규격, 협상결과 이행상황 점검을 위한 정부 간 연례 양자협의 개최
- (중국) 협상결과 이행상황 점검을 위한 정부차원의 연례 협의 개최 및 입찰규격에 있어 중국 측 관심 사항 반영 노력
- (호주) 일부 물량에 대해 상반기 중 입찰 실시

➢ 양자차원의 부가적 사항 관련

- (중국) 양벚 등 중국 관심품목에 대한 식물검역 상 수입위험평가 절차의 신속한 추진, 농수산물 조정관세 품목 축소 또는 관세 인하 등을 위해 양국이 공동 노력
- (아르헨티나) 동 · 식물 검역 관련 절차가 진행 중인 닭고기, 오렌지 등에 대한 수입위험평가 등이 원활히 진행될 수 있도록 전문가 간 협의
- (캐나다) 관세화유예기간 동안 사료용 완두콩, 유채유 관세 인하
- (인도 · 이집트) MMA수입과 별개로 식량 원조용 쌀 국제구매가 있을 경우 인도 및 이집트 쌀 우선 구매

'WTO 쌀 협상' 사례의 학습 요점

1. 학습의 목적

- WTO 쌀 협상 사례를 통해 통상협상 실무에 대한 이해 제고
- 양자/다자 통상협상 특성, 구조 및 제약요인에 대한 이해
- 통상협상 담당자가 직면하는 다양한 딜레마에 대한 이해
- 통상협상 담당자와 국내 이해관계자와의 소통 및 정책 조율의 중요성 이해
- 대내협상과 대외협상의 균형 및 접근에 대한 이해

2. Case의 주된 질문

① 일반적인 통상에 비해 농산품(특히 쌀) 교역이 특히 민감한 이유는 무엇인가? 왜 농산품(특히 쌀) 교역에 대한 개혁은 이렇게 어려운가?

② 농업(특히 쌀)교역 조건을 협상하기 위한 국내적인 제약요인은 무엇인가?

③ 농업 정책(특히 쌀)에서 다양한 이해관계자들의 입장은 무엇인가?

④ WTO 쌀 협상에서 우리나라와 함께 관세화 유예를 받은 대상국 중, 일본과 대만은 왜 조속한 관세화를 선택하였나?

3. 수업관리(학생들은 미리 Case를 읽고 내용을 숙지하여야 함)

- Case를 다루기 위한 사전준비(팀 구성, 자리 배치 등) : 15분
- Case 또는 Role-play를 위한 팀 토의 : 15분
- 전체 토론(또는 팀 간 토론) : 60분
- Case(또는 Role-play)의 내용이나 진행과정에 대한 Debriefing
- 또는 관련된 학문적 이론 및 개념 설명 : 30분

4. 추가 질문사항

- 쌀의 관세화유예가 관세화보다 우리나라에 더 중요한 이유는 무엇인가?
- 쌀 협상에서 언론의 역할은 무엇인가?
- 쌀 협상과 국내정치의 상관관계는 무엇인가?
- 농업분야(특히 쌀 부문)의 이해관계자들이 농업정책의 결정에 미치는 영향력의 견고성은 어느 정도인가?
- 쌀 정책에 관해 농민들에 대한 대중의 지지도는 어떠한가?

- WTO 체제에 대한 정부의 홍보(설명)는 충분한가?
- 농업 분야의 이해관계를 보호하는 정부에 대한 국민들의 신뢰는 어떠한가?
- 관세화의 불가피성(또는 관세화 유예의 역기능)에 대한 정부의 설명은 충분한가?

5. Debriefing

학습에서 토론이 주된 경우, 핵심 쟁점과 진행과정에 대한 교수의 피드백을 제공하고, 이 사례의 학습에서 특정한 이슈에 관해 논쟁을 제기할 수 있다. 예를 들어, 농업(쌀) 정책에서 관세화(경쟁정책)와 관세화유예(보호정책) 중 어느 것이 농업 부문의 경쟁력을 강화시키고, 궁극적으로 농민들의 생활을 개선할 수 있는 방법이라고 생각하는가?

6. 다자협상의 전략

이 협상은 우리나라를 포함해서 10개의 나라가 WTO의 테두리 안에서, 우리나라의 쌀 관세화유예라는 안건을 놓고 벌인 다자협상이다. 이 경우 협상의 합의는 WTO에서 규정한 이행계획서를 단일한 내용으로 각 나라가 공히 합의해야 한다. 물론 이 경우에 각 나라가 요구하는 추가적인 내용이 있다면 그것은 각각의 나라와 별도의 부가적 합의를 해야 한다.

① 다자협상은 모두의 이해관계를 충족해야 합의되는 특성이 있기 때문에, 이 협상의 경우 우리나라의 협상 원칙을 사전에 모든 상대방에게 공히 알리는 것이 협상의 진행을 원활히 하고 상대방의 이해를 구하는데 도움이 된다.

② 각 나라의 이해관계를 확인하고 가장 이해관계가 큰 나라에 초점을 맞추어야 한다. 여기서는 미국, 중국, 태국, 호주의 4개국이 주요 협상 대상국이었지만, 미국과 중국이 가장 중요한 협상국이었다. 이들과의 합의를 토대로 다른 나라에 대한 레버리지를 강화할 수 있다.

③ 각 나라가 요구하는 내용을 다른 나라들이 모르게 하는 것이 협상력을 높이는데 중요하다.

④ 통상협상의 경우에는 대외협상과 대내협상을 균형 있게 다룰 필요가 있다. 대외협상도 중요하지만, 특히 대내협상이 중요하다. 협상의 결과에 의해 손해를 보는 이해관계자들이 있기 때문에 이들의 반대가 치열하다. 따라서 국내적 압력에 적절히 대처하는 것이 결과적으로 대외협상에 도움이 된다.

⑤ 통상협상의 특성상 진행내용을 일일이 공개할 수 없기 때문에 밀실협상의 논란이 있을 수 있다. 따라서 대내협상을 담당하는 팀원이 필요하며 협상팀 내부의 조화가 중요하다.

⑥ 통상협상의 경우 정부 내 여러 부처가 참여하기 때문에 서로 다른 부처 간 이해관계를 협의해야 한다.

요약

이 장에서, 우리는 다자협상의 역동성을 탐색하였다. 다수의 참가자가 집단적인 의사결정이나 합의를 하기 위해서 언제 함께 일해야 하는지, 그리고 언제 어떻게 반대의 입장에 처하게 되는지를 검토 하였다. 모든 형태의 다자협상을 통해서 관통하는 한 가지 주제는 협상의 과정적 상황을 활동적으로 관찰하고 관리해야할 필요이다. 그것은 양자협상보다는 훨씬 복잡한 과정이다.

다자협상에서 필수적인 과정 중의 하나는 연합의 발생이다. 우리는 연합의 성격과 연합을 구성하고 이끌고 유지하는 과정을 검토하였다. 연합은 참가자들이 자신의 목표를 달성할 가능성을 높이기 위해서 누군가의 도움을 얻거나 자원을 추가하기 위해서 실행한다. 우리는 연합이 언제, 어떻게, 왜 발생하는지를 논의하였다. 그리고 연합이 일단 형성되면 연합의 정치 속에서 힘과 레버리지가 어떻게 작동하는지를 배웠다. 그리고 연합의 잠재적인 파트너에 대하여 어떻게 생각해야 할지, 그리고 이 파트너들과 다루어야할 의제가 무엇이어야 할지를 검토하였다.

다음은 다자협상에 참여하는 어떤 당사자들이라도 고려해야할 사항들이다.

- 복잡성의 증가 때문에 합의에 실패하는 당사자들의 결과가 무엇인가? 만약 합의가 안 된다면 무슨 일이 발생하는가?
- 당사자들은 의사결정에 참여하기 위하여 어떻게 해야 하는가? 어떤 의사결정 규칙이 사용되는가? 이것이 왜 최상의 가능한 규칙인가?
- 합의를 위한 다수 라운드의 의사결정에서 당사자들의 목표달성을 위해 반복되는 과정을 어떻게 사용할 수 있는가?
- 우리는 지정된 의장이나 협력자가 필요한가? 그것이 중립적인 국외자이어야 하는가, 또는 이 역할을 할 수 있는 당사자 중의 한 사람이어야 하는가? 최상의 의사결정에 도달하기 위해서 그룹의 과정을 관리하는데 사용해야 할 전술은 무엇인가?

제3부

협상의 과정

제6장 협상의 준비

학습 목표

- 협상과정의 단계에 대한 이해
- 협상의 구조와 영향에 대한 이해
- 협상 참가자의 다양성에 대한 이해
- 협상의 이슈와 이해관계의 차이점에 대한 이해
- 협상의 대안과 저항 점의 관계에 대한 이해
- 연계의 종류와 영향에 대한 이해
- 협상의 상황과 전략의 관련성에 대한 이해
- 협상(또는 갈등)스타일에 대한 이해
- 협상의 행동스타일에 대한 이해

1. 협상의 과정

협상의 실행에 대한 구체적인 분석에 들어가기 전에, 우선 협상과정이 어떻게 발전되어가며, 왜 준비와 계획이 중요한지에 관해 알기 위해서 협상의 일반적인 흐름이나 단계를 이해하는 것이 중요하다. 협상의 흐름에 관해서는 다수의 학자들이 연구를 진행하고 있다. 그 중에서 Holms(1992)[1]는 협상과정의 단계에 대하여 다음과 같이 표현하고 있다. "단계 모델이 협상과정에 대한 서술적 설명을 제공한다. 즉, 단계가 협상에 대한 이야기를 구성하는 사건의 순서를 정의하며, 유사한 의사소통 행동의 군집에 의해서 특성화되는 상호작용의 일관성 있는 기간이다. 그것이 거래나 분쟁의 시작으로부터 해결에 이르는 움직임 속에서 일단의 관련되는 기능으로 작동한다." 협상과정의 단계에 관한 연구는 전형적으로 3가지 형태의 의문을 포함한다(Holms and Poole, 1991).[2]

---

1) Holms, M. "Phase Structures in Negotiations." In L. Putnam and M. Roloff (eds.), Communication and Negotiation. Newbury Park, CA: Sage, 1992.

2) Holms, M., & Poole, M. S. "Longitudinal analysis of interaction." In S. Duck & B. Montgomery

- 협상 참가자 사이의 상호작용이 시간이 흐르면서 어떻게 변하는가?
- 상호작용의 구조가 시간이 흐르면서 투입과 산출에 어떻게 관련되는가?
- 전술이 협상의 발전에 어떻게 영향을 미치는가?

다양한 모델들이 3단계의 일반적인 구조 즉 시작단계, 중간단계(문제해결), 합의단계에 흐름을 맞추고 있지만, Holms는 이 단계들이 성공적인 협상만을 기술하고 있다고 지적한다. Holms는 "실패한 협상들은 단계 모델의 순서를 통해서 진행되지 않으며, 중간단계에서 끝없이 머뭇거리거나, 시작과 중간단계 사이에서 오락가락하는 경향이 있다."고 한다. Greenhalgh(2001)[3]는 통합적 협상과 특별히 연결되는 협상의 단계 모델을 만들었는데, 합리적 협상과정의 진행을 위해서 다음과 같은 7가지 단계를 제안한다.

➢ **준비** : 중요한 것의 결정, 목표의 정의, 상대방과 어떻게 같이 일할 것인지에 관한 생각

➢ **관계구축** : 상대방을 알기, 당신과 상대방이 어떻게 같고 다른지에 대한 이해, 상호이익이 되는 결과를 달성하기 위한 책임 있는 행동의 구축

➢ **정보수집** : 이슈에 관해 정확히 알기위한 정보, 상대방과 그들의 이해관계에 관한 정보, 실행이 가능한 합의에 관한 정보, 상대방과 합의에 실패하였을 때 발생할 수 있는 상황에 관한 정보

➢ **정보사용** : 협상가는 자신이 선호하는 결과와 자신의 욕구를 극대화하는 합의를 위해서 정보를 조합하고, 상대방에게 자신이 선호하는 결과를 팔기 위해서 그것을 제안함

➢ **제안** : 제안은 각 협상가들이 자신들의 제안을 시작하고 문제해결 단계로 진입하기 위하여 움직이는 과정

➢ **거래의 마무리** : 이 단계의 목표는 전 단계에서 달성한 합의에 대해 책임있는 행동을 구축하는 것이며, 각 협상가들은 자신들이 수용할 수 있고 만족할 만한 합의에 도달하였음을 선언하여야 함

➢ **합의의 실행** : 합의에서 누가 무엇을 해야 할 지를 결정하는 것. 당사자들

(eds.), Studying interpersonal interaction (pp. 286-302). New York: Guilford, 1991.

3) Greenhalgh, L. Managing Strategic Relationships. New York: Free Press, 2001.

에게는 합의에 결함이 있거나, 핵심을 빠트렸거나, 상황이 바뀌고 새로운 의문이 생길 수 있다. 이 경우에 결함을 수정하기 위해서 협상이 다시 열리거나 그 이슈가 중개자(mediator)나 중재자(arbitrator) 또는 법원에 의해서 결정될 수 있다.

Greenhalgh는 이 모델이 폭넓게 사용될 수 있다고 주장한다. 그러나 실제 협상의 실무에서는 이 모델로부터 자주 벗어나는 경우가 보이며, 협상가들의 실무가 문화적 특성에 의해서 전혀 다른 경로를 취할 수도 있다. 예를 들어 미국의 협상가들은 관계구축이나 계획에 많은 시간을 투자하지 않으며, 직접 제안 단계로 움직이는 경향이 있다. 반면에 아시아의 협상가들은 관계구축에 많은 시간을 보내며 협상과정의 마무리를 향한 단계에는 시간을 적게 사용한다.

협상에서 사건의 순서를 나타내는 단순한 설명은 협상의 실무를 개선하기에는 다소 불충분한 점이 있다. 이런 협상과정의 단계 모델들이 협상의 실무를 개선하고 지원하기 위한 선행적 도구가 되기 위해서는 아직 더 많은 연구가 필요하지만, 협상을 이해하는데 많은 잠재적 가치를 제공하는 유용한 수단이 될 수 있다. 이 책에서는 협상의 준비와 설계, 본 협상(문제해결), 협상의 합의와 실행으로 구성되는 기본적인 3단계 협상모형으로 설명하겠다.

2. 협상의 구조분석

협상의 상황을 올바르게 파악하기 위해서는, 먼저 협상을 둘러싸고 있는 환경적 요소인 협상구조에 대한 진단이 필요하다. 병원을 찾아온 환자를 대하는 의사가 치료를 하기 전에 환자에 대해 여러모로 물어보고 필요한 검사를 하는 것과 마찬가지이다. 협상구조의 진단은 참가자, 이슈, 이해관계, 대안, 합의가능영역, 연계, 마감시간의 요소들을 분석함으로서, 현재 진행되는 협상이 어떤 상황에 놓여있는지를 정확하게 판단할 수 있는 근거를 제공한다.

1) 협상 참가자 : 누가 협상에 참가하는가?

협상에서 핵심 참가자가 누가 될 것인가는 명백해 보이기도 하고, 때로는 모호하기도 하다. 하지만 표면상 양자협상인 경우에도 특별히 또 다른 협상가들이 이미 관여되어 있기도 하다. 다른 참가자들이 뜻밖에 협상에 개입해서 예기치 않은 방법으로 협상을 변화시킬 수 있으며, 때때로 당신 스스로가 다른 참가자의 참여를 지지함으로써 성과를 얻을 수도 있다. 그래서 협상에 대한 잠재적 참가자들과 그들의 행동을 규명하는 것이 필수적이며, 스스로에게 다른 사람들의 참여로부터 고통을 받고 있는지, 아니면 혜택을 받고 있는지를 자문해 보아야 한다. 핵심 참가자들과 협상 관계자들의 관계를 그리는 참가자 지도는 구조진단의 첫 단계이다. 참가자 지도는 이미 포함되어 있는 참가자들뿐만 아니라 잠재적인 참가자들 역시 규명하는 것이 중요하다.

실현 가능한 연합들을 구분하기 위해 참가자 지도를 연구하자. 의사결정을 할 수 있고 다른 사람들에게 그 결과물을 짐 지울 수 있는 승리연합으로 알려진 그룹이 있는가? 승리연합은 강제적 힘이나 결정과정을 가지고 있기 때문에 그들의 의지를 강요할 수 있다. 방어연합 역시 거부권을 행사할 수 있다. 방어연합은 합의를 강요할 수는 없지만, 그들에게 합의가 강제되는 것을 막을 수는 있다. 그룹의 협상 대표자들은 협상과 결정 사이에서 내 외부의 가교역할을 한다. 그들은 밖으로는 내부 기관들의 이해관계를 앞세우고, 안으로는 권한을 위임받고 의견일치를 보아야 하며, (외부)합의를 (내부에)납득시켜야 하는 두 가지를 동시에 접하게 된다. 그런 까닭에 그들이 대표하는 내부 지지기반이 무엇인지, 그들이 누구이고, 그들의 지위와 경험이 무엇인지를 이해하는 것이 정말 중요하다. 이런 분석은 상대방의 모든 팀원에 대해 수행되어야 한다. 즉 개개인들은 서로 다른 내부 지지기반을 대표하기 쉽다.

협상은 대단히 복잡한 사회현상으로서 각 협상마다 그 구조와 협상 상대방의 특성 등에 있어서 독특한 성격을 지니고 있다. 따라서 협상을 시작해서 기대한 대로 합의에 도달하거나, 협상의 교착이나 실패는 전적으로 협상가가 협상의 과정을 어떻게 준비하고 계획하며 관리하는 가에 달려있다고 해도 지나치지 않다.

성공적인 협상가가 되기 위해서, Rackham(1980)[4]이 준비단계에 제안하는 것

4) Rackham, N. "The behavior of successful negotiators." Huthwaite Research Group. Reprinted in R.

은, ① 협상을 위해서 폭넓은 범위의 옵션을 개발하고, ② 상대방과 공동의 이익을 발견하기 위해서 열심히 일하며, ③ 이슈의 장기적인 실행을 생각하면서 더 많은 시간을 사용하고, ④ 수용 가능한 범위의 한계를 더 넓히는 것이다. 그러나 이런 제안들이 합리적이고 논리적이긴 하지만, 많은 이해관계들이 걸려있는 협상을 다루는 전문가의 입장에서는 더욱 세심한 준비와 협상을 이끌어갈 계획이 필요하다.

협상에서 중요하게 고려하여야할 사항 중의 하나는 협상의 참가자들이 어떻게 협상에 역동적으로 영향을 미치는 가이다. 가장 간단한 형태의 협상이 양자협상이다. 이 구조는 두 명의 독립된 개인이 자기 자신의 필요와 이해관계를 위해서 협상하는 것이다. 협상가는 합의에 도달하기 위해 상대방과 함께 일하며, 자기 자신의 이해관계를 위해서 말하고 행한 것에 대해서만 책임을 진다. 협상가는 결과를 수용하거나 거래를 종료하는 결정에 대해서 전권을 지니고 있으며, 각자의 기술, 지식, 경험, 지적능력, 사교적 능력 등이 통상 협상의 결과를 결정한다.

둘 이상의 협상가가 있을 때 협상은 더 복잡해진다. 만약 조직에서 어떤 문제를 결정하기 위한 회의에 참여한 사람들의 선호와 우선순위가 모두 다르다면, 합의는 모든 참가자들의 견해를 반영해야만 한다. 이 경우 어떤 사람들은 지위가 낮거나 힘이 약해서 다른 사람들의 합의에 따르도록 강요될 수도 있다. 그래서 참가자들은 수적으로 강해지거나 또는 자신의 이해관계와 같은 사람을 찾아서 연합을 구성하게 될 가능성이 높아진다.

협상은 또한 협상 팀 내에서도 일어날 수 있다. 팀은 둘 이상의 사람으로 구성되며, 집단적으로 동일한 이해관계와 입장을 지지한다. 팀 내부의 역동성은 팀간의 협상에 영향을 미치게 된다. 팀원들의 수가 증가하면 공통점을 발견하거나 모든 이해관계를 만족시킬 수 있는 가능성이 통상 감소한다.

협상에 대리인과 다른 이해관계자들이 추가되면 복잡성이 더 증가한다. 협상가들은 종종 자기 자신을 위해서 뿐만 아니라 다른 사람을 위해서도 행동한다. 이런 상황에서 협상가를 대리인이라고 표현하고, 대리인이 대표하고 있는 사람들을 이해관계자라고 부르겠다. 이해관계자는 협상에서 자신의 이해관계나 입장을 대표하도록 대리인을 지명하는 하나 또는 둘 이상의 당사자이다. 일반적인 예

J. Lewicki, D. M. Saunders, & J. W. Minton (eds.), Negotiation: Readings, exercises and cases (1999, 3rd ed.). Chicage, IL: McGraw-Hill, 1980.

로 법률적 사건의 의뢰인과 변호사 또는 기업의 경영자와 판매 책임자의 관계를 들 수 있다. 이해관계자는 일반적으로 직접 협상에 참가하지는 않는다. 오히려 그들은 자신들의 이해관계를 대변하거나 협상과정에서 일어난 일을 정확히 보고하도록 대리인을 선택한다.

마지막으로 청중이나, 관찰자 또는 대중 그리고 제3자가 협상에 관하여 행동할 때 협상은 가장 복잡하게 된다. 관찰자는 협상에서 약간의 이해관계를 지니고 있으며 실질적인 이슈나 협상과정에 주의를 기울이지만, 협상에는 통상 참여하지 않는다. 관찰자들은 협상을 지켜보면서 협상가에게 잠재적인 결과나 협상과정에 관해 또는 발생한 일에 의해 받을 영향에 관해 공적 또는 사적인 견해를 표현한다. 청중은 협상에 의해 직접적으로 관여되거나 영향 받지 않는 일단의 개인이나 군중이다. 그러나 그들은 진행되는 사건에 반응하거나 관찰하는 기회를 가지고 있으며, 때로는 협상가에게 제안을 하거나, 조언이나 비난을 한다. 또한 상대방과 직접적으로 대화에 참여하지 않는 협상 팀의 멤버들도 그럴 수 있다. 제3자는 협상을 해결하는데 도움을 줄 목적으로 특별히 협상에 참여할 수 있다. 제3자는 가끔 극단적인 상황을 건설적인 합의로 전환할 수 있다.

비록 협상의 참가자들을 이렇게 다른 역할들로 구분하지만, 협상과정이 진행되는 동안 협상의 참가자가 한 가지 이상의 역할을 할 수 있음을 이해하는 것이 중요하다. 대리인은 협상의 당사자이면서 이해관계자이거나 관찰자가 될 수도 있다.

대리인

대부분의 경우에 협상에 참가하는 협상가들은 대체로 협상주체의 대리인인 경우가 많다. 대리인은 제3자로서 협상에서 의뢰인의 이해관계를 대표하는 참가자이다. 의뢰인은 제안을 승인하는 권한을 보유하고 있으며, 합의를 이행할 책임을 지고, 대리인이 성실하게 자신의 이해관계를 대표함을 확신하는데 관심이 있다. 이것이 법률이나 경제적인 면에서 의뢰인과 대리인을 정의하는데 일반적으로 사용되는 표현이다. 의뢰인은 관찰과 인센티브를 이용해서 이해관계의 불일치를 최소화하려고 한다. 전통적인 의뢰인과 대리인 관계의 주된 이익은 의뢰인이 협상으로부터 멀리 떨어져서 승인이라는 권한을 이용하여 대리인의 전문적인 능력

을 활용할 수 있다는 것이다.

따라서 대리인 문제로 불리는 전통적인 의뢰인과 대리인 간의 이해상충의 문제가 국제협상에서는 어떻게 적용되는지를 확인하는 것은 의미 있는 일이다. Joel Cutcher-Gershenfeld and Michael Watkins(1999)[5]는, 의뢰인과 대리인에 관한 협상학의 연구가 정보의 비대칭성과 이해관계의 상충에 관해 중요하게 다루어온 점에 주목 한다. 대부분의 연구들은 대리인이 의뢰인의 비용으로 자신의 이해관계를 우선하는 비합리적인 면에 초점을 맞추어 왔다. 대리인에게 두드러진 이해관계의 존재와 의뢰인이 지니는 대리인의 동기에 대한 불신이 전통적인 정보와 통제의 문제를 일으킨다. 의뢰인이 대리인의 이해관계를 자신의 것과 완전히 동일하게 하는 인센티브 시스템을 설계하는 것은 불가능하다. 그리고 대리인은 의뢰인이 접근할 수 없는 정보에 접근하기 때문에, 의뢰인이 대리인의 행동을 완전하게 관찰하거나 통제하는 것도 불가능하다.

실제의 국제협상에서 의뢰인과 대리인의 모델을 적용하기 어려운 점은 의뢰인의 이해관계가 가끔은 유일하게 합리적인 것이 아니라는 점이다. 협상테이블에 있는 협상가들은 의뢰인의 이해관계와는 구별되는 그들 자신의 합리적인 관심사를 가질 수 있다. 그들은 의뢰인과 대리인이 혼합된 상태로 행동한다. 두 번째 어려움은 의뢰인의 이해관계가 고정되어 있거나 안정적이지 않다는 점이다. 그 대신에 이해관계가 의뢰인과 대리인 간의 상호작용 속에서 만들어진다. 그러한 상호작용은 외부적 현실에 관한 대리인의 고도의 지식에 의해서 제공되는 정보로 이루어진다. 그러므로 대리인은 자신들의 이해관계에 관해 의뢰인의 인식을 재구성하면서 필수적인 역할을 할 수 있다. 이렇게 하는 능력은 의뢰인과 대리인간의 관계로부터 발생한다. 그런 관계로부터 실질적인 신뢰가 만들어진다. 세 번째 어려움은 대리인이 대표하는 이해관계가 단일하지 않다는 것이다. 협상의 대표는 다수의 이해관계자를 가질 수 있다. 이런 이유로, 대표는 협상에서 내세워야 할 폭넓은 이해관계를 개발하는 것과, 대표와 이해관계자들과의 관계에 미치는 영향에 관해 더 많은 주의를 기울여야 한다. 이것이 전통적인 대리인 모델로는 쉽게 그릴 수 없는 국제협상 대표의 다양한 역할이다. 국제협상은 승인과 약속,

5) Cutcher-Gershenfeld, J., & Watkins, M. "Toward a Theory of Representation in Negotiation." In R. H. Mnookin and L. E. Susskind, Negotiating on behalf of others (pp. 23-51). Thousand Oak. CA: Sage Books, 1999.

그리고 문제해결의 중요성을 부각시키면서, 일반적인 대리인 역할과는 달리 내부와 외부의 상호작용에서 더 역동적인 관점을 제공한다.

이런 관계로, 협상가들은 일반적으로 아주 다른 두개의 관계를 가지고 있다. 그리고 가끔은 이 두개가 분리된 상태로 협상을 한다. 첫 번째는 협상가(대리인)와 이해관계자(의뢰인 등)의 관계이다. 그 둘은 자신들이 협상에서 달성하고자 하는 집단적인 관점과 그것을 얻기 위해 어떤 전략과 전술을 사용할 지를 결정해야 한다. 만약 그 두 당사자가 협상에 대한 목표가 다르거나 사용해야할 전략이나 전술이 다르다면, 이것이 어떤 때는 협상 그 자체가 된다. 그 다음에 이해관계자는 협상가가 상대방과의 협상에서 목표를 달성하도록 힘과 권위를 부여해야 한다. 이해관계자들은 협상가가 대표로서 자신들의 이해관계를 정확하게 열정적으로 수행하고, 주기적으로 진행 결과를 보고하고, 협상과정이 종료할 때 최종적으로 결과에 대해 보고하기를 기대한다. 그러므로 이해관계자들은 대리인 효과성의 직접적 결과로 손실이나 이득을 얻게 된다. 그래서 이해관계자들은 자신들의 목표를 성취할 수 있는 능력에 기초해서 대리인을 선택하게 되며, 대리인의 협상 방향에 대하여 자신들의 이익을 대표하도록 압력을 가하거나, 진행결과가 만족스럽지 못할 경우에는 갈등을 일으키게 된다.

두 번째는 협상가와 상대방과의 관계이다. 협상가와 상대방 협상가는 이행 가능하며 효과적인 합의에 도달하려고 노력한다. 합의에 도달하기 위해서는 협상가가 그들의 이해관계자들이 설정한 목표에 관해 타협할 것을 요구하며, 그 타협의 정당성을 이해관계자들에게 다시 설명할 것을 요구한다. 협상가들은 상대방과의 합의를 달성하고 이해관계자들을 완전히 만족시키는 두 가지를 모두 달성할 수 없기 때문에, 이해관계자를 대표하면서 상대방과 합의하는 것이 협상가에게는 독특한 압력과 갈등을 유발한다.

이해관계자

국제협상에서는, 협상에서 각광을 받기 위해 경쟁하는 영향력 있는 이해관계자들이 많이 있다. 이해관계자는 협상에서 협상가에 의해 대표되는 이익, 욕구, 우선순위 등을 지니고 있는 다수이다. 이런 이해관계를 지니고 있는 의뢰인, 관찰자, 청중, 후원자, 대중, 언론 등 많은 행위자들이 무대의 뒤에서 작업하고 있다.

팀원은 협상가이면서 청중의 한 형태이다. 그들은 회의에서 협상가로 참여한다. 협상의 팀원은 대표, 전문가, 법률이나 금융 자문, 기록이나 관찰 등 한 가지나 그 이상의 중요한 역할을 한다. 팀원은 협상에서 어떤 특별한 역할을 맡을 수도 있지만, 협상이 진행되면서 다른 역할을 할 수도 있다. 가장 대표적인 역할의 전환은, 시작할 때 협상의 대표로 역할 하다가 다음 순간에는 말없이 조용한 관찰자로 변하는 것이다. 관찰자는 토론 내용을 듣거나 메모를 하며, 나중에 제시할 논평을 준비하거나, 단순히 협상에서 행해진 내용에 대해 평가하거나 판단한다.

다른 형태의 청중이 후원자이다. 후원자는 협상가에 의해서 대표되는 이해관계와 욕구와 우선순위를 가진 하나이거나 그 이상의 참가자이다. 후원자라는 용어는 주로 정치적으로 사용되는데, 선출직들은 일반적으로 자신을 선출하는 투표자에게 책임이 있으며 그들이 후원자이다. 변호사나 회계사, 컨설턴트는 자신들의 의뢰인이 후원자이다.

세 번째 형태의 청중이 외부의 관찰자와 방관적 대중들로 구성된다. 협상에는 그들의 이해관계가 협상에서 직접적으로 대표되지 않는 많은 대중들이 있을 수 있다. 그러나 그들은 협상의 결과로 영향을 받거나 협상을 관찰하는 유리한 위치에 있을 수 있으며, 협상의 과정과 결과에 대해서 강력한 비판을 할 수 있다. 현대는 각종 미디어, 인터넷, 사회적 네트워크의 발달로 모든 정보가 공개되어 순식간에 대중에 전달되는 시대이다. 협상에 대한 이런 대중적 성격이 많은 참가자들이 협상의 진행을 보면서 평가하는 맥락을 제공한다. 그러나 또한 협상가들은 이런 청중들을 이용해서 상대방에 대한 간접적인 지렛대로 사용할 수도 있다.

덧붙여서, 언론이 가끔 국제관계에서 극단적으로 중요한 행위자이다. 언론은 어떤 사건을 선택적으로 다루고 청중들에게 협상의 이슈가 어떻게 정해지는지, 당사자들의 입장이 어떻게 제안되며 달성되는 합의의 종류가 무엇인지에 관해 중요한 영향을 미친다. 그러므로 국제협상에 관한 어떤 상황에서도 언론이 이해관계자로 간주되어야 한다. 적극적으로 의사결정을 하는 주인공의 한사람은 아니지만, 그럼에도 불구하고 언론의 행동이 결과에 중요한 영향을 미친다.

협상에 참여하는 청중의 성격은 다양하게 설명될 수 있다. 첫째, 청중의 성격은 협상에 참여하거나 참여하지 않는 가에 따라서 다양해진다. 팀원들은 협상에 참여하고 사건의 직접적인 증인이 된다. 다른 사람들은 단지 보고를 통해서만 무슨 일이 일어났는지를 알 수 있다. 청중들은 참석하거나, 하지 않거나 협상에 대해 이야기 하면서 협상가의 행동에 영향을 미친다. 둘째, 청중들은 협상과정으로부터 도출되는 결과를 위해 협상가에게 의존할 수도, 의존하지 않을 수도 있다. 결과에 의존하는 청중들은 협상가의 행동과 효과성의 직접적인 결과로서 그들의 보상이 결정된다. 셋째, 청중은 협상과정에 참여하는 수준에 따라서 협상에 영향을 미친다. 청중이 협상과정에 직접적으로 참여할 경우, 보상이 무엇이고 청중의 힘이 얼마인가 그리고 청중이 어떤 역할을 선택하는 가에 따라서, 상호작용의 복잡성이 여러 가지 방법으로 증가한다. 청중은 또한 협상가에게 그들의 효과성과 어떻게 하고 있는지를 알려주는 주기적인 피드백을 한다. 피드백은 협상에 참여하는 동안의 행동이나, 양보, 협상가가 취하고 있는 입장, 도달된 합의에 직접적으로 주어질 수 있다.

협상가에게는 협상에 개입하는 이해관계자들이 적으면 적을수록 협상의 합의가 더 쉬어지지만, 협상에서 의도적으로 배제되는 입장이 될 수 있는 이해관계자들이 있는 한, 합의된 결정의 지속이 더 문제가 된다. 그래서 다른 일들이 동일하다면, 직접적, 간접적 이해관계자는 물론이고 잠재적인 이해관계자도 고려하여, 협상의 결정을 방해할 수 있는 입장에 있는 모든 이해관계자들을 포함시키려는 시도를 해야만 한다. 이를 위해 좋은 방법은 모든 잠재적 이해관계자들의 지도를 그리는 것이다. 당신과 이해관계를 같이 할 수 있는 이해관계자들을 한 묶음으로 하고, 상대방과 이해관계를 같이하는 사람들을 다른 한 묶음으로 그린다. 그리고 분명한 이해관계는 없지만 협상의 합의에 장애가 되는 방해자들을 표시하는 것이 좋다. 그리고 직접 참가자들과 잠재적 참가자들, 협상의 방해자들이 가지고 있는 이해관계와 대안을 분석해서 한 눈에 볼 수 있는 지도를 작성하면 협상을 준비하고 설계하는데 많은 도움이 된다.

[그림 6-1] 이해관계자 지도(예, 한미 FTA)

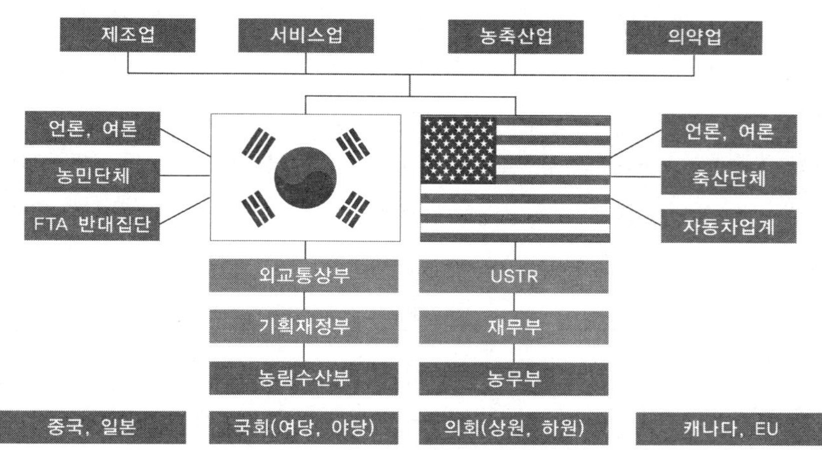

2) 이슈 : 어떤 이슈들이 협상 테이블에 오를 것인가?

고정된 이슈를 다루는 것은 쉽지만 위험하다. 그렇게 하는 것은 그것을 바람직한 방법으로 이끌어 가기 위한 행동을 취하는데 실패하게 될 것이다. 당사자들이 협상하기 위해 결정해야 할 이슈는 그 자체로 협상에 대한 주제이다. 이슈들이 취급되는 순서는 다양한 암시들을 갖는다. 타결 기회를 높이기 위해 처음에는 다소 가벼운(덜 논쟁적인) 이슈들을 꺼내는 경향이 있는데 협상가들이 타결이 이뤄지기를 열망하는 희망에서 비롯된다. 이슈들의 순서를 매기는 것보다 더 중요한 것은 분배적 이슈들을 통합적 협상으로 연결시키기 위해 함께 협상 테이블에 올리는 것이다.

협상의 이슈는 협상에서 논의할 사안들이다. 어떤 협상은 가격과 같은 단지 하나의 이슈만을 가지고 있다. 그러나 대부분의 협상은 더 복잡하다. 기업을 사고팔 경우에는 가격, 재고품의 평가, 대금지급방법, 잔류할 직원의 명단과 해고할 인원, 새로운 본점의 위치 등 수 많은 문제를 포함할 수 있다.

협상에서 이슈의 숫자는, 협상가 상호간의 관계와 함께, 분배나 통합과 같은 전략을 결정하는 요인이 된다. 단일 이슈의 협상은 그 이슈 하나만을 다루기 때문에 상호 경쟁이 치열해서 분배적인 협상이 되는 경향이 지배적이다. 반면에, 다수의 이슈를 다루는 협상은 진행과정에서 상호이익이 되는 이슈의 교환을 하거나 이슈의 묶음을 만들 수 있어서 더 협력적으로 통합적인 협상이 되기에 적합하다. 그러나 이런 가능성을 전제하는 것은 아니다. 단일 이슈의 협상은 이슈를 증대함으로서 통합적이 될 수도 있다. 예를 들어, 주택 매매의 경우에 양자는 가격이 유일한 이슈라고 생각하고 협상을 시작할 수 있지만, 양도의 시점이나, 부속물의 포함여부, 수리해야할 부분, 대금지급방법 등 가격에 영향을 미치면서 양측 이해관계의 만족을 증대시키는 방법을 찾을 수 있다. 반면에 다수 이슈의 협상도 신뢰와 정보공유를 최소화하고, 각 이슈를 분배적 태도로 취급하는 역동적인 경쟁 속에서 가치창조의 기회를 잃어버릴 수도 있다.

협상가들은 특정한 이슈에 관해 합의에 도달하는 방법을 찾지만, 협상에서는 종종 이슈가 직접적으로 이해관계를 표현하기도 한다. 예를 들어 직장을 갖기 위해 면접을 하거나, 수자원 관리를 위해 댐을 건설하거나, 환경보호를 위해 댐 건설을 반대하거나, 기업의 확대발전을 위해 M&A를 하는 것들은 이슈에 해당한다. 직장을 잡는 것은 이슈이고 급여의 수준이나 휴가기간, 복지수준, 근무지의 위치 등은 이해관계이다. 댐을 건설하는 경우에는 경제적 보상이나, 관개시설, 보존되는 종의 서식처 등이 이해관계이다. 물론, 어떤 이슈들은 같은 이해관계를 반영한다. 국가나 기업은 특허권 사용료나 합작회사 또는 서비스 계약 같이 다양한 이슈에 관한 협상을 통해서 자원개발에 관한 이해관계를 충족할 수 있다.

그러나 협상가들이 저변에 깔려있는 이해관계로부터 이슈를 구분하는데 실패하면 협상의 목표가 불분명해질 수 있다. 토의되는 이슈가 보상되는 이해관계와 일치될 때, 이슈의 조정을 통해서 모든 참가자들의 이해관계가 더 만족스런 상태로 합의될 수 있다. 예를 들어, 댐의 건설과 이의 반대가 이슈가 되면 양측의 갈등이 격화되면서 수년간의 분쟁과 소송으로 엄청난 비용이 소모되겠지만, 양측이 원하는 이해관계를 이슈로 전환해서 문제해결의 방법으로 협상을 하면 훨씬 더 경제적이면서 관계 지향적인 합의가 가능할 수 있다.

3) 이해관계 : 당신과 상대방이 추구하는 목표는 무엇인가?

일단 협상참가자와 이슈들을 지도화하면 각 참가자들의 목적과 행동범위를 어떻게 개념화할 지에 대한 평가를 해야만 한다. 어떻게 그들이 이해관계를 인식할 것인가? 그들이 무엇을 얻고자 할 것인가? 안건을 만들어 냄과 동시에, 협상가들은 전형적으로 초기에 입장을 주장하기 시작한다. 입장은 필수적으로 필요하며,

종종 이유들, 원칙들, 약속들과 위협들의 혼합에 의해 뒤섞이기도 한다. 그럼에도 불구하고 원칙적으로 초기에 강경한 입장을 견지하기보다는, 적정하며 합리적인 입장을 나타내는 것이 좋은 생각이다. 그렇게 함으로서 협상가들은 상호 협력적인 자세로 협상에 임할 수 있으며, 이해관계들을 평가하는 것에 대해 우선 집중함으로써 궁극적으로 더 많은 이익을 얻을 수 있다. 만약, 협상가들의 입장이 용납할 수 없는 것일지라도, 그들은 아마도 다음과 같은 이해관계들의 조합으로 구성되어 있을 것이다.

- 상충되는 이해관계는 협상이 필요한 이유이다. (나는 X가 일어나길 바라고 당신은 그렇지 않다)
- 공유되는 이해관계는 순수한 합동이익의 기회를 제공한다. (나는 X가 일어나길 원하고 당신도 마찬가지이다)
- 보완적인 이해관계는 상호교환의 기회를 제공한다. (나는 X를 원하지만 Y에 대해서는 그다지 개의치 않고, 당신은 Y를 원하지만 X에 대해 많은 관심이 없다)

본질적으로 협상가들은 실질적인 이해관계와 함께 과정적 이해관계도 가지고 있는데, 과정이 어떻게 전개되고 결과적으로 어떻게 나타나는가 하는 것이 그들의 행동에 지대한 영향을 줄 수 있다. 과정의 핵심 형태는 다음을 포함한다.

➢ **관계 증진** : 상대방과 관계를 유지하거나 향상시키는 것으로, 특별히 협상이 장기적 관계의 일부분일 때
➢ **평판 유지** : 유능한 협상가의 한사람으로서 평판 유지 및 증진
➢ **경쟁력 과시** : 협상가로서의 기술과 감각 있는 능력의 과시
➢ **일관성 유지** : 바람직하지 않은 선례들을 피하는 것과 마찬가지로, 최소한 이전의 약속이나 원칙의 천명과 일치하도록 보이는 것
➢ **비용 최소화** : 기회비용과 마찬가지로 직접적 협상비용(시간과 자원)의 최소화
➢ **부수효과 획득** : 제3의 능력 있는 자와의 관계증진, 새로운 자원들에 대한

접근 혹은 과정에 대한 외부 목표 성취

과정적 이해관계는 실질적인 합의를 돕거나 혹은 방해 할 수 있다. 만약 한 협상가가 다른 협상가를 무능하게 만든다면, 그 결과는 방어할 수 없거나 유연하지 못하게 될 것이다. 한편 협상가들은 아마도 기꺼이 관계유지 혹은 중요한 부수효과를 획득하기 위한 본질에 대해서는 어느 정도 합의하게 될 것이다.

〈표 6-1〉 이슈와 이해관계

협상 당사자	당신	이슈	댐 건설			
		이해관계	수자원 확보	홍수 예방	환경 개선	경제적 보상
		우선순위	1	2	3	4
	상대방	우선순위	1	2	3	4
		이해관계	현상 유지	환경 보호	경제적 보상	홍수 예방
		이슈	댐 건설 반대			

협상가들이 자신의 이해관계를 이슈에 관한 자신들의 입장과 동일선상으로 정렬시키면 창의적으로 이슈를 전환할 가능성이 적어진다. 그들은 심지어 이슈를 조정하려는 상대방의 제안에 대해서도 의심할 수 있다. 실제로, 자신들의 이해관계를 방어하려는 시도가 자신들의 입장으로부터 실질적인 이해관계로 움직이는 것을 어렵게 한다. 댐의 건설과 반대가 양측이 선호하는 옵션이라면 결국 협상은 결렬되고 법률적인 판단 또는 공권력의 힘으로 결정되는 최악의 결과가 된다.

협상가들이 많은 종류의 이해관계를 가질 수 있음은 분명한 사실이다. 금전과 재무적 안정성, 물건의 품질, 공공의 이해관계에 대한 특별한 관심, 능력 있는 협상가로서의 평판, 업무적 관계를 유지하는 일, 전례 등등. 그러나 질적으로 중요한 어떤 이해관계를 경제적인 방법으로 끌어내서 협상가의 관심을 유도하면 개선된 합의를 이끌어낼 수 있다.

자기 자신의 이해관계들의 목록을 만들고 각 이해관계의 우선순위를 정해보자. 가장 중요한 이슈는 무엇이고 그보다 덜 중요한 이슈는 무엇인가? 어떤 이슈가 서로 연결되어 있고 어떤 이슈는 독립적인가? 협상에서 어떤 것을 얻기 위해서 다른 이해관계를 희생하는 것은 쉬운 일이 아니다. 어느 정도의 교환이 바람직한가? 생산자는 한 단계 높은 품질의 부품을 공급하기 위해서 얼마나 더 많은

금액을 요구해야 하나? 판매원은 고객과의 더 좋은 관계를 유지하기 위해서 얼마의 가격을 양보해야 하는가?

그러나 협상가들이 우선순위를 고려하든 안 하든 간에, 그들은 협상에서 그들이 선택한 것을 효과적으로 교환하고 합의한다. 협상가들은 자신들이 원하는 교환을 통해서 수익을 얻는다고 믿기 때문에, 교환을 용이하게 할 수 있는 방법을 제안하고자 한다. 이 방법은 결과의 분석이나 실무에서 사용이 용이하게끔 각 이해관계를 자신이 생각하는 가중치의 숫자로 전환해서 실질적인 판단을 가능하게 하는 것이다. 이 기법이 비록 경영학이나 경제학에서 비롯된 것이긴 하지만, 이것의 주된 가치는 계량화에 있다기보다는 생각을 명확히 할 수 있다는 것이다. 협상가들이 교환을 계량화하지 않을지라도, 각 이해관계를 비교함에 있어서 같은 식으로 생각함으로서 자신이 목표한 결과를 달성할 수 있다.

어떤 경우에는, 전례, 특권, 두려움, 평판, 그리고 비슷한 무형의 이해관계들이 다른 유형의 가치보다 더 커 보인다. 협상가들은 그런 무형의 이해관계들이 가중치를 매기기 어렵고, 그들을 선택함으로서 존경받는다는 느낌 때문에 그들에 초점을 맞춘다. 초조함 때문에 결론에 이르지 못하면서, 협상가들은 특권을 지니기 위해서 얼마를 지불해야 할지를 스스로에게 자문할 수 있다. 그들은 그런 이해관계들이 실질적인 가치보다는 적다는 것을 발견할 수도 있고, 또는 바람직하지 않은 전례를 만들지 않기 위해서 적은 금액을 지불하려고 할 수도 있다. 그런 경우에 협상가들은 많은 것을 배우게 된다. 첫째, 무형의 이해관계들이 그들이 원래 걱정하고 있는 첫 번째 관심사라기보다는 두 번째나 세 번째라는 것이다. 그렇게 되면 협상가들은 이제 덜 중요한 이해관계를 양보하는데서 자유로울 수 있다. 둘째, 이들이 묶음 속에 들어있지 않는 한, 이런 이해관계에 기울이는 관심을 더 적게 할 수 있다. 간단히 말해서, 이런 평가의 목적은 금전적이거나 기타의 가치를 정교화하기 보다는 다른 이해관계들 간의 상대적 중요도를 발견하는 것이다.

4) 협상의 목표(Goals)

협상을 준비하고 전략을 설계하기 위한 첫 번째 단계는 자신의 목표를 결정하는 것이다. 효과적인 협상가가 되기 위해서는 자신이 가고자 원하는 곳을 알아야 한다. 그것은 자기 자신을 정확하게 정당화할 수 있는 목표에 몰입시키는 것이다. 그것은 또한 목표를 단순한 도달목표로부터 실질적인 기대치로 전환해야 함을 의미한다. 단순한 도달목표와 실질적인 기대치의 차이는 태도에 관한 것이다. 목표는 통상 당신이 과거에 달성했던 범위를 넘어서는 곳에 있다. 투자유치목표나 몸무게의 감량목표 또는 시험에서 100점 만점을 받는 것 등이 전형적인 것이다. 당신은 당신 자신에게 방향을 제안하기 위해서 목표를 정하지만, 실제 성과가 그보다 못 미친다고 해서 크게 실망하지는 않는다.

반면에 기대치는 당신이 할 수 있고 합리적으로 달성해야만 한다고 생각하는 판단이다. 만약 당신이 기대치에 미치지 못한다면, 당신은 크게 실망하거나 손실감을 느낄 것이다. 목표는 당신에게 방향을 제시하지만, 기대치는 당신에게 부담을 주고 협상테이블에서 당신의 주장에 확신을 준다. 기대치는 과거의 비슷한 협상에서의 성공과 실패를 포함해서, 통용되는 시장가격이나 표준, 상대방의 대안에 관한 정보, 상대방과의 미래관계에 관한 잠재성, 당신의 기본적인 개성 등 협상의 여러 가지 요소에 대한 함수이다.

협상의 성취도 다른 분야와 다르지 않다. 당신이 목표하는 것이 자주 당신이 얻는 것을 결정한다. 그 이유는 명백하다. 첫째, 목표는 당신이 요구하는 높은 쪽 한계를 정한다. 당신은 정신적으로 모든 면에서 목표를 넘어서 생각하게 된다. 그래서 가끔은 기준점보다 더 잘하게 된다. 둘째, 목표에 관한 연구가 보여주는 것은, 강력한 심리적인 '노력'을 야기한다는 것이다. 심리학자나 교육자들이 확인한 바에 의하면, 특정한 목표를 정하는 것은 사람들을 자극하고, 그들의 관심과 심리적인 능력을 집중시킨다. 셋째, 당신은 단지 상대방이 제안한 것에 대해 반응할 때보다, 어떤 특정한 목표를 달성하려고 몰입할 때 더 설득적이 된다. 몰입은 전염성이 있어서 당신 주위에 있는 사람들을 당신의 목표를 향해서 끌어들이게 된다.

그래서 목표는 구체적이고 측정 가능해야 한다. 구체적이지 않거나 측정 가능하지 않은 목표는 상대방과 원하는 것에 관해 이야기하기 어렵고, 상대방의 제안이 나의 목표를 만족시키는지 알기 어렵다. 목표를 정할 때에는, 당신이 보고 싶어 하는 것에 관하여 낙관적으로 대담하게 생각하는 것이 좋다. 연구의 결과들은, 협상에서 높은 목표를 가진 사람들이 적당하거나 "최선을 다 하겠다"는 목표를 가진 사람보다 더 잘하거나 더 많이 얻는다.

그런데 왜, 당신의 목표를 높임으로서 더 많은 것을 성취할 수 있을 때, 당신은 적당한 협상 목표를 정하려는 유혹에 빠지는가? 거기에는 여러 가지 가능한 이유들이 있다. 첫째, 많은 사람들이 자신들의 자존심을 지키기 위해서 적당한 목표를 정한다. 만약 당신이 목표를 낮게 정한다면, 당신의 실패 가능성은 낮아진다. 당신은 저항 점을 넘어서는 한 잘하고 있다고 말한다. 그래서 적당한 목표는 실패나 유감의 씁쓸한 느낌을 피하도록 도와준다. 둘째, 당신은 협상의 수익에 대하여 충분한 잠재력을 볼 수 있는 정보를 가지고 있지 않다. 당신은 팔려는 것에 관한 진정한 가치평가에 실패하거나, 적용 가능한 기준을 찾지 못하거나, 제안하는 것에 관해 구매자가 얼마나 갈망하는지에 관해 모를 수 있다. 셋째, 당신의 욕망이 적을 수 있다. 만약 상대방이 당신보다 더 급하게 돈이나 통제나 힘을 원한다면, 당신은 관심이 크지 않은 일에 대해 상대방과의 갈등이나 분쟁을 피하기 위해서, 높은 목표를 정하지 않을 수 있다.

그러나 목표를 너무 낙관적으로 정하는 것에도 문제는 있다. 한 가지 위험은 상대방이 협상테이블에 가지고 나올 가치나 우선순위에 관하여 확신 없는 가정을 할 수 있다는 것이다. 상대방이 가지고 있는 목표와 상대방이 현실적이라고 생각하는 것에 관하여 확실하게 알기 전 까지는 당신 자신이 방어할 수 있는 목표를 확실하게 지켜야만 한다. 상대방은 당신이 낙관하고 있는 거래를 불가능하다고 말할 수 있다. 그러면 당신은 요구하는 목표를 지지하는 어떤 정당성을 가지고 있지 못하는 한 상대방을 공격하지 못할 것이다.

당신은 더 높은 목표를 향해 전진하기 위해서 이 점을 마음에 새겨야 한다. 협상을 어떻게 개선시켜야 할 것인가에 관하여 처음으로 진지하게 생각하기 시작할 때 어느 정도의 불만족은 좋은 것이다. 불만족은 상대방의 저항에 대항하고 상대방이 협상을 결렬할 수 도 있는 위험을 감수하면서 당신의 목표를 충분히 높은 위치에 정하라는 신호이다. 결과적으로, 당신은 용기를 잃지 않으면서 도전적으로 목표를 정하는 방법을 배울 것이다.

5) 대안 : 만약 합의에 이르지 못하면 무엇을 할 것인가?

협상가들은 잠재적인 합의를 심사숙고하기 위해 스스로에게 명백한 질문을 해야 한다. 무엇과 비교할 것인가? 만약 당신이 합의를 이끌어 내지 못하면 무엇을 해야 할 것인지를 명확히 하지 못하면, 당신은 협상의 합의에 대한 기준이 없는 것이다. 대안을 명확히 하는 것은 당신의 사고를 분명하게 해준다. 좋은 대안은 협상에 있어서 하나의 힘의 원천이다. 대안이 좋으면 좋을수록 당신의 합의도 좋아질 것이다. 동시에 대안은 때때로 개선의 방법으로 게임을 변화시킬 가능성이 있다. 대안은 전술이 아니며, 주어지는 것도 아니고 만들어야만 한다. 당신은 협상테이블로부터 벋어나서, 대안을 강화하기 위해 행동을 취할 수 있고, 상대방의 대안을 약화시킬 수 있다.

저항 점과 대안

만약 당신의 결정적인 제안을 상대방이 거부한다면 어떻게 해야 될까? 약간의 추가적인 양보를 통해서 합의를 시도해야 할까, 그렇지 않으면 협상을 결렬하고 떠나야 할까? 완고하게 버티는 상대방과 언제까지 협상을 하여야 할까? 이런 경우를 위해 좋은 준비는 당신이 두 가지의 분명한 요점을 수립할 것을 요구한다. 즉 저항 점과 대안이다.

저항 점은 이 점을 넘어서는 어떤 결정도 최소한 수용할 수 없기 때문에 당신이 협상을 계속하기 보다는 절대적으로 멈추어야 하는 지점이다. 만약 당신이 판매자라면 당신의 저항 점은 당신이 그 물건을 팔 수 있는 최저 금액이며, 반대로 당신이 구매자라면 그 물건을 살 수 있는 최고 금액이다. 협상 계획의 일부분으로 저항 점을 정하는 것은 중요한 일이다. 당신은 원하는 물건의 구매가 불가능한 상황에서도 더 비싼 모델에 관해 이야기 하는 것을 자주 허용하곤 한다. 더욱이, 어떤 경쟁적인 상황에서는 가격을 상승시키는 강한 압력이 발생한다. 예를 들어 경매에서, 만약 다른 사람과 입찰 경쟁이 벌어지고 있다면, 당신은 계획한 것보다 더 많이 지불할 수도 있다. 분명한 저항 점은 나중에 분명히 후회할 거래에 합의하는 것으로부터 당신을 지켜준다.

대안은 이 협상 이외의 다른 곳에서 협상가들이 여전히 자신들의 욕구를 달성할 수 있는 다른 합의이다. 대안은 현재의 결과가 다른 가능성보다 더 좋은지 아닌지를 확인해주기 때문에 분배적이거나 통합적인 과정 모두에서 대단히 중요하다. 어떤 상황에서도, 당신은 현재의 협상을 포기할 수 있기 때문에 더 좋은 대안이 당신에게 더 강한 협상력을 제공한다. 대안은 또한 저항 점을 명확히 제안하

며, 협상이 완료된 후에 협상평가에 대한 기준이 된다. 저항 점이 협상테이블에서의 행동 기준을 제안하는 반면, 대안은 협상테이블 밖에서 협상 합의의 기준을 제안한다. 따라서 협상은 협상테이블에서 이루어질 뿐만 아니라, 협상테이블 밖에서도 부단히 이루어지고 있으며, 협상의 진행 중에도 대안을 강화함으로서 협상을 유리한 방향으로 전환시킬 수 있다.

합의가능영역

만약 당신이 생각하는 포기가치보다 더 큰, 당신과 상대방 모두에 이익이 되는 잠재적 합의가 존재한다면 합의가능영역이 존재한다. 보통은 협상테이블에서 이해관계나 옵션을 탐색하기 시작할 때까지 그런 영역이 존재하는지에 대해 알지 못할 것이다. 그럴지라도, 합의가능영역의 대략적 범위를 조기에 구별하기 위해 최선을 다해야 한다. 정보 불균형이 심할 때 협상가들의 합의가능영역에 대한 견해는 조작되기 쉽다. 정보의 불균형이 커질수록 협상가들이 상대방의 이해관계, 대안, 저항 점의 인식을 다듬는 노력을 더 하게 될 것이다. 협상가들이 그들의 인식의 기초위에서 행동해야 하기 때문에, 더 좋은 정보를 갖는 것은 분명히 이득이 있다. 그러나 그들이 조장하고 있는 정보의 불균형과 조작에서의 상호노력은 참가자들로 하여금 합의가능영역이 있음에도 불구하고 그것을 찾지 못하게 할 수 있다.

6) 연계 : 현재의 협상이 다른 협상들과 연계되어 있는가?

단일 협상은 놀랍게도 드물다. 단순히 주택매입 협상에서 조차도, 주택 대부자들과 때로는 많은 판매자들과의 상호작용에서 다른 구매자들과 경쟁하게 된다. 협상가들의 대안은 그와 같은 연계에 강력하게 영향을 받는 경향이 있다. 만약 유망한 판매자가 다른 제안을 받거나, 유망한 구매자가 다른 끌리는 집을 발견한다면 협상은 극적으로 이뤄질 것이다. 연계는 분리된 이슈 간에 존재한다. 시너지가 있는 연계는 분리된 협상의 이슈가 잠재적으로 가치를 창출하는 방법으로 연계된다. 반면에 어떤 유해한 이슈는 자체적으로도 해결되기 어렵지만, 다른 이슈에 대해서도 잠재적으로 합의를 어렵게 한다.

- **순서적 연계** : 앞선 협상이 미래의 협상에 영향을 미치거나, 미래의 협상이 현재의 대화에 그림자를 드리울 때 발생한다.
- **동시적 연계** : 연계된 협상이 시간적으로 동시에, 또는 중첩적으로 발생한다.
- **경쟁적 연계** : 일방이 둘 또는 그 이상의 상대방과 협상하지만, 단 하나의 협상만이 결실을 맺을 수 있을 때 발생한다.

[그림 6-2] 경쟁적 연계

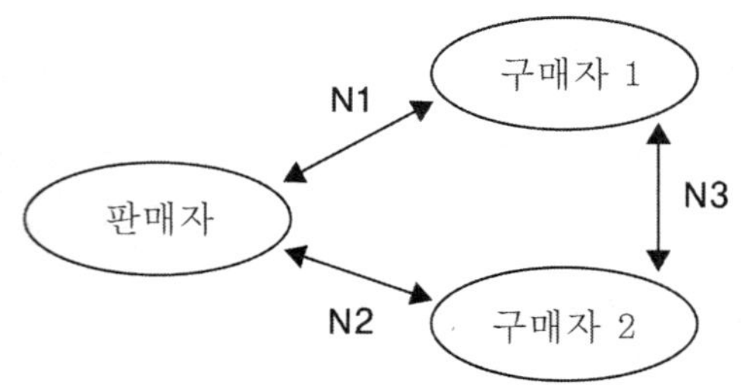

- 협상 N1과 N2는 경쟁적으로 연결되어 있다
- 판매자는 구매자들 사이에서 순환한다
- 구매자는 N3에서 결탁할 수 있다

- **상호적 연계** : 일방은 둘 이상의 상대방과 협상할 수 있다. 그리고 모든 협상은 전체적인 협상을 위해서 결과에 도달해야 한다. 조건부 협상에서, 각각의 협상은 다른 협상이 합의에 도달하기 위한 조건이 될 수 있다.

[그림 6-3] 상호적 연계

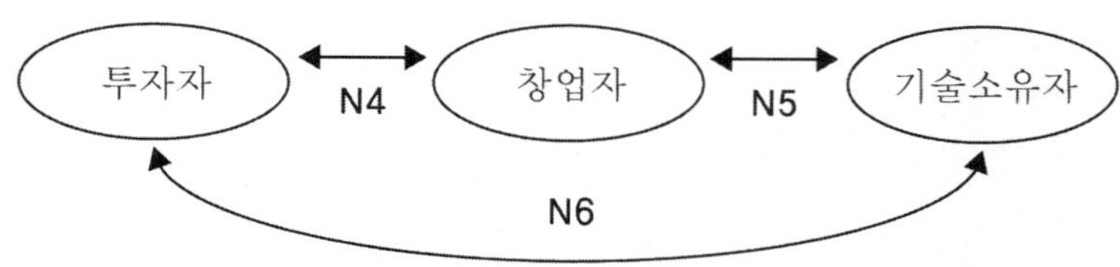

- 협상 N4와 N5는 상호적으로 연결되어 있다
- 창업자는 양 협상 사이에서 조건부 약속을 확보해야 한다
- 창업자는 N6에서 협상 고리가 끊길 위험이 있다

7) 행동유발 : 시간제한 또는 특정사건이 행동을 유발할 것인가?

무엇이 협상가들을 행동하게 하는가? 어떤 측은 시간이 지남에 따라 다른 측

보다 더 민감해질 수 있다. 예를 들어, 그들은 직접적으로 손해를 보거나 기회를 놓치는 형태로 커진 비용을 경험하고 있을 수도 있다. 일반적으로, 더 인내심 강한 협상가들이 인내심 약한 상대방보다 이점을 가지고 있다. 마감시간 같은 행동유발사건은 모든 참가자들이 거래를 받아들일지, 협상을 깨뜨릴지의 어려운 선택을 하게 할 수 있다. 국제적인 협상에서, 선거 같은 정치적인 사건은 행동을 시키거나, 억제할 수 있다. 비즈니스 협상에서는 회사들의 계획과 의사결정 주기가 비슷한 역할을 한다.

협상가들은 스스로에게 두 가지 질문을 해야 한다. 무엇이 상대방으로 하여금 지연을 못하게 하는가? 상대방을 합의하도록 하기 위해서, 어떻게 어려운 선택을 하도록 설득할 것인가? 협상가는 긴장을 높이고 합의를 향한 움직임을 만들어내기 위해 종종 마감시간과 시간을 압박하는 여러 수단들을 사용한다. 더 인내심이 강한 측은 때때로 대가를 요구한다. 상대방이 힘겨운 마감시간에 직면할 때까지 연기하고 또 연기해서, 거래를 끝내기 위해 거대한 양보를 끌어낸다.

3. 협상의 상황진단

1) 상황 분석

협상을 위한 좋은 준비는 직면한 상황에 대한 특정한 행동계획을 만드는 것이다. 협상구조에 대한 진단을 마치면, 그것을 토대로 협상상황에 대한 인식을 정립해야 한다. 상황인식은 최초의 정립으로 불변적이지 않다. 그것은 협상이 진행되면서 상호작용으로 변할 수 있다. 협상가들은 협상의 진행에 따라서 거기에 적합한 상황인식으로 조정할 수 있어야 한다. G. Richard Shell(1999)[6]에 의하면, 협상상황에는 기본적으로 4가지의 다른 형태가 있다. 협상상황을 구성하는 요소는, ① 당사자 사이의 계속되는 관계의 중요성(각자의 목표를 달성하기 위해 미래에 상호간의 도움과 협력을 필요로 하는 정도), ② 걸려있는 보상에 관한 인지된 갈등(양측이 이 특정한 거래에서 돈이나 권위 또는 공간과 같이 제한된 자원을 원

---

6) Richard, S. G. Bargaining for Advantage : negotiation strategies for reasonable people, NY, New York, Viking Penguin, 1999.

하는 정도)의 두 가지로 구분하며, 모든 협상은 사람들이 서로를 대하는 방법에 관한 민감도에 따라 실질적인 이슈와 관계의 정도를 결합한다. [그림 6-4]의 상황 매트릭스는 관계와 보상, 두 요소에 대한 관심이 서로 결합되면서, 관심의 높고 낮은 정도에 따라, **무언의 조화, 거래, 관계, 관심의 균형**으로 설명할 수 있다.

[그림 6-4] 상황 매트릭스

이해관계의 중요성

미래관계의 중요성	이해관계의 중요성: 고	이해관계의 중요성: 저
고	관심의 균형 (비즈니스 파트너십, 외교, 통상, 혼전합의)	관계 (친구, 가족, 동료)
저	거래 (이혼, 주택 매매, 시장에서의 거래)	무언의 조화 (신호등 없는 교차로, 버스 좌석)

무언의 조화

모든 협상상황에서 가장 기본적인 것이 박스의 오른쪽 하단에서 발견된다. 무언의 조화는 양측이 보상에 관해 갈등이 적고 미래 관계가 제한적인 특징을 지닌다. 두 명의 운전자가 신호등이 없는 교차로에서 만나는 상황을 가정해 보자. 교차로에서 충돌할 욕구도 없을 것이고(공간에 관한 갈등이 거의 없다), 서로 다시 만날 일도 없다(미래 관계도 중요하지 않다). 무언의 조화 상황은 갈등을 전술적으로 회피하면서 협상을 요구하지 않는다.

거래

박스의 왼쪽 하단이 거래상황이다. 이것은 미래의 어떤 관계보다도 보상이 실질적으로 더 중요한 상황이다. 주택이나 자동차 또는 기타 시장에서 중개되는 거래는 전통적으로 거래 상황이다. 거래는 당사자 사이의 관계는 무시하고, 단순히 논쟁하거나 승자가 모든 것을 차지하는 경우를 생각할 수 있다. 거래는 이렇게

단순할 수 있지만, 그렇지 않을 수도 있다. 협상상황 자체는 통상적으로 거래가 마무리 된다면, 협상가들 사이에 업무적 관계를 형성할 필요가 발생한다. 서양에서는 협상가들이 서로 반복적으로 거래하는 전문적인 대리인이 아니라면, 이런 관계는 단지 예의를 표시하는 것으로 제한되는 경우가 흔하다. 그러나 동양 문화에서는, 거래의 경우에도 개인적인 관계가 필수적으로 남게 될 수 있다.

관계

오른쪽 상단이 관계 상황이다. 관계는 큰 거래에서 우선적으로 중요하며, 협상되는 항목의 중요성은 두 번째 이다. 잘 기능하고 있는 팀원들 간의 협상이나, 건전한 결혼생활을 하고 있는 부부 간의 협상이 이런 범주에 속한다. 관계가 가장 중요한 요소일 때, 당신은 상대방을 잘 대해야 하며 협상에 관한 규칙이나 한계를 조심스럽게 다루어야 한다.

관심의 균형

왼쪽 상단이 4가지 상황 유형 중에서 가장 복잡하면서도 흥미로운 관심의 균형 상황이다. 여기서는 상호간에 미래의 관계와 즉각적인 보상이 균형을 유지하는 긴장 속에 있다. 합작투자나 M&A의 파트너십, 장기적 공급자 관계, 국가 간의 외교, 통상 등이 이곳에 속한다. 당신은 이 상황에서 좋은 결과를 얻고 싶지만, 상대방과의 미래관계를 해치고 싶지는 않다. 그러나 미래관계가 건전하기를 원하지만, 너무 높은 비용을 치르고 싶지도 않다.

2) 상황과 전략의 조합

이제 이 협상이 직면하고 있는 상황이 정의되었다는 가정 하에, 당신은 이를 토대로 이 협상을 이끌어갈 전략을 생각하여야 한다. 당신이 적용할 전략의 개념은 상황 매트릭스에 알맞게 협상스타일(또는 갈등스타일)의 유형을 적용하는 것이다.[7)]

---

7) Richard, S. G., 1999.

[그림 6-5]에서 볼 수 있듯이, 상황이 다르면 다른 전략을 요구하며 다른 협상 스킬이 필요하다. 그림에서는 어떤 전략이 각각의 상황을 다루기에 가장 적합한지를 보여주고 있으며, 어떤 상황에서는 당신이 상대방보다 더 잘 협상하게 될 것이다. 당신은 각 상황에 적용하는 전략을 개인적으로 편안하게 사용할 수도 있고 다소 불편할 수도 있을 것이다. 당신이 정의한 협상상황은 매우 단순화한 것이기 때문에, 협상의 복잡성에 따라서는 상황의 정의가 분명하지 않을 수도 있다. 또한 문제가 되는 것은 당신과 상대방의 상황인식이 달라서 전략의 적용이 달라지는 경우이다. 이 경우 당신과 다른 전략을 사용하는 상대방을 대하게 되면 당황스럽거나 협상의 진행이 어려워질 수 있다. 여기서 유의해야할 점은 협상의 상황이 객관적인 현실이 아니라 사람들의 인식의 산물이라는 것이다. 따라서 준비과정에서 상황에 대한 자신의 관점뿐만 아니라 상대방의 관점도 고려해야 한다. 예를 들어서, 당신은 무엇보다도 관계를 더 중요하게 생각할 수 있지만, 상대방은 보상을 더 중요하게 생각할 수도 있는 것이다.

일반적으로, 협력적인 사람들은 관계나 무언의 조화 상황에서 이해관계의 충돌 없이 관계를 강조하면서 협상에 잘 적응한다. 경쟁적인 사람들은 관계보다는 보상에 초점을 맞추면서 거래상황의 협상을 잘 한다. 관심의 균형 상황은 협력과 경쟁의 속성 모두의 혼합을 요구한다. 관심의 균형 상황에서 잘 작동하는 문제해결 전략을 실행하는데 도움이 되는 개인적인 속성은 무엇일까? 첫째, 너무 공격적이지 않게 주장하는 것이 도움이 된다. 경쟁적인 사람들은 자주 실질적인 이해관계에 주의하지 않고 입장을 너무 강하게 내세우는 경향이 있다. 둘째, 좋은 문제해결은 상상력과 인내심을 요구한다. 이것이 의미하는 바는, 단순한 타협은 좋은 문제해결이 될 수 없다는 것이다. 만약 당신이 모든 옵션을 개발하기 전에 서로의 차이를 분할한다면, 상호간의 욕구를 충족할 수 있는 기회를 잃게 되는 것이다.

[그림 6-5] 상황과 전략의 조합

보상에 대한 갈등

미래관계에 대한 갈등		고	저
	고	관심의 균형 (비즈니스 파트너십, 외교, 통상, 혼전합의) 전략: 문제해결, 타협	관계 (친구, 가족, 동료) 전략: 수용, 문제해결, 타협
	저	거래 (이혼, 주택 매매, 시장에서의 거래) 전략: 경쟁, 문제해결, 타협	무언의 조화 (신호등 없는 교차로, 버스 좌석) 전략: 회피, 수용, 타협

사실상, [그림 6-5]에서는 타협이 모든 상황에서 유용한 전략으로 사용되는 것처럼 보이지만, 그것은 항상 두 번째나 세 번째의 선택 사항이다. 그래서 타협은 시간이 부족하거나 다른 전략을 보완하는 수단으로 사용하는 것이 좋다.

이제 당신은 협상을 시작하기 전에 적정한 협상가를 선발해서 목표와 권한을 부여하여야 한다. 그리고 협상에서 다루어야할 이슈와 이해관계의 우선순위를 정하고, 협상이 처해있는 상황을 분석하며 계획된 협상을 이끌어갈 전략을 마련하여야 한다. 그러나 이것은 어디까지나 당신 자신의 인식이며, 상대방의 인식에 적합한 것이 아닐 수도 있다. 그러므로 상대방에 관하여 수집한 정보를 분석하고, 상대방의 관점을 고려하여 준비한 내용들일지라도 완벽한 것일 수 없으며, 상대방과의 상호작용 속에서 인지되는 관점을 반영하면서 협상을 유리한 국면으로 전환하는 전략적인 유연성을 지녀야 한다.

그럴지라도, 협상에서 항상 합의에 도달한다는 보장은 없다. 그리고 협상에 참여할 때의 목표가 합의에 있지 않고 단순한 의사타진일 수도 있으며, 열심히 노력해도 합의에 이르지 못하고 결렬될 수도 있다. 따라서 협상에 참여할 때는 반드시 이 협상에서 합의에 이르지 못할 경우에 취해야 할 대안을 준비해야만 한다.

4. 협상스타일 분석

사람들은 모두 나름대로의 성격을 지니고 있으며, 협상 당사자의 개인적인 협상스타일이 협상을 진행하는 과정에서 중요한 변수로 작용한다. 만약 당신이 자신의 직관이나 내면에서 지시하는 스타일이 무엇인지 모르거나, 상대방의 특성을 파악할 수 없다면 협상에서 효과적인 전략을 수립하거나 대응하는데 문제를 일으킬 수 있다. 여기서는 협상행동의 예측변수로서 개인의 특성을 연구하는데 확신을 보여주는 갈등스타일과, 개인의 의사소통 및 의사결정 스타일에 기초해서 미래의 행동을 예측하는 행동스타일을 검토한다.

1) 갈등스타일

심리학자인 Thomas & Kilmann(1974)[8)]의 연구는 사람들이 개인 간의 갈등을 다루는데 선호하는 방법에 기초해서 다섯 가지의 기본적인 갈등스타일을 도출해내었다. 이 다섯 가지의 형태는 적극적인 것으로부터 시작하면, 경쟁, 협동, 타협, 수용, 갈등회피이다. 어떤 범주화도 완벽하지는 않지만, 이런 구분이 협상에 미치는 개인 간 갈등의 영향력을 설명하는데 효과적이기 때문에 많이 사용된다. 이 다섯 가지 갈등스타일에는 두 가지의 관심사항이 깔려있다. 하나는 자신의 결과에 대하여 보여주는 당사자의 관심의 정도이고, 다른 하나는 상대방의 결과에 대하여 보여주는 당사자의 관심의 정도이다. Thomas(1976)[9)]는 이 두 가지 관심의 정도를 대표할 수 있는 개성의 차원을 다음과 같이 정의한다.

- 일방이 자기 자신이 선호하는 해결책이나 결과를 주장하는 단호함의 정도
- 일방이 상대방과 상호목표 달성을 위해서 같이 일하는 모습을 보여주는 협력의 정도

---

8) Thomas, K. W., & Kilmann, R. H. Thomas-Kilmann conflict mode survey. Tuxedo, NY: Xicom, 1974.

9) Thomas, K. W. "Conflict and Conflict Management." In M. D. Dunnette (ed.), Handbook of Industrial and Organizational Psychology. Skokie, III.: Rand McNally, 1976.

Thomas는 이 두 가지 차원을 함께 적용하여서, 다음과 같이 다섯 가지의 갈등 스타일을 정의하였다.

- **경쟁스타일** : 강한 주장과 약한 협력, 자신의 권리 주장에는 단호하면서 상호목표 달성을 위한 상대방과의 협력에는 주의를 기울이지 않는 스타일.
- **협동스타일** : 강한 주장과 강한 협력, 자신의 권리 주장에 단호하면서 상호목표 달성을 위한 상대방과의 협력에도 고도의 주의를 기울이는 스타일.
- **타협스타일** : 중간 정도의 주장과 협력, 자신의 권리를 주장하지만 조속한 합의를 위하여 주장을 일부 철회하고 상대방의 주장과 타협하는 스타일.
- **수용스타일** : 약한 주장과 강한 협력, 상호목표 달성을 위해 상대방과의 협력에 고도의 주의를 기울이지만 자신의 권리 주장에는 약해서 상대방의 주장을 대부분 수용하는 스타일.
- **회피스타일** : 약한 주장과 약한 협력, 근본적으로 갈등상황을 싫어해서 자신의 권리주장이나 또는 상대방과의 협력을 피하는 스타일.

[그림 6-6] Thomas-Kilmann 갈등 스타일

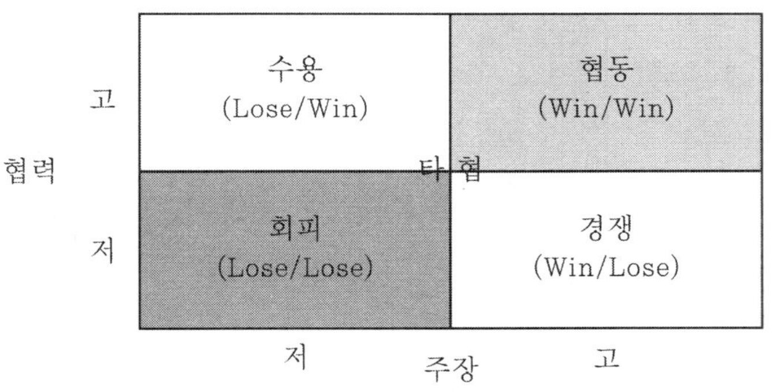

경쟁스타일은 협상에서 일회성 거래의 전형인, 시장에서의 매매거래 또는 직무의 특성상 법적인 분쟁해결에서 일반적으로 보이는 스타일이다. 협상의 상대방이 동일한 경쟁스타일인 경우에는 특별한 문제점이 없지만, 협력스타일의 상대방과는 협상이 결렬되거나 또는 합의에 도달한 후에도 분배의 불공정 인식으로 인하여 합의의 이행에 어려움이 있거나 상대방과의 관계가 악화될 가능성이 있다. 협동스타일은 비즈니스의 합작투자, 국가 간의 외교, 통상과 같이 복잡한 문제를 해결해야 하는 협상에서 일반적이며 모든 당사자의 이해관계가 충족되어야 합의에 이르게 되므로 창의적인 옵션을 도입하는 공동의 문제해결 방식을 주로 사용한다. 타협스타일은 끈질긴 인내심이 부족하거나 또는 시간적인 제약으로 인하여 조속한 합의를 필요로 할 때 나타나며 협상의 당사자들 모두가 이해관계의 일부를 희생하는 결과를 초래한다. 수용스타일은 협력은 잘 하지만 자신의 이해관계에 대한 주장이 약해서 상대방의 주장을 많이 수용하게 되며 결과적으로는 협상에서 불리한 합의의 결과를 수용하게 된다. 회피스타일은 근본적으로 갈등상황을 싫어해서 해결해야 할 문제를 직면하지 않고 회피함으로서 이해관계자 모두에게 갈등이 잠재하는 결과를 초래한다.

이 연구결과는 주어진 상황에서의 갈등관리 스타일이, 개인들이 취하는 전략적 선택이나 개인들이 상황에 관계없이 어떤 스타일을 사용하는 경향의 결과라는 전제를 뒷받침하고 있다. 다른 연구의 결과들도 경험적으로 사용되는 갈등스타일에서 일반적으로 이 모델을 지지하고 있다. 폭넓게 보아서, 이 모델이 협상이나 갈등관리 행동의 성향을 단순하지만 논리적이고 효과적으로 보여준다. 주어진 어떤 종류의 갈등상황에서, 특정한 갈등스타일이 어떻게 특정한 행동을 이끌 수 있는지를 추측하는 것은 쉬운 일이다. 만약 승리로부터 얻어지는 수익이 크고 결과가 개인의 노력으로 얻어진다면, 강한 경쟁 스타일이 상황을 지배할 것이다. 만약 결과가 공동의 노력으로 얻어진다면, 강한 협동 스타일이 상황을 지배할 것이다. 대조적으로, 만약 개인적인 수익이 작다면 그 갈등을 무시할 가능성이 많거나, 또는 상대방이 적은 수확을 올리도록 허용할 것이다.

2) 행동스타일

갈등관리 스타일은 개인이 갈등에 직면했을 때 그 갈등에 대처하는 스타일이지만, 개인의 고유한 특성이라기보다는 상황에 의존해서 발생하는 상황의존 적 성향이 강하다. 반면에 행동스타일은 개인이 의사소통을 하거나 행동할 때 보여주는 개인의 독특한 특성이기 때문에 일관적이며, 미래의 행동을 예측하기 위해서 사용되는 좋은 도구가 될 수 있다. 그래서 우리는 누군가와 상호작용할 때 상대방의 향후 대응을 예측하고자 상대방의 마음을 읽으려 한다. 이렇게 사람의 마음을 읽는 것은 누구나 피할 수 없는 자연스런 행동이다. 우리는 항상 상대방의

행동을 읽거나 해석하고, 그들이 미래에 어떻게 행동할지를 예측하려고 노력한다. 우리는 항상 우리 자신에게 다음과 같이 묻는다.

- 그는 다음에 무엇을 할까?
- 그는 표정관리를 잘하는데, 그가 진심으로 생각하는 바는 무엇일까?
- 그는 믿을 수 있는 사람인가?
- 그와 어떻게 커뮤니케이션하면 좋을까?
- 그는 어떻게 의사결정을 할까?
- 우리 아이들은 달라도 너무 다른데, 어떻게 키우면 좋지?

우리는 매번 이런 의문들에 답하기 위해 사람들을 관찰하면서 읽고 해석한다. Carl G. Jung(1875-1961)이 외향성(extraversion)과 내향성(introversion), 전형(archetypes), 그리고 집단적 무의식(collective unconscious)의 개념을 개발한 이후, 인간의 특성은 심리분석을 비롯하여 다방면의 학문에 영향을 미쳐왔다. 심리분석의 핵심 개념은 개별적 존재, 즉 개성이다. Jung은 인간발전의 핵심과정이 개성에 있다고 생각했다. 이런 개인의 성격 특성을 파악할 수 있게 됨으로서, 사람들은 이것을 일상생활에 활용할 방법을 찾기 시작했다. 인재의 채용이나 적정업무의 부여를 위해 많이 사용하는 성격측정 도구인 The Myers-Briggs Type Indicator(MBTI)도 Jung의 심리타입이론으로부터 발전한 것이다. MBTI 또는 DISC 같은 성격측정 도구들의 특징은 질문지의 작성을 통해서 개인의 특성을 분석한다. 그럼으로, 이런 도구들의 유용성을 논하는 것은 별개로 하고, 일반적인 사회활동이나 협상에서 상대방의 특성파악을 위해 질문지를 사용할 수는 없다.

협상의 경우에, 우리는 고정관념이나 문화적인 혼선이 없이 사람들을 신속하게 판단할 필요가 있다. 예를 들어, 상대방이 시초의 협상테이블에서는 상냥하게 보일 수 있지만, 그것은 공식적인 것일 수도 있고, 문화적 규범일 수도 있다. 그러나 실제의 협상에서는 개인적으로 상당히 단호함을 발견할 수 있다. 이런 상황에서 우리는 모든 사람들과 신속하게 신뢰를 발전시키고, 투명한 대화를 촉진하며, 긍정적인 결과를 얻어낼 수 있는 단순하면서도 정확한 도구를 필요로 한다. 많은 사람들에게 물어보았을 때 실제로 모두가 원하는 것은,

- 첫째, 사람들은 어떤 커뮤니케이션을 선호하는가? 확실히 이것이 협상을 시작하는데 있어서, 가장 우선순위의 질문이다. 시작 커뮤니케이션을 잘못하면 문제가 생기고 불신을 야기하는 경우가 많다.
- 둘째, 사람들은 어떤 방법의 업무수행을 선호하는가? 이것이 중요한 이유는 사람들이 협상을 할 때 상대방이 편안하게 여기는 영역이 무엇이고, 상대방의 약점이 무엇인지를 이해하고 존중해야 적합한 상호작용을 할 수 있기 때문이다.
- 셋째, 사람들은 어떻게 의사결정 하는 것을 선호하는가? 이런 의문은 모든 협상이 의사결정에 도달하는 목표를 가지고 있기 때문에 지극히 합리적이다.

The 'Big Five' 성격 요소

좀 더 통일되고 논리 정연한 개성의 연구와, 보기에는 관련 없는 다수의 특성들로부터 자유로워지는 방법이 대부분의 개인적인 특성들을 포함하는 몇 개의 핵심적인 성격 요소에 초점을 맞추는 것이다. 이것이 Five-Factor 모델을 개발할 때, 성격 심리학자들이 고려한 것이다. Big Five를 구성하는 성격 요소들은 다음과 같다(Barrick and Mount, 1991).[10)]

- 외향성 : 사교적인, 주장이 적극적인, 수다스러운
- 쾌활성 : 유연한, 협력적인, 신뢰하는
- 성실성 : 책임있는, 조직적인, 성취지향적인
- 감정적 안정성 : 안전한, 자신있는, 불안하지 않은
- 개방성 : 상상력이 풍부한, 마음이 넓은, 호기심이 있는

5개의 성격 요소가 협상의 행동과 결과에 어떤 관련이 있는지를 조사한 Barry and Friedman(1998)[11)]은 협상의 분배적인 상황과 통합적인 상황에 초점을 맞추었다. 연구에 의하면, 분배적인 상황에서, 더 외향적이고 쾌활한 협상가들이 더 나

---

10) Barrick, M. R., & Mount, M. K. The Big Five Personality dimensions and job performance: A meta-analysis. *Personnel Psychology*, 44, 1991, pp.1-26.

11) Barry, B., & Friedman, R. Bargainer characterstics in distrbutive and integratie negotiation. *Journal of Personality and Social Psychology*. 74, 1998, pp.345-359.

쁜 결과를 얻었는데, 그 이유는 일방이 극도의 제안을 할 때, 그들이 앵커링 덫(anchoring trap)에 더 민감하게 작용해서 그들의 최초 기대를 재구성(reframing)하면서 더 많은 양보를 한다는 것이다. 그들은 사교적인 관계를 유지하려는 성향이 강하기 때문에 앵커링이 큰 위험이 되었다. 그러나 이런 성향의 협상가들이 자신의 성과 목표를 높게 유지할 때는 이런 성격의 영향이 줄어들었다. 따라서 이런 성향의 협상가들에게는 높은 동기 부여가 성격의 영향을 극복하는데 도움이 된다.

그러나 그들의 연구에 의하면, 더 복잡한 통합적인 협상 상황에서는, 이런 성격 요소들이 협상가들의 업무수행에 크게 영향을 미치지 않았다. 이런 협상상황에서는 성격 요소들이 지능 요소들보다 협상의 결과에 대한 영향이 적었다. 그리고 기대와는 다르게 성실성은 분배적이거나, 통합적인 협상 모두에서 별다른 영향을 미치지 않았다. 따라서 이런 성격 요소들이 협상의 행동에 미치는 영향에 관하여는 명백한 판단이 어려우며, 좀 더 많은 추가적인 연구가 필요하다.

행동 프로파일링(Behavioral Profiling)

우리는 Kahneman과 Tversky(1986)의 행동 연구를 통해서 사람들이 체계적으로 비합리적인 의사결정을 한다는 것을 알았다. 그래서 이 연구의 결과를 협상의 행동에 적용하고자 하지만, 협상의 상황은 항상 다르고 그것을 다루는 사람들의 행동 특성도 모두 다르기 때문에 연구의 결과를 체계적으로 적용하는 것이 쉽지 않다. 그래서 어떻게 하면 사람들이

- 커뮤니케이션하고
- 업무수행 하며
- 의사결정 하는 방법을 신속하고 정확하게 예측할 수 있을까?

하는 점에 관하여, 사회적으로 사람들 사이의 상호작용을 생각하면서 잠시 상상해보자. 사람들에 관하여 이런 종류의 통찰을 얻는 것을 행동 프로파일링 이라고 한다. 이런 요구에 부응하기 위해서 학문적으로 개발된 이론이나 도구는 아직 없다. 그러나 실무적으로는 고도로 훈련된 프로파일러들이 이와 유사한 다양한 기

법을 사용한다. 우리는 이런 프로파일링 기법을 활용해서 커뮤니케이션과 의사결정의 개인적 특성을 파악할 수 있는 단순하면서도 실용적인 방법을 검토하고자 한다.

협상에서 활용하기 위한 개인의 행동특성을 파악하기 위하여, 3단계의 절차를 거치기로 한다. 첫째, 사람들이 평소에 사용하는 특성(traits)을 파악하고, 2가지 중요한 특성을 합해서 유형을 파악한다. 우리는 이 유형을 ① 커뮤니케이션 유형과 ② 행동 유형의 2가지로 구분한다. 그리고 이 두 유형을 합해서 개인의 종합적인 프로파일을 파악하는 것이다. 매우 단순해서 누구나 사용할 수 있으면서도 상당한 정확성을 유지할 수 있다.

그럼 첫 번째 질문인, 사람들은 어떻게 커뮤니케이션 하는가? 에 답하기 위해서 다음 두 가지의 특성을 확인한다. 그리고 이 두 가지 특성을 조합하면 커뮤니케이션 유형이 성립되는 것이다.

- 커뮤니케이션할 때 감정을 표현하는 가, 절제하는가? (감정표현/감정절제)
- 커뮤니케이션할 때 자기주장에 적극적인 가, 소극적인가? (적극적/소극적)

둘째와 셋째 질문인, 업무수행과 의사결정을 어떻게 하는가? 에 답하기 위해서 다음의 두 가지 특성을 확인한다. 그리고 이 두 가지 특성을 조합해서 행동 유형을 완성한다.

- 업무수행을 할 때 평범한 가, 독특한가? (평범함/독특함)
- 의사결정을 할 때 자신 있는가, 조심스러운가, 극히 두려운가? (자신감/조심성/두려움)

특성은 탄생할 때부터 타고나는 것이지만, 양육되는 동안의 환경과 교육, 그리고 문화에 의해서 지속적으로 습득되고 변화된다. 그러나 일단 정착된 특성은 일관성 있게 발휘된다. 이런 특성들은 각기 다른 강도를 지니고 있기 때문에 같은 유형의 범주에 속한다고 해서 동일한 성향을 나타내지 않는다. 예를 들어, 커뮤니케이션 특성을 파악할 때 감정을 표현하는 정도를 하나의 척도가 아니라, 강약

이 다른 여러 개의 척도로 측정할 수 있다. 만약 감정표현에서 5단계, 자기주장에서 5단계로 측정한다면 같은 범주에 속하는 사람 가운데에서도 25가지의 다른 성향이 나올 수 있다. 심리측정도구를 사용해서 분석하는 경우에도 통상 한 가지 범주의 성격 유형에서 수십만 가지의 성향을 분리할 수 있다고 하니, 얼마나 성향이 다양한지 상상할 수 있을 것이다. 어떻든, 여기서는 측정의 편의를 위해서 5개의 척도를 사용한다. 그리고 이 시스템의 정확도를 높이기 위해서 다음 4가지의 사용 규칙을 지킨다.

① 사람들은 전통적으로 특성이라 부르는 유사한 방법들을 사용하여 일관성 있게 행동한다. 두 개 이상의 특성이 복합될 때, 그것을 유형이라 부르고, 유형이 두 개 이상 모이면 프로파일이 된다.
② 항상 동일한 측정기 또는 질문으로 다른 사람들의 특성을 파악해야 한다.
③ 한번 측정할 가치가 있는 특성은 최소한 두 번은 측정해야 한다.
④ 가장 좋은 질문이나 측정기로 당신이 예측하려는 것에 관련된 행동에 초점을 맞춘다.

행동과 특성

사람을 판단할 때, 우리는 상대방의 행동을 읽는 것으로 시작한다. 예를 들어, 협상에서 우리는 상대방이 대화에서 자기주장에 적극적인지, 아니면 소극적인지를 읽을 수 있다. 학교에서 직업 카운슬러는 학생에게 적합한 최상의 직업선택을 조언하기 위해서 학생이 평범한지, 독특한지를 읽을 수 있다. 여기서 행동은 연설, 복장, 비언어 행동, 목청, 메모의 내용, 그리고 과거의 행동처럼 관찰할 수 있는 다양한 행동들을 명시하는 것이다. 심지어 메모가 특정한 상황에서 어떻게 행동하고 커뮤니케이션 하는지를 이해하는데 도움이 될 수도 있다.

만약 누군가 다음과 같은 행동들을 노출한다면, 우리는 그 사람이 자신의 감정을 표현하는 특성을 지녔다고 말할 수 있다.

- 파티에서 사교적(외향적)이다.
- 세일즈 설명을 하는 동안 표정이 풍부하다.

- 새롭게 알게 된 사람과 대화하는 동안 쉽게 감정표현을 한다.
- 게임을 하는 동안 팀원들과 환성을 지르며 즐거워한다.

만약 누군가 다음과 같은 행동들을 한다면, 우리는 그 사람이 감정을 절제하는 특성을 지녔다고 말할 수 있다.

- 대부분의 대화에서 절제한다.
- 감정적으로 위축되어 있다.
- 동료들과 조용하고 효율적으로 상호작용한다.

동일한 방법으로 유사한 행동들을 특성으로 확인할 수 있다. 그리고 두 개의 특성을 복합하면 유형을 확인할 수 있는 것이다. 따라서 당신이 상대방의 특성 두 개를 확인하게 되면 이미 상대방의 커뮤니케이션 유형이나 행동 유형을 알게 되는 것이다.

이제 우리가 상대방 A를 프로파일링 한다고 상상해 보자. 우리는 A가 대화할 때 감정표현을 선호하고, 자기주장에 적극적임을 본다. 우리는 이 두 개의 커뮤니케이션 특성을 복합해서 A가 특정한 유형(가칭, 세일즈맨 유형)의 사람이라고 말할 수 있다. A는 자기주장에 적극적이고 감정표현을 잘하기 때문에 자신의 생각이나 상품 또는 무엇이든 자신이 관심 있는 것에 열의를 보인다. A의 유형을 확인하였다는 것이 그가 모든 상황에서 항상 똑 같이 커뮤니케이션함을 의미하는 것은 아니다. 그러나 우리는 대부분의 경우에 그가 그런 방식의 커뮤니케이션을 선호한다는 것을 안다.

상대방에 대한 프로파일링을 하기 위해서 우리는 커뮤니케이션 유형과 행동 유형을 알아야 한다. 이제 상기의 커뮤니케이션 유형에 행동 유형을 추가해 보자. A는 의사결정 할 때 자신감이 있고, 일상의 행동이 평범하다고 가정하자. 이 두 개의 특성을 복합하면 A의 행동 유형(가칭, 매니저 유형)을 알 수 있다. 그리고 이 두 개의 유형을 복합해서 우리는 A의 프로파일이 가칭, 세일즈맨-매니저임을 알 수 있고, 이 유형들의 행동스타일을 확인하면 협상과정의 매 상황에서 어떻게 대응하는 것이 적절한지를 알게 될 것이다.

이렇게 현장에서 실무적으로 사용되는 기법을 소개하는 것은 실제의 협상에서

상대방을 파악하고 대응하는데 유용하며, 상대방을 잘 알 수 있다는 것은 상호 원하는 바를 달성하는데 도움이 되기 때문이다. 협상은 비용과 노력이 많이 수반되는 고도의 행동이기 때문에 나아갈 방향과 진퇴의 유무를 확실히 하는 것이 상호 간에 유익하다. 그러나 분명히 고려해야 할 점은 아직 이에 대한 학문적인 연구가 빈약하기 때문에, 이 유형들에 적합한 행동스타일을 확인하고 적용하는 방법에 관하여는 미래의 추가적인 연구과제로 남겨 놓겠다.

5. 협상준비의 점검

협상의 준비를 위해서 지금까지 수집된 정보와 분석을 토대로 협상준비점검표를 작성해보자. 준비는 협상의 성공확률과 목표의 달성도를 높여주는 척도이므로 체계적인 점검이 필요하다. 그러나 이런 점검표가 협상의 성공을 쉽게 해주는 공식은 아니며, 오히려 중요한 일을 하기 위한 방법론적인 접근이라고 생각하여야 한다. 따라서 이 점검표의 질문에 답변하는 시간과 자원과 노력의 양을 협상의 중요도에 맞추어야 한다. 협상의 노력에 대한 보상은 준비로부터 얻어지는 정보와 자신감에서 비롯될 것이다.12)

협상준비점검 목록

☑ 완성된 항목

A. 당신에 관한 사항

☐ 1. 전반적인 목표(Goal)는 무엇인가?

☐ 2. 이슈는 무엇인가?

☐ 3. 각각의 이슈는 얼마나 중요한가? (각 항목을 평가하기 위해서 점수로 환산함)

---

12) Simons, T., & Tripp, T. M. "The Negotiation Checklist." In Negotiation: Readings, Exercises, and Cases. ed. by Lewicki, R., Saunders, D. M., Minton, J. W., & Barry, B. 4th Ed. New York: McGraw-Hill, 2003.

- ☐ 1) 중요한 이슈를 모두 목록으로 만듦
- ☐ 2) 모든 이슈에 순서를 매김
- ☐ 3) 모든 이슈에 점수를 할당함(100점을 총점으로 가중치를 할당함)
- ☐ 4) 각 이슈에 대해 가능한 결정범위를 정함. 기대치의 높고 낮음에 대한 현실적인 평가는 산업의 규범에 기초해야 함
- ☐ 5) 각 이슈에 대해 확인 가능성 있는 결과를 점수로 할당해서 점수표를 만듦
- ☐ 6) 상대방의 제안을 평가하기 위해 점수표를 사용함

☐ 4. 대안은 무엇이며, 대안을 강화할 방법은 무엇인가?
☐ 5. 저항 점(협상을 끝내기 전에 수용 가능한 최악의 합의)은 무엇인가?
☐ 6. 상대방에 관한 사항을 고려한 당신의 도달목표(Target)는 무엇인가?
☐ 7. 상대방의 대안을 약화시킬 방법은 무엇인가?

B. 상대방에 관한 사항

☐ 1. 각 이슈가 그들에게 얼마나 중요한가? (순서를 매기거나 점수화 함)
☐ 2. 그들의 대안은 무엇인가?
☐ 3. 그들의 저항 점은 무엇인가?

C. 상황분석

☐ 1. 상황이 협력적인가 경쟁적인가?
☐ 2. 마감시간이 있는가?
☐ 3. 누가 더 인내할 수 있는가?
☐ 4. 적용할 공정한 규범이나 표준, 참조는 무엇인가?
☐ 5. 협상의 모든 잠재적 참가자들에 대한 지도를 그렸는가?

D. 상대방과의 관계

☐ 1. 협상이 반복적이 될 것인가?
☐ 2. 당신이 고려하는 행동이나 전략은 무엇인가?
☐ 3. 상대방을 신뢰할 수 있는가? (왜?)

☐ 4. 상대방은 당신을 신뢰하는가? (왜?)

☐ 5. 상대방의 스타일이나 전략은 무엇인가?

☐ 6. 상대방은 협상에 대해 어떤 권한을 가지고 있나?

☐ 7. 사전에 상대방과 안건에 대하여 의논하였나?

☐ 8. 당신이 피하고 싶은 주제는 무엇인가? 만약 상대방이 질문하면 어떻게 답할 것인가?

요약

준비는 협상에서 대단히 중요한 활동이다. 그러나 협상가들은 여러 가지 이유에서 협상의 준비를 소홀이 할 수 있다. 효과적인 협상의 준비는 협상가들이 합의에 도달할 수 있도록 로드맵을 마련하는 것이다. 비록 이 지도는, 협상이 진행되는 세상이 변하는 것처럼, 상대방과 논의를 진행하면서 자주 수정되고 보완되어야 할 필요가 있겠지만, 이것 없이 협상을 진행하는 것보다는 훨씬 효과적이다.

우리는 이 장에서 협상이 진행되는 단계와 구조에 대한 기본적인 이해로부터 시작하였다. 그리고 협상의 다양한 구조적인 요소들을 검토하였으며, 협상스타일과 행동스타일에 대해서 논의하였다. 협상의 준비를 조심스럽게 다루는 협상가들은 다음과 같은 노력들을 실행한다.

- 협상에서 해결해야 할 핵심적인 이슈를 이해한다.
- 협상의 이슈들을 함께 조율하고 bargaining mix의 복잡성을 이해한다.
- 이슈에 깔려있는 핵심적인 이해관계에 대하여 확인하고 이해한다.
- 이 거래가 성립되지 않는다면, 다른 곳에서 행할 수 있는 대안과 물러나야할 지점을 확인한다.
- 달성해야할 목표와 논의를 시작할 지점을 명확히 한다.
- 나의 의뢰인 또는 후원자들이 나에게서 원하는 바를 이해한다.
- 협상에서 상대방이 원하는 이슈와 목표, 이해관계, 대안과 한계, 권한과 전략 등을 이해한다.
- 내가 진행할 과정을 설계하고 나의 아이디어를 상대방에게 제안한다.
- 과정에서 의전의 중요한 점을 확인하고, 누가 협상에 참여하고 언제 어디서 협상할지, 안건을 무엇으로 할지 등을 확인한다.

협상가들이 이런 사항들을 검토하고 평가할 때, 그들이 원하는 것을 알게 되고, 어떻게 진행할지에 관하여 분명한 감각을 지니게 된다. 이런 방향 감각과 이것을 진행해 가는 자신감이 협상의 결과를 도출하는데 매우 중요한 요소이다.

제7장 본 협상

학습 목표

- 협상의 개시에서 취하는 태도의 종류와 영향에 대한 이해
- 협상의 일반 원칙에 대한 이해
- 협상 당사자 간 정보교환의 의미와 영향에 대한 이해
- 의사소통의 방법과 영향에 대한 이해
- Framing의 의미와 방법에 대한 이해
- 업무적 관계구축의 방법에 대한 이해
- 신뢰구축의 중요성과 방법에 대한 이해
- 협상력의 요소와 강화방법에 대한 이해
- 영향력의 요소와 행사방법에 대한 이해
- 영향력을 개선하는 방법에 대한 이해
- 약자의 입장을 개선하는 방법
- 협상을 유리한 방향으로 전환하는 방법
- 비합리적인 상대방과의 협상 방법
- 최후통첩에 대한 대응 방법
- 교착의 성격과 타개 방법에 대한 이해
- 문제해결 방법에 대한 이해
- 공정성의 개념과 다양성에 대한 이해
- 문화적 다양성에 대한 이해

1. 협상의 태도

협상의 준비를 통해서 앞으로의 협상을 어떻게 진행할 것인지의 계획이 완료되면, 이제 직접 상대방을 만나서 협상을 시작해야 한다. 협상을 시작하는 것은 긴장의 순간이다. 이미 오랜 기간 거래를 해온 사이라면 상대방의 스타일이나 특성을 알기 때문에 편안한 마음으로 대할 수 있지만, 만약 처음 만나는 사이라면 모든 것이 불확실하다. 원하는 바는, 이 긴장된 순간이 온화한 분위기로 시작해

서 상호 협력적으로 문제가 해결되기를 바라지만, 만약 상대방이 거칠게 나오면 어떻게 대응하는 것이 좋을까?

R. Fisher, W. Ury & B. Patton(1991)[13]은 어떤 형태의 협상이라도 그것을 평가하는 기준은 세 가지에 근거할 수 있다고 주장한다. 협상은 가능하면 ① 현명한 합의가 되어야 하고, ② 효율적이어야 하며, ③ 당사자 간의 관계를 개선하거나 최소한 손상해서는 안 된다. 그래서 협상을 입장(Position)으로 시작하지 않을 것을 당부한다.

그러나 많은 협상에서, 특히 분배적인 협상은 시작에서 비합리적인 입장을 내세우고 그 후 순차적으로 밀고 당기는 양보와 타협을 통하여 이해관계를 충족하는 합의에 도달하는 것이 일반적이다. 통합적인 협상에서는 입장이 그렇게 단순하지 않다. 분배적인 협상에서처럼 비합리적으로 입장을 내세웠다가 양보를 통해서 합의에 도달하는 그렇게 간단한 문제가 아니라, 다양한 이해관계자들의 욕구를 통합하고 협상이 발생하고 있는 현재의 상황을 진단하여 정하는 고도의 전략적인 행동이 입장일 수 있다. 또한 문화적으로도 입장에 대한 관점이 다를 수 있다. 서양의 개인주의 문화에서는 물질적인 이익이 최우선이기 때문에, 입장보다는 이해관계에 집중해서 이익을 극대화하는 것이 합리적일 수 있다. 그러나 동양의 집단주의 문화에서는 물질보다는 집단의 조화와 개인의 명분이 더 우선시되는 경우가 있다. 우리는 가족의 입장 때문에 나에게 더 좋은 이익이 있는 일이라도 취할 수 없는 경우가 많다. 공공분쟁의 이해관계자들은 물질적인 해결 이전에 정신적인 해결을 원한다. 왜냐하면 그들에겐 집단의 입장이 있고 개인적인 명분이 필요하기 때문이다. 어떤 경우에는 명분 때문에 목숨을 걸기도 한다. 이것이 집단의 조화를 중요시하는 집단주의 문화의 한 특성이다.

그러나 협상가들이 입장을 내세워서 협상을 시작하면, 그 입장에 자신들을 묶어놓는 경향이 있다. 물건을 사고, 파는 것처럼 거래에서 입장을 취하는 것은 협상에서 몇 가지 유용한 목적을 달성할 수 있다. 불확실한 상황 속에서 상대방에게 당신이 원하는 것을 말하면 그것은 협상의 기준점을 제공한다. 그리고 결과적으로 수용 가능한 합의의 조건을 만들어낼 수 있다. 그러나 극단적이며, 완고한 입장으로 시작하는 협상은 현명하고 효율적이며 우호적인 합의를 만들어 내는

13) Fisher, R., Ury, W., & Patton, B. Getting to yes: Negotiating agreement without giving in (2nd ed.). New York: Penguin, 1991.

데는 실패할 수도 있다. 당신이 거칠고 비합리적인 입장을 분명히 하면 할수록 상대방의 공격으로부터 그것을 방어하게 되고, 입장을 더욱 더 주장하게 된다. 당신은 이제 지금까지의 입장과 미래의 행동을 조화시키기 위해서 “체면”이라는 새로운 이해관계를 가지게 된다. 그래서 어떠한 합의도 본래의 이해관계를 맞추기 어려워지며, 상대방의 이해관계에 대한 관심도 적어지면서, 현명한 합의에 도달하기 보다는 최종 입장 사이의 차이를 나누는 합의에 도달할 가능성이 많다. 이런 방법은 불필요한 시간과 비용을 증가시키며, 합의에 실패할 수 있는 위험을 증대시키면서 협상의 효율성을 떨어뜨린다. 그리고 이 과정은 통상 양측의 주장을 강화하면서 긴장을 증대시키고 가끔은 상호간의 관계를 손상시키는 결과를 초래한다.

그러나 이런 악순환의 고리를 탈피하기 위해서는, 우선 상대방의 입장을 이해하면서 우호적인 관계를 조성하는 것이 상호간의 신뢰형성에 중요하다. 상대방이 왜 그렇게 생각하는지, 상대방은 무엇을 두려워하는지, 상대방은 어떤 장애물을 지니고 있는지, 상대방은 어떤 대안을 지니고 있는지? 이런 것들을 이해함으로서 우리는 상대방의 입장에 좀 더 가까이 다가갈 수 있으며, 우리의 입장을 조정하거나 상대방의 입장을 조정하도록 할 수 있다. Fisher, Ury & Patton은 이런 협상의 입장으로부터 오는 위험을 탈피하기 위하여 다음과 같은 4가지의 기본 원칙을 가지고 협상에 임할 것을 제안한다.

- 문제로부터 사람을 분리하라.[14)]
- 입장대신에 이해관계에 초점을 맞추어라.
- 상호이익을 위한 옵션을 개발하라.

14) 협상에서 해결해야 될 문제에 대해서는 원칙에 입각해서 강경하게 대응하고, 사람에 대해서는 문제와 별도로 분리해서 부드럽게 대하라는 의미이다. 많은 경우에 문제에 관해서 논쟁이 되거나 문제가 풀리지 않으면 그 문제를 다루는 사람에게 문제가 있는 것으로 치부하는 경향이 있다. 사실상 이런 경향 때문에 협상이 쉽게 풀리지 않고 결렬될 가능성도 상당히 있다. 그러나 현대의 협상이론과 실무에서는 협상 당사자들 간의 관계구축에 많은 중점을 두고 있으며, 심지어는 문제를 다루기 전에 먼저 업무적 관계구축을 시도하도록 제안하는 것이 주류이다. 그리고 협상의 실무에서도 연결이익의 극대화를 위해서는 정보공유가 필수적이며, 이를 위해서는 당사자들 간의 관계와 신뢰가 전제되는 것이 현실이다. 따라서 단지 문제로부터 사람을 분리하기 보다는, 문제의 해결을 위해서 먼저 사람에 집중하는 것이 더 적극적인 협상의 실무라고 생각한다.

- 객관적인 기준을 사용해서 주장하라.

협상원칙의 4가지 기준은, 협상에 관하여 생각하기 시작할 때부터 합의에 도달하거나 또는 협상을 중지할 때까지 적용한다. 이 과정은 분석, 계획, 토론의 세 단계로 나누어 설명할 수 있다.

➢ **분석단계** : 정보를 수집하거나 조합하면서 상황을 진단하고 생각하는 단계. 양측은 서로의 이해관계를 확인하고 사람의 문제들(당파적 인식, 적대적 감정, 모호한 의사소통)을 생각한다. 협상테이블에 올릴 옵션을 생각하고, 합의의 기초로 사용할 객관적 기준을 생각한다.

➢ **계획단계** : 아이디어를 만들고 무엇을 할지 결정하는 단계. 사람의 문제를 다룰 방법은 무엇인가? 양측의 가장 중요한 이해관계는 무엇인가? 현실적인 목표는 무엇인가? 당신은 이런 것들을 다룰 추가적인 옵션과 객관적 기준을 생각한다.

➢ **토론단계** : 합의를 모색하면서 서로 대화를 주고받는 단계. 양측은 인식의 차이, 두려움과 분노의 감정, 그리고 의사소통의 어려움을 느끼게 된다. 양측은 상대방의 이해관계를 이해하여야 한다. 그래야 상반되는 이해관계를 해결하기 위해서 상호이익이 되는 옵션을 공동으로 개발할 수 있다.

2. 정보교환 및 분석

1) 효과적인 정보교환

우리는 협상을 시작하기 전에 이미 상대방에 대하여 많은 정보를 수집하고 분석한다. 상대방의 협상목적과 이해관계, 상대방의 강점과 약점, 대안, 시간제약, 내부 이해관계자간의 갈등관계, 협상대표의 개인적 정보 등. 그러나 사전에 수집한 정보는 정확하지 않거나 잘못된 것 일수 있다. 따라서 상대방과 직접 대면하는 협상테이블에서 얻어지는 정보는 성공적인 협상의 합의에 대단히 중요한 역할을 하며, 또한 효과적인 정보교환은 좋은 통합적인 해결책의 개발을 촉진한다.[15)]

---

15) Butler, J. "Trust, Expectations, Information Sharing, Climate of Trust and Negotiation Effectiveness

Malhotra & Bazerman(2007)[16]은 협상테이블에서 상대방을 대할 때 마치 검사가 심문하듯이 질문하기를 권한다. 효과적인 협상가가 되기 위해서는, 협상에서 다룰 이슈에 대한 당신의 입장을 먼저 말하기 보다는, 상대방의 이해관계와 우선순위 그리고 제한사항에 관한 정보를 얻기 위하여 먼저 경청하고 질문하는 자세를 지녀야 한다. 그들은 이와 관련하여 다음과 같은 원칙들을 제안한다.

- 상대방이 원하는 것을 왜 원하는지 질문하라
- 상대방의 제약요인을 해결하기 위해 협동하라
- 상대방의 요구를 기회로 생각하라
- 거래를 잃을 것 같은 상황에서도 왜 안 되는지 질문하라

그러나 전형적으로, 협상가들은 자신들의 카드를 노출하지 않는다. 만약 상대방이 자신들에게 가치가 높은 것이 무엇인지, 자신들이 원하는 것이 무엇인지를 알면 그것을 이용할까봐 두려워한다. 그래서 그렇게 조심스러운 협상가들과 거래하기 위해서는 상호간의 정보공유가 원만하게 될 수 있는 다음과 같은 전략을 구사하는 것이 좋다.

신뢰를 쌓기 위해 상호간의 관계를 중요시 하자

누구라도 거래를 하려고 노력할 때는 호의적이 될 수 있다. 그러나 만약 당신이 순수하게 사업상의 또는 정치적인 관계를 맺으려 해도, 상대방은 온갖 이유를 들어서 그것이 당신의 이해관계를 충족하려는 행동이라고 믿을 것이다. 협력, 친절함, 윤리적인 행동이 이기심에 의한 것으로 해석되지 않을 때 신뢰를 쌓을 수 있는 좋은 기회가 온다. 숙련된 협상가들은 명백한 이해관계가 없을 때에도 다른 사람들과 그런 관계를 유지하고 강화한다. 상대방의 일상사와 가족에 대해서 인지하고, 비공식적인 자리에서 시간을 공유하며, 친구를 공유하기도 한다. 과거의 고객들과도 소식을 전하면서 관계를 유지하고, 일시적인 거래에서도 고객이 기대하지 않은 서비스를 제공하면, 다음 거래에서는 당신이 신뢰받는 사람이 될 가

---

and Efficiency." Group & Organization Management, 24, 2, 1999, pp.217-238.

16) Malhotra, D. K. & Bazerman, M. H. Negotiation Genius, New York: Bantam Book, 2007.

능성이 높아진다. 이것이 의미하는 바는, 실질적으로 신뢰할 가치가 있게 되는 것이 신뢰를 쌓는 가장 좋은 방법이라는 것이다.

약간의 정보를 제공하면서 정보를 공유하자

상호성의 규범을 사용해서 중요도가 낮거나 같이 공유하면 오히려 협상의 진행에 도움이 되는 몇 가지 정보를 상대방에게 먼저 제공하자. 이런 행동은 협상에 대한 상대방의 불안감을 감소시키는데 도움이 된다. 이런 전략을 사용할 때 주의할 점은 초기에 저항가치나 대안과 같은 중요한 사항을 노출해서는 안 된다는 것이다. 만약 상대방도 정보를 공유하게 되면, 정보를 주고받으면서 정보공유의 양이 증가하게 되고, 이런 과정을 통해서 처음 대면하는 상대방과도 약간의 믿음이 싹트게 된다. 협상가들은 서로를 신뢰할 때 자신들의 이해관계나 우선순위 그리고 제한사항과 같은 내용에 대하여 더 공개적으로 정보를 공유하는 경향이 있다.

여러 가지 이슈를 동시에 다루자

만약 협상에서 가격과 같은 이슈를 하나만 다룬다면, 그것이 가장 중요한 이슈가 되고 양보는 어려워지며, 협력보다는 경쟁으로 치달아서 거친 위협과 설전이 난무할 수도 있다. 이슈가 많을 때에도 이슈를 하나씩 다루면 이슈가 하나일 때와 동일한 상황이 된다. 따라서 이슈를 다양화하고 동시에 다루는 것이 협상을 격렬한 전쟁에서 평화로운 교환으로 전환시키며, 이슈의 교환이나 옵션의 개발과 같은 문제를 공동으로 해결할 수 있는 정보의 공유가 가능해진다. 다양한 이슈를 동시에 다룰 때 각 이슈에 대한 상대방의 우선순위를 파악하기 위해서는 다음과 같은 신호에 유의할 필요가 있다.

- 어떤 이슈를 계속적으로 반복해서 제기하는가?
- 어떤 이슈에서 가장 긴장하고 감정적이 되는가?
- 어떤 이슈를 다룰 때 더 많이 말하는가?
- 어떤 이슈에 대해 타협하지 않고 완고해지는가?

동일한 가치의 다수 제안을 동시에 제공하자

상대방의 우선순위를 정확히 알기 위한 또 다른 방법은 여러 가지 항목을 다발로 묶어서 동시에 제안하는 것이다. 이 경우 제안마다 항목별 가치의 가중치는 달리하되 제안별 총 가치는 동일하게 해야 한다. 가치를 숫자로 표시하기 위해서는 점수표를 사용하면 된다. 예를 들어 패키지에 묶은 항목이 A, B, C이고 총 가치가 6이 되는 제안을 하고 싶으면, 아래와 같은 3가지 안을 동시에 제안한다. 만약 상대방이 2안을 선택하거나, 최소한 관심을 표명하면 상대방이 선호하는 최우선순위는 B임을 예상할 수 있다.

➢ **1안** : A(가치 1) + B(가치 2) + C(가치 3) = 6(총 가치)
➢ **2안** : A(가치 2) + B(가치 3) + C(가치 1) = 6(총 가치)
➢ **3안** : A(가치 3) + B(가치 1) + C(가치 2) = 6(총 가치)

만약 상대방이 어떤 안에도 관심을 보이지 않는다면, 묶음에서 항목을 교체하는 것도 고려하여야 한다. 이 경우에도 상대방에게 왜 이 제안들을 선택할 수 없는지를 질문하는 것이 중요하다.

왜? 라고 질문하자

상기와 같은 방법들을 사용하여 상대방으로부터 협상의 합의에 중요한 정보들을 습득할 수 있다. 그러나 그럼에도 불구하고, 여전히 풀리지 않는 의문과 모호함이 남을 수 있다. 특히 정보의 공유를 위해서 많은 노력을 하고 선제적인 정보를 제공함에도 불구하고, 상대방으로부터 뜻밖의 비합리적인 제안이나 요구를 접하거나, 나의 질문에 답변이 거부되면 감정적으로 당황해질 수 있다. 이럴 때에도, 그 이유가 무엇인지, 왜? 라고 물어보자. 아마도 상대방은 당신이 생각하는 것보다 더 좋은 대안을 가지고 있거나, 조직 내부에 다른 제약 요인을 가지고 있을 수도 있다. 또는 상황의 변화에 따라 이번 협상에 대하여 다른 계획을 고려할 수도 있다. 이것을 파악함으로서, 협상상황의 인식 변경을 통한 새로운 제안을 모색하거나, 협상에서 철수함으로서 시간과 노력을 절약할 수도 있다.

협상에서 정보는 중요한 힘의 원천이다. 협상가들은 협상을 준비하기 위해서 많은 정보를 수집하고 분석하고 대응책을 마련해서 협상테이블에 임한다. 그러나 사전에 수집한 정보들은 가정에 의존하거나 불확실한 경우가 많으며, 협상테이블에서 다르거나 새로운 정보를 접하게 된다. 얼마나 정확하게 충분한 양의 정보를 공유할 수 있느냐 하는 것은 상호간의 신뢰와 인식의 정도에 달려있다. 신뢰를 쌓기 위해서는 우선 상대방과의 관계를 중요시 하여야 한다. 인식의 차이를 좁히기 위해서는 상대방을 이해하려는 자세와 상황에 대한 정확한 판단이 필요하다. 그러나 이 모든 것들은 정확하고 올바른 의사소통의 방법에 달려있다.

2) 의사소통

협상가들이 의사소통하는 방법은 그들이 말하는 것이 무엇인가 만큼 중요하다. 협상은 "언어의 관리를 통해서 의미를 조율하고 정보를 교환하는 것"이라고 Gibbons, Bradac, and Busch(1992)는 말한다.[17] 협상에서 언어는 논리적 차원(제안 등)과 실용적 차원(스타일이나 의미 등)의 두 차원으로 작용한다. 제안이나 성명에 의해 전달되는 의미는 하나의 논리적 메시지와 몇 개의 실용적 메시지의 혼합이다. 달리 말해서, 그것은 말해진 것과 문제가 말해진 방법, 그리고 추가적으로 노출되었거나 표면적으로 의도된 정보도 전달한다.

의도가 명령하는 것이든, 따르는 것이든, 설득하거나 약속을 받아내는 것이든 간에, 협상에서 당사자들이 어떻게 의사소통하는 가는, 생각을 적정하게 언어화하는 화자의 능력과 그것을 해석하고 이해하는 청자의 능력에 달려 있다. 협상가들이 사용하는 관용어와 구어체가 가끔 문제인데, 다른 문화 간 협상에서는 더욱 그러하다. 의미가 분명하다 할지라도, 단어의 선택이나 은유는 민감성을 전달하지 못하거나 배제시키는 느낌을 만들 수 있다.

협상가의 단어 선택은 입장의 신호이다. 협상의 의사소통에서 언어적 패턴을 연구한 Simon(1993)은 두 개의 중요한 요점을 발견하였다.[18] 첫째, 협상에서 실

17) Gibbons, P., Bradac, J. J., & Busch, J. D., "The role of language in negotiations: Threats and promises." In L. Putnam & M. Roloff (Eds.), Communication and negotiation (pp.156-175). Newbury Park, CA: Sage, 1992.

18) Simon, T. "Speech patterns and the concept of utility in cognitive maps: The case of integrative bargaining." Academy of Management Journal, 36, 1993, pp.139-156.

질적인 이해관계와 관계적인 이해관계를 상대방과 모두 의사소통하는 당사자는 홀로 근심하는 사람보다 더 좋은 통합적인 해결책을 얻는다. 둘째, 협상에서 초기에 의논하는 것이 통합적인 해결책을 촉진하는 방법으로 이슈를 정의하는데 중요할 수 있다.

사람들의 의사소통은 대부분 비언어적 의사소통으로 전달된다. 얼굴의 표정을 포함해서, 신체 언어, 머리의 움직임, 음성의 크기 등이 그 예이다. 어떤 행동은 협상처럼 상호작용을 조율하는 동안에 상대방과 연결하기 위해서 특히 중요하다. 그런 행동은 당신이 경청하고 있고, 메시지를 수신할 준비를 하고 있음을 상대방에게 알려 준다. 이런 행동들 중에서 특히 협상에서 중요하게 고려해야 할 것은 눈 맞춤, 신체의 위치, 호응의 동작 등이다.

의사소통을 개선하는 방법

의사소통은 여러 가지 방법으로 왜곡되거나 단절될 수 있다. 사람들은 실제로 서로 이해할 수 있는 범위에서만 소통이 가능하다. 인식과 인지 그리고 의사소통의 실패나 왜곡이 협상의 실패에 엄청난 기여를 한다. 인식이나 인지, 그리고 의사소통의 과정은 협상의 성격이나 입장, 목표, 협상가의 스타일이나 전략 등 다른 요소들과 혼합되기 때문에 연구가 앞의 주장을 직접적으로 확인할 수는 없다. 그럼에도 불구하고, 연구는 목표가 양립하거나 통합적인 당사자들이, 의사소통의 단절이나 상대방에 대한 오인 때문에, 합의에 실패하거나 차선의 합의에 도달하는 것을 일관성 있게 보여주고 있다. 협상에서 의사소통을 개선하기 위해서는 ① 적극적 경청, ② 공감과 주장, 그리고 ③ 질문의 사용이 가치 있는 기법이 될 수 있다.

적극적 경청(Active Listening)

적극적인 경청과 반영(Reflection)은 상담이나 치료와 같이 전문적으로 남을 돕는 분야에서 통상 사용된다. 상담사는 의사소통이 여러 가지 의미로 사용됨을 알고 있다. 그래서 상담사는 대화상대가 화내거나 방어적이 되지 않게 하면서 이 다른 의미들을 확인하려고 노력해야 한다. 그래서 적극적인 경청이 특히 일반적인 의사소통 맥락과 비즈니스나 조직의 특정 분야 모두에서 계속 각광받고 있는 것이다.

Athos & Gabarro(1978)는 성공적인 반영이 적극적 경청의 중요한 부분이며, 다음과 같은 특징이 있다고 말한다.19) ① 말하기보다 듣기를 크게 강조하며, ② 추상적인 면보다는 개인적으로 반응하며(예를 들어, 추상적인 생각보다 입장, 믿음, 느낌 등), ③ 자신이 생각하는 방향으로 화자를 이끄는 것이 아니라 그를 따라가며, ④ 자신의 생각에 관해 화자가 말하는 것을 명확히 하고 의문을 갖거나 제안하기보다 느끼며, ⑤ 상대방이 표현한 것에 대해 느낌으로 반응한다.

적극적인 경청은 직원상담이나 성과개선과 같은 상담 의사소통에 일반적으로 추천되고 있다. 그러나 협상에서는 청자가 일반적으로 이슈에 관하여 강한 느낌을 가지고 입장을 취하기 때문에 상담의 경우와 동일하지는 않다. 적극적인 경청을 추천하는 것은 자신의 입장을 포기하거나 화자에게 동의하라는 것이 아니다. 오히려 적극적 경청은 자신이 취하고 있는 입장을 넘어서 상대방의 느낌과 우선순위와 이해관계에 관하여 더 충분히 말하도록 고무하는 기술이라고 추천하는 것이다. 당신이 그렇게 할 때, 상대방은 자신의 입장과 그것을 지지하는 요소와 정보에 관하여 더 잘 이해하게 되고, 그 입장을 조절하거나 타협하고 자신의 우선순위와 선호에 따라서 협상할 수 있는 방법을 취하게 된다.

공감(Empathy)과 주장(Assertiveness)

효과적인 협상가들은 상대방과의 상호작용에서 공감과 주장을 모두 사용하려고 노력한다. 협상의 목적을 위해서, 공감을 상대방의 욕구와 이해관계와 관점을 무비판적으로 정확하게 이해하고 있음을 보여주는 과정으로 정의하겠다. 이 정의에는 심리학자들이 상대방의 눈을 통해서 세상을 보려고 노력하는 관점취하기라고 부르는 기술을 포함한다. 또 하나는 수정을 자유롭게 하면서 상대방의 관점을 무비판적으로 표현하는 것이다.20)

이 방법으로 정의함으로서, 공감은 동정이나 동의를 요구하지 않는다. 동정은

---

19) Athos,, A. G., & Gabarro, J. J., Interpersonal Behavior: Communication and Understanding in Relationship, Englewood Cliffs, NJ: Prentice Hall, 1978.

20) Rogers, C. R., A Way of Being. Boston: Houghton Mifflin, 1980.

상대방의 곤경에 감정적으로 반응하는 것이다. 공감은 상대방의 곤경에 대해 동정하는 것이 아니며, 다정함에 관한 것도 아니다. 그 대신에, 공감은 상대방의 인식의 세계를 탐색하고 설명하는 가치중립적인 관찰의 형태이다. 상대방과 공감하는 것은 동의를 의미하는 것이 아니며 더 나아가 상대방을 좋아하는 것도 아니다. 그것은 단순히 상대방이 세상을 어떻게 보는지를 이해하는 것이다.

주장은 자신의 욕구와 이해관계와 관점을 표현하고 옹호하는 능력을 의미한다. 주장은 상대방의 권리를 침해하는 호전적인 행동과, 자존심이 없음을 나타내는 순종적인 행동 모두와 구분된다. 주장하는 협상가는 자신의 이해관계가 가치있으며 그것을 만족시키는 것이 정당하다는 가정으로 시작한다.[21] 그러나 주장이 상대방이나 대화를 압도하는 것을 의미하지는 않는다. 대신에 주장은 자신의 이해관계를 확인하고 그것을 상대방에게 분명하게 설명하며, 만약 필요하다면 논쟁을 하고 상대방이 다루고 싶지 않은 주제를 다루는 자신감을 갖는 것이다. 공감과 주장에 관한 주된 관점은 다음과 같은 장점이 있다.

- 협상가들이 공감과 주장의 의사소통 기술을 잘 사용할 때 문제해결 협상이 더 잘 이루어진다.
- 협상가 중 일방이 공감과 주장의 기술을 잘 사용한다면, 상대방이 이를 따르지 않더라도 문제해결 협상은 더 잘 이루어진다.
- 공감과 주장의 기술이 협상에 관한 가치창조와 가치분배의 모두에서 문제해결을 더 쉽게 한다.

협상은 역동적인 과정이다. 대부분의 사람들은 자신의 이야기를 하고 싶고 그것이 이해되고 있다는 느낌을 원한다. 이런 욕구에 부합하는 것이 관계의 수준을 급격히 전환시킨다. 개인 간 의사소통에 관한 연구는 이점을 계속 강조하고 있다. 심지어 상대방과 감동적인 순간을 공유하고 싶지 않을지라도, 공감이 고도의 실질적인 이익이 있음을 기억해야 한다. 이것은 관심과 존중을 전달하고 불신과 노여움의 긴장을 완화시키며, 특히 인정받지 못하거나 이용당한다는 느낌으로부터 오는 감정을 완화시키는 경향이 있다. 당신의 공감은 상대방의 마음을 열게

21) Fox, E. L. "Alone in the Hallway: Challenges to Effective Self-Representation in Negotiation." 1 Harvard Negotiation Law Review 85, 1996.

하고, 당신이 더 설득적이 될 수 있도록 한다. 화자가 자신의 견해를 말하기 전에 상대방의 견해를 설명하는 양 방향 의사소통이 일방적인 의사소통보다는 더 설득적이다.

질문

의사소통을 명확히 하고 잡음과 왜곡을 없애는 가장 일반적인 기술 중의 하나는 질문하는 것이다. Nierenberg(1976)는 질문이 협상에서 정보를 확보하는 필수적인 요소라고 강조한다.[22] 협상가는 좋은 질문을 함으로서 상대방의 입장과 욕구에 관하여 많은 정보를 얻을 수 있다. 질문은 관리될 수 있는 것과 관리될 수 없는 두 가지의 기본적인 범주로 분리될 수 있다(<표 7-1>). 관리될 수 있는 질문은 관심을 일으키거나, 정보를 얻거나, 상대방의 추가적인 질문에 대비하도록 생각하게 한다. 관리될 수 없는 질문은 어려움을 야기하거나, 정보를 제공해야 하거나, 잘못된 결론으로 대화를 이끌게 된다. 대부분의 관리될 수 없는 질문은 상대방이 화나도록 하거나 방어적이 되게 해서 추가적인 정보를 제공할 의사가 없게 만든다.

협상가들은 어렵거나 지연되는 협상을 관리하는 데에도 질문을 사용한다. 정보를 수집하고 분석하거나 상대방이 욕구나 이해관계를 표현하도록 촉진하는 전통적인 용도 외에도, 질문은 전술적으로 상대방을 엿보거나 난관에 처한 협상의 지렛대로도 사용될 수 있다. Deep & Sussman(1993)은 다수의 그런 상황을 확인하고 그들을 다루기 위한 특정한 질문을 제안한다(<표 7-2>).[23] 이런 질문의 가치는 그 질문의 힘으로 상대방을 자신의 행동의 효과나 결과에 직면하도록 거들거나 강요하는데 있는 것처럼 보인다.

---

22) Nierenberg, G. The Complete Negotiator. New York: Nierenberg & Zeif Publishers, 1976.

23) Deep, S., & Sussman, L. What to Ask When You don't Know What to Say: 555 Powerful Questions to Use for Getting Your Way at Work. Englewood Cliffs, NJ: Prentice Hall, 1993.

〈표 7-1〉 협상에서의 질문

관리할 수 있는 질문	사례
단순히 답변할 수 없는 열린 질문 (누가, 무엇을, 언제, 어디서, 어떻게, 왜)	나의 제안에 대한 당신의 생각은 무엇입니까?
상대방의 생각을 요구하는 열린 질문	당신은 왜 이렇게 신중한 입장을 취합니까?
답변을 유도하는 질문	나의 제안이 공정하고 합리적이라고 생각하지 않습니까?
감정적으로 차분한 질문	품질을 개선하기 위해 우리가 추가로 지급하여할 비용은 얼마입니까?
논리적 순서로 사전에 계획된 질문	집을 수리하고 나서, 언제 우리가 입주할 수 있을까요?
정보를 요구함과 동시에 상대방을 즐겁게 하는 질문	이 문제에 관해 당신의 탁월한 통찰을 알려주실 수 있습니까?
상대방의 마음을 들여다보는 질문	어떻게 그 결론에 도달했는지 알려주실 수 있습니까?
특정한 점에 초점을 맞춘 질문	시간당 임차료가 얼마입니까?
상대방의 느낌을 확인하는 질문	나의 제안에 대해 어떻게 느끼십니까?
관리할 수 없는 질문	**사례**
상대방에게 나의 방법으로 사물을 보도록 강요하는 닫힌 질문	여기서 우리의 강점을 택해 보지 않으시겠어요?
답변에 상관없이 상대방을 어떤 위치에 놓는 질문	이것이 당신이 수용할 수 있는 유일한 조건이라고 나에게 말하려는 겁니까?
감정적인 반응을 유발하는 자극적인 질문	이 쓸모없는 당신의 제안을 논의하는데 충분한 시간을 소모했다고 생각하지 않으세요?
계획 없이 순간적인 자극으로 발생하는 충동적인 질문	우리가 이것을 오래 논의하고 있으면, 동일한 요구를 하는 다른 사람들에게 할 말이 무엇이라고 생각하십니까?
솔직한 답변을 요구하는 것처럼 보이지만, 실제로는 유도의 의미가 담긴 속임수 질문	뭐하시는 거예요? 우리의 요구를 수용하겠어요, 아니면 중재에 넘기겠어요?
다른 사람이 당신의 의견에 동의하는 것으로 반영하는 속임수 질문	여기에 내가 상황을 보는 방법이 있어요, 동의하지 않으세요?

〈표 7-2〉 곤란한 상황에서의 질문

상황	가능한 질문
"하든지 말든지"의 최후통첩	만약 우리가 그것보다 더 매력적인 대안을 가지고 있다면, 그래도 여전히 당신의 제안을 택하든지 말든지 하길 원하세요?
비합리적인 마감시간에 반응하라는 압력	내가 지금 결정해야 합니까, 아니면 좀 더 시간을 가지고 생각할 수 있습니까? 협상을 끝내라는 압박을 받고 계십니까? 왜 우리가 이 마감시간에 관하여 협상할 수 없습니까? 만약 당신이 이 마감시간을 지키라는 압력을 받고 있다면, 우리가 그 압력을 제거하는데 도울 수 있는 것이 무엇입니까?
하이볼/ 로우볼 전술	입장 뒤에 있는 당신의 합리성은 무엇입니까? 나는 공정한 제안이라고 보는데 당신은 어떠십니까?
교착상태	마지막 해결책에 부합되는 표준이 무엇이라고 생각하십니까? 우리 입장 사이의 간격을 메우기 위해 우리가 할 수 있는 일이 무엇입니까? 지금 당장 끝내기 위해서 내가 양보하기를 바라는 것이 특히 무엇입니까?
제안을 수용하지도, 거부하지도 않는 상황	지금 당장 나의 제안을 수용할 수 있는 당신의 대안은 무엇입니까? 만약 당신이 이 제안을 거절한다면, 당신이 나에게서 받을 수 있는 것보다 더 좋은 것은 무엇입니까?
당신이 방금 한 제안이 다른 사람이 한 것과 같은지 아닌지를 알고자 하는 질문	당신이 더 좋은 거래를 할 수 있다는 것을 어떻게 확신할 수 있습니까? 당신은 공정한 제안이 무엇이라고 보십니까? 나의 제안은 어떻습니까? 내가 생각하는 나의 최선의 관심사가 당신에게는 불공정하다고 믿습니까? 사람들은 다르게 취급될 수 있지만, 아직은 모두가 공정하게 취급된다고 믿습니까?
압력을 넣고, 통제하고 이용하려는 시도	만약 우리의 입장이 바뀌어서 당신이 압력을 느끼고 있다면 어떤 느낌이겠어요? 이 협상을 끝내라고 외부로부터 압력을 받고 계신가요?

3) 갈등상황의 의사소통

무엇인가 말하기 어려운 상황일 때, 갈등을 회피하려는 유혹이 있을 수 있다. 그러나 조직에서는 필요한 정보를 얻기 위해서, 그리고 다른 사람에게 정보를 전달하기 위해서, 상사나, 동료, 그리고 고객들과 공개적으로 의사소통을 할 필요가 있다.

중견회사의 디자인 담당 김부장은 새로운 디자인 프로젝트의 업무를 할당해야만 했다. 그러나 숙련된 디자이너인 이대리는 추가적인 업무를 배정할 때 불평을 하곤 했기 때문에, 최근에 채용한 신임 디자이너에게 업무를 배정하였다. 며칠 뒤, 이대리는 그 결정에 대해 김부장에게 항의하였다. "왜 나에게 그 프로젝트를 안 주신거죠?" "부장님이 그 업무를 이제 막 들어온 신참에게 주셨다니 믿을 수 없어요."

김부장은 자신이 그 상황을 다루는데 실수했음을 깨달았다. 그는 과거에 이대리의 불손한 태도에 대하여 잘못된 관점을 가지고 있었음을 알게 되었다. 그는 이대리에게 직접 이야기 했어야만 했는데, 그 대신에 어려운 대화를 회피하였다. 지금 이대리는 화가 나 있고, 신임 디자이너는 어려운 처지에 처하게 되었다.

D. Stone, B, Patton, and S, Heen(2000)[24]은 전문적이거나 개인적인 생활에서 우리를 불편하게 하는 대화에 개입하는 방법을 제안한다. 조직의 문화를 바꾸거나, 팀에서의 갈등을 다루거나, 부정적인 성과를 평가하거나, 다른 사람의 의견에 반대하거나, 또는 사과를 할 필요가 있을 때, 어렵지만 정직한 대화가 중요하다. 모든 어려운 대화는 "무슨 일이 발생했는가?", "느낌", "정체성"에 관한 세 가지의 분리된 대화로 구성된다. 어려운 대화를 다루는 핵심은 동시에 작동하는 세 가지의 모든 차원을 이해하는 것이다.

➢ **무슨 일이 발생했는가?** : 이것은 발생한 일로 인한 영향과 분리해서 의도에 대하여 대화의 초점을 맞춘다. 누군가의 메시지가 당신을 화나게 하거나 당황스럽게 할 수 있다. 그러나 반응하기 전에, 상대방의 의도가 무엇인지를 확인해야 한다. 그렇게 하면, 당신은 다른 사람들과는 매우 다르게 분명한 것을 볼 수 있다. 김부장은, 신참 디자이너에게 프로젝트를 배정한 것은 이대리를 무시하려는 의도가 아니고, 이대리가 과외로 업무가 부과되는 것을 싫어하는 것으로 생각했기 때문이라고 말함으로서 의도에 관한 대화를 시도하였다. 놀랍게도, 이대리는 자신이 가끔 추가적인 업무를 회피한 것은 다른 업무에서 마감시간에 임박해 있거나 고품질의 작업을 하고 있을 때라고 설명하였다. 그러나 자신의 일정에 여유가 있거나, 특히 자신의 기술을

24) Stone, D. Patton, B., and Heen, S. Difficult Conversations: How to Discuss What Matters Most. NY: New York, Penguin Books, 2000.

확장할 수 있고 회사에 가치를 부가할 수 있을 때에는, 언제든지 추가적인 업무를 환영한다고 말하였다.

➢ **느낌** : 어려운 대화에서는 감정이 중요한 역할을 한다. 김부장은 이대리에 대하여 짜증나거나 화가 난 느낌을 가졌을 수 있다. 이대리는 상처를 받거나 오해를 하거나 실망의 느낌을 가졌을 수 있다. 그들이 느낌을 소홀이 다루면, 좋은 대화를 방해할 수 있지만, 잘 다루면, 실제로 업무적인 관계를 개선할 수 있다. 우리가 경험할 때마다 느낌의 모든 범위를 인식하는 것은 쉽지 않다. 그러나 복잡하고 부딪치는 느낌을 편안히 인식하는 것은 자기 자신을 알게 되는 중요한 단계일 뿐만 아니라, 협상 상대방에게 당신의 동기와 행동을 이해하도록 할 수 있다.

➢ **정체성** : 마지막으로 당신은 개인적으로 직면하는 특별한 갈등을 고려할 필요가 있다. 정체성의 이슈는 "내가 유능한가?" "내가 좋은 사람인가?" 같은 질문을 포함해서 우리가 어려운 대화를 하는 동안에 대부분 관심사에 깔려있는 것이다. 김부장은 자신을 공정하고, 합리적이며, 호의적인 사람으로 생각하고 있다. 그가 프로젝트를 누구에게 줄 것인지를 결정하기 전에 이대리와 이야기 하지 않았기 때문에 나쁜 관리자일까? 갈등이 이대리에게는 유능한 디자이너이며 팀원으로서의 정체성에 민감하게 영향을 미친다. 김부장이 잘한 것인가? 그녀가 불평을 일삼는가? 김부장과 이대리 모두에게 갈등이 개선을 위해 열린 상태로 있는 동안은 근본적으로 좋은 느낌이 될 것이다.

대화를 시작할 때 열린 질문으로 시작하라. "당신은 피드백을 받을 때 일반적으로 어떻게 느끼십니까? 그것을 유용한 정보를 얻는 방법으로 환영합니까, 아니면 듣기 싫습니까?" "직장에서 무엇이 당신을 자극합니까? 당신의 관점으로는 일이 어떻게 진행되는 것 같습니까?" 라고 질문할 수 있다.

김부장은 그들의 어려운 대화 과정에서, 자신이 의사결정할 때 이대리와 상의하지 않은 것을 사과하고, 그녀의 태도에 대해서도 그의 관심을 공유하였다. 그들은 더 자주 대화하기로 하였고, 김부장은 이대리를 위해서 그녀의 장기적인 이해관계에 부합하는 프로젝트를 찾아보기로 약속하였다.

4) 긍정적인 틀의 구성(Framing)

협상에서 핵심 이슈 중 하나가 주어진 상황에 대해 진단하고 틀을 구성하는 것이다. 틀의 구성은 사람들이 상황을 이해하고 평가하며, 이어지는 행동을 피하거나 추구하도록 이끄는 주관적인 심리과정이다.[25] 이것은 협상가들이 현재 진행되는 사건을 과거의 경험에 비추어서 어떻게 생각하는지를 설명하는데 도움이 된다. 예를 들어, 물이 반만 채워진 컵을 보고 "컵에 물이 반 밖에 없네."라고 생각하는 사람이 있고, "컵에 물이 반이나 남아 있네."라고 생각하는 사람도 있다. 이 두 사람은 똑 같은 상황에 대해 생각의 방향이 다르기 때문에, 앞으로 이어지는 행동이 다를 것이다. 수집된 정보로부터 상대방의 입장을 재평가하면서 상황에 대해 틀을 구성하고 재구성하는 것은, 정보의 가공처리, 메시지 패턴, 언어적 암시, 그리고 사회적으로 구축된 의미들에 결합된다.[26] 틀을 구성하는 것은 우리를 둘러싸고 있는 세상에 초점을 맞추고, 모습을 만들고, 조직화하는 것이다. 이것은 복잡한 현실을 이해하고 우리에게 의미 있는 용어로 정의하는 것이다. 사람과 사건과 과정을 정의하고 그것들을 복잡한 세상으로부터 분리한다. 틀의 구성은 상황 안에 있는 요소에 의미와 중요성을 부여하고 그것들을 상황 밖에 있는 것으로부터 분리한다.[27]

틀의 구성은 동일한 상황이나 복잡한 문제에 개입된 둘 이상의 사람들이 그것을 다른 방법으로 보거나 정의한다는 인식에서 온다. 왜냐하면, 사람들은 다른 배경과 경험, 기대와 필요를 가지고 있어서, 사람과 사건 그리고 과정에 대해 서로 다른 상황인식을 가지기 때문이다. 게다가, 이런 상황인식은 관점에 따라서 또는 시간이 흐르면서 변할 수 있다. 예를 들어, 안면이 심각하게 마비되어 뒤틀린 사람이 치료를 위해 한의원을 찾아갔다. 시설이 깨끗하고 현대화된 한의원의 의사는 현상을 진단하고 나서는 "증세가 참 심각하군, 이런 상태는 낫기가 어려워요, 시간이 오래 걸릴 거예요."라고 말하였다. 불안이 더 커진 환자는 인근에 있는 좀 오래되고 허름한 한의원에 다시 들렀다. 진찰을 한 의사는 "좀 오래 걸

25) Goffman, E. Frame analysis. New York: Harper & Row, 1974.

26) Putnam, L. L., & Holmer, M. "Framing, reframing, and issue development." In L. Putnam & M. Roloff (eds.), Communication and negotiation (pp. 128-155). Newbury Park, CA: Sage, 1992.

27) Buechler, S. M. Social movements in advanced capitalism. New York, Oxford University Press, 2000.

리긴 해도 낫는 환자를 여러 명 보았어요, 한번 해봅시다."라고 말하는 것이다. 비록 낡은 한의원이긴 해도 마음이 한결 편안해 지는 것을 느꼈다. 당신은 이런 경우 어느 곳을 선택하겠는가?

틀의 구성은 상황이 가끔 모호하고 다르게 해석되기 때문에 협상에서 중요하다. 이것은 주어진 상황에 대해 개인적으로 다른 해석의 이름표를 붙이는 것이다. 갈등 당사자들은 자신들의 선호와 우선순위에 관해서 상대방과 이야기할 때 타협에 의해서 합의에 이르는 것이 아니다. 그들은 상황에 연결된 이슈와 그것을 해결하는 과정에 대하여 공유하거나 공통의 정의를 개발하기 시작하면서 상황인식이 동일하게 수렴될 때 합의에 이른다.

당사자들이 협상의 이슈와 문제를 어떻게 인식하고 정의하는가 하는 것이, 중요하게 생각하는 협상의 목적에 관한 분명하고 강한 반영이기 때문에, 현재 상황의 틀을 어떻게 구성하느냐가 협상에서 중요하다. 틀의 구성은 어떤 가능한 결과를 만들어내는 그들의 기대와 선호이며, 이슈를 다루기 위해 그들이 찾고 사용하는 정보이며, 이슈를 제시하기 위해 그들이 사용하는 절차이며, 그들이 실제로 성취한 결과를 평가하는 태도이다. 이것은 피할 수 없는 불가피한 것이다. 어떤 복잡한 사회적 상황에 대한 관점을 정의하고 표현하기 위해 어떤 틀을 선택함으로서, 사람들은 이미 다른 것은 무시하고 특정한 인식을 사용하기 위해 암시적으로 선택한 것이다. 이런 과정이 가끔은 협상가들에 의해 의도하지 않게 실질적으로 발생한다. 협상가들은 깊이 묻혀있는 과거의 경험과 깊이 내재된 태도와 가치에 의해서, 또는 강한 감정에 기초해서 상황을 인식할 수 있다. 이것은 또한 선택된 정보의 형태나 또는 정보가 제공되는 맥락에 의해서 형성될 수도 있다.

틀을 구성하는 역동성을 이해하는 것이 협상가들이 상황을 인식하는 과정을 자의적으로 향상시키는데 도움이 된다. 그렇게 함으로서 협상가들은 그것을 더 잘 통제할 수 있다. 문제를 어떻게 인식하고 있는가를 이해하는 협상가들은, 그들이 하고 있는 것과 상대방이 하고 있는 것을 더 완벽하게 이해할 수 있으며, 협상과정을 더 잘 통제할 수 있다. 틀의 구성은 또한 유연하기 때문에 협상과정 동안의 의사소통과 정보의 함수로서 형성되고 재차 형성될 수 있다.

틀의 구성에 관한 개념이나 역할이 협상에서 필수적이긴 하지만, 이 분야의 연구는 쉽지 않다. 협상의 상대방이 말하거나 또는 당신이 상대방의 행동으로부터

추론하기 전에는 그가 어떤 상황인식을 가지고 있는지를 알기는 어려운 일이다. 또한 그런 추론이나 해석도 오류로 가득 차거나 편견에 의한 것일 수도 있다. 그럼에도 불구하고, 이것을 탐구하는 연구들은 중요하다. 협상이 무엇에 관한 것이며, 자신들의 상황인식을 논하기 위해 어떻게 의사소통 하는지, 그리고 그들이 분명히 다른 인식을 가지고 있을 때 그 다름을 어떻게 해결하는지에 관해 당사자들이 어떻게 정의하는지를 설명하는 잠재성을 지니고 있기 때문이다.

3. 업무적 관계구축

편안하고 우호적인 분위기에서 협상을 시작하면 활발한 정보교환을 기대할 수 있지만, 만약 시작 분위기가 어색하거나 경직되어 있다면 솔직한 정보교환을 기대하기는 어려울 것이다. 그래서 본격적인 협상이 시작되기 전에, 우선 상대방과의 관계를 우호적으로 유지하는 것이 중요하다. 물론 처음 만나는 상대방이라면 처음부터 개인적으로 우호적인 관계를 유지할 수는 없겠지만, 아마도 업무적으로는 편안하고 우호적인 분위기로 시작하는 것이 불가능하지 않을 것이다. 그러나 협상의 상대방은 항상 서로 다른 입장과 이해관계를 가지고 있는데 어떻게 우호적인 업무관계를 만들 수 있을까?

1) 업무적 관계

협상가들 사이에서 업무적 관계는 상호 이해관계의 차이를 잘 다룰 수 있도록 해준다. 모든 관계에서 사람들은 돈, 편안함, 경제적 부, 수익, 안전과 같은 실질적인 결과를 원하며, 그런 목적물들을 얻는데 도움이 되는 그런 관계를 원한다. 사람들은 또한 존중이 포함되어 있는 관계를 원하며, 서로 마주친 후에는 실질적인 결과는 중요하지 않게 되는 감정적인 반응을 할 수 있다. 사람들은 누군가를 만나고 난후에, "당신과 만나는 것은 항상 즐겁습니다."라고 말할 수도 있고, 불편하거나, 긴장되거나, 화가 나는 느낌을 가질 수도 있다. 부드럽고 편안한 업무적 관계가 실질적인 성과를 얻을 수 있는 믿을만한 보증은 아니지만, 실질적인 진전을 더 쉽게 할 수 있다.

덧붙여서, 협상가들은 차이를 다루는데 기여할 환경을 조성하는 능력을 원하며, 어떤 관계에서도, 상대방이 당신과 다른 이해관계를 가지고 있음을 안다. 당신은 다른 이해관계를 다루기 위해 노력하기 때문에, 서로 다른 인식과 가치를 가지고 있음을 알게 된다. 시간이 흐르면서, 이해관계와 인식을 더 많이 알게 되고, 양측의 가치가 변할 수 있음을 알게 된다. 이렇게 다른 욕구와 인식과 가치들 그리고 그것들의 변화가 모든 관계에 자양분을 공급한다. 사람들은 그런 다름 속에서 일방이 포기하지 않고 화내지 않으면서 일할 수 있기를 원한다.

가족과 비즈니스에 얽히는 것은 좋지 않다고 생각하는 친척으로부터 큰 투자를 받고자 하는 상황을 가정해보자. 또는 일국이 주로 무역과 투자 그리고 인적 교류를 통해서 상생의 관계를 추구하는 반면, 상대국은 주로 무력을 사용해서 정치적인 영향력을 확대하려고 한다고 가정해보자. 좋은 업무적 관계는 이렇게 다양한 당사자들이 가지고 있는 관계의 종류에 대한 다름을 포함해서 모든 차이를 성공적으로 다룰 수 있어야 한다.

협상가들 사이에서 경합되고 변화되는 이해관계는 문제를 일으킨다. 협상가들이 필요로 하는 업무적 관계는 각 당사자들의 눈에 공정하게 보이도록, 가능한한 경합되는 이해관계를 만족시키는 해결책을 만드는 것이다. 그 해결책은 또한 효율적이고 지속적이어야 한다. 견고한 관계는 다른 가치와 인식과 이해관계에 직면해서 그런 결과를 만들 수 있어야 한다. 그것은 심지어 관계 그 자체에 대하여 갈등이 일어날지라도 문제해결 과정을 유지할 수 있도록 충분히 강해야 한다.

업무적 관계의 접근법

Roger Fisher와 그의 동료들에 의하면, 업무적 관계를 위해서 목표를 아는 것으로는 충분하지 않다. 당신은 모든 관계를 위한 목표로서 차이를 잘 다루는 능력을 익혀야 한다. 실질적인 목표를 달성하기 위해서, 고도의 합리성과 이해력, 의사소통, 신뢰성, 영향력의 수단, 그리고 상대방을 수용할 수 있는 능력이 있는 효과적인 업무적 관계를 필요로 한다. 이런 관계를 구축하기 위해서 필요한 각각의 요소는 당사자 간 상호작용 과정의 한 부분이다.[28)]

---

28) Fisher, R., Schneider, A. K., Borgwardt, E., and Ganson, B. Coping with International Conflict: A Systematic Approach to Influence in International Negotiation. New Jersey: Prentice-Hall, 1997.

이성과 감성의 균형 유지

관계의 많은 면이 이성적이지 않다. 사람들은 어떤 목적을 추구하면서 논리적이지 않게, 가끔 감정적으로 반응한다. 걱정, 화, 두려움, 또는 사랑 같은 감정이 사려 깊게 행동해야 할 일을 망칠 수 있다. 감정은 문제해결을 하는데 정상적이고 필요하며 가끔은 필수적이다. 그것은 사람들이 행동하도록 영감을 주고, 중요한 정보를 전달할 수 있다. 감정이 없는 지혜는 결코 발견되지 않는다. 그럼에도 불구하고, 양 당사자가 그들의 차이를 잘 다루는 능력은 이성과 감성이 어떤 균형 상태에 있을 때 더 커진다. 사람들은 감성이 이성을 압도할 때 다른 사람과 잘 일할 수 없으며, 분노가 폭발할 때 현명한 결정을 할 수 없다. 그러나 논리 그 자체만으로는 문제해결이나 관계의 구축을 위해서 충분하지 않다. 오히려 이성에 의해 완화되는 감성과, 감성에 의해 활력을 얻는 이성 모두가 필요하다.

상대방에 대한 이해

만약 당신이 양측의 이해관계를 만족시킬 수 있는 결과를 얻으려 하고, 양측이 공정하게 취급되었다는 느낌을 남기고 싶다면, 각자의 이해관계와 인식과 공정에 관한 생각을 이해할 필요가 있다. 상대방이 생각하는 문제가 무엇이고, 무엇을 원하며, 왜 그것을 원하는지, 무엇을 공정하다고 생각하는지에 관해 좋은 아이디어를 가지고 있지 않는 한, 양측의 이해관계에 부합할 수 있는 결과를 찾기 위해 어둠속을 더듬게 될 것이다. 양측이 동의하는 것과는 상관없이, 서로를 이해하는 것이 더 좋고, 그럼으로써 서로 수용할 수 있는 해결책을 만들 기회는 더 많아진다.

좋은 의사소통

이해하는 것은 효과적인 의사소통을 요구한다. 그리고 일반적으로 사람들이 서로 이해할 수 있다 할지라도, 특정한 결과의 질과 효율성에 도달하는 것은 그 특정한 이슈에 관한 의사소통에 의존한다. 당신이 서로의 차이에 관하여 더 효과적으로 의사소통 할수록, 서로의 관심을 더 잘 이해할 수 있고 상호 만족할 수 있는 합의에 도달할 기회는 더 많아진다. 그러나 이해를 더 잘하기 위해서는 의사소통의 태도와 범위가 중요하다. 당신이 더 공개적으로 의사소통 할수록, 의심은 더 줄어든다. 합리적인 범위에서는, 더 많은 의사소통이 더 좋은 업무적 관계를 만든다.

상호간의 신뢰

만약 상대방이 당신을 믿지 못한다면, 상대방과 의사소통하는 것이 크게 가치 있는 것이 아니다. 그리고 가볍게 언약하거나 쉽게 잊어버리는 것은 안 하는 것만 못하다. 잘못된 신뢰는 건전한 의심보다 더 관계를 손상할 수 있기 때문에, 맹목적인 신뢰는 상대방과 일하는데 도움이 되지 않는다. 그러나 정직의 기초 위에서 일정 기간 믿음을 다져온 기초가 튼튼한 신뢰는 갈등을 다루는 당신의 능력을 크게 강화할 수 있다. 서로 존중하면서 더 정직하고 더 신뢰 할수록, 좋은 결과를 산출할 수 있는 기회는 더 많아진다.

강요보다는 설득

특정한 거래에서는, 양측이 장기적인 관계보다는 즉각적인 결과에 더 관심을 가질 수 있다. 각자는 상대방의 결정에 영향을 미치려고 노력할 것이며, 그들이 행하는 방법은 관계의 질에 깊은 영향을 미친다. 일 극단에서, 당신은 교육과 논리적인 주장, 그리고 도덕적인 설득과 당신 자신의 사례를 통해서 그들의 자발적인 협력을 고무하려고 노력할 수 있다. 그리고 다른 극단에서, 상대방의 대안을 약화시키거나 경고, 위협, 공갈 그리고 물리적인 힘을 통해서 강요하려고 노력할 수 있다. 영향력의 수단으로 더 강요 할수록, 상대방의 눈에는 더 공정하지 않게 보인다. 영향력의 형태가 더 설득적일 수록, 서로 함께 일하는 능력은 더 좋아진다.

상호간의 수용

만약 당신이 서로의 차이를 잘 다룰 수 있다면, 서로 가치 있는 것을 다루는 사람을 수용할 필요가 있다. 가치 있는 사람으로 받아 드려지는 느낌이 인간의 기본적인 심리적 욕구이다. 당신이 그들의 견해를 듣지 않고, 그들이 당신과 다

른 견해를 가질 수 있는 권리가 있음을 수용하지 않고, 그들의 이해관계를 고려에 담지 않는다면, 그들은 당신과 거래하기를 원치 않을 것이다. 그리고 만약 서로 거래하지 않는다면, 당신은 문제를 해결할 시도조차 할 수 없을 것이다. 수용은 현상이 아니라, 정도의 문제이다. 수용의 정도가 높을수록, 상대방과의 차이를 해결하고 좋은 결과를 산출할 기회는 더 많아진다.

이런 지침들은 당신이 어떻게 더 효과적이 될 수 있는 가에 관한 조언들이다, 이들은 더 좋은 관계를 만들기 위해, 실무적 조건에서 할 수 있는 실용적 관심으로부터 나온 것이다. 이런 지침들이 높은 도덕적 만족을 포함하는 한, 차이를 다루는 방법을 개선하는 것에 관해 좋은 느낌을 가질 수 있다. 모든 관계에서, 당신은 중요한 이해관계의 충돌에 직면한다. 그러나 당신은 그런 갈등을 기술적으로 다루면서 이해관계를 공유할 수 있다. 어떤 파트너도 관계 속에서 상대방이 서투르게 행동하기를 원치 않는다. 당신이 상대방의 이해관계와 충돌하는 이해관계를 이기적으로 앞세우면서, 동시에 공동의 이해관계를 개선하려고 추구하는 것은 일관성이 없는 것이 아니다.

2) 신뢰의 구축

모든 인간관계에서 필수적으로 따라 다니는 것이 신뢰와 불신이다. 당신은 어떤 개인이나 집단이 자신을 위험하게 하거나 해를 끼치거나 손해를 보게 할 수 있다는 두려움이 있으면 상대방을 불신하게 된다. 반면에 서로의 관계를 토대로 상대를 이해하고, 동조하고, 감정이 통하고, 서로의 가치를 인정하고, 나에게 해가 되는 일은 하지 않을 것이라고 믿으면 신뢰하게 된다.

협상은 서로의 이익을 추구하거나 갈등을 해결하는 과정이지만, 사람간의 상호작용임으로 서로 신뢰가 있으면 협상의 합의가 쉬워지고, 서로 불신하는 사이라면 합의의 기대는 불가능할 수 있고, 합의가 되어도 상호 만족스러운 결과를 얻기는 어렵다. 그러나 사람들은 서로 처음 만난 사이일지라도 일을 같이하면서 관계를 맺게 되고 관계가 축적되면 신뢰를 쌓을 수 있다. 따라서 협상에서 상호 만족스런 결과를 얻을 수 있는 합의에 도달하기 위해서는 관계를 맺고 신뢰를 쌓는 것이 필요하다. Leigh Thompson(2001)[29]은 협상의 신뢰구축을 위해 다음과

29) Thompson, L., 2001.

같은 방법을 권한다.

개인갈등을 업무갈등으로 전환하자

인간관계에서 생기는 기본적 갈등에는 두 가지 형태가 있다. 하나는 개인갈등으로 방어적이며 갈등이 발생하면 화를 낸다. 개인갈등은 분노, 성격차이, 아집, 그리고 긴장 등으로 인해 발생한다. 다른 하나는 업무갈등으로 개인 관계와는 무관하며, 아이디어, 계획, 그리고 프로젝트를 둘러싼 논쟁으로 인해 발생한다.[30] 업무갈등이 생기면 사람들은 문제를 다시 생각하고 모두가 받아들일 수 있는 결과에 도달하려고 노력하기 때문에 통합적인 합의에 도움이 된다.

목표와 비전을 공유하자

공동의 목표가 동일한 생각을 의미하는 것은 아니지만, 각 개인들은 목표를 달성하기 위해서 비전을 공유한다. 합작회사의 성장 발전을 위하여 한쪽에서는 광고의 확대를 원하지만, 다른 쪽에서는 광고의 확대보다 신제품의 개발이 필요하다고 주장하면, 양측에서 심각한 갈등이 발생하고 파트너십은 깨어지기 십상이다. 업무적인 관계에서 일단 공유할 수 있는 목표를 개발하는 것이 신뢰를 구축하는 초석이 된다.

공동의 문제(또는 적)를 찾아내자

공동의 적은 사람들을 단결시키고 신뢰를 구축하는데 도움이 된다.[31] 그러자면 사람들은 우선 공동의 적에 대항하기 위해 힘을 합쳐야 한다. EU 내에서 독일과 프랑스는 ECB의 역할에 대하여 가끔 의견을 달리 하지만, 최근 그리스와 이태리의 재정위기에 대하여는 공동의 문제해결을 위하여 손을 맞잡고 노력하고 있다. 이와 같이 공동의 문제 또는 공동의 적은 협상 당사자 사이에 이해가 대립

---

30) Guetzkow, H., and Gyr, J. "An Analysis of Conflict in Decision-Making Groups." Human Relations, 7, 1954, pp.367-381.

31) Sherif, M., Harvey, O J., White, B. J., Hood, W. R., and Sherif, C. W. Intergroup Conflict and Cooperation: The Robber's Cave Experiment. Norman: University of Oklahoma Press, 1961.

되고 있다는 생각을 없애주며, 당사자들에게 협력에 대한 동기를 부여해준다.

미래에 초점을 맞추자

협상가들이 과거의 일에 동의하기란 쉬운 일이 아니다. 그러나 미래에 초점을 맞춘다면 이것은 신뢰구축의 첫걸음이 될 수 있다. 앞으로도 서로 업무적인 관계를 계속해야 되고, 같이 하는 일이 상호간에 이익이 되는 일이라면, 양측은 상대방이 배신할 가능성을 낮게 평가할 것이고 신뢰의 폭을 넓혀갈 수 있다.

인적 네트워크를 활용하자

사람들은 자신들이 공통으로 아는 누군가를 찾아낸다면, 서로 알지 못하더라도 인적 네트워크상의 연결점을 발견함으로서 신뢰관계를 구축할 수 있다. 사람들은 인적 네트워크의 공통점을 통해서 서로의 이해관계가 비슷하다는 것을 알게 될 뿐 아니라 서로에 대한 책임감을 갖게 된다.

공정한 절차를 사용하자

얼마나 많은 이익을 얻는 가에 덧붙여서, 협상가들은 그 이익을 얻는데 사용된 과정에 대해서 매우 큰 관심을 갖는다. 그 과정이 공정하다고 믿을 때, 협상가들은 그들의 결과에 대하여 더 편안한 느낌을 갖는다. 만약 협상가들이 협상이 이루어진 과정에 동의할 수 있다면, 그들은 신뢰를 구축할 수 있을 것이다.

상대방과 더 많이 접촉하자

현명한 협상가들은 자신을 상대방에게 친숙하게 만들어서 효율성을 높인다. 그들은 일회성 협상보다는 예비회담을 하고, 몇 차례 전화를 하고, 그 다음에 본협상에 임한다. 이렇게 되면 상대방은 이미 처음 만나는 사람이 아니라 마치 오랜 친구처럼 느껴질 것이고 신뢰를 구축하는 시작이 될 수 있다.

상호주의를 사용하자

상호주의 법칙에 따르면, 사람들은 다른 사람이 무엇인가를 주었다면 그것을 같은 방법으로 되갚아야 한다고 느낀다. 상호주의는 모든 사람이 동의하는 법칙이며 모든 거래에 배어있는 법칙이다.[32] 신세를 졌다는 느낌은 매우 강한 것이기 때문에 이것이 해소되지 않으면 그 느낌은 계속된다. 사람들은 다른 사람에게서 혜택을 받고 이를 갚을 수 없게 되면 마음이 편치 않고 괴로움을 느낀다. 협상가들은 이런 상호주의를 사용해서 상대방과 관계의 기회를 늘리며 신뢰를 구축하기 시작한다.

자신에 관한 이야기를 먼저 하자

자신에 관한 이야기를 하는 것은 자신에 관한 정보를 다른 사람과 공유하는 것을 뜻한다. 자기 얘기는 상대가 이용할 수 있는 정보를 제공하는 것이며, 따라서 자신을 취약하게 만들어서 타인과의 인간관계가 증진될 수 있도록 하는 방법이다. 자기 얘기를 하는 것은 상대방도 같은 행동을 하도록 유도함으로서 서로의 신뢰를 증진시킬 수 있다.

4. 협상력의 강화

이제 협상테이블에서 상대방과 협상을 시작하지만, 상대방과 대면하고 난후, 준비과정에서 가정했던 조건들과 다르거나 새로운 사실들을 알게 되며, 이를 반영하여 기존에 설정하였던 협상의 상황과 전략에 대한 새로운 판단이 필요하게 된다. 협상의 상황은 일관성 있게 비슷한 상황을 유지할 수도 있지만, 협상장 내외부의 변화에 따라서 시시각각 변할 수도 있다. 협상가들은 협상테이블에서 상대방에게 영향력을 행사하기도 하고, 협상장 밖에서 자신의 대안을 강화하거나 또는 상대방의 대안을 약화시킴으로서, 협상상황을 자신에게 유리하게 변화시킬 수 있다. 협상가들이 이렇게 할 수 있는 것은 협상을 움직일 수 있는 힘을 지니

32) Gouldner, A. W. "The Norm of Reciprocity: A Preliminary Statement." American Sociological Review, 25, 1960, pp.161-179.

고 있기 때문이다. 협상가들은 협상력을 이용해서 상대방이 자신의 방법을 따르도록 상대방의 태도나 행동을 변화시킨다. 지금부터는 협상가가 영향력을 행사할 수 있도록, 능력을 제공하는 힘의 원천과 영향력을 행사하는 방법에 관하여 알아보겠다.

1) 협상력

협상에서 사용하는 힘의 개념은, 절대적이거나 강제적인 것으로서의 전통적인 힘의 개념과는 다른 것으로 이해하여야 한다. 전통적인 힘은 물리적인 원천을 소유하고 있으며 상대방을 지배하거나 통제하는데 사용되곤 한다. 반면에 협상에서의 힘은 인식에 기인하며 상대방과 함께 일하는데 사용된다. 협상에서 실행되는 힘을 이해하기 위해서는 우선 다양한 힘의 원천을 생각해야 한다. Raven & Kruglanski(1970)[33]는 협상의 힘을 5가지 형태 즉, 전문성, 보상, 강압, 정당성, 참조의 힘으로 구분한다. 그러나 여기서는 정보와 협상가 그리고 상황에 관련된 3가지의 힘으로 구분하고자 한다.

정보의 힘

정보는 협상에서 가장 일반적인 힘의 원천일 것이다. 정보의 힘은 목표를 달성하기 위해 사실과 자료를 수집하고 종합하며 분석하는 협상가의 능력으로부터 나온다. 가장 단순한 협상에서도 참가자들은 자신들의 입장을 내세우고, 그것을 지지하기 위해서 여러 가지 정보를 근거로 주장한다. 상호간의 정보교환을 통해서 상황에 대한 공통의 확인이 이루어지고, 자신들의 입장을 수정하기 위한 합리적인 조정이 이루어진다. 결국 주장과 양보와 조정을 통해서 상호 수용 가능한 합의에 도달하게 되는 것이다. 협상가들은 이런 과정을 통해 두 가지의 원천으로부터 만족을 얻게 된다. 하나는 합의의 조건에 대한 만족감이고, 다른 하나는 최초의 입장으로부터 합의에 이르는 과정에서 자신의 입장이 공정하게 조정되었다는 만족감이다. 그래서 협상에서 정보의 교환이 상황에 대한 공통의 관점을 만들

33) Raven, B. H., and Kruglanski, A. W. "Conflict and Power." In P. Swingle (ed.), The Structure of Conflict. Orlando, Fla.: Academic Press, 1970.

고, 서로의 관점을 정당화하고 양보하는, 그래서 결과적으로 합의에 도달하게된 것을 설명하는 주된 수단으로 작용한다.

협상가의 힘

협상에서 모든 조건이 동등할 때, 숙련된 협상가가 비숙련 협상가보다 상대방의 의사결정에 더 좋은 영향을 미칠 수 있다. 더 강력한 협상가가 되는 방법은 더 숙련된 협상가가 되는 것이다. 다음의 기술들은 사람이 다루는 것이다. 경청하는 능력, 상대방의 감정과 심리적 관심을 아는 것, 감정이입, 상대방의 느낌에 좀 더 감각적이 되는 것, 다른 언어로 이야기 하는 것, 분명하고 효과적으로 의사소통 하는 것, 통합하는 것, 그래서 말과 비언어적 행동이 하나가 되고 서로를 강화하는 것이다. 또 다른 기술은 분석하고, 논리적이고, 양을 평가하고, 아이디어를 조직화하는 것이다. 더 많은 기술을 얻으면, 협상가로서 더 많은 힘을 가지게 된다.

협상가의 지식 또한 힘이다. 과정적 옵션에 폭 넓게 친숙하고, 협상 스타일이나 문화적 차이를 아는 것과 같은 지식은 협상에서 많이 사용된다. 사례의 목록, 전례, 도해 등은 설득 능력을 부가할 수 있다. 특정 협상과 관련이 있는 지식은 더 힘이 세다. 곧 있을 협상에서 상대방과 이슈에 대해 더 많은 정보를 모을 수 있으면, 더 강한 입장이 될 수 있다. 상대방의 개인적인 관심, 배경, 가치, 습관, 경력, 편견과 협상과 관련된 이해관계, 필요, 두려움에 대해 아는 것은 협상의 진행을 쉽게 한다. 알려져 있지 않은 사실의 중요성을 올바르게 인식하는 것은 불가능하다. 그러나 시간이 허락하면, 협상의 주제에 관해 몇 개의 관련 있는 사실을 수집하기 위해, 많은 정보를 수집하는 것이 가치가 있다. 역사, 지리, 경제, 과학적 배경을 더 많이 아는 것이 법적이고, 사회적이며, 정치적인 함의를 아는 것과 마찬가지로 창의적인 해결책을 개발할 가능성이 더 많아진다.

협상가는 모두 당파적이다. 그리고 만약 합의에 도달하려면 그 중 일방은 설득되어야 한다. 설득적이 되려면, 협상가는 가능성을 확신하는 옹호자처럼 말해야 한다. 그리고 중재자처럼 들어야 하고 정직해야 하며, 항상 합리에 의해 설득되어야 한다. 설득에 열려있는 것 자체가 설득적이 되는 것이다. 소송을 준비하는 변호사처럼, 협상가는 매우 다른 공정성의 원칙을 찾을 것이며, 그것을 위해서

그럴듯한 논쟁을 할 수 있으며, 가끔은 아주 다른 방법으로 해석하거나 각 원칙을 적용할 수 있다. 상대방에게는 덜 정당하게 보이는 우호적인 원칙과 더 정당하게 보이는 덜 우호적인 원칙 사이에서 긴장이 존재한다. 전형적으로 합리적인 사람들이 다룰 수 있는 범위가 있다. 힘을 유지하기 위해서, 현명한 협상가는 신뢰에 손상을 끼치는 극단적인 제안은 피한다. 협상가는 또한 최초의 원칙을 포기함으로서 체면을 잃는 것을 피한다. 따라서 협상가는 전례를 찾거나, 전문가의 의견을 듣거나, 다른 객관적인 기준, 그리고 무엇이 행해져야 하는지에 관해 다양한 합리적인 이론들을 찾아야 한다.

사람들 간의 관계를 연결하는 네트워크도 협상에서 중요한 영향력을 발휘하는 힘이다. 관계의 점을 연결한 선이 협상에서 상호작용할 수 있는 개인이나 집단을 지원한다. 네트워크의 선을 통해서 거래의 주된 초점이 되는 정보가 흐르며, 그런 정보가 당신의 입장을 강화하거나 상대방을 약화시키는 압력으로 작용할 수도 있다. 네트워크에서 발생하는 힘은 관계와 흐름 안에 있는 위치에 의해서 결정된다. 그 위치에서 네트워크를 통해 흐르는 정보와 자원을 관리하고 통제할 수 있다. 당신은 네트워크의 마디로서, 한 개 이상의 하위집단이나 연합의 일원이 될 수도 있다. 연합은 어떤 관점을 대표하면서 함께 일하거나, 상대방의 행동이나 변화를 촉진한다. 당신이 더 강한 연합에 속할수록 당신을 도울 수 있는 사람이 더 많아지고, 중요한 정보를 얻거나 목적을 달성하는 것이 더 쉬워진다.

상황의 힘

협상의 힘이 협상가와 그가 유지하는 사람, 조직들 간의 관계를 통해 흐르는 정보와 자원 속에서 발생하지만, 또한 협상을 둘러싸고 있는 상황과 맥락, 환경에 의해서도 발생한다. 이런 종류의 힘의 원천은 단기적으로는 잘 인지되지 않을 수 있지만, 협상의 흐름과 결과에 결정적인 영향을 미칠 수도 있다.

협상에 영향을 미칠 수 있는 중요한 상황 중의 하나는 대안이다. 협상에서 당신의 힘은 만약 철수 하고자 할 때 얼마나 잘 할 수 있는 가에 달려있다. 당신의 협상력을 강화하는 하나의 준비는, 이 특정 상대방과 합의에 도달하는 것에 대한 대안을 생각하는 것이다. 가장 실현 가능한 것을 고르고 그것을 가능한 한 개선하는 것이다. 이 대안이 당신이 합의할 수 있는 최하의 조건을 형성한다. 만약 이것을 실천한다면, 모든 협상을 내가 할 수 있는 어떤 것보다도 더 좋은 성공적인 결과로 이끌 수 있다. 거래의 경우에, 나의 최상의 대안은 상대방의 경쟁자와의 거래로부터 얻는 결과와 같다. 협상에서 사전에 그런 경쟁자로부터 확정 제안을 받는 것은 나의 입장을 강화한다. 경쟁 제안이 더 좋을수록 나의 입장은 더 강화되는 것이다. 상대방의 대안을 약화시키는 것도 나의 협상 입장을 강화한다. 대안은 고정된 것이 아니다. 협상을 시작하고 시간이 흐르면서 양측의 대안이 강화되기도 하고 약화되기도 한다. 국가 간의 분쟁이 되는 영토 문제나 군사력, 또는 자원개발이나 환경보호의 경우에는 현상을 유지하기 위해 노력하는 것도 대안이 될 수 있다.

협상의 상황에서 중요한 또 다른 하나는 정당성이다. 각자는 특정한 결과가 공정하다는 이유로 수용해야 하는 확신이 섬으로써 설득 당하게 된다. 왜냐하면, 법이 그것을 요구하기 때문이며, 전례와 일치하기 때문이며, 산업의 실무이거나, 건전한 정책적 고려이거나, 어떤 다른 객관적인 표준에 의해 측정됨으로써 합법적이기 때문이다. 협상가는 실제로 다양한 객관적인 범주와 잠재적인 정당성의 표준을 찾거나 개발함으로써 협상력을 증대할 수 있다. 그리고 해결책을 제안함으로써 상대방의 눈에 정당하게 되는 것이다.

협상의 이슈가 다루어지는 시점에서, 협상을 둘러싸고 있는 환경적 맥락이 협상력을 좌우한다. 협상가의 대부분은 조직을 대표하는 경우가 많다. 조직은 전체적으로는 협상을 지지하지만, 내적으로는 서로 이익을 달리하는 부서와 사람이 존재한다. 이 경우 잠재적 이해관계자들과 사회적 여론이 협상을 지지한다면 협상가의 협상력은 강화되지만, 반대의 경우에는 축소되는 합의가능영역으로 인해 소극적인 자세가 되어서 합의 도달에 실패할 수도 있다. 그러나 유능한 협상가는 내부의 반대를 협상의 지렛대로 이용하여 상대방의 양보를 유도하기도 한다.

2) 영향력

앞에서는 상대방의 태도와 행동을 변화시킬 수 있는 잠재력으로서 협상력의 원천들을 다루었다. 이제 상대방의 태도와 행동을 원하는 방향으로 변화시키는 협상의 힘을 완성하기 위해서, 영향력을 행사하는 방법에 관하여 다루고자 한다.

협상을 하는 동안, 협상가들은 자신들의 제안이 가치가 있고, 합리적이며, 더

이상 좋은 제안은 할 수 없다는 것을 상대방에게 확신시킬 필요를 느낀다. 협상가들은 또한 상대방의 목표가 중요하다는 믿음을 변화시켜서, 좀 더 큰 양보가 합리적이라고 생각하기를 원한다. 이 모든 노력들은 정보를 사용하는 방법과, 정보를 주고받는 사람들의 질적인 수준, 그리고 상대방의 입장이나 인식 그리고 의견을 조정할 수 있는 능력에 달려있다. 여기서는 이런 능력을 영향력이라고 부르겠다.

사람들마다 영향력을 효과적으로 사용하기 위한 설득의 능력이나 방법은 모두 다르지만, 설득의 기술을 개발할 수 있는 기회는 모든 사람에게 동일하게 있다. Richard Petty & J. Cacioppo(1986a, 1986b)[34)]는 설득이 작동되는 방법에 관한 이해를 높이기 위해, 사람들이 설득되는 두 개의 일반적인 경로를 영향력의 중심경로와 주변경로로 구분한다.

가. 영향력의 중심경로

영향력의 중심경로는 의식적으로 발생하며, 개인에게 이미 존재하는 인지구조인 생각과 지적인 틀에 메시지를 결합하는 역할을 한다. 중심경로는 이슈와 관련된 논쟁을 자세히 하려는 동기와 능력이 비교적 높을 때 발생한다. 상대방의 의견과 인식을 변화시키기 위해서 사실과 아이디어가 중요하지만, 설득 노력의 효과는 사실과 아이디어가 어떻게 선택되고, 조직되며 제안되는지에 달려있다. 메시지를 작성할 때 고려할 3가지 주요 이슈는 메시지의 내용, 메시지의 구조, 설득 스타일이다.

➢ **메시지의 내용** : 상대방을 설득하려고 논쟁할 때, 협상가가 포함해야 할 4가지의 주제와 사실을 결정할 필요가 있다.

- **제안이 상대방에게 매력적으로 보이도록 함** : 메시지를 구성할 때 협상가는 상대방이 제안을 받아들임으로서 얻어지는 이익을 강조해야 한다.

---

34) Petty, R. E., & Cacioppo, J. T., *Communication and persuasion: Central and peripheral routes to attitude change*. New York: Springer Verlag 1986a.
Petty, R. E., & Cacioppo, J. T., "The elaboration likelihood model of persuasion." In L. Berkowitz (Ed.), Advances in experimental social psychology (Vol.19, pp.123-205). New York: Academic Press, 1986b.

그러나 많은 협상가들이 상대방이 흥미를 느끼는 사항에 관심을 갖기보다는 자기 제안의 장점을 설명하는데 더 많은 시간을 할애한다. 숙련된 협상가들은 상대방이 그 제안을 수용함으로서 얻을 수 있는 것이 무엇인지를 확실히 이해한다. 영업사원들은 제품이나 서비스가 구매자에게 무엇을 해줄 수 있는가를 설명하기에 앞서 고객이 원하는 바와 요구사항을 알아본다. 노사협상에서도 노조와 경영진은 비공식적인 회의를 갖고 양쪽의 고려사항과 이슈의 우선순위를 알아본다. 상대방의 요구사항과 관심사항에 대한 정보를 입수한 협상가는 상대방에게 매력적인 제안을 만들어 낼 수 있다.

- **상대방이 승낙하도록 메시지를 구성 함** : 비록 작은 것이라도 상대방이 동의하는 것을 만들 수 있다면, 이는 또 다른 동의를 얻어내기 위한 발판을 마련한 것이다. 여기서 중요한 것은 승낙하는 상태에 이를 수 있도록 동의를 이끌어내는 무엇인가를 찾아내는 것이다. 부동산 중개업자가 잠재고객에게 방문한 집이 좋은 지역에 위치하고 있다거나, 좋은 학군을 가지고 있다는 점에 동의할 수 있도록 만든다면, 그는 그 집을 거래할 수 있는 발판을 만든 것이다.
- **메시지를 규범적으로 만듦** : 사람들은 자신의 사회적, 윤리적 기준과 같은 가치판단에 일관성 있게 행동하려는 동기를 가지고 있다. 이런 기준은 사람들이 갖는 자신의 이미지의 일부분이 되고, 이 이미지와 일관되게 행동하거나 말하기 위해 위험을 무릅쓰기도 한다. 어떤 경우에는 상대방에게 큰 적대감을 느끼면서도 정중하게 행동하고, 재정적으로 궁핍하면서도 관대하게 돈을 쓴다. 사람들이 이렇게 행동하는 것은 자신에 대한 이미지를 유지하고 다른 사람들에게 자신을 확신시키고자 하는 것이다. 협상에서 나의 제안이 상대방의 가치 있는 행동에 부합한다는 점을 보여주는 것은 강력한 힘을 발휘한다. 사람들은 또한 긍정적 결과를 가져오는 자신의 행위에 대한 책임을 지기위해 노력한다.
- **원칙에 동의를 얻어냄** : 상대방과 원칙적인 합의를 하는 것은 협상에서 중요한 단계이다. 양측이 첨예하게 대립하는 상황에서는 대화의 원칙이나, 협상진행 절차에 합의하는 것도 중요한 진전이다.

➢ **메시지의 구조** : 상대방이 영향력의 메시지에 주의를 기울이지 않거나 자극되지 않고 있을 때, 그들은 실질적인 논쟁과는 떨어져 있는 메시지의 요소에 의해서 민감하게 영향 받을 수 있다.

- **양방향 메시지** : 상대방을 설득하는 것은 상대방의 의견이 자신의 것과 다르다고 생각하는 데서 비롯된다. 이 경우 많은 사람들이 상대방의 주장을 뒷받침하는 논점이나 의견을 무시하는 일방적 접근으로 대처한다. 그러나 이런 접근은 상대방의 반발을 일으켜서 문제의 해결보다는 논쟁과 갈등의 확대로 발전할 가능성이 많다. 이와는 달리 양 방향 의사소통은 상대방의 의견을 언급하고 설명한 뒤, 그것이 왜 자신의 관점과 다른지를 설명하고 수정하는 방식을 취한다. 협상에서는 일반적으로 이런 양 방향 메시지가 더 효과적이다.
- **메시지의 구성요소** : 커다란 개념이나 제안은 이해하고 수용하기가 힘들며, 이는 특히 상대방의 견해와 상당히 다른 경우 더욱 그렇다. 이 경우 커다란 개념을 작게 분해하여 이해할 만한 크기의 조각으로 분리함으로서 상대방이 논점을 이해하도록 돕고 수용하도록 할 수 있다. 또한 복잡한 사안을 작은 부분으로 나누는 것은 논쟁의 대상이 되는 이슈를 극명하게 보여줌으로서, 양측은 각 이슈를 서로 교환하거나 또는 함께 묶어서 처리하는 방안을 고려할 수 있다.
- **반복** : 고정적으로 반복되는 TV나 라디오 광고를 보면 메시지 전파에서 반복의 힘을 짐작할 수 있다. 반복은 메시지가 이해될 가능성을 높여 준다.
- **결론** : 작가나 연설가는 대체로 먼저 논점을 펴고 나중에 결론을 이야기하지만 어떤 경우에는 청중 스스로가 결론을 이끌어내도록 하기도 한다. 청중이 스스로 결론을 도출하도록 하는 것은 매우 효과적일 수 있다.

➢ **설득 스타일** : 협상가는 메시지를 전달하는 스타일을 결정할 때 감정의 톤과 표현 형식을 정하게 된다. 사람들은 호전적이거나 또는 열정적으로, 수용적이거나 연설적으로 또는 대화조로 시작한다. 어떤 협상가는 상세한 사실을 기술하면서 특정 결론을 이끌어 내거나 은유를 사용하거나 또는 아름다운 언어로 그림을 그려낸다.

- **적극적인 참여의 권유** : 사람들은 새로운 주제를 대하는 과정에 능동적으로 참여함으로서 장기적 관점에서 자신의 태도나 믿음을 바꾸는 경향이 있다. 그래서 좋은 스승은 일방적인 강의보다는 질문을 하고 대화를 유도한다. 또한 롤 플레이나 사례연구 등을 통해 능동적인 참여의 기회를 확대할 수 있다. 협상가는 상대방의 적극적인 참여를 유도함으로서 태도의 변화를 가져올 수 있다.
- **생생한 언어와 은유** : 설득을 유도할 때 논리적 결론이 중요한 요소이기는 하지만, 때로는 은유가 더 큰 힘을 발휘할 수 있다. 은유를 사용할 때는 적절한 표현을 선택해야 한다. 이 점은 특히 서로 다른 문화 간 협상 시 은유가 달리 해석되는 경우, 특히 어려운 문제가 될 수 있기 때문이다.
- **두려움의 자극** : 노조의 파업이나 사용자의 직장폐쇄 위협, 또는 상대방의 명성에 흠을 내는 위협, 협상결렬 위협 등과 같이 위협을 내포하는 메시지는 협상에서 주장의 절대적인 중요성을 강조할 필요가 있을 때 유용하다. 위협을 하지 않더라도 두려움을 유발하는 메시지의 전달도 가능하다. 이런 메시지를 전달할 때는 위협의 결과를 피할 수 있는 대안을 제시하고 그 대안이 효과를 발휘할 수 있다는 확신을 주는 것이 중요하다.
- **허를 찌름** : 협상에서는 상대방이 기대했던 것과 정 반대의 행동을 함으로서 상대방의 믿음이 잘못되었음을 인식시키고, 나의 설득을 받아들이도록 할 수 있다. 대표적인 예가 이집트 대통령 사다트의 예루살렘 방문으로 이집트와 이스라엘 간 평화협상의 길을 연 것이다.

나. 영향력의 주변경로

주변경로는 순수한 신호와 맥락에 의해서 특징지어 진다. 주변경로를 통한 설득은 의식적 이라기보다는 자동적으로 발생하며, 세세한 논쟁 없이 태도의 변화를 이끌어낸다. 그러나 실질적인 태도의 변화가 일어날 가능성은 낮으며, 지속시간이 짧고 상대방의 역습에 취약하다. Robert Cialdini(2001)[35]는 왜 사람들이 동의하고 싶지 않은 요구에 응하는지를 연구하였다. 그는 판매, 모금, 마케팅, 광고

35) Cialdini, R. B. Influence: Science and practice (4th ed.). Boston: Allyn and Bacon, 2001.

전문가들을 관찰하였는데, 협상에서 성공적인 영향력을 발휘하고 있었다. 그런 설득 기법의 피해자가 되지 않기 위해서는 메시지의 외양, 메시지 원천의 특성, 맥락의 효과에 주의하라고 제안한다.

➢ **메시지의 외양** : 사람들은 무엇을 말하는 가뿐만 아니라 단어를 어떻게 배열하는 가에도 영향을 받는다. 가장 중요한 정보나 논점을 서두에 배치할 것인가 아니면 중간이나 마지막에 전달할 것인가?

- **메시지의 순서** : 설득력 있는 논점을 만드는데 있어서 중요한 정보, 주장, 설명을 메시지의 어느 부분에 넣어야 할까? 분명한 것은 중요한 점을 메시지의 중간에 넣지 말라는 것이다. 그렇다면 시작부분인가 마지막인가? 상대방에게 친근하고 흥미로운 주제라면 중요한 포인트는 첫 부분에 제시하는 것이 효과가 좋다. 그러므로 협상가는 상대방이 호감을 가질 수 있는 내용은 먼저 제시하고, 반대로 친근하지 않은 내용은 마지막에 배치하는 것이 효과적이다.
- **혼란스러움** : 사람들은 누군가 자신을 설득하려 한다고 생각하면, 설득으로부터 자신을 방어하려 한다. 이들은 한편으로는 상대방의 이야기를 들으면서, 다른 한편으로는 반박할 논점을 만들어내려고 노력한다. 따라서 이들의 주의를 혼란스럽게 하면 상대방은 반박의 논리를 만들어 낼 여지가 줄어들게 되고, 결국은 전달되는 메시지의 호소력에 무방비 상태가 되는 것이다. 협상에서는 핵심쟁점과 관련된 사고에 제약을 받게 되고, 오히려 주변적인 문제에 집중하면서 결국에는 특정 선택을 하게 된다.

➢ **메시지 원천의 특성** : 다양한 메시지 원천의 특성들이 메시지의 수신자에게 효과를 미칠 수 있다. 여기서는 그런 원천들을 신뢰와 매력 그리고 보상과 징벌의 그룹으로 범주화하겠다.

- **신뢰** : 협상에서 양측은 정보와 의견을 서로 교환한다. 그러나 협상가들에게는 상대방을 호도하고자 하는 강력한 동기가 있기 때문에 모든 것을 믿을 수 없다. 그렇지만, 협상을 진행하면서 모든 사실과 주장을 일

일이 확인할 수도 없다. 따라서 상대가 주는 정보를 더 많이 수용할수록 협상은 더 쉬워지기 마련이며, 마찬가지로 상대방에게 더 많은 신뢰를 줄수록 더욱 더 설득력을 가지게 되는 것이다.

- **매력** : 누군가 당신을 좋아하면 당신에게 더 잘 대해주고 호의를 베풀게 마련이다. 이 경우 그들은 당신이 정직하지 못하다거나 그들에게 무언가를 강요하려 한다고는 느끼지 못한다. 오히려 당신의 영향력을 인정하고 믿고 신뢰하는 경향을 보인다. 사람들은 매력적인 사람을 만났을 때 자신에 대한 방어를 풀고 더욱 신뢰하는 경향이 있다. 따라서 상대방에게 친절하고 기분 좋게 하는 것은 더 큰 설득력을 갖는 논리적 단계라고 할 수 있다.
- **보상과 징벌** : 사람들에게 호의를 베풀고, 그들의 성과를 인정하고 칭찬하는 것, 어려운 일을 도와주거나 일과 관련이 없이 기대하지도 않은 개인적 관심을 보여줄 때 영향력이 발생한다. 반대로 보상의 힘과 칭찬을 사용하는 것과 마찬가지로 강압과 처벌의 힘은 유형의 자원을 회수하거나 거부하는 것만큼 언어적 형태로도 효과가 있다.

➢ **맥락의 효과** : 어떤 경우에는 메시지 자체보다는 상황이나 그 메시지를 보내는 사람이 영향력을 지닌다. 그런 영향력의 요소로서 상호성, 언약, 사회적 증거, 희소성, 권위의 효과를 알아보자.

- **상호성** : 상호성이란 누군가로부터 어떤 것을 받았으면 언젠가는 그에 대한 보답을 해야 한다는 것을 말한다. 협상가들은 상대방의 제안을 수용하면서 그 반대급부를 기대한다. 이런 행동양식으로 다른 협상가로부터 동의를 이끌어 낼 수도 있다. 이런 상호성 행동은 같은 크기의 호의에만 적용되는 것이 아니다. 실제로 영업성과는 초기에 고객에게 작은 선물을 제공하고 나중에 고객으로부터 더 큰 동의를 요구하는 방식에 의존한다.
- **언약** : 사람들은 일단 결정을 하고 나면 그 신념을 계속 고수하려 한다는 점이 여러 연구조사에서 밝혀졌다. 이런 과정이 그 입장에 대한 언약이라고 할 수 있다. 협상에서는 언약의 효과가 점점 더 확장되는 경향이

있다. 협상 초기에 별로 상관없는 요구에 동의하다 보면, 협상이 진행될 수록 점점 더 많은 동의를 하게 된다.

- **사회적 증거** : 사회적 증거란 사람들이 자신의 대응이 정확한 것인지 파악하기 위해 다른 사람들의 경우를 본다는 것이다. 즉 다른 모든 사람들이 그렇게 하기 때문에 당신도 그렇게 하는 것이다. 영업사원들은 만족스런 반응을 보인 유명한 고객들의 리스트를 보여준다. 다른 사람이 이 제품을 썼다면 아마 괜찮은 제품일 것이라고 생각하는 것이다. 유명 연예인이 제품광고를 하는 것도 이와 비슷한 이유이다.
- **희소성** : 희소성은 가용자원이 적을 때 더 큰 영향력을 발휘하는 것을 의미한다. 사람들은 흔치 않은 것을 얻는다고 느낄 때, 영향력을 행사하기 쉬워진다. 협상에서 제품에 대한 수요가 큰 것처럼 보이는 것은 희소성을 이용한 전략이다. 어떤 회사는 자기 제품의 재고를 낮게 유지해서 매우 인기 있는 것으로 보이게 한다. 협상에서 한정된 기회라든지, 시간이 제한되어 있다는 말을 한다면, 이는 바로 희소성의 원칙을 사용하고 있는 것이다.
- **권위** : 권위의 원칙은 매우 단순하다. 권위를 가진 사람이 권위가 없는 사람보다 더 영향력이 있다. Stanley Milgram(1974)[36]의 권위에 대한 복종의 연구는, 사람들의 행동이 권위에 의해서 합법화될 때 더 오래 지속됨을 보여준다. 대부분의 사람들은 제복을 입은 사람의 명령에 복종한다. 이것이 권위의 원칙이 주는 효과이다. 협상에서도 전문성의 권위는 일반적으로 인정받고 있다. 사람들은 박사나 교수라는 신분을 사용할 때 더 영향력을 지닌다.

36) Milgram, S. Obedience to authority: An experimental view. New York: Harper & Row, 1974.

〈표 7-3〉 영향력의 두 경로

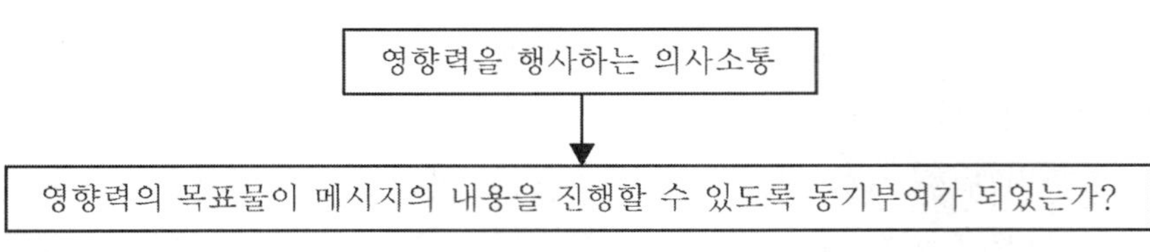

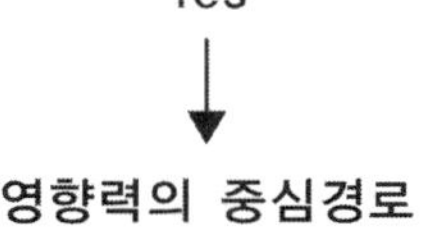

No

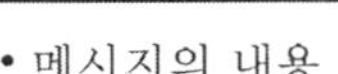

영향력의 중심경로	영향력의 주변경로
• 메시지의 내용 – 매력적인 제안을 함 – 메시지의 틀을 구성함 – 메시지를 규범적으로 만듦 – 원칙에 동의함 • 메시지의 구조 – 양방향 메시지 – 메시지의 구성요소 – 반복 – 결론 • 설득 스타일 – 적극적 참여 – 생생한 언어와 은유 – 두려움의 자극 – 허를 찌름	• 메시지의 외양 – 메시지의 순서 – 혼란스러움 • 메시지 원천의 특성 – 신뢰 – 매력 – 보상과 징벌 • 맥락의 효과 – 상호성 – 언약 – 사회적 증거 – 희소성 – 권위
• 중심 태도의 변경 – 내부적 언약 – 비교적 지속적 – 대응 영향력에 대한 저항	• 주변 태도의 변경 – 단순한 순응 – 비교적 짧음 – 대응 영향력의 위험

다. 영향력을 개선하는 방법

힘이나 영향력은 개발이나 어떤 기술의 연습을 통해서 얻을 수 있으며, 미래의 사용을 위해서 협상가에 의해 축적되고 저장될 수 있다. 협상가들은 이런 영향력을 키우고 유지하기 위해서 다음과 같은 사항들을 숙달하여야 한다.

전문가로서의 평판 개발

합리적인 사실을 사용하고 설명하는 것이 가장 일반적인 영향력의 기술이다. 한 분야에서 전문적인 지식을 보유하고 계속 축적해 나가는 협상가가 어떤 시도를 인정받는 힘으로 전환할 수 있는 입장에 있다. 그러나 전문성에 기초한 힘을 강화하기 위해서는 그것을 얻는 것과 마찬가지로 전문성을 행사해서 전문가로서의 평판을 얻어야 한다.

중요한 사람과의 관계 유지

영향력 있는 협상가가 되려면 시간 투자에 있어서 합리적인 균형을 유지하여야 한다. 많은 사람들이 공식적인 힘을 지닌 사람들과 시간을 사용하기 보다는, 자신들의 동료나 경쟁 관계에 있는 사람들과 더 많은 시간을 사용한다. 그러나 당신이 무엇인가 영향력을 발휘하고자 할 때는 조직 내부나 외부의 파워 집단이 더 큰 힘의 원천이 될 가능성이 많다.

인적 네트워크의 구축

사람들은 평소에 영향력을 발휘할 경우에는 다른 사람을 사용하지 않지만, 중요한 상황에서는 다른 사람의 개입이 필요해진다. 이럴 때 필요한 영향력은 통상적인 방법이나 또는 한 사람의 힘으로는 성취하기 어려운 종류의 것들이다. 연구에 의하면, 업무수행에 효과적이면서도 성공적인 사람들은 네트워킹과 인적자원 관리, 의사소통, 그리고 전통적인 경영활동 사이에서 균형 있는 접근을 시도하고 있다.

영향력의 적절한 조합

영향력의 기술은 직물을 짜는 실과 같다. 영향력의 기술은 목표물과 목적에 기초해서 조심스럽게 선택해야 한다. 목표되는 상대방에 따라서 다른 기법을 사용해야 되기 때문이다. 대부분의 영향력 행사는 처음에 부드러운 기법으로 시도하였다가, 상대방이 순응하지 않으면 더 강한 영향력의 기법을 행사하게 된다. 그러나 영향력의 성공 가능성은 기법의 사용 순서에 있는 것이 아니라, 기법들을 적절히 조합해서 사용하는 능력에 달려있다. 상사에게 사용해야 할 영향력의 기법과 동료나 부하에게 사용해야 할 기법의 종류가 다르듯이, 협력적인 상황에서의 영향력과 경쟁적인 상황에서의 영향력의 기법은 분명히 다른 목적을 지니고 있으며, 사용해야 할 종류도 다르다.

효과적인 의사소통

영향력의 기법을 의사소통의 과정과 분리해서 선택하기는 어려운 일이다. 의사소통의 수준 또한 상대방에 따라서 세심하고 유연하게 사용해야 한다. 같이 일하고 있는 잠재적인 아군의 가치와 욕구, 조직의 힘을 아는 것은 중요한 일이다. 그러나 그들을 대하는 태도와 설명기술이 더욱 중요하다. 상대방의 욕구에 의해서 합리적인 아이디어를 선택하면, 그것에 이야기를 부여하고 아름답게 포장하는 것은 언어이다. 효과적인 의사소통은 영향력의 성공을 보장한다.

3) 약자의 협상

지금까지 협상의 시작은 계획대로 잘 진행되고 있지만, 기대한 바와는 달리, 상대방은 모든 카드를 지니고 있어서, 당신에게 의존할 필요가 없는 듯 협상을 리드하고 있다. 그리고 협상을 진행하면서 느끼는 점은 당신의 대안보다 상대방의 대안이 훨씬 더 강하다는 것이다. 당신은 협상이 진전되면서 점점 더 어려운 상황에 처하고 있다. 이런 상황에서 취할 수 있는 방법은 무엇인가? 당신의 기대에 못 미치는 상대방의 제안을 받아들여야 하나, 아니면 협상을 중단하고 떠나야 하나? 실제로 이런 상황에서 협상을 효과적으로 진행하고, 결과를 개선할 수 있는 방법은 많지 않다.

사실 좋은 대안이 없다는 절망적인 느낌보다 협상가를 불안하게 만드는 것은 없다. 거래에 대해서 상대방이 당신만큼 걱정하지 않는다는 것이 현실일 때 상황은 더 나빠진다. 당신이 다루고 있는 이 협상이 결렬된다면 당신에게는 재앙이 될 것이다. 당신은 이런 두려움 때문에 가치를 창조하거나 주장하는 것을 포기할 수도 있고, 협상을 조심스럽게 체계적으로 실행하려는 의지를 상실할 수도 있다.

당신은 이제 어떤 비용을 치르더라도 거래를 성사시키는데 초점을 맞추기 시작한다. 그러나 이런 상황을 탈피하기 위해서는, 현재의 상황에 대해서 조심스럽게 체계적으로 생각해보고, 지금까지 준비해왔던 방법론들을 다시 고려해 보아야 한다. 아마 불가능해 보이는 상황에서도 놀라운 성과를 올릴 수 있는 길이 있을 것이다.

협상가 상호간의 상대적인 힘이 갈등의 발전 방향을 알 수 있는 좋은 잣대가 될 수 있다. 다른 것들이 동일할 때, 힘이 불균형하다면, 더 힘 있는 당사자가 더 쉽게 자신의 목표를 달성할 수 있을 것이다. 협상에서 힘이 불균형하다는 것은 협력을 촉진하거나 양측의 욕구를 만족시키는데 위협이 될 수 있다. 우선 힘센 당사자는 약한 자의 욕구에 대한 관심이 적으며, 약자는 협상을 통합적으로 이끌 수 있는 입장에 있지 못하다. 통합적인 협상은 어떤 결과에 대한 통제를 포기하는 변화와 유연성을 요구한다. 그러나 약자는 상대방에게 줄 것이 적으며 그래서 유연성이 부족하다.[37] 그래서 약자가 강자를 상대할 때는 최소한 자신을 보호하고, 대안을 개선하며, 힘의 불균형을 조정하기 위하여 다음과 같은 점에 유의하여야 한다.

- **저항 점을 유지함** : 협상가는 실질적인 이해관계를 가지고 있다는 것을 마음에 새김으로서 자신을 보호할 수 있다. 협상은 그런 이해관계의 달성을 선호하는 접근이다. 그래서 강자에 대한 과도한 양보는 장기적인 면에서 바람직하지 않다. 약자는 자신의 저항 점을 기억하고 그것을 지키려는 노력을 하여야 한다. 저항 점은 수용 가능한 최저점을 명확히 제공한다. 그것이 통합적인 협상의 유연성을 저해하거나 정보교환의 가능성을 억제할 수는 있다. 그래서 약자는 자신의 최저 선을 보호할 필요가 있을 뿐만 아니라 다른 방법으로 자신의 이해관계를 달성할 수 있는 창의적인 접근방법을 열어 놓아야 한다.
- **대안을 개선함** : 많은 협상가들이 자신의 대안을 분명히 정의하지 않고 협상하는 실수를 범한다. 그렇게 중요한 준거점이 없다는 것은 협상가의 힘을 약화시키고 자신이 협상에서 얻을 수 있는 것을 제한한다. 협상이 시작한

37) Donohue, W. A., & Kolt, R., Managing Interpersonal Conflict, Newbury Park, CA: Sage, 1992.

후일지라도 협상가는 계속해서 자신의 대안을 개선해야 한다. 특히 강자와 협상할 때는 더욱 그렇다. 만약 상대방이 당신의 대안이 가치 있음을 알게 된다면, 자신의 대안이 생각한 것만큼 그렇게 좋지 않음을 알게 될 것이다. 협상가는 자신이 협상상황에 제공하는 독특한 면이 상대방에게 경쟁력으로 작용하고 있음을 알아야 한다.

➢ **힘의 불균형을 조정함** : 협상에서의 힘은 다양한 면을 가지고 있으며, 실질적인 힘보다는 인식에 의해서 좌우될 가능성이 있다. 따라서 다양한 힘의 원천을 조정함으로서 약자인 협상가가 힘을 추가로 얻거나, 강자가 힘을 포기하거나, 제3자의 도움으로 힘의 불균형을 조정할 수 있다.

4) 협상력의 강화

Malhotra & Bazerman(2007)은 협상력을 강화하기 위해 다음과 같은 전략을 제안한다.38)

약점을 노출하지 말자

만약 당신의 대안이 약하다는 것을 상대방이 알지 못한다면, 약한 대안을 가지고 있다는 사실이 끔찍한 문제는 아니다. 만약 당신의 대안이 약하다면, 그것을 노출하지 말라! 놀랍게도 많은 사람들이 이 조언을 유념하지 않는다. 사실상 그들은 약한 대안을 부주의하게 노출함으로서 나쁜 상황을 더 나쁘게 만든다. 상대방에게 "당신이 좋은 시간에 언제라도 만날 수 있습니다."라고 말할 때마다 당신의 약함을 노출하는 것이다. 당신의 일정이 유연하다는 것을 상대방에게 전할 수는 있지만, 상대방에게 대안 없이 매달리고 있다는 느낌을 주지 않으면서도 똑같은 메시지를 전달할 수 있다. 예를 들어서, "당신과의 미팅에 관하여 약간의 유연성을 가지고 있습니다." 라고 말할 수 있다. 당신의 약한 대안에 관하여 초점을 맞추고 스트레스를 받을 때, 마음을 가다듬고 약점이 덜 노출되는 언어를 사용할 필요가 있다.

---

38) Malhotra, D. K. & Bazerman, M. H., Negotiation Genius, New York: Bantam Book, 2007.

상대방의 약점을 지렛대로 삼자

당신은 약한 대안에만 초점을 맞추지 말고 상대방의 대안을 재평가 하여야 한다. 만약 상대방의 대안도 마찬가지로 약하다면, 당신의 약한 대안은 특별히 문제가 되지 않는다. 만약 양측이 모두 약한 입장에 있다면 어떤 일이 일어날까? 이것이 의미하는 바는 협상에서 합의의 영역이 크다는 것이다. 달리말해서, 양측이 합의에 도달할 때 많은 가치가 창조된다. 누가 이 가치를 더 많이 가져갈 것인가? 이 경우에는, 협상을 통해서 상대방의 약점을 더 부각시키는 쪽이 더 많은 것을 얻을 수 있다.

자신의 강점을 지렛대로 삼자

약자는 일반적으로 이렇게 말한다. "구매자는 거래 시마다 경쟁 입찰을 실시해서 가장 낮은 금액으로 결정한다. 그래서 여러 가지 이슈를 제안해서 가치를 창조할 수 있는 기회가 없다. 구매자는 나에게 가격을 더 낮추라고 하면서, 그렇지 않으면 경쟁자에게 가겠다고 말한다."

이런 협상가는 가격이라는 단지 한 가지 이슈에만 매달려 있는 사람이다. 당신이라면 이렇게 가격에만 관심이 있는 상대방에게 어떻게 가치를 부가할 수 있는 협상을 하겠는가? 이런 경우에, 당신이 밀리고 있는 종류의 게임을 바꾸지 않으면 이 상황에서 벋어나기는 어렵다. 협상에서 당신의 능력은 합법적으로 당신의 가치를 주장하는 것이다. 만일 당신이 가치를 키우거나, 이슈를 바꾸거나 확대하지 않으면, 상대방이 얻을 수 있는 것은 아무것도 없다. 그러면 당신의 제안은 상대방의 대안보다 좋지 않을 것이고, 왜 상대방이 당신하고 거래를 하려 할 것인가?

당신은 상대방의 눈에 띌 무언가를 제안해야만 하고, 그것이 가격일 필요는 없다. 당신은 더 좋은 품질과 더 질 높은 서비스, 좋은 평판과 강한 브랜드를 가지고 있을 수 있으며, 다른 자산을 경쟁자보다 더 효과적으로 제공할 수 있다. 명심할 것은 이것이 실질적인 것이어야 한다. 만약 당신이 그렇게 가치를 부가할 수 있는 요소를 거래에 포함시키면, 당신의 기대를 달성할 가능성이 높아진다. 만약 상대방이 그런 요소에 관심을 기울이지 않는다면, 다음과 같이 해보자.

- 요소가 혼합된 다수의 제안을 동시에 보내서 상대방의 주의를 끌자.
- 당신의 입찰가를 2순위에 들어가도록 충분히 낮추고 추가적인 협상을 하자.
- 상대방이 대리인을 통해서 거래한다면, 당신의 제안서 사본을 상대방에게 직접 보내자.
- 상대방에게 거래에서 얻을 수 있는 다양한 가치에 관해 브리핑하자.

상대방의 요구에 순응하면서 다른 것을 요구하자

만약 당신의 협상력이 매우 약하다면, 그것을 완전히 포기하는 것이 더 좋을 수 있다. 당신이 협상에서 상대방을 제압할 수 없다면 아주 단순히 상대방에게 도움을 청하자. 예를 들어, 당신이 간절히 취업을 원하는 회사에서 면접을 하고 있다고 생각해보자. 당신의 경력과 MBA 자격을 무기로 상대방에게 높은 급여를 요청하고 싶지만, 상대방은 조직의 지침을 가지고 있고 또한 많은 지원자들을 가지고 있다. 협상가들이 자신의 힘을 지렛대로 사용하려고 하면, 상대방도 그렇게 한다. 당신의 힘이 약할 때 무리한 공격은 당신에게 치명적이다. 그러나 당신이 협상에서 공격적으로 싸우려는 의사가 없음을 분명히 하면, 상대방도 입장을 부드럽게 할 것이다. 일단 상대방이 당신을 돕기로 생각하면, 상대방은 이 결정을 정당화할 방법을 찾을 것이다.

전체 사업에 기초해서 이번 협상을 생각하자

현재의 협상에만 초점을 맞추어서 선택하는 전략은 당신의 전체 포트폴리오를 위해서는 효과적이지 않을 수 있다. 만약 이번 한 번의 거래로 끝나는 협상이라면 당연히 현재의 협상에서 이겨야할 필요가 있다. 그러나 많은 거래들이 다수의 협상을 요구한다. 건물 재건축의 경우에 많은 손실을 감수하면서도 건물 철거를 수주한다거나, 백화점에 입점한 판매업체가 손실을 보면서도 백화점에서 영업을 하려는 경우를 생각해보자. 그들은 거래의 이익을 더 넓은 관점에서 계산하고 있는 것이다. 핵심은 당신이 협상의 전략을 생각할 때, 이번 협상에서의 약함과 강함보다는 당신의 전체 사업을 고려하는 것이다. 그럴 경우 당신은 상대방에게 더 많은 가치를 제공할 수 있으며, 그것이 장기적으로는 당신에게도 더 큰 이익이 되는 것이다.

연합을 구축해서 힘을 강화하자

당신의 고객이 같은 물건을 다른 많은 업체로부터 사들인다고 생각해보자. 당신은 약한 입장이지만, 당신의 경쟁자들도 마찬가지 입장일 것이다. 만약 당신의 직장 상사가 당신을 승진시킬 수도 있고 해고할 수도 있다고 생각해보자. 당신은 약한 입장이지만, 당신의 동료들도 마찬가지일 것이다. 당신의 국가가 약하기 때문에 국제협상에서 자신의 주장을 할 수 없는 약한 입장이라고 생각해보자, 마찬가지로 약한 국가들이 많이 있다. 다행스럽게도 협상에서 약한 입장에 있는 참가자들은 다른 약한 참가자들과 연합을 구성함으로서 힘의 균형을 전환할 수 있다. 그들은 이제 일대일의 경쟁에서 탈피해서, 집단으로 상대방과 협상할 수 있다. 경쟁보다 협력의 우월성이 발휘되는 것이다.

자신의 극단적인 약점을 지렛대로 삼자

만약 당신이 상대방에게 무엇인가 가치를 제공하고 있다면, 당신은 당신을 위해서 최소한의 가치를 주장할 수 있다. 극단적인 경우로서, 상대방이 너무 강하게 밀어붙이면, 그 자신도 잠재적으로는 손상될 수 있다는 사실을 상대방에게 알려라. 이렇게 말할 수 있다. “만약 당신이 너무 지나치게 밀어 붙이면, 나는 망할 것이고, 당신도 가치 있는 파트너를 잃게 된다.” 예를 들어, 거래관계에 있던 두 회사가 특허 문제로 소송을 벌이다가, 결과적으로 양측 모두에게 손해가 됨을 깨닫고 합작투자 등 협력의 관계로 돌아서는 경우이다. 국제관계에서도 가끔 볼 수 있는 벼랑 끝 전술이 이에 해당한다. 협상에서는 가끔 힘이 없음을 보여주는 것이 반대의 결과를 가져올 수 있다.

상대방의 힘의 원천을 역이용하자

미국에서는 한때 낙태수술에 반대하는 집단에 의한 데모가 성행한 적이 있었다. 데모대들은 병원 앞에 피켓을 들고 모여서, 낙태를 원하는 임산부들에게 수치심을 유발시켰다. 이런 데모는 매우 잘 진행되었고, 낙태수술 병원들은 큰 곤경에 처하였다. 이런 적대적인 반대자들에 대항하기 위해 고심하던 병원들은 매우 창의적인 전략을 개발하였는데, 일명 “피켓에 대한 약속”이다. 병원들은 낙태를 지지하는 사람들에게 이런 어려움을 호소하고 기부를 요청하였다. 예를 들어, 피켓을 들고 데모를 하는 한 사람당 $1을 모금하는 것이다. 즉, 100명이 데모를 하면 $100이 모이는 것이다. 어느 병원에서는 "낙태 반대자들조차도 낙태를 지원 한다"는 표지를 붙였다. 결국 창의적인 아이디어가 낙태 반대자들의 데모를 이긴 것이다.

이것이 의미하는 바는, 서로의 강약을 인식하는 것만으로는 충분하지 않으며, 그 강약의 원천을 이해해야만 한다는 것이다. 낙태수술 병원들은 반대자들의 힘의 원천이 병원 앞에 시위대를 모으는 것임을 파악하고, 이에 대응할 수 있는 전략을 개발하였다. 당신은 동일한 원칙을 모든 종류의 협상에 적용할 수 있다. 만약 당신이 힘센 상대방을 맞이해서 두렵거나, 그의 부당한 요구를 거절하는 것이 조심스럽다면, 상대방의 힘의 원천이 무엇인지를 생각하라. 지피지기면 백전백승이라는 말이 바로 여기에 해당한다.

여기서 제안한 모든 전략들은 한 가지 중요한 통찰에서 비롯된다. 약한 입장에 처하는 것이 가끔은 피할 수 없는 사실이지만, 체계적인 준비와 사려 깊은 전략을 수립하는 근본을 지렛대 삼으면 효과적으로 협상할 수 있다는 것이다. 불행하게도 많은 협상가들이 자신을 약하게 만드는 요소에 집착함으로서 약함의 문제를 증폭시킨다. 이것이 의미하는 바는, 약점을 무시하라는 것이 아니고, 아무것도 할 수 없다고 생각하거나, 강점을 간과하지 말라는 것이다. 당신이 스스로 약하다고 생각하면, 약하게 행동할 수밖에 없다. 당신은 높은 목표를 세울 수도 없고, 상대방에게 자신 있게 요구할 수도 없으며, 상대방보다 더 많은 양보를 하게 되고, 시간이 흐를수록 더욱 더 약해질 것이다. 숙련된 협상가들은 자신의 약점을 인식하고 그것을 완화하려는 노력을 한다. 그렇게 함으로서 협상가들은 자신의 강점에 초점을 맞추게 되고, 상대방의 약점을 간파하면서 체계적인 준비를 하고, 자신의 입장을 개선하면서 협상한다. 협상의 마지막 순간까지!

5) 사례 : 약자의 역발상

1912년의 미국 대통령 선거에서 루즈벨트는 투표일을 3일 앞두고 미국 전역을 돌며 대규모 유세를 하기 위해 홍보 포스터 3백만 장을 인쇄하였다. 포스터에는 루즈벨트가 다정하게 웃고 있는 사진과 함께 "Confession of Faith"라는 연설문이

실려 있어서 선거에 결정적인 역할을 할 것으로 기대되었다. 그런데 선거 참모들이 인쇄된 포스터를 마지막으로 살피던 중 사진 아래에 “Moffett Studios, Chicago”라는 작은 글씨를 발견하였다. 이 사진의 지적재산권이 사진관에 있는 것이다. 만약 이 사진을 Moffett Studios의 허락 없이 사용한다면 장당 $1의 비용을 지불해야 하며 그렇지 않을 경우, 지적재산권 무단 사용으로 소송을 당할 수 있다.

문제는 3백만 부의 포스터를 다시 인쇄할 시간적 여유가 없으며, 선거 캠프는 $3백만의 비용을 지불할 만큼 자금을 가지고 있지도 않았다. 더욱이 불리한 상황은 사진관은 현재 경제적으로 어려워서 돈이 상당히 중요한 이해관계를 지니고 있다. 또한, 미국 같이 준법정신이 중요시되는 사회에서 만약 상대편 진영이 이 사실을 알고 루즈벨트를 공격하면 당락에 까지 영향을 미쳐서 대선 자체를 그르칠 수도 있다. 당황한 대선캠프의 참모들은 다음과 같은 의견을 제시하였다.

- **인간적 호소방법** : Moffett Studios에 전화해서 실수를 솔직히 인정하고 사정을 하여 사진사용에 대한 승인을 얻는다.
- **금전적 해결방법** : 상황이 다급하니 전화를 해서 충분한 경제적 보상을 약속하고 사진사용 승인을 얻는다.

그러나 이 두 가지 방법 모두 그렇게 좋은 해결책이 아닌 것으로 판단되어 캠페인 매니저인 협상전문가 조지에게 도움을 요청하였다. 조지는 어떻게 이 난관을 돌파할까?

해결을 위한 힌트

- 상대방의 잠재적 이해관계를 생각하라.
- 상대방의 대안을 생각하라.
- 자기 자신의 문제에 구속되지 말라, 상대방의 상황인식이 중요하다.
- 협상테이블에 마주 앉지 않고도 해결할 수 있다.
- 상대방이 당신의 방법을 택하도록 하라.

5. 게임의 전환

협상을 진행하면서 자신이 약자의 입장에 있음을 느끼는 경우는 대단히 많다. 그러나 그에 못지않게 강자의 위치에 있으면서도 상대방의 완고한 저항으로 인해 협상이 계획대로 진행되지 않는 경우도 많다. 협상은 상호작용하는 상대방이 있는 게임이라서 원칙대로 움직이지 않는다. 모든 행동에는 반응이 있으며, 반응은 동일하거나 반대이거나 계획되어있지 않다. 이 반응은 예상치 못한 곳에서 올 수도 있다. 상대방이 당신의 행동에 대하여 어떻게 반응할 것인지를 분석하기 위해서, 가능한 한 모든 상대방의 반응 가능성에 대하여 준비하여야 한다. 당신은 협상의 저 멀리 앞을 바라보면서, 오늘의 행동이 원하는 결과를 이끌고 있는 것인지를 되돌아보아야 한다.[39]

1) 게임전환의 방법

당신은 협상에서 당신이 투입하는 것보다 더 많은 것을 얻을 수는 없다. 결국 협상에 참여하는 당사자들은 자신들이 창조한 가치의 범위 내에서 분배받는 것이다. 많은 사람들은 협상을 이기적인 것으로 생각하고 자신의 입장에 초점을 맞춘다. 그러나 협상의 주된 통찰은 상대방에게 초점을 맞추는 것이다. 앞을 바라보면서, 합리적으로 후퇴해야 한다. 당신은 상대방이 나에게 무엇을 제공할 수 있는지를 물을 것이 아니라, 내가 상대방에게 제공할 수 있는 것이 무엇인가를 생각해야 한다.

승－승의 전략을 찾는 것은 여러 가지 이점이 있다. 첫째, 거기에는 새로운 기회를 발견할 수 있는 커다란 잠재력이 있다. 둘째, 상대방이 항복하라는 압력을 받지 않기 때문에, 그들로부터 오는 저항이 적어지고, 그들의 실행을 더 쉽게 만든다. 셋째, 상대방이 보복하려는 생각을 갖지 않기 때문에, 협상이 더 안정적으로 유지된다. 마지막으로 승-승의 결과는 모두에게 이로울 뿐, 해롭지 않다.

게임의 전환을 위해서 협력과 경쟁의 방법 모두에 대해 생각해야 한다. 두 가지 가능성을 마음에 새기는 것은 승-패의 전략이 손실을 초래하기 때문에 중요

39) Dixit, A., & Nalebuff, B., Thinking Strategically: The Competitive Edge in Business, Politics, and Everyday Life, New York: W. W. Norton, 1991.

하다. 예를 들어, 시장점유율을 높이기 위해서 일반적으로 사용하는 가격인하 전략을 생각해보자. 비록 일시적으로는 이익을 얻을 수 있지만, 상대방이 손실을 만회하기 위해서 동일하게 가격을 낮추면, 결국 시장점유율은 원위치 되고 가격만 낮아진다. 이런 시나리오는 모두에게 해로운 것이다. 복잡하고 모호한 상황에서 게임의 유리한 전환을 위해 협상가들은 다음과 같은 고도의 상황대응 능력을 갖추어야 한다.[40]

- **패턴의 인식** : 복잡하고 혼동되는 협상상황에서 활동적인 패턴을 보는 능력. 전문 바둑/체스 기사처럼 유능한 협상가는 관련 없이 떠도는 것을 여과하고, 위협과 기회를 대표하는 요소들의 배치를 볼 수 있어야 한다.
- **미래를 내다봄** : 유망한 행동 경로를 신속히 생각하고 미래의 적시에 상상력으로 모사해낼 수 있는 능력. 유능한 협상가는 이런 방법으로 상대방의 대응을 예상하고, 유망한 행동 순서를 개발하며, 잠재적 가능성을 생각하고, 발전적으로 필요한 계획을 개선하거나 폐기한다.
- **병렬적 진행** : 유능한 협상가는 과정의 진보를 관찰하고 만들어내면서, 협상의 실질적인 이해관계를 유지한다.
- **신속한 대응** : 시간적인 압박 하에서 가능한 옵션을 신속히 개발함. 유능한 협상가는 먼 미래에 사용될 자세한 계획을 세우기보다는, 바로 앞을 내다보면서 전략을 설계하고 사건이 발생할 때 신속하게 조정한다.
- **반영적 행동** : 유능한 협상가는 긴장과 어려운 진행 속에서, 무엇이 발생하고 왜 발생했는지를 숙고하고, 그리고 적절히 전략을 조정한다.

40) Watkins, M., Shaping the Game: The New Leader's Guide to Effective Negotiating. Boston: HBS Press, 2006.

[그림 7-1] 게임의 전환

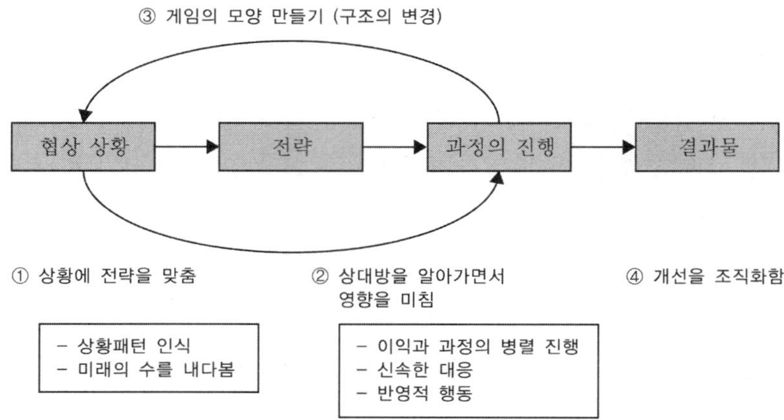

협상장에서 약자의 입장을 느낄 때, 이런 상황대응 능력을 갖추고 있는 유능한 협상가라면 협상이라는 게임을 유리한 방향으로 전환시킬 수 있다. 그런데 이런 게임의 전환은 협상장에서만 이루어지는 것은 아니다. 협상이 진행되지 않는 협상장 밖에서도 협상장과 똑 같이 상황을 유리한 방향으로 전환할 수 있다. 게임의 전환을 위해서 협상가들이 숙고해야 할 사항들을 검토해 보자.

〈표 7-4〉 게임전환을 위한 숙고

구분	현재의 게임	게임의 전환
	배우고 영향 미치기	구조를 협상하기
협상장 안에서	• 상대방이 필요하고 원하는 것에 관하여 더 알 수 있나? • 상대방의 핵심 동력과 저항 점에 관하여 분명히 아는가? 더 명확히 하기 위하여 얻을 것이 있는가? • 당신의 우선순위에 관하여 적절한 양의 정보를 상대방과 공유하고 있나? 상대방은? • 이해관계에 관한 틀이 효과적으로 짜여 있나? • 당신의 입장과 양보는 합리성에 의해 지지되는가? 상대방은? • 상대방의 인식에 대해 효과적으로 영향을 미치고 있는가?	• 연결가치를 더 만들기 위해 안건을 다듬거나 확대할 필요가 있나? • 병렬적으로 다루기 위해서 안건을 분할할 필요가 있는가? • 제3자를 개입시키거나 그를 통해서 설득하는 것이 필요한가? • 원칙적인 논의로 되돌아가거나 과정을 재협상할 필요가 있나? • 상호간에 마감시간을 정하는 것이 전환점을 만드는데 도움이 되나?

구분	현재의 게임	게임의 전환
	준비와 계획	일방적으로 게임변경하기
협상장 밖에서	• 상황에 대해 분명한 관점을 가지고 있나? • 충분한 준비를 하였나? • 추가적인 비용 효과적 정보를 얻어야 하나? • 누가 결과에 영향을 미치고, 그들의 이해관계와 대안이 무엇인지 아는가? • 유망한 안건이 있나? • 장애를 일으킬 수 있는 연계가 있나? • 전환점을 만들 수 있는 동력이 있나?	• 일방적으로 유리한 구조로 전환할 수 있는 기회가 있나? • 강한 대안을 만들 수 있는 모든 노력을 하였나? • 당신의 목적 추진에 도움이 되는 제3자를 개입시킬 가능성이 있나? • 유리한 연계를 만들 수 있는 기회가 있나? • 지원연합을 구성하고 반대연합을 피할 수 있는 모든 노력을 하였나? • 행동을 강요하는 사건을 통해서 전환점을 만들 기회가 있나?

게임의 전환을 위해서 가치를 증가시키거나 바꿀 수 있는 여러 가지 요소들 중에 참가자, 이슈, 인식, 범위의 4가지 요소들을 구체적으로 검토해보자.

참가자의 변경

세계적인 콜라 메이커인 코카와 펩시는 저칼로리의 달콤한 맛을 내는 아스파탐을 몬산토로부터 공급받고 있었다. 아스파탐은 몬산토가 특허를 가지고 있는 독점상품으로서 그들 수익의 70%를 창출하고 있었다. 몬산토의 특허가 거의 끝나갈 무렵, 유럽의 HSC라는 회사가 유사 아스파탐을 출시하였다. 몬산토는 경쟁자의 시장진입을 막기 위해서 대폭적인 가격인하와 거래처에 대한 단속으로 대처하였다. 이에 대해 HSC는 고객 접근이 가능하도록 법원의 제소를 통해 대응하였다. 이런 상황에서, 코카와 펩시는 유사 아스파탐으로의 전환은 전혀 고려하고 있지 않았다. 코카는 New Coke의 실패를 잊을 수 없으며, 두 경쟁자가 시장의 주도권 싸움을 하고 있는 상황에서, 그동안 소비자의 입맛을 충족해온 몬산토 아스파탐의 교체를 생각하는 것은 불가능하였다. 그러나 코카와 펩시는 HSC를 새로운 공급원으로 받아들였다. 아스파탐을 새로운 것으로 교체하려는 목적이 아니고, 몬산토에 경쟁체제를 만들기 위함이었다. HSC의 존재 이전과 이후를 생각해보면, 당신은 협상 참가자의 변경이 어떤 결과를 초래할지 짐작할 수 있을 것이다.

가치의 변경

협상에 참가하는 당사자가 고정된 것이 아니듯이, 협상에 걸려있는 가치도 고정되어 있다고 생각해서는 안 된다. 당신은 당사자들에게 첨가되어 있는 가치를 변경할 수 있다. 가치를 변경하는 방법은 상식적으로 자신의 가치를 증대하거나, 상대방의 가치를 낮추는 것이다. 당신은 상대방의 요구에 맞추어서 상품을 제작하거나, 자원을 더 효율적으로 사용하거나, 상대방의 비용을 줄여줄 수 있다. 이런 전략들을 간과해서는 안 된다. 자신에게 첨가되어 있는 가치를 증대하는 것은 매우 자연스러운 일이다. 당신이 지금 친구들과 카드 게임을 하고 있다고 가정해보자. 당신은 20개의 검은색 카드를 가지고 있고, 다른 친구 20명은 각각 1개씩의 붉은색 카드를 가지고 있다. 이 게임은 검은색 카드와 붉은색 카드가 짝을 이루면 $10을 받게 된다. 당신과 친구들 간에 게임이 어떻게 진행될지 생각해보자. 당신은 붉은색 카드를 가진 각각의 친구들과 $5씩 나누는 것이 자연스럽다. 만약 짝을 이루지 못하면 얻는 것은 없기 때문에, 당신과 친구들 간의 상호의존도는 동일하다. 이 경우 어떻게 게임을 바꾸면 당신의 이익을 증가시킬 수 있을까? 당신이 만약 3장의 카드를 소각해버린다면 어떤 상황이 발생할까? 이제 친구들 중 3명은 아무것도 얻을 수 없게 될 것이고, 당신의 가치는 그 이상 올라갈 것이다. 당신은 이제 $5 대신에 $7이나 $8을 요구해도 무방할 것이다.

인식의 변경

1994년에 뉴욕에는 뉴욕 포스트와 데일리 뉴스, 두 신문이 경쟁하고 있었다. 머독이 운영하는 뉴욕 포스트는 가격을 40센트에서 50센트로 인상하였다. 반면에 데일리 뉴스는 가격을 40센트로 유지하면서 고객을 흡수하고 있었다. 머독은 이런 상황이 오래가지는 않을 것으로 보았지만, 문제는 데일리 뉴스가 아무런 문제를 느끼지 못하는 것이었다.

머독은 상대방의 인식을 깨우치기 위해서 가격을 40센트로 환원하는 대신에 한 가지 작전을 구사하였다. 그는 작은 지역을 선택해서 시험적으로 25센트의 가격인하를 단행하였다. 당연히 그 지역의 데일리 뉴스 고객은 급격히 뉴욕 포스트로 이동하였다. 그럼에도 데일리 뉴스로부터 어떤 반응이 없자, 머독은 2단계 작

전을 구사하였다. 뉴욕에서도 가격이 25센트로 인하될 것이라는 소문이 돌았다. 이것은 데일리 뉴스에게는 재앙이었다. 25센트의 가격전쟁은 막대한 손실을 감수해야만 하는 것이었다. 당황한 데일리 뉴스의 경영진은 마침내 가격을 50센트로 인상하였다. 머독은 결코 25센트로의 가격인하를 고려하지 않았다. 그는 단지 상대방이 자신의 의도에 따르도록 상대방을 깨우친 것이다.

범위의 변경

시장에서 단순하게 물건을 사고파는 경우를 제외하고는, 단일한 거래로 끝나는 협상은 많지 않다. 협상은 시간이 지나면서, 또는 공간을 이동하면서 다른 협상으로 연결된다. 이 협상이 다른 협상과 연결될 수도 있고, 오늘의 협상이 내일의 협상과 연결될 수도 있다. 당신은 협상의 범위를 바꿀 수 있다. 다른 협상과 연결시켜서 범위를 넓힐 수도 있고, 다른 협상과의 연결을 끊음으로서 범위를 좁힐 수도 있다. 신축건물의 수주를 위해서 철거비용을 싸게 하거나, 북한이 미국과의 관계개선을 위해서는 남한과의 관계를 먼저 개선해야 한다는 것이 이런 예에 해당한다.

게임을 바꾸는 것은 쉬운 일이 아니다. 우선 게임을 바꿀 수 있다는 마음가짐이 중요하다. 게임을 받아들이는 것이 아니라, 게임을 만들어 가는 것이다. 두 번째는 상대방의 비용으로 게임을 바꾼다는 마음에서 벗어나는 것이다. 협상의 통찰력은 상대방의 이익을 증대시킬 수 있는 창의력을 발휘하는 것이다. 세 번째는 게임을 바꾸는 것을 당신만이 할 수 있다는 생각을 버려야 한다. 누구나 모방할 수 있고, 모방은 좋은 것이다. 마지막으로 시야를 넓게 가져야 한다. 당신은 보는 것만 알 수 있다. 당신을 도와줄 사람을 간과해서는 안 된다.

2) 비합리적인 상대방에 대한 대응

이런 노력에도 불구하고, 협상가들은 다양한 개성을 지니고 있으며, 문화적 차이와 인식의 차이로 인하여 게임의 전환이 어려울 경우도 있다. 만약 당신이 여러 가지 차이로 인하여 비합리적이라고 생각되는 사람과 협상하고 있다면 어떻게 할 것인가?

우선 당신이 조심스럽게 생각해야 할 일은 상대방을 비합리적이라고 판정하지 않는 것이다. Robert J. Aumann[41]은 2005년도 노벨경제학상 수상식 연설인 “War and Peace”에서 갈등을 대하는 방식에 대한 제고를 요청한다. 우리는 지금까지 지역적인 갈등이나 분쟁에 대하여 어떻게 해결할 것인가에 대해서만 생각해왔다. 그리고 전쟁에 대하여는 비합리적인 행동이라고 치부해왔다. 그러나 인류 역사상 전쟁만큼 지속적인 것은 없으며, 그것은 하나의 현상이다. Aumann에 의하면, 전쟁은 역사적으로, 사회적으로 그리고 심리적으로 합리적이다. 왜냐하면, 주어진 정보 하에서 인간이 행하는 행동은 그에게 최상의 이해관계에 속하기 때문에 합리적이라는 것이다. 그래서 우리가 비합리적이라고 생각하는 상대방의 행동이 사실은 대부분 합리적이라고 볼 수 있다.

상대방이 비합리적이라고 보일 때, 그들은 사실상 정보가 없을 수도 있다. 만약 당신이 상대방에게 그들의 진정한 이해관계에 대해서, 그들 행동의 결과에 대해서, 당신 대안의 강점에 관해서 정보를 제공할 수 있다면, 상대방이 더 좋은 결정을 할 가능성이 매우 높다. 예를 들어, 만약 당신의 조건이 최상의 이해관계에 속한다고 생각하는 제안에 대하여 상대방이 거절한다면, 그가 비합리적이라고 가정해서는 안 된다. 그 대신에, 왜 그 제안이 그의 최상의 이해관계에 속하는지를 이해시키도록 노력해야 한다. 상대방은 단순히 오해했거나 중요한 정보를 무시했을 수도 있다.

많은 협상에서 숨겨진 제한사항이 문제가 되는 경우가 있다. 스포츠 구단이 경쟁자의 제안과 동일한 연봉 인상에 실패함으로서 스타 선수를 놓칠 때, 그 구단이 비합리적으로 행동하고 있는 것이 아니다. 그것은 오히려 그 구단에서 시행하고 있는 연봉 차등화에 대한 규정의 제약에 의한 것일 수 있다. 비슷하게, 협상의 상대방이 합리적인 작은 양보에 의해서 거래를 성사시킬 수 있음에도 그렇게 하려는 의지가 없는 것으로 보일 때, 그를 어리석다고 생각하거나, 비합리적이라고 생각해서는 안 된다. 그는 포괄적인 협상을 하기 위한 권한이 없을 수도 있다. 만약 그가 심하게 제약을 받고 있다면, 당신은 더 큰 결정 권한을 가진 사람과 협상하려고 노력해야 한다. 협상에서는, 다양한 제한사항이 존재한다. 상대방은 변호사의 자문에 의해 제한될 수도 있고, 위험한 전례를 만든다는 두려움에 의해서

41) Aumann, R. J., "Nobel Prize Lecture" at the Royal Swedish Academy of Sciences in Stockholm, 2005.

제한될 수도 있으며, 시간제약이나 다른 사람에게 해왔던 약속에 의해서 제한될 수도 있다. 협상가들은 이런 제한사항을 발견하려고 노력해야 한다. 그리고 상대방을 비합리적이라고 치부할 것이 아니라, 오히려 상대방이 그것을 극복하도록 도와야 한다.

협상가들은 가끔 상대방의 제안이 불공정하다고 생각하기 때문에 거절한다. 상대방은 당신을 싫어하기 때문에 거절할 수도 있고, 당신의 제안이 뚜렷한 이점이 없기 때문에 거절할 수도 있다. 이런 사람들은 비합리적인 것이 아니다. 그들은 단순히 당신이 충족시켜주지 못하는 욕구와 이해관계를 충족하려는 것이다. 상대방이 비합리적인 것으로 보일 때, 협상가들은 그를 실없는 사람으로 치부해선 안 된다. 그 대신에, 무엇이 상대방을 그렇게 행동하도록 자극하고 있는지를 조사하고, 그의 모든 이해관계에 관하여 조사해야 한다.

상대방을 쉽게 비합리적이라고 판단하는 협상가는, 그렇게 함으로서 잠재적으로 큰 손실을 초래할 수 있다. 당신이 비합리적이라는 단어를 사용할 때, 상대방에게 할 수 있는 말이 많지 않기 때문에 옵션 개발에 제한을 받는다. 당신은 상대방을 믿기 어렵게 되고, 상대방의 이해관계를 충족시키려는 관심이 줄어들면서, 효과적으로 협상하는 것이 어려워진다. 당신의 옵션은 상대방을 합리적이라고 인식할 때 크게 증대한다. 상대방은 단순히 정보가 없는 것이며, 제한을 받고 있고, 당신이 열중하지 않았던 이해관계에 집중하고 있는 것이다. 이미 알고 있는 것처럼, 당신이 더 많은 옵션을 가지고 있으면 더 효과적으로 협상할 수 있다.

3) 최후통첩에 대한 대응

그러나 만약 상대방이 비합리적인 요구를 하면서 최후통첩과 같은 위협적인 행동을 할 경우에는 어떻게 해야 할까? 당신은 아마도 다양한 의문이 떠오를 것이다. 이것이 진정한 최후통첩일까, 아니면 단순한 협상전술일까? 상대방이 계속 비합리적인 요구로 압박을 할까, 아니면 작은 양보를 바라는 것일까? 상대방에게 화난 것처럼 보여야 할까, 아니면 차분하게 보여야 할까?

협상에서 거친 전술을 사용하는 협상가들이 일으키는 문제 중의 하나가 최후통첩이다. 최후통첩은 아마도 저항하는 상대방을 복종하게 만들거나 양보를 강요하는 시도이다.[42] 최후통첩은 전형적으로 세 가지의 구성요소를 가지고 있다.

① 요구, ② 복종이 요구되는 긴급함을 유발하는 시도, ③ 만약 복종하지 않으면 처벌하겠다는 위협. 예를 들어, 특정한 형태의 최후통첩은 "폭파한다는 제안"이다. 여기서 제안자는 상대방에게 "당하거나, 잃는" 패배의 딜레마를 제시한다. 폭파한다는 제안은 상대방에게 하기 싫거나 또는 아무것도 없이 위험을 감수해야 하는 결정을 강요하면서 거기에 첨부된 마감시간이나 특정한 시간제한을 가지고 있다.43) 이런 제안들은 다음과 같은 몇 가지 다른 구성요소들을 가지고 있다.

- 당사자 간의 분명한 비대칭 파워
- 수신자의 믿음을 시험하는 압력
- 제한된 수의 옵션
- 수신자가 취하는 제안자에 대한 고려와 존중의 결핍
- 제안자가 행하는 명백한 선의의 결핍

이런 종류의 최후통첩이 지니는 전략적 논리는, 상대방이 궁극적으로는 좀 더 공정한 결과를 만들 수 있는 협상을 일찍 끝내도록 조기에 합의를 강요하는 시도이다. 그것은 또한 다수의 경쟁력 있는 제안들 중에서 비교 선택할 수 있는 협상가의 능력을 제한하는 효과를 지닐 수 있다. 이런 취하거나 말거나(take-it-or-leave-it) 전술은, 협상에 실패하기 보다는 무엇이라도 취해야 하는 상황에서는 성공할 수도 있다. 그러나 최후통첩을 포함하는 갈등은 심각한 행동과 대응을 통해서 갈등이 증폭되는 문제에 빠질 수 있다. 최후통첩에 대한 대응은 단순히 공정성의 문제를 넘어서는 것이다.

이런 최후통첩의 사용으로부터 초래되는 불행은 당사자 간의 향후 거래에서 오점이 될 수 있다. Robinson(1995)이 개발한 최후통첩에 대응 가능한 한 방법은 "멀리 미루는 계략(far-point gambit)"이다. 이 대응의 성공은 "네, 그러나……"라고 말하는 능력에 달려 있다. 그러나 최후통첩이 처음에 제시되었을 때는 이 방법보다는 더 합리적인 접근을 하여야 한다. 최후통첩에 대해서 솔직해야 한다.

42) Kramer, R. M., Shah, P. P., & Woerner, S. L., "Why Ultimatums Fail: Social Identity and Moralistic Aggression in Coercive Bargaining." In R. M. Kramer & D. M., Messick (Eds.), Negotiation as social process (pp.285-308). Thousand Oaks, CA: Sage, 1995.

43) Robinson, R. J., "Defusing the Exploding Offer: The Fairpoint Gambit." Negotiation Journal, 11, 1995, pp.389-404.

상식적이고 합리적인 대응제안을 하거나, 제안자를 공동의 문제해결에 개입시키려는 시도를 해야 한다. 만약 그것이 실패하면, 폭파한다는 제안을 끌어안음으로서 그것을 완화할 수 있다.[44] 그것은 어떤 한정된 사건이나 조건에 따라서 최후통첩에 잠정적으로 동의하는 것이다. Robinson은 멀리 미루는 계략을 다음의 세 가지 조건이 충족될 때 사용해야 된다고 조언한다.

- 제안자가 비윤리적으로 행동하거나 합리적인 시도를 무시한다고 인식될 때
- 대응하는 자가 기본적인 제안에 솔직히 관심이 있지만 그것을 고려하기에는 시간이 더 필요할 때
- 거래에서 욕구가 명확한 중심적인 이슈일 때

이런 비합리적인 위협이나 최후통첩을 다루기 위해 다음과 같은 전략을 생각해보자.

위협을 무시하자

쿠바 미사일 위기 때 미국의 케네디 대통령은 소련의 위협을 무시하는 전략을 사용하였다. 위기가 고조되는 동안, 그는 24시간 이내에 2개의 다른 메시지를 후루시초프로부터 받았다. 하나는 매우 공격적으로, 소련의 쿠바 미사일 철수 대가로 터키에서 미국 미사일의 철수를 요청하고 있었다. 다른 한 메시지는 부드럽게, 미국이 쿠바의 봉쇄를 풀고 쿠바를 침공하지 않는다고 약속 하는 조건으로, 소련이 쿠바 미사일을 철수하겠다는 제안을 하고 있었다. 케네디는, 강한 공격적인 메시지가 실질적인 대화를 촉진하기 보다는 세계로부터 소련의 체면을 살리기 위해서 기안된 것이라고 생각하였다. 케네디는 공격적인 메시지는 무시하고, 부드러운 메시지의 조건에 동의하였다.

일반적으로, 부드러운 메시지가 포함되지 않았을지라도, 상대방의 최후통첩을 무시하는 것은 가능하다. 상대방이 "이것이 당신에 대한 최종 제안이오, 수용하든지 포기하든지 하시오."라고 최후통첩 할 때, 다음과 같은 답변을 고려해보자. "우리가 논의해온 이슈에 관하여 당신이 더 이상은 양보하기 어렵다는 것이 분

44) Robinson, R. J., 1995.

명한 것처럼 보입니다. 나는 당신이 거래의 다른 면에 관해 초점을 맞추고, 모든 요소들이 협상테이블에 오른 시점에 이 점을 다시 한 번 생각해보길 제안합니다." 이런 제안은 상대방의 최후통첩을 무시하면서 상대방의 상태를 부드럽게 하는 효과가 있다. 그래서 이것이 미래의 장애가 되지 않으면서 실질적으로 상대방의 추가적인 양보를 가능하게 할 수 있다.

추가적인 위협을 중립화 시키자

상대방의 공격을 사전에 대처하는 것도 유용한 전술이다. 예를 들어, 상대방이 협상의 마지막 단계에서 거래의 구조를 바꾸려는 움직임을 보인다면 당신은 당황스러울 것이다. 이런 경우, 당신은 상대방이 이 이슈를 제기하기 전에, 먼저 그들을 위해 문제를 제기함으로서 당신의 입장을 강화할 수 있다. "우리는 회사의 정책이나 기타 조직적인 장애들이 거래의 마지막 순간에는 합리적인 변화조차도 어렵게 만든다는 것을 이해합니다. 그러나 우리는 당신과 함께 방법을 찾음으로서 이런 변화를 만들고 싶습니다. 우리는 또한 시장에서 통용되는 기준으로 합의에 도달하기 위해 협상을 계속하는 것이 가장 중요하다는 점에 당신이 동의하기를 희망합니다." 당신이 이렇게 상대방의 관심사에 대해 먼저 거론하면, 그들은 당신에 대한 적대감의 정도를 낮출 것이며, 당신이 자신들의 관점을 이해 못한다는 주장을 하지는 못할 것이다.

상대방의 위협이 신뢰성이 없다면 그 사실을 알리자

만약 상대방의 위협이 신뢰할 만하지는 않지만, 그러나 완전히 무시하거나 사전조치를 취하기가 불가능하다면 어떻게 대응해야 할까? 가능한 한 긍정적인 어조로, 당신이 상대방의 이해관계와 제약을 모두 알고 있기 때문에 그런 위협이 신뢰성이 없음을 상대방에게 알리자.

6. 협상의 교착과 타개

협상을 정상 궤도에 되돌려 놓으려는 당신의 모든 노력에도 불구하고, 상대방은 여전히 한 치의 양보도 없이 움직이지 않는다. 이 상태로는 합의가 불가능하고, 당신도 더 이상의 양보는 고려할 수 없는 상황이다. 이제 갈등은 증폭되고 있으며, 서로의 동기나 의도를 의심하는 지경이 되고 있다. 심지어 상대방은 특정한 결과를 성취하기 위해서 당파적인 전술까지 사용하고 있다. 그러나 협상이 깨어지도록 경쟁적이 되는 것은 바람직한 일이 아니다. 협상이 해결되기 어려워지는 특성은 무엇일까? 몇 가지가 잘못될 수 있다.

1) 협상의 교착

여기서는 해결되기 어려운 협상을 폭넓게 교착이라고 정의하겠다. 교착은 명백하게 쉽거나 빠른 해결책이 없는 갈등의 조건이나 상태이다. 교착상태에 빠지면, 당사자들은 열망이나 기대를 만족시키는 거래를 만들기 어렵다. 이런 교착상태를 해결하기 위해서는 우선 교착의 성격에 대해 알 필요가 있다.

- **교착은 필연적으로 나쁘거나 파괴적이지 않다** : 협상이 교착될 수 있는 여러 가지 이유가 있고, 거기에는 가끔 가능한 해결책이 인지될 때까지 교착상태를 선택하는 좋은 이유도 있다.[45)]
- **교착은 영구적이지 않다** : 교착은 갈등이 현재의 내용이나, 맥락, 과정, 또는 참가자로는 해결할 수 없음을 의미하는 협상의 상태이다. 그래서 만약 내용, 맥락, 과정, 사람이 어떤 방법으로 변경된다면 협상은 교착으로부터 움직여서 해결될 수 있다.
- **교착은 전술적일 수도 있고, 진실일 수도 있다** : 전술적 교착은 당사자들이 의도적으로 상대방이 양보하도록 압력을 가하거나 지렛대를 얻기 위한 방법으로 협상의 진행을 거부할 때 발생한다. 이런 종류의 비타협적인 태도는 일방이나 양방이, 거래에서 즉각적인 수익을 얻는 것이 미래의 더 우호적인

---

45) Mayer, B., The Dynamics of Conflict Resolution. San Francisco: Jossey-Bass, 2000.

조건보다 더 좋다고 믿는 갈등상태에 있을 때 발생한다.46) 반면에, 진짜 교착은 당사자들이 그들에게 중요한 어떤 희생 없이는 앞으로 움직일 수 없다고 느낄 때 발생한다. 통상적으로, 분쟁당사자들은 이런 종류의 교착이 그들의 통제를 벗어나는 것이고, 그들이 수용할 수 있는 선택은 없다는 느낌을 경험한다.47)

➢ **교착 인식은 사실과 다를 수 있다** : 전술적인 것과 진짜 교착의 차이는 사실보다는 오히려 인식일 수 있다. 그러나 그것이 인식이라 할지라도, 그들이 교착상태에 있다고 믿는 당사자들에게는 충분히 사실이 될 수 있다. 교착의 인식은 상대방으로부터 양보를 끌어내려는 비타협적인 협상가에 의해서 만들어질 수 있다. 비타협은 양보의 입장으로 움직이지 않으려는 당사자의 의지로 정의될 수 있다. 협상에서 그런 완고함은 만약 합의가 보장된다면 단기적인 수익을 얻을 수 있지만, 그러나 완고함은 완고한 대응을 부르고 합의에 실패할 수 있다.48)

교착을 야기하는 근본적인 실수

협상가들은 의도하거나 또는 의도하지 않거나, 협상의 교착 가능성을 증가시키는 실수를 할 수 있다. Sebenius(2001)는 협상가들이 협상과정을 이탈해서 결과적으로 교착을 야기하는 근본적인 실수를 다음과 같이 제시한다.49)

➢ **상대방의 문제를 무시한다** : 상대방이 협상에서 얻으려는 것이나 성취하려고 노력하는 것에 대한 이해의 부족이 협상을 해결하기 어렵게 하고 교착의 가능성을 증가시킨다. 양측의 욕구를 만족시키는 합의를 만들기 위해서 일하고 있다고 확신하지 못하는 협상가는 협상을 탈선시키는 실수를 한다.

➢ **가격에 과도하게 집중한다** : 가격에 대한 과도한 강조가 협상을 해결하기

---

46) Ross, L., & Stillinger, C.. "Barriers to Conflict Resolution." Negotiation Journal, 7, 1991, pp.389-404.
47) Mayer, B. 2000.
48) Brams, S. J., & Doherty, A. E. "Intransigence in Negotiation: The Dynamics of Disagreement." Journal of Conflict Resolution, 37, 1993, pp.692-708.
49) Sebenius, J. K. "Six Habits of Merely Effective Negotiators." Harvard Business Review, 80, 2001, pp.76-85.

더 어렵게 만들고 교착을 초래할 수 있다. 협상가들은 협상에는 항상 가격보다 더 많은 것이 있고 유형적인 것과 무형적인 것 모두에 관심을 기울일 필요가 있음을 기억해야 한다. 이런 요소들을 무시하는 협상가는 교착을 야기하는 실수를 한다.

➢ **자신의 이해관계에 집중한다** : 협상은 가치창조와 가치청구 모두를 요구한다. 가치청구에 너무 일찍 집중하는 협상가 또는 너무 공격적인 태도를 취하는 협상가는 협상을 풀기 어렵게 만들고 교착에 빠지게 하는 실수를 저지른다.

➢ **공통점에 너무 집중한다** : 협상의 요점은 상호의존이다. 이것이 의미하는 바는 당사자 모두가 거래를 달성해야 한다는 것이다. 그러나 당사자들이 동일하다면 합의에 이르기는 더 어려울 수 있다. 다른 점이 없다면 협상은 무의미하기 때문이다. 상호간의 공통점에 과도하게 집중하고 차이에 소홀한 협상가는 창의적인 해결책을 찾을 기회를 잃을 수 있다. 거래가 매력적이 될 만큼 충분한 가치창조가 되지 않으면 합의를 할 동기가 없기 때문에 협상이 쉽게 해결되지 않는다.

➢ **대안을 무시한다** : 강한 대안은 협상에서 중요한 수단이다. 대안은 협상가에게 긍정적인 결과를 만들어낼 힘을 제공한다. 자신의 대안을 개선하지 않거나, 상대방의 대안을 무시하는 협상가는 협상에서 힘을 잃게 되고 합의에 도달하는 것을 어렵게 만드는 실수를 저지른다.

➢ **상황인식의 조정에 실패한다** : 협상가들은 협상을 통해서 얻은 정보를 상황(잠재적 합의와 상대방)에 대한 그들의 관점을 조정하기 위해서 사용할 필요가 있다. 그들의 관점을 정확하게 조정하지 못하는 협상가들은 협상을 더 풀기 어렵게 만드는 실수를 한다.

협상과정 관리의 실패

협상하는 동안 협상가들이 저지르는 또 다른 실수는 협상과정 그 자체를 선행적으로 관리하지 못해서 발생한다. Deborah Kolb & Judith Willams(2001)의 연구는, 협상이 성공하지 못하는 주된 이유는 협상가들이 그림자 협상이라고 부르는 것 즉, 실질적인 협상 안에서 발생하는 협상과정에 관한 협상을 관리하는데 실패하기 때문이라고 지적한다.[50] 협상이 진행되는 동안에 발생하는 이런 교착상태를 해결하기 위해서 협상가와 관련된 3가지의 차원을 검토할 필요가 있다.[51]

- **인지적 해결** : 이것은 당사자들이 상황에 대해 가지고 있는 관점을 바꾸는 것이다. 당사자들이 인지적 해결을 달성하기 위해서는, 핵심 이슈가 해결되었다고 인식해야 하고, 그 상황에 근접했다고 생각하거나, 미래는 과거의 갈등상황과는 다르다는 관점을 지녀야 한다. 인지적 해결은 사람들이 반대되는 새로운 자료에도 불구하고 관성적으로 인식과 믿음에 매달려 있기 때문에 달성하기가 어렵다.
- **감정적 해결** : 이것은 당사자들이 협상에 투입하는 감정적 에너지의 양을 줄이는 것과 마찬가지로 교착과 상대방에 관하여 느끼는 감정을 바꾸는 것이다. 당사자들이 교착을 감정적으로 해결할 때, 그들은 더 이상 부정적인 경험을 하지 않게 되고 상대방과의 관계는 덜 날카로워지며, 갈등에 관해 어떤 감정적인 접근에 도달하게 된다. 감정적인 해결은 가끔 신뢰의 구축이나 용서, 사과를 포함한다.
- **행태적 해결** : 이것은 당사자들이 미래에 할 일과 미래에 현실화될 일에 관해 합의하는 방법에 관한 것이다. 행태적 해결의 합의는 당사자들이 갈등의 역동적인 어려움을 멈출 수 있는 방법을 확실히 하고, 보상을 명확히 하며, 새로운 행동을 시행할 기제를 포함하여야 한다.

이런 해결책을 구체화하기 위해서 사용할 수 있는 전략들을 아래에 소개하겠다. 그러나 주의해야 할 점은, 교착상태를 해결하기 위해서 사용하는 기술들이 정해져 있는 것이 아니며, 갈등의 성격에 따라서는 다른 방법으로 사용되어야 할 여러 가지 기술들이 있음을 유의하여야 한다.

- 규칙과 절차를 합의한다.
- 긴장을 완화하면서 적대감의 수위를 동시에 낮춘다.

---

50) Kolb, D. M., & Williams, J., The Shadow Negotiation: How Woman can Master the Hidden Agendas that Determine Bargaining Success. New York: Simon & Schuster, 2001.

51) Mayer, B., 2000.

- 의사소통의 정확성을 개선한다. 특히 상대방의 인식에 관한 이해를 개선한다.
- 논의에서 이슈의 숫자와 크기를 조절한다.
- 당사자들이 합의의 기초를 발견할 수 있는 공통점을 만든다.
- 상대방에게 제안하는 옵션과 대안을 바람직하게 한다.

2) 공동의 문제해결

협상의 참가자들은 이제 교착을 타개하고 협상을 합의로 이끌기 위해서는, 현재의 상황에 대해 상대방과 내가 인식하고 있는 문제가 무엇이고 어떻게 다른지를 명확히 하는 작업이 필요함을 절실히 깨닫게 되었다. 지금까지 실행하던 전략과 전술의 방법을 벗어나서 문제해결의 통찰력과 창의성의 공유가 절실하게 된 것이다.

우리는 이제 협상의 초점을 공동의 문제해결 방법으로 전환하고자 한다. 문제해결 방법은 우선 협상 당사자 간에 갈등이 되고 있는 문제를 명확히 파악하고, 이의 해결을 위한 해결책을 강구하며, 이러한 해결책들의 결과를 가능한 한 정확하게 추정하고, 그러한 결과 중에서 최선이라고 판단되는 해결책을 공동으로 선택하는 방법이다. 우선 전제가 되고 있는 문제가 무엇인지를 명확히 하는 것이 중요하다. 당사자들은 상호 관심분야를 상세히 정의하고 공동결정의 필요성을 확인하여야 한다. 이때 당사자들은 공개적이고 협조적이어야 하며, 전략적인 태도를 취해서는 안 된다. 문제가 정의되고 공동으로 해결해야할 의안이 확정되면 해결책을 만들어야 한다.

R. Fisher, E. Kopelman, and A. K. Schneider(1996)는 해결책을 만들기 위한 옵션을 개발하는 작업에 4개의 기본적인 단계를 포함하는 틀을 제공한다.[52)][그림 7-2]는 현실에서 존재하는, 당신이 선호하는 것과 싫어하는 사실적 상황의 차이인 문제로부터 시작한다. 두 번째 단계는 그것을 진단하기 위해 이론적으로 현재의 상황을 분석하는 것이다. 당신은 여기서 문제를 발생시킨 원인과 그 범주 그리고 문제가 해결되지 않는 이유를 진단한다. 세 번째 단계도 무엇이 행해져야 할지를 이론적으로 제안하는 것이다. 여기서 당신은 확인된 진단 내용을 극복하

52) Fisher, R., Kopelman, E., & Schneider, A. K., Beyond Machiavelli: Tools for Coping with Conflict. NY: New York, Penguin Books, 1996.

기 위한 처방과 일반적인 접근을 보게 된다. 당신은 이론적으로 가능한 치료가 무엇인지를 고려해야 한다. 마지막 단계는 현실에서 행해져야 할 것에 관한 이론을 적용하는 것이다. 문제를 해결하기 위해 누가 무엇을 할 것인가에 관한 실행계획이다. 이 모든 단계에서 논리적인 문제해결을 위해 참신한 아이디어의 개발과 행동을 연계시키고 있다. 이 4단계에서 특별하거나 독창적인 것은 없다. 이것들은 분명하고 도식적인 방법으로 단순하게 조직되었다. 이것이 차별화되는 것은 주어진 문제를 다루기 위해서 특정 전술에 대처하는 과정에 초점을 맞추고 있다는 것이다. 문제에 대한 대답이 마지막에 나올 필요는 없다. 이 도구는 가끔 당신이 사용 가능한 방법으로 문제를 재정의 하는 데 도움이 된다.

[그림 7-2] 문제해결의 4단계

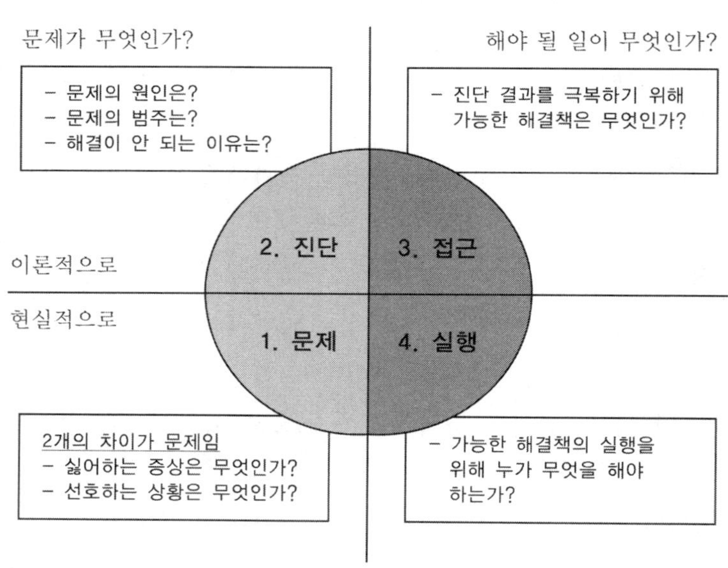

상황진단의 장애물

이 4단계의 분석 틀을 사용하기 위해서, 우리는 "무엇이 문제인가?"라는 물음을 통해 문제의 증상을 확인하려는 노력으로부터 시작할 수 있다. 한 가지 일반적인 증상은 극도의 시간제약 하에서 만들어진 불완전한 정보에 의한 잘못된 선택이 문제가 될 수 있다. 협상을 진행하는 동안 무엇이 그런 어려움을 일으키는지 3가지로 살펴보자.

➢ **정보 분석의 실패** : 의사가 환자의 불평을 접할 때, 그들은 질병을 진단하는 체계적인 방법을 가지고 있다. 그것은 증상의 원인을 찾는 것이다. 그들은 약물을 처방하기 전에, 체온, 혈압, 맥박, 그리고 호흡을 점검한다. 그들은 환자의 사전 병력을 조심스럽게 점검하고 환자의 의견을 청취한다. 그러나 대조적으로, 갈등을 다루는 많은 사람들은 할 일을 결정하기 전에 상황을 진단하는 그런 조직적인 방법을 사용하지 않는다. 우리는 좋은 의사결정을 하는데 필요한 연관된 정보를 수집하는데 도움을 줄 수 있는 진단적인 점검목록이 부족하다.

➢ **단일한 관점의 사용** : 세계지도는 세상을 단순화함으로서 우리가 세상을 이해하는데 도움을 준다. 그러나 동시에 그런 지도는 세부적으로는 부정확하다. 그런 지도는 도시에 지하철을 확장하거나 시설물을 설치하기 위해서 사용하는 사람에게는 매우 위험하다. 도시와 같이 복잡한 체계를 이해하기 위해서, 우리는 각각의 정보를 통합할 수 있는 다른 종류의 지도를 필요로 한다. 중대한 갈등은 도시와 같이 복잡하고 많은 면들을 가지고 있어서, 한 가지의 관점으로는 결코 전체적인 그림을 볼 수 없다. 우리가 우리 자신의 문제를 다루고 있을 때, 우리는 당파적 인식의 안경을 통해서 배타적으로 사물을 보곤 하기 때문에, 시각을 밝혀주는 다른 관점을 탐색하는데 실패한다.

➢ **잘못된 집단의 가정** : 다른 사람들과 함께 일하면서, 우리의 생각이 전통적인 방법에 의해 제한된다. 예를 들어, 외교적 모임에서 반대가 일어나는데, 그것이 좋은 일이기 때문이 아니라, 반대가 행해졌기 때문이다. 자연스럽게 만들어진 어떤 옵션이 적에 의해 공식적인 제안으로 심하게 책망되거나, 본국에서는 양보한 것으로 취급되어 비난 받을 수 있다. 조직의 최상부에 있는 사람들은 자신들의 주된 관심사에서 자신들의 현재 관점이 지배적인 것으로 보며, 낮은 직급의 관료들은 아마도 그것을 참신한 생각으로 무관심하게 받아들일 것이다.

분석을 위한 접근

협상가들은 의사들처럼 진단적인 점검표가 필요하다. 그것이 문제에 접근하고 분석에서 어떤 차이를 밝혀내는데 도움이 될 수 있다. 점검표는 우리에게 정답을 말해주지는 않는다. 정답은 분쟁에 따라 변할 것이다. 이런 점검표를 사용하는데 관한 원칙은 단순하다. 만약 협상가들이 각각의 문제에 대한 해결을 위해 그 준비로서 정밀한 시도를 한다면, 시도하지 않은 것보다는 더 좋은 결과를 얻게 될 것이다. 갈등의 당사자와 이슈에 관해 구조화된 질문을 하는 것이 더 정밀하게 문제가 무엇인지를 이해하는데 도움이 되고, 그것을 바로잡기 위해서 더 집중적으로 해결책을 개발할 수 있을 것이다.

이런 점검표는 잠재적 갈등을 협상의 필수적인 구조적 요소들에 대입하여 생각하는 것으로 가능하다. 저변에 깔려있는 이해관계를 밝혀내기 위해 상대방이 요구하거나 주장하는 입장을 초월하여 생각함으로서, 협상가는 자신을 더 유연하게 만들 수 있다. 비록 입장과 이해관계 사이에서 제안하는 것이 항상 정확하지는 않겠지만, 그것은 보다 더 실용적이 될 수 있다. 실제의 세상을 이해하려는 시도로서, 목록이 긴 것과 짧은 것 사이의 장점을 선택해야만 한다.

〈표 7-5〉 갈등 상황에 관한 7가지 점검 요소

요소	고려할 사항
이해관계	당사자들은 자기 자신의 이해관계를 명확하게 이해하고 있는가? 당사자들은 각자의 우선순위와 제약요인을 이해하고 있는가?
옵션	충분한 옵션이 개발되었는가? 옵션을 개발하는 과정이 언약의 과정과 분리되어 있는가?
합리성	관련된 전례와 기타의 객관적 공정성이 고려되었는가? 상대방을 설득할 원칙을 발견할 수 있는가?
관계	함께 일할 수 있는 당사자들의 능력을 알고 있는가? 협상가들 사이에 업무적 관계가 수립되어 있는가? 당사자들은 미래에 원하는 관계의 종류에 관심을 기울이고 있는가?
의사소통	당사자들은 갈등을 건설적으로 다루는 그들의 능력을 돕거나 개입하는 의사소통 방법을 가지고 있는가? 이해된 것이 사실상 의도된 것인가를 확인할 기제가 있는가?
언약	잠재적인 언약이 잘 만들어지는가? 각자는 상대방이 그것에 동의할 것임을 아는가? 만약 상대방이 동의한다면, 누가 그것을 할 것인지 명확한가?
대안	각자는 자신의 대안을 이해하고 있는가? 대안보다 못한 부정적인 결과를 당사자들에게 제안하고 있지 않는가?

실행계획의 개발

분석의 마지막 단계는 누가 무엇을 할 것인지에 관한 실행계획의 개발이다. 만약 거기에 잘못된 인식이 있다면, 그것을 바로잡기 위해서 무엇을 할 수 있는가? 만약 고도의 감정이 합리적인 과정을 방해하고 있다면, 그것을 어떻게 다룰 수 있는가? 우리가 내세우는 입장 뒤에 있는 어떤 이해관계가 잠정적으로 조정될 수 있고, 어떤 차이를 이용할 수 있는가? 만약 사람들이 쓸모없는 메시지를 주고받는 것처럼 보이면, 어떻게 더 좋은 의사소통을 할 수 있는가? 우리가 현재 실행하고 있는 게임의 규칙은 무엇이며, 어떻게 그것을 바꿀 수 있는가?

의사나 목수가 다양한 도구를 사용하듯이, 이 도구를 조직하고 사용하는데 한 가지 올바른 방법은 없다. 분석적 접근의 다양한 결과를 조정하는 한 가지 방법은 점검표를 준비하고 각각의 진단된 통찰이나 처방의 반대쪽을 관찰하는 것이다. 두 번째는 4단계의 분석을 사용하는 것이다. 각 단계를 돌려보면서 ① 우리가 다루고 있는 증상, ② 이런 증상의 원인과 부족한 것에 대한 기본 진단, ③ 이론이 제시하는 일반 접근, ④ 이론을 실제의 세계에 적용하는 특정한 행동계획을 다시 생각하는 것이다. 과정의 세 번째 방법은 우리의 생각을 조직하는 주된 모형으로 7가지 요소를 사용하면서 4단계의 도구를 사용해서 난상토론을 하는 것이다.

집단에서 이런 진단적인 분석을 행하는 것은 생각의 개발을 위해 자극적인 자양분을 제공한다. 이것은 또한 우리의 초점을 조정할 기회이기도 하다. 각 단계에서 제안된 옵션은 임시적인 것으로 고려되어야 한다. 어떤 한 접근은 다른 것과 동시에 사용될 필요가 있다. 얻어진 통찰과 결정은 앞서의 생각을 다시 하도록 해야 한다. 행동계획은 한 번에 한 단계씩 선형적으로 만들어질 수 있는 것이 아니다. 그것은 모든 요소를 함께 투입하기도 한다. 이 방법에 따라서 의사결정하는 것은 직관과 상식과 경험 그리고 판단을 요구한다. 폭 넓은 접근으로부터 세세한 적용으로 움직이면서, 우리의 제안이 합리적이 될 때가지, 시행착오를 통해서 자르고 붙이면서, 우리의 생각을 바꾸면서 진행하는 것이다. 핵심 과제는 상대방이 직면한 선택을 바꾸기 위해, 양측의 이해관계에 부합하도록, 우리가 해야 할 것이 무엇인지를 이해하는 것이다.

3) 제3자의 개입

만약 이런 노력에도 불구하고 교착상태가 해결되지 않는다면, 당신은 제3자를 협상에 개입시키는 것을 고려하여야 한다. 제3자는 이 협상에 직접적으로 개입되어 있지 않으면서, 해결을 도울 수 있는 사람이다. 단순한 협상의 경우에는 이 사람이 친구일 수도 있다. 또한 양측이 모두 알고 있으면서 도움을 요청할 수 있는 중립적인 사람일 수도 있고, 또는 이런 상황에 개입할 수 있는 신뢰할 수 있는 전문가 일수도 있다. 제3자는 다양한 갈등해결 기법을 사용할 수 있어야 한다. 그리고 긴장을 완화하도록 계획된 행동에 양측을 참여시킬 수 있어야 하고, 의사소통을 개선하고, 옵션을 바꾸고, 참가자나 이슈의 숫자를 조정하거나, 공통점을 찾도록 돕는다. 제3자의 도움으로, 교착상태에 있는 당사자들은 다시 정상적인 협상으로 돌아와서 합의점을 찾고 결론에 도달할 수 있다.

어떤 경우에는, 제3자 개입이 힘이나 권위를 지닌 외부의 집단에 의해서 시도될 수도 있다. 가정에서 두 형제가 싸울 때는 부모가 개입한다. 일반적으로는, 이해관계자나 상위 권위자, 기타 규칙이나 법적 절차의 결과에 의해서 개입될 수도 있다. 예를 들어, 상업적인 계약에서는 분쟁이 발생할 경우, 자동적으로 중재자나 조정자에게 가도록 규정하는 경우가 많다.

협상의 양 당사자가 제3자의 개입을 초대할 경우, 그 개입은 통상 호의적이고 진행은 부드럽다. 만약 개입이 외부의 권위에 의해서 이루어질 경우, 분쟁 당사자 간의 관계는 우호적이지 않고, 협상의 환경은 더 적대적이 될 수도 있다. 제3자의 개입을 사용하게 되는 이유를 세분해 보면,

- 당사자 간의 감정적 악화가 고조되어서 화가 나거나 좌절된 상태
- 당사자 간의 의사소통이 단절되었거나, 서로 과거에 대해서만 다투는 상태
- 서로의 입장에 관한 관점이 해결을 가로막고 있는 상태
- 부정적인 행동을 하는 상태
- 당사자들이 필요하거나 요구되는 정보에 대하여 동의하지 않는 상태
- 이해관계의 차이가 조화되지 않는 상태
- 가치관이 크게 달라서, 근본적인 옳음에 대하여 동의하지 않는 상태
- 갈등을 해결하려는 절차가 수립되지 않거나, 절차에 따르지 않는 상태

- 협상이 완전히 결렬된 상태

제3자를 개입시키는 목적은 여러 가지가 있다. 첫째, 당사자들이 분쟁을 해결하기를 원한다. 둘째, 당사자들이 서로의 관계를 복원하거나 개선하기를 원한다. 마지막으로, 제3자는 가끔 단순히 분쟁을 멈추게 하거나, 분쟁 당사자를 분리시켜서 더 이상 싸우지 않게 하기도 한다. 분쟁을 해결하고, 관계를 복원하고, 상대를 분리시키기 위해서 가장 중요한 것은 다른 기술을 지닌 다른 형태의 제3자가 필요하다는 것이다. 가장 중요한 것이 무엇이고 순서는 무엇인가를 아는 것이 중요하며, 이런 목적에 초점을 맞추고 제3자의 형태가 선택되어야 한다. 정형화된 제3자 개입의 형태는 근본적으로 중개(Mediation)와 중재(Arbitration) 등이 있으며 좀 더 다양한 혼합 형태도 있다.

중재는 분쟁해결에서 많이 사용되고 있는 가장 인정되는 형태의 제3자 개입이다. 중재는 협상가에게 과정에 관해서는 상당한 통제를 허용하지만, 결과에 관한 통제는 허용하지 않는다. 협상과 중재의 목적은 매우 다르다. 당사자들은 합의에 도달하기 위해 협상하지만, 중재는 중립적인 제3자에게 의사결정의 권한을 부여해서 합의하지 못하는 문제를 해결하는 것이다. 중재의 과정은 매우 직접적이다. 교착상태에 빠져있거나 차이를 해결하지 못하고 마감시간에 처해있는 당사자들이 자신들의 입장을 중립적인 제3자에게 제시한다. 제3자는 양측의 의견을 듣고 분쟁의 결과를 결정한다. 중재는 조직 사이의 분쟁과 노사관계, 그리고 글로벌 상업적 분쟁에서 폭넓게 사용되고 있으며, 일종의 법률적 행위이다.

중개는 협상에 가장 근접해 있는 형태의 제3자 개입이다. 일반적으로 진행 중인 협상에서 협상가들이 해결 못하는 어려운 상황을 도와서 합의를 촉진하는 역할을 한다. 정형화된 중개는 규칙과 절차의 수립에 기초한다. 중개자의 목적은 당사자들이 더 효과적으로 협상하도록 돕는 것이다. 중개자는 문제를 해결하거나 해결책을 부과하지 않는다. 중개자는 당사자들 스스로 해결책을 찾고 그것에 합의하도록 돕는다. 그래서 중개자는 과정은 통제하지만, 결과는 통제하지 않는다. 중개자의 주된 관심은 의사소통의 분야에서 협상의 당사자들을 돕는 것이다. 의도는 당사자들의 기술을 개선시켜서 그들이 더 효과적으로 협상하도록 돕는 것이다. 중개자는 또한 당사자들이 양보할 필요가 있을 때 그들이 체면을 유지하도록 도울 수 있다. 예를 들어, 이해관계자들에게 합의에 관해 설명하거나, 협상가가 어려운 상황에 처해 있음을 묘사하면서, 당사자들이 이해관계자들과 내부의 반대에 맞서서 협상할 수 있도록 돕는다. 중개자는 합의나 양보에 대한 당사자의 인센티브를 제안할 수도 있고 비협력에 대한 부정적인 인센티브를 얘기할 수도 있다. 중개자는 필요할 때 공격적으로 강요할 수도 있다.

중개는 두 가지의 가정을 가지고 있다. 하나는 당사자들이 제3자가 하는 것보다 더 좋은 해결책을 찾을 수 있다는 것이고, 다른 하나는 당사자들의 관계가 중요하며, 그들은 자신들의 갈등에 관해 문제해결의 능력을 개발하길 원한다는 것이다. 중개가 성공하기 위해서는, 첫째, 중개자는 분쟁의 당사자들에게 중립적으로 보일 필요가 있다. 이것이 중요한 이유는, 만약 중개자가 분쟁 당사자의 일방에 의해서 한 쪽으로 치우친 것으로 보일 경우, 그의 행동이 신뢰받지 못하기 때문이다. 둘째, 중개자는 분쟁의 분야에서 전문가일 필요가 있다. 전문성은 특히 산업적인 갈등에서 중요하다. 성공적인 중개는 타이밍에 크게 의존한다. 만약 당사자들이 도움을 필요로 하지 않는다면, 중개는 분쟁해결을 위한 기술로 사용할 수 없다.

제3자 개입의 타이밍(Timing)

성공적인 갈등완화의 노력은, 그런 노력이 적정한 때에 이루어져야 한다는 것이 전통적인 지혜이다. 성공을 원하는 숙련된 중개자는 만약 상황이 "무르익지(ripe)" 않으면 중개 시도를 거절할 수 있다. 이런 맥락에서 무르익다 는 무슨 의미인가? 결정을 위해 무르익은 상황은 어떤 갈등해결 절차가 작동할 때인가? 모든 절차가 실패할 때인가? 그리고 언제가 갈등완화에 관해 독립적으로 무르익은 상황인지 어떻게 아는가?

타이밍을 아는 것은 적대자가 갈등확대나 교착으로부터 움직이려고 준비하고 있는지 아닌지를 인식하는 것과 관련이 있다. 인식은 중개인이 중개를 고려하거나, 갈등당사자의 일방이 조정의 태도를 고려함으로서 가능해진다. 타이밍의 이슈는 개입이나 조정의 태도가 부적정한 시간에는 반대의 결과를 가져오기 때문에 중요하다. 노력이 거부될 수 있고 결과적으로 미래에 새로운 노력이 지연된다.[53)]

이런 맥락에서 무르익었다는 의미는, 때가 갈등완화에 적정하다는 것이다. 때가 적정하다는 것은 갈등완화의 환경이 존속하는데 필요는 하지만 충분하지는 않다. 추가되어야만 할 것이 행위자의 능력에 달려있다. 갈등완화를 시작하는 행위자에게 달려있는 필요한 조건은 무엇인가? 출산의 은유가 탄생에 추가되어야 하는 어떤 것을 제안하기 때문에 특별히 적합할 수 있다. 적대자가 갈등완화를 향해 움직이지 않을 때, 어떤 노력이 행해지더라도 타이밍의 조건은 준비되지 않은 것처럼 보인다.

그래서 타이밍의 성숙(ripeness)은 적대자들의 측면에서, 그들의 갈등을 완화하려는 어떤 준비를 수반해야만 한다. 우리는 타이밍을 갈등완화의 특정 단계에 연결해서 설명해야 한다. 일방이 효과적으로 다른 신호를 보낼 때, 그것이 갈등완화를 원하는 것으로 고려해야 하는가? 타이밍은 또한 갈등완화로부터 오는 결과의 종류와 연결해서 설명해야 한다. 일방적인 포기와 상호간의 양보에는 상당한 차이가 있다. 결과가 불만족스러우면 합의가 안 될 수도 있고, 가능한 결과에 대해 평가가 다를 수도 있다. 양측의 집단은 기대되는 결과에 대해서, 그것이 항복인지, 대단한 성취인지, 빈약하지만 필요한 거래인지, 불필요한 빈약한 거래인지에 대해 일반적으로 다른 평가를 할 수 있다.

타이밍의 성격은 행위자별로도 다를 수 있다. 일방에는 적정하지만, 상대방에게는 아닐 수도 있고, 관련 당사자나 가능한 중개인도 달리 평가할 수 있다. 성공적인 갈등완화에 적정한 시간은 갈등완화를 원하는 행위자가 갈등완화의 움직임을 수행하는데 추가 할 모든 자원을 통제할 수 있을 때이다. 그런 자원의 통제가 필요한 성숙 조건을 만드는데 도움이 되도록 환경을 변화시킬 수 있다. 갈등완화의 결정요소로서 자주 거론되는 세 가지의 조건은 ① 국내의 압력, ② 적과의 관계, ③ 국제적 맥락이다.[54)]

➢ **국내의 압력** : 적과의 동침을 요구하는 대규모의 평화운동이 국내적 압력이 될 수 있다. 예를 들어, 미국에서 베트남 전쟁에 반대하는 평화운동이 닉슨 행정부가 소련과의 긴장완화를 결정하는 압력으로 작용하였다.[55)] 그

53) Kriesberg. I. "Timing and the Initiation of De-Escalation Moves." In Ed. by Breslin, J. W. & Rubin, J. Z., Negotiation Theory and Practice. Cambridge, MA: PON at Harvard Law School, 1991.

54) Kriesberg, I. Social conflicts, 2nd ed. Englewood Cliffs, NJ: Prentice Hall, 1982.

러나 정부가 동침을 지향하는 것이 중요하지만, 그것만으로는 긴장완화에 결정적이지 않다. 그래서 정부는 비교적 온건파들이 긴장완화를 시도해 주길 기대한다. 그러나 많은 경우의 긴장완화 노력은 비교적 강경파에 의해서 시도됨을 볼 수 있다. 그것은 적에 대해 강경입장을 취했던 정부 리더들이 커다란 국내 도전의 위험부담 없이 행동할 수 있기 때문이다.

➢ **적과의 관계** : 여기에는 힘의 균형, 상호간의 수용, 갈등에 대해 공유하는 이해가 포함된다. 어떤 종류의 힘의 균형이 갈등완화에 기여하는 가는 이견이 있다. 가끔 정부의 수반이 강한 입장에서 협상해야 한다고 말하는 것은 적보다 더 강해야 한다는 것을 의미한다. 어떤 사람은 동등함을 논한다. 힘의 균형에서 안정적이거나 변화 가능성이 적은 것도 긴장완화의 전제조건으로 논쟁이 된다. 또한 긴장완화는 비교적 약자가 강자와 동등하게 접근하고 있을 때에도 발생한다.[56]

➢ **국제적 맥락** : 이것이 긴장완화의 가능성을 결정하는 조건에서 주된 것이면서도 가끔 무시되는 것이다. 국제적 맥락은 그것이 동맹이건 중개인이건 간에 가능한 개입자의 역할을 포함한다. 개입하는 자는 적들 사이에서 분명하게 힘의 균형에 영향을 미치는 일방의 동맹이 될 수도 있다. 이집트와 이스라엘의 평화협정에 개입한 미국이 그 예이다.

협상은 이렇게 여러 번의 교착상태를 거치면서, 제3자의 도움을 통해 개괄적인 합의에 도달할 수 있다. 많은 우여곡절이 있지만, 서로 상대방을 이해하게 되고 신뢰가 싹트기 시작하면서, 서로가 지니고 있던 이해관계를 드러내고, 이를 해결하기 위해 공동의 문제해결 방법을 사용하여 만족스런 합의에 도달한다. 그 다음에는 합의내용의 구체적인 실행을 위하여 합의문이나 계약서를 작성해야 한다. 협상은 어느 정도 마무리 되고 있지만, 양측의 파트너십 관계는 이제 비로소 시작되는 것이다. 합의문이나 계약서를 작성하기 전에 한 가지 더 고려해야 할 점은 공정성에 관한 것이다. 지금까지 승-승의 협상을 위하여 많은 노력을 하였고, 다양한 옵션과 창의적인 아이디어를 동원하여 최대한의 가치창조를 이루었

55) Kissinger, H., White House years. Boston: Little, Brown and Co, 1979.
56) Zartman, I. W., Ripe for resolution: Conflict and intervention in Africa. New York: Oxford University Press, 1985.

지만, 이에 대한 분배가 양측이 충분히 만족할 만큼 공정한 것이 아니라면 문제가 될 수 있다. 만약 협상이 종료된 다음에라도 어느 일방이 공정성에 회의를 느낀다면, 합의의 실행이 어려워지거나 파트너십에 손상이 올 수 있다.

7. 공정성의 확보

공정성에는 여러 가지 형태와 유형이 있다. Deutsch(1985)[57]는 몫을 배분할 때 평등, 형평, 필요라는 3가지의 원칙을 사용한다.

- **평등 원칙** : 모든 사람들에게 똑 같이 나누어 주는 것을 말한다. 노력에 관계없이 성과가 배분되며, 모든 사람들은 동일한 혜택을 받는다. 법체계는 평등 원칙의 좋은 예이다.
- **형평 원칙** : 기여도에 비례해서 분배하는 원칙이다. 기업의 보너스나 성과급이 이에 해당된다.
- **필요 원칙** : 필요에 비례하여 혜택이 부여되는 원칙이다. 사회복지제도는 대체로 이러한 원칙에 기초하고 있다.

공정성 원칙은 상황에 따라서 다르게 적용된다. 모든 사람이 세금납부나 또는 필요와 관계없이 평등하고 공정한 재판을 받을 권리는 평등 원칙이 적용되는 것이다. 그러나 기여도가 높은 학생이 더 좋은 학점을 받는 것은 형평의 원칙을 적용받는 것이다. 그리고 대부분의 사람들이 장애자들은 주차장에서 편한 위치에 주차할 수 있는 권리를 가지고 있다고 생각하는 것은 필요 원칙을 적용하는 것이다. 협상에서 어떠한 원칙을 적용할 것인가는 목표와 상대방에 따라서 달라지며, 이익이나 손실 중 어느 것을 다루는 가에 따라서도 달라진다. 대체로 자신이 투자한 것과 얻는 것이 비례한다면 공정하다고 생각할 것이다. 사람들은 자신에게 주어지는 몫의 크기뿐만 아니라 배분 방법에도 관심이 많다. 결과의 공정성뿐만 아니라 절차의 공정성도 중요시하는 것이다. 절차의 공정성은 결과에 대한 만

57) Deutsch, M. Distributive justice: A social-psychological perspective. New Haven, CT: Yale University Press, 1985.

족감과 그 결과를 따르고자 하는 자발성에 영향을 준다. 예를 들어, 합병의 불가피성을 종업원들에게 미리 알려주면 지지를 얻을 수 있다. 협상에서 몫을 공정하게 배분하는 기준으로는 일관성, 단순성, 효율성, 정당성, 합의 등을 들 수 있다.

- **일관성** : 협상환경과 합의시점 그리고 절차이행에서 편차가 없어야 한다.
- **단순성** : 배분절차는 그것을 이행하는 사람이나 그 결과에 영향을 받는 사람 모두에게 명백히 이해될 수 있어야 한다.
- **효율성** : 배분과정은 명백하게 효율적으로 결정되어야 한다.
- **정당성** : 배분절차는 모두에게 정당화될 수 있어야 한다.
- **합의** : 구성원들이 분배의 방식에 합의하여야 한다.

8. 문화적 다양성58)

1) 문화의 개념

국제협상에서 가장 많이 연구되는 과제 중의 하나가 문화이며, 연구의 양도 급격히 증가하고 있는 분야이다. 여기에는 매우 다양하고 상이한 문화의 개념이 존재하지만, 두 가지의 공통점을 가지고 있다. 첫째, 문화는 그룹 단위의 현상으로서, 일단의 사람들이 공유하는 믿음, 가치, 행동의 기대 등을 의미한다. 둘째, 문화의 공통요소는 문화적 믿음, 가치, 행동의 기대가 학습되며 그룹의 새로운 구성원에게 전달된다는 것이다.

또한 협상결과는 몇 가지 다른 요소들에 의해서 결정된다는 것을 기억하는 것이 중요하다. 문화적 차이가 분명하게 중요한 경우에도, 협상가들은 문화적 요소에 너무 많은 책임을 전가하는 것을 경계해야 한다. 비록 문화가 그룹 수준의 특성을 설명한다고 할지라도, 모든 구성원이 그런 특성을 똑 같이 공유하는 것은 아니다. 사실상 문화 간에 차이가 다양한 것과 마찬가지로, 문화 내 구성원 간의 행동 특성도 다양하다. 비록 상대방 문화에 대한 지식이 협상 테이블에서 무엇을

---

58) 이글은 R. J. Lewicki, D. M. Saunders and B. Barry, *Negotiation 5th edition,* McGraw-Hill Singapore, 2006, pp.413-424를 요약 정리한 것임.

기대할 수 있는지에 대하여 시초의 단서를 제공한다 할지라도, 협상가들은 새로운 정보를 수집하는 것처럼 자신들의 관점을 매우 빠르게 조정할 필요가 있다.

[그림 7-3] 문화의 수준

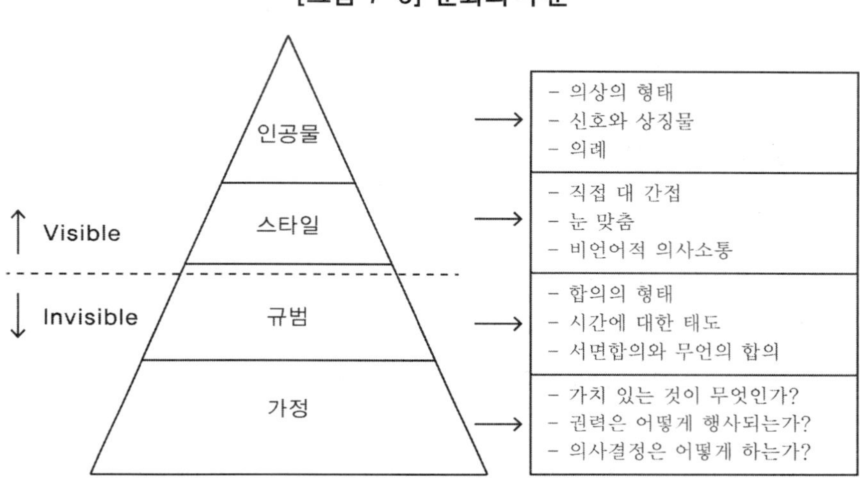

Robert Janosik(1987)[59]이 국제협상에서 문화가 개념화되는 4가지의 방법 즉, 학습행동, 공유가치, 변증법, 맥락을 제공한다. 4가지 접근들 사이에는 유사점과 상이점이 있지만, 각각은 문화가 어떻게 협상에 영향을 미치는지에 대한 이해의 중요성을 강조한다.

학습행동으로서의 문화

문화의 영향을 이해하는 한 가지 접근은 다른 문화에서 사람들이 체계적으로 협상하는 행동을 문서화하는 것이다. 한 문화의 구성원이 왜 어떤 방법으로 협상하는지에 초점을 맞추기 보다는, 이 실용적인 접근은 외국의 협상가들이 문화적으로 접근할 때 기대해야만 하는 행동의 목록을 만드는데 집중한다. 국제협상에 관한 많은 논문과 서적들이 다른 문화권의 사람들과 협상할 때, 해야 할 것과 하지 말아야 할 것의 목록을 제공하면서 문화를 학습행동으로 다룬다. 예를 들어, Solomon (1987)[60]은, 국제협상가들은 중국의 협상가들이 폭 넓은 원칙과 관계구

59) Janosik, R. J., “Rethinking the culture-negotiation link”. Negotiation Journal, 3, 1987, pp.385-395.
60) Solomon, R. H., “China: Friendship and obligation in Chinese negotiating style”, In H. Binnendijk

축을 모색하면서 협상을 시작함을 알아야 한다고 주장한다. 협상에서 합의를 할 것인가 말 것인가를 결정하는 것은 장기적인 관계의 영역에서 이루어질 것이며, 이 합의가 미래의 양보와 조정의 기초를 형성할 것이다. 최근의 연구들은 이 관점에 덧붙여서 감정의 표출과 체면에 관한 행동이 문화적으로 영향을 미치고 있음을 보여준다(Ting-Toomey and Kurogi, 1998).[61]

공유가치로서의 문화

문화를 개념화하는 두 번째 접근은 중심 가치와 규범을 이해하고 이런 규범과 가치가 문화 내에서 어떻게 협상에 영향을 미치는지 모델을 구축하는 것이다(Faure, 1999).[62] 이 문화 간 비교는 한 문화를 다른 문화와 구분하는 중요한 규범과 가치를 발견하고, 이 다름이 어떻게 국제협상에 영향을 미칠지를 이해하면서 만들어진다.

Geert Hofstede(1991)[63]가 국제 비즈니스에서 문화적 차원에 관한 확장적인 연구를 다루었다. 그는 각 나라에서 근무하는 IBM 직원 100,000명을 대상으로 가치에 관한 자료를 조사하였는데, 최초 연구에서는 50개 이상의 문화가 포함되었다. 이 자료의 통계적인 분석은, 문화 간에 중요한 차이를 설명하는 4개의 차원을 사용할 수 있음을 제안한다. 그것은 개인주의와 집단주의, 권력거리, 불확실성 회피, 남성적과 여성적인 문화이다.

개인주의와 집단주의

이 차원은 사회가 개인 중심으로 조직되는지 또는 그룹 중심으로 조직되는지의 정도를 설명한다. 개인주의 사회는 젊은이들이 독립적이 되고 그들 자신을 돌보도록 북돋는다. 집단주의 사회는 개인을 각 개인의 복지를 책임지는 결속력 있

(Ed.), *National negotiating styles*. Washington, DC: Foreign Service Institute, 1987, pp.1-16.

61) Ting-Toomey, S., & Kurogi, A. Facework competence in intercultural conflict: An updated face-negotiation theory. *International Journal of Intercultural Relation*, 22, 1998, pp.187-225.

62) Faure, G. O. The cultural dimension of negotiation: The Chinese case. *Group Decision and Negotiation*, 8, 1999, pp.187-215.

63) Hofstede, G. *Culture and organizations: Software of the mind.* London, UK: McGraw-Hill, 1991.

는 그룹으로 통합한다. 집단주의 사회에서 관계에 초점을 맞추는 것은 협상에서 중요한 역할을 한다. 동일한 당사자와의 협상이 수년간 계속될 수 있고, 협상가가 바뀌면 관계를 재구축하는데 오래 걸릴 수 있다. 이것과 대조적으로 개인주의 사회에서는, 협상가는 바뀔 수 있는 것으로 간주하고, 협상가를 선택할 때 관계보다는 경쟁력이 더 중요하게 고려된다. 집단주의 문화의 협상가는 장기적 관계를 만들고 유지하는 것에 강하게 의존하는 반면, 개인주의 문화의 협상가는 더 자주 협상가를 교체하고 무엇이든 단기적으로 적합한 것을 사용한다.

권력거리

이 차원은 조직에서 더 약한 구성원과 제도가 권력이 불공평하게 분배되는 것을 수용하고 기대하는 정도를 설명한다. Hofstede에 의하면, 큰 권력거리를 가진 문화는 리더에 의해서 결정될 것이다. 작은 권력거리를 가진 문화는, 조직에서 리더는 존중 받으면서 의사결정 권한은 더 넓게 확산되며 그 결정에 의문을 제기하는 것이 가능하다. 국제협상의 결과는 비교적으로 권력거리가 큰 문화의 협상가가 그들의 상관에게 더 자주 승인을 구하며, 협상과정이 느려진다.

불확실성 회피

불확실성 회피는 문화가 그들의 구성원에게 구조화되지 않은 상황에서 편안한지, 불편한지를 느끼게 하는 정도를 나타낸다. 구조화되지 않은 상황은 급격한 변화와 새로움으로 특징지어진다. 반면에 구조화된 상황은 안정적이고 안전하다. 높은 불확실성 회피 문화의 협상가는 모호한 상황에서 협상할 때 편하지 않으며 더 안정된 규칙과 절차를 찾는다. 불확실성 회피가 낮은 문화의 협상가는 빠르게 변화하는 상황에 잘 적응하고 협상의 규칙이 모호하거나 변화할 때 덜 불편하다.

남성적대 여성적

남성적인 문화에서는 남녀 모두가 보다 남성적인 가치를 지니며, 남녀 모두가 야심적이고 경쟁적인데 반해서, 여성적인 문화에서는 남녀 모두가 여성적인 가치를 지니며, 남녀 모두가 야심적이지 않고 겸손하다. 남성적 문화에서는 자기주장적인 행동이나 남을 능가하려는 노력이 협상행동에서 표출되는데 비하여, 여성적 문화에서는 양보와 타협의 행동이 두드러진다.

Hofstede의 모델이 의문이 없는 것은 아니지만, 국제 비즈니스에서 문화 간 연구에 지배적인 경향이 되었다. 이 모델에 대한 가장 중요한 비판은 연구가 상이한 문화의 풍부함을 잘 대표하지 못하는 참가자의 샘플로 다루어졌다는 것이다. 왜냐하면 남성의 점유율이 높고, 중간 계층의 구성원이 대다수이며, 교육 수준이 평균보다 높고, 참가자가 한 회사(IBM)의 구성원이라는 것이다.

문화적 인류학자인 Edwin Hall(Hall and Hall, 1990)[64]의 작업이 문화적 가치를 개념화하는데 많은 영향을 미쳤다. Hall은 문화 간 차이를 이해하는데 사용될 수 있는 제한된 숫자의 문화적 가치를 특정했다. 그리고 그들 중 커뮤니케이션 맥락, 그리고 시간과 공간의 2개가 국제협상에 적용되었다. Hall은 문화가 높은 커뮤니케이션 맥락에서 개입되는지, 낮은 커뮤니케이션 맥락에서 개입되는지에 따라서 달라질 수 있다고 주장한다. 저 맥락 문화에서는 커뮤니케이션이 직접적이고, 의미가 분명하며 단어를 통해서 명료하게 전달되는 경향이 있다. 반면에, 고맥락 문화에서는 커뮤니케이션이 간접적이고, 의미가 둘러싸인 맥락에서 추론된다. 둘째는 다른 문화에서 시간과 공간이, 어떻게 일정과 일에 관계되고 관리되는지의 차이를 보여준다. 어떤 문화에서는 일정이 순차적으로 정해지는 것을 선호하는 단일 형이고, 다른 문화는 여러 가지 행동이 동시에 발생하는 성격을 지닌 다원 형이다. 서로 다른 시간적 기대감을 가지고 있는 문화의 협상가들은 서로 협상하면서 상대방의 전통을 이해하지 못하는 한 매우 혼란스러움을 느끼게 된다.

공유가치로서의 문화적 관점이 왜 이 문화 간 협상이 어렵고 깨지는 경향이 있는지 설명을 제공한다. 예를 들어, 미국의 중심 가치는 개인주의이다. 미국인들은 개인적인 의사결정이 이루어지길 기대하고, 그들의 관점을 방어하며, 그들에게 중요한 이슈에 관하여 강한 입장을 유지한다. 반면에 중국인의 중심 가치는 집단주의이다. 중국인들은 그룹의 의사결정을 기대하며, 개인보다 그룹을 방어하며, 그룹에 중요한 이슈에 강한 입장을 견지한다. 그래서 미국인과 중국인이 협상할 때 많은 차이점이 발생한다. 예를 들어, 중국인은 거래를 결정하기 전에

64) Hall, E. T. & Hall, M. R., *Understanding cultural differences.* Yarmouth, Maine: Intercultural Press, 1990.

그룹의 합의를 얻어야 하기 때문에 협상에 많은 시간이 걸린다. 중국인들은 다층 구조의 권한을 사용하며, 그룹의 진정한 필요에 관하여 복합적인 신호를 보내고, 단일 개인이 그룹의 모든 요구사항을 알지 못한다. 그리고 권력을 많은 부서에서 공유하기 때문에 외국인들은 중국의 관료제에서 적정한 파트너가 누구인지 알기 어렵다(Pye, 1992).[65)]

변증법으로서의 문화

Janosik은 모든 문화가 변증법이라고 불리는 차원 또는 긴장을 포함하고 있다고 인식한다. 그에 의하면, 변증법으로서의 문화적 접근이 문화 내에서의 변수를 설명할 수 있기 때문에 공유가치로서의 문화적 접근보다 유리한 점이 있다. 변증법으로서의 문화는 국제협상에서 어떻게 행동할지에 관하여 단순한 조언을 제공하지는 않는다. 오히려 국제협상에서 성공하고자 하는 협상가에게 그들이 활동하는 문화의 다양성을 존중하도록 요구한다.

맥락에서의 문화

인간의 행동은 단 하나의 원인에 의해서 결정되지 않는다. 오히려 모든 행동은 많은 다른 동시적인 것에 의해서 이해될 수 있다. 그리고 협상처럼 복잡한 사회적 행동은 많은 다른 요소들에 의해서 결정되며 그 중의 하나가 문화라는 관점이다. 협상행동에서 중요한 다른 요소들은 개성, 사회적 맥락, 환경적 요소를 포함한다(Rubin and Sander, 1991).[66)] 달리 말해서, 맥락에서의 문화적 접근을 지지하는 사람들은 협상행동이 다양한 요소에 의해서 결정되며, 행동의 단일한 설명요소로서 문화를 사용하는 것은 복잡한 사회적 과정을 과도하게 단순화하게 된다는 것이다.

국제협상에서 최근의 이론과 연구는 맥락적 접근에서 문화를 취급하고 있다. 예를 들어, Tinsley, Brett, Shapiro, and Okumura (2004)[67)]는 문화적 복잡성 이론을

---

65) Pye, L. W. *Chinese negotiating style.* New York: Quorum Books, 1992.

66) Rubin, J. Z. & Sander, F. E. A., Culture, Negotiation, and the eye of the beholder. *Negotiation Journal,* 7 (3), 1991, pp.249-254.

67) Tinsley, C. H., Brett, J. M., Shapiro, S. L., & Okumura, T., When do cultural values explain

제안한다. 그것은 문화적 가치가 어떤 상황에서는 협상에 직접적인 영향을 미치지만, 다른 상황에서는 완화된다는 것이다. 문화마다 가치가 다른 맥락에서 다른 영향을 미치고 있으며, 협상행동에 대한 영향은 맥락에 의존한다. 맥락에서의 문화 모델은 이 문화 간 협상의 미묘한 차이를 설명하기 위해서 점점 더 복잡해지고 있다. 이렇게 복잡성이 증가하면서, 국제협상의 실무자에게는 단순한 재료로서 실무에 적용하는 유용성이 줄어들고 있다. 그러나 이것의 강점은 이 문화 간 협상의 이해가 깊어질수록, 국제협상에서 좀 더 효과적으로 준비하고 실행할 수 있다는 점이다.

2) 협상에 대한 문화의 영향

문화적 차이가 다양한 방법으로 협상에 영향을 미치고 있다는 것이 보고되고 있다. <표 7-6>이 협상에 영향을 미치는 문화의 다양한 방법을 나타낸다.

〈표 7-6〉 문화가 협상에 미치는 영향의 방법

협상의 요소	문화적 반응의 범위
협상의 정의	계약 ↔ 관계
협상의 태도	분배적 ↔ 통합적
협상가 선정	전문가 ↔ 동료
의전	비정형 ↔ 정형
의사소통	직접적 ↔ 간접적
시간의 민감성	높음 ↔ 낮음
위험 성향	높음 ↔ 낮음
그룹 대 개인	집단주의 ↔ 개인주의
합의의 성격	특정적 ↔ 일반적
정서	높음 ↔ 낮음

- **협상의 정의** : 협상할 수 있는 것이 무엇이고, 협상에서 무슨 일이 발생하는가의 근본적인 정의가 문화에 따라서 크게 다를 수 있다. 예를 들어, 미국인은 협상을 제안하고 역제안하는 경쟁적인 과정의 관점으로 보는데 반

cross-cultural phenomena? An introduction and test of cultural complexity theory, Unpublished paper, Dispute Resolution Research Center, Northwestern University, Evanston, IL., 2004.

해서, 일본인은 정보공유의 기회라는 관점에서 협상을 본다.

- **협상의 태도** : 문화가 협상가들이 협상을 분배적인 기회로 보는지 또는 통합적인 기회로 보는지의 관점에 영향을 미친다. 북미에서는 협상가들이 근본적으로 협상을 분배적으로 인식하는 성향이 있다(Thompson, 1990b).[68] 이 문화 협상은 서로 다른 문화의 협상가들이 상황이 분배적인지, 또는 통합적인지를 합의하는 정도에 의해서 영향을 받는다.
- **협상가의 선정** : 협상에 누구를 참석시킬 것인가를 선택하는 범주가 문화에 따라서 다르다. 이 범주는 협상되는 주제에 관한 지식과 서열, 가족 관계, 성, 연령, 경험 그리고 지위를 포함할 수 있다. 협상의 종류에 따라 무엇이 적정한 것인지에 관한 다양한 기대를 유도하는 이 범주에 대한 가중치는 문화마다 다르다.
- **의전** : 문화는 의전의 정도에서 다르고, 협상 참가자 간의 관계의 정형성에서 다르다. 미국 문화가 지구상에서 가장 비정형화된 문화이다. 친근한 커뮤니케이션 스타일이 매우 보편적이다. 이름이 사용되고, 타이틀은 무시된다. 대조적으로 많은 유럽의 국가들은 정형적이다. 그리고 누군가를 대할 때 적정한 타이틀을 사용하지 않는 것은 모욕적인 것으로 간주된다. 동양권의 많은 나라들에서 소개를 위해 명함을 사용하는 것은 필수적이다. 명함을 준비하지 않거나 그 위에 메모를 하는 것은 의전을 위반하거나 상대방을 모욕하는 것이다. 심지어 명함을 제시하는 방법이나, 악수를 하는 것, 복장이 협상가에 의해 관찰되고, 사람의 배경이나 개성에 관한 귀인의 기초가 될 수 있다.
- **커뮤니케이션** : 문화는 사람들이 어떻게 언어적으로 또는 비언어적으로 커뮤니케이션 하는지에 영향을 미친다. 또한 문화에 따라서는 신체언어에 차이가 있다. 어떤 문화에서는 크게 모욕적인 행동이 다른 문화에서는 완전히 다른 해석이 된다. 협상에서 상대방에게 공격적이 되는 것을 피하기 위하여, 국제협상가는 커뮤니케이션의 문화적 규칙을 주의 깊게 관찰해야 한다. 예를 들어, 미국에서는 책상 위에 발을 올려놓는 것이 권력이나 편안함의 신호이지만, 태국에서는 매우 모욕적인 것으로 간주된다. 국제협상가들

68) Thompson, L., Negotiation behavior and outcomes: Empirical evidence and theoretical issues. *Psychological Bulletin,* 108, 1990b, pp.515-532.

이 상대방을 모욕하거나, 화나거나, 당황하게 만들지 않기 위해서 반드시 기억해야 할 커뮤니케이션 방법에 관한 정보는 많이 있다. 그런 정보를 찾는 것이 국제협상을 계획하는데 필수적이다.

- **시간 민감성** : 문화는 시간이 의미하는 것과 그것이 협상에 영향을 미치는 방법을 결정한다. 미국에서는 사람들이 정해진 시간에 회의 장소에 참석하는 것을 통해서 시간을 존중하는 경향이 있다. 다른 사람의 시간을 낭비하지 않으며, 생산성의 상징으로 일반적으로는 빠른 것이 늦는 것보다 더 좋다. 시간에 대해 매우 다른 관점을 지닌 문화도 있다. 더 전통적인 사회와 특히 더운 기후에서는, 속도가 미국보다 느리다. 이것은 단기적으로 시간에 관한 초점을 완화하는 경향이 있다. 미국인들은 시간을 주의 깊게 관찰하고 그것을 가치 있는 자원으로 여기기 때문에 다른 문화에서는 시간의 노예로 인식된다. 예를 들어, 중국이나 라틴 아메리카에서는 시간 그 자체가 중요하지 않다. 협상의 초점은 그것에 소요되는 시간의 양에 불구하고 과업에 관한 것이다. 시간에 대한 다른 관점 때문에 이 문화 간의 협상에서 오해의 기회가 많다. 미국인은 항상 서둘고 한 과업에서 다른 과업으로 휙 지나가는 것으로 인식되지만, 중국이나 라틴 아메리카의 협상가들은 미국인에게 시간을 낭비하면서 아무것도 하지 않는 것처럼 보일 수 있다.
- **위험 성향** : 문화는 협상가들이 위험을 취하려는 정도에서도 다양하다. 어떤 문화는 의사결정을 하기 전에 많은 양의 정보를 원하는 보수적인 의사결정가나 관료를 만드는 경향이 있다. 다른 문화는 좀 더 창업자 적이면서 정보가 불완전할 때 위험을 취하는 협상가를 만든다. Foster(1992)[69]에 의하면, 미국인들은 위험을 취하는 선상의 끝에 있는 반면에, 그리스 같은 몇몇 유럽의 문화는 매우 보수적이다. 위험을 택하는 문화의 지향성은 협상하는 것과 협상결과의 내용에 큰 효과를 가지게 된다. 위험지향 문화에서 협상가는 거래를 더 일찍 시작하려고 하며 더 많은 기회를 얻는다.
- **그룹 대 개인** : 문화는 그들이 개인을 강조하는지 또는 그룹을 강조하는지에 따라서 다르다. 미국은 매우 개인 지향적인 문화이며, 독립적이며 주장적인 것이 가치 있는 것으로 칭송된다. 반대로 그룹 지향적인 문화는 그룹

69) Foster, D. A. Bargaining across borders: How to negotiate business successfully anywhere in the world. New York: McGraw-Hill, 1992.

의 연장자에게 호의적이고 개인의 필요는 그룹의 필요 다음으로 본다. 충성심 있는 팀 플레이어에게 가치를 부여하고, 사회적으로 외면되는 행위를 하는 사람은 큰 대가를 치러야 한다. 이런 문화적 차이가 협상에 다양한 영향을 미칠 수 있다. 미국인은 한 사람이 최종 의사결정에 책임을 지지만, 일본은 의사결정에 그룹이 책임을 진다. 그룹 지향 문화의 의사결정은 합의를 요구하고 더 많은 시간을 심각하게 사용한다. 중국과 같은 그룹 지향 문화에서는 많은 사람들이 협상에 관여하기 때문에 미국 협상가는 동일한 이슈에 대해 많은 다른 사람들과 연속적인 의사결정에 직면할 수 있다.

- **합의의 성격** : 문화는 합의를 결정하는 것과 협상된 합의문이 어떤 형태를 띨 것인지에 대해 중요한 영향을 미친다. 미국에서는 합의문이 전통적으로 논리에 기초하고 정형화 된다. 그리고 만약 표준이 정해져있지 않으면 법적 체계에 의해서 보증된다. 그러나 어떤 문화에서는 거래의 승인이 당신이 무엇을 할 수 있는가에 의해서보다는, 당신이 누구인가에 의해서 결정될 수 있다. 그리고 합의가 모든 문화에서 동일한 의미를 지니지 않는다. Foster(1992)에 의하면, 중국인들은 자주 관계를 공식화하는 합의의 각서를 사용하며, 협상을 시작하는 신호로 사용한다. 그러나 미국인들은 동일한 합의 각서를 법정에서 집행할 수 있는 협상의 완료로 해석한다.
- **정서** : 문화는 협상가들이 감정을 표현하는 정도에 영향을 미친다. 이런 감정은 협상과정에서 전술로 사용되거나, 또는 긍정적이거나 부정적인 상황에 대한 자연스런 반응으로 사용될 수 있다. 개성이 감정 표현에서 역할을 하는 반면에, 거기에도 고려할 만한 문화적 차이가 있다.

요약하자면, 국제협상에서 문화에 관한 중요성이 실무적으로 많이 다루어지고 있다. 비록 문화라는 단어가 여러 가지 다른 의미로 사용되지만, 분명히 국제협상에서는 과정상이나 결과에 폭 넓게 영향을 미치는 중요한 면이 있다.

요약

이 장에는 협상을 합의로 이끌기 위해 다루어야할 모든 중요한 요소들이 망라되어 있다. 우선 우리는 협상의 시작에서 취해야할 태도에 관하여 언급하였다. 효과적인 협상의 핵심은 협동과 문제해결의 자세에서 비롯된다. 협동은 신뢰를 낳고 경쟁은 불신을 야기한다. 협상의 근본적인 화두는 어떻게 상대방을 협력적인 자세로 유도할 수 있는 가에 있다. 의사소통의 방법은 이것을 위한 것이고, 효과적인 정보교환은 상호간의 신뢰로부터 시작된다. 우리는 협상력의 요소와 강화방법에 대하여 검토하였으며, 영향력을 행사하는 방법에 관하여 이해하였다.

이 책의 시작에서 언급하였지만, 협상은 상호의존적인 상황을 전제로 한다. 협상에서 약자의 입장에 처한다 해도, 절대적인 약자란 존재하지 않는다. 약자도 강자가 필요로 하는 가치를 소유하고 있기 때문에, 강자에게 무조건 굴복하기보다는 자신의 가치를 주장하고 강화하는 노력을 하여야 한다. 협상을 진행하는 동안 교착에 빠지거나 협상가를 실망하게 하는 경우는 수없이 많다. 협상가는 이에 대해 이해하고 마음의 준비를 하고 있어야 한다. 교착은 협상이 지금과는 다른 방법으로 해결되어야 할 필요성을 말하는 것이며, 공동의 문제해결 방법이 요구된다. 협상이 합의로 진입할 때는 결과가 공정한 것인가 하는 의문이 들게 된다. 공정성의 개념은 주관적인 것이며, 입장에 따라 다른 관점이 정당한 것으로 간주된다는 점을 염두에 두어야 한다. 국제협상에서는 문화적 다양성이 협상의 장애가 될 수도 있다. 따라서 서로 다른 문화적 가치와 정체성, 관습 및 종교적 신념에도 각별한 주의를 기울여야 한다.

제8장 협상의 합의와 실행

학습 목표

- 의사결정분석의 이론과 협상의 의사결정에 대한 이해
- 협상의 마무리에서 다루어야 할 내용에 대한 이해
- 합의문 작성의 함의와 실행 방법에 대한 이해
- 합의문 실행의 문제점에 대한 이해
- 분쟁의 발생 요인과 해결방법에 대한 이해
- 재협상의 성격과 발생 가능성에 대한 이해

1. 협상의 의사결정

1) 의사결정분석

의사결정은 협상가들의 가치 및 선호와 일치하는 행동의 적합한 과정을 선택하는 행동이다. Kahneman과 Tversky(1986)가 기술한 행태적 의사결정이론이 의사결정의 폭넓은 이론적 구조이다.[70] 이것은 규범적인 접근법과 각 개인이 자신의 믿음과 가치를 어떻게 자신의 의사결정에 통합시키는지에 관한 서술적 이론을 모두 포함한다. 의사결정이론은 불확실성과 위험 그리고 다른 이해관계자와의 상호작용이라는 환경 속에서 사람들이 어떻게 상황과 옵션을 인식하고 처리하며 평가하는지 설명한다. 이 이론에 통합된 주요 심리학적 개념들은 확률적 합리성의 논리, 선택, 추론, 발견적 방법(heuristic), 편견(bias), 조정 및 틀의 구성(framing), 재구성을 포함한다.

의사결정은 협상과정의 효과적인 선택을 이해하고 결정하는 핵심적인 여러 가지 중요한 요소에 초점을 맞추고 있다. 이런 모든 요소의 중심이 되는 것은 선호

70) Kahneman, D., and Tversky, A., "Choices, Values, and Frames." In H. Arkes and K. Hammond (eds.), Judgment and Decision Making: An Interdisciplinary Reader. New York: Cambridge University Press, 1986.

의 개념이다. Kahneman과 Tversky(1986)는 선호가 의사결정자들이 그들의 이해관계와 주요 문제를 구성하고 재구성하는, 인식하고 규정하는 여과수단이라고 말한다.[71] 만약 이런 선호가 확인되고 특정한 이해관계에 관심 있는 협상가로부터 직접 도출될 수 있다면, 이것은 지원적 수단으로서 선행적으로 의사결정에 적용할 수 있다.

협상과정에 적용되는 [그림 8-1]의 의사결정분석은 전략과 결과를 이해하는데 도움이 될 수 있다. 방법론은 계획한 결과의 기대가치가 고려된 교환조건에 기초해서 대안적인 전략 옵션을 평가하는 것이다. 전략적 의사결정의 평가는 주로 협상가의 선호를 관찰하여 의사결정분석을 통해 규명된다. 이 기법은 협상가의 선호, 전략적 옵션의 매력, 대안적 전략이 인식되는 결과 그리고 상대방의 전략과 다른 통제 불능사건의 발생 확률을 토대로, 왜 특정한 전략은 선택되고 다른 전략은 거부되는지 이해하는데 도움이 될 수 있다.

사전협상 단계에 적용하는 의사결정분석은 협상가에게 상황적 진단을 용이하게 하고 기획 및 전략을 수립하는데 효과적인 지원을 제공할 수 있다.[72] 이것은 협상가의 선호를 범주별로 평가함으로써 다른 전략에 우선하여 어떤 전략을 선택하는 의사결정의 합리성을 분해하는 능력을 제공한다. 이렇게 함으로서, 협상에서 이해관계의 발생과 왜 어떤 결과가 매력적으로 보이는지는 물론이고, 모든 당사자들에게 보다 바람직하게 혜택을 분배하는 타협 공식의 시작이 무엇인지를 이해할 수 있게 한다.

[그림 8-1] 의사결정분석

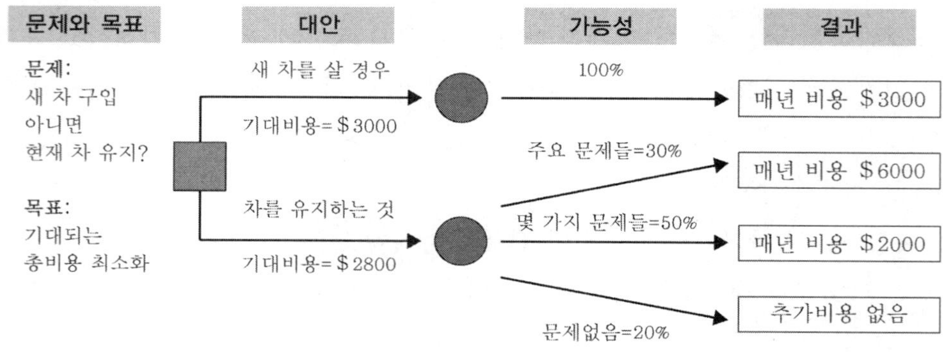

71) Kahneman, D., and Tversky, A., 1986.

72) Spector, B. "Decision Analysis for Practical Negotiation Application." *Theory and Decision, 34*, 2, 1993a.

그러나 협상에서 직면하는 대부분의 의사결정은 쉽거나 명백한 해결책이 없는 거칠고 복잡한 것이다. 그리고 그것은 아마도 협상가에게만 영향을 미치지 않을 것이다. 그것은 협상가의 가족이나, 직장, 사회, 그리고 국가에 영향을 미친다. 그래서 대부분의 사람들은 협상에서 힘든 의사결정을 두려워한다. 의사결정을 잘하는 것이 협상가의 책임을 완수하고 전문가로서의 목표를 완수하는 가장 중요한 일 중의 하나이다. 어려운 선택은 높은 보상과 중대한 결과를 가지고 있다. 그것은 다양하고 복잡한 고려들을 포함하고 있으며, 상대방을 판단해야 한다. 어려운 의사결정을 해야 할 필요가 우리를 두렵고, 혼란스럽고, 당황스럽고, 해로운 위험에 처하게 한다. 그것을 결정하는 것이 어렵다는 것은 이상한 일이 아니다. 결정에 대한 불편함이 우리를 너무 빠르거나, 너무 늦게, 또는 너무 혼란스러운 의사결정으로 이끌 수 있다. 이런 상황에 처할 때, 다음과 같은 진단적인 질문을 자문해보아야 한다.

- 나의 결정의 문제는 무엇인가? 내가 결정해야 할 것이 무엇인가? 어떤 특정한 의사결정을 해야만 하는가?
- 나의 근본적인 목표는 무엇인가? 나의 근본적인 필요와 욕구를 달성하기 위해 더 많은 시간이 필요한가?
- 나의 대안은 무엇인가? 대안의 결과는 무엇인가? 더 좋은 것을 찾을 수 있는가?
- 나의 중요한 이슈들 중에서 교환할 수 있는 것은 무엇인가? 나에게 가장 갈등적인 이슈는 무엇인가?
- 어떤 불확실성이 중대한 문제를 일으킬 수 있는가? 그것은 얼마나 큰 충격이 있는 것인가?
- 나는 얼마나 큰 위험을 감당할 수 있는가? 그 위험의 결과는 얼마나 나쁜 것인가? 위험을 줄일 수 있는 방법은 무엇인가?
- 미래에 대한 계획을 생각하고 있는가? 정보를 수집함으로서 미래의 불확실성을 얼마나 줄일 수 있는가? 잠재적인 비용과 수익은 무엇인가?
- 지금 시점에서 의사결정이 명백한 것인가? 지금 의사결정 하는 것을 유보해야 할 필요가 있는가? 약간의 시간과 노력으로 의사결정을 개선할 수 있

는 방법은 무엇인가?

- 만약 의사결정이 명백하지 않다면, 눈에 보이는 중요한 이슈는 무엇인가? 어떤 사실이나 의견이 나의 결정을 쉽게 할 것인가?

당신이 의사결정 할 문제들을 어떻게 정의하든지, 그것은 대책 없이 복잡하게만 보인다. 당신은 의사결정에 진전을 보지 못하면서도, 단지 혼란스러움 속에서 무엇인가 해야 할 것으로 생각한다. Howard Raiffa(1982)[73]는, 이런 상황에서 예외적으로 환상적인 생각을 할 수 있는 사람이 아니라면, 의사결정의 체계적인 분석이 협상에서 현명한 의사결정을 하는데 도움이 될 수 있다고 주장한다. 이런 분석은 초인적인 합리성을 요구하는 것이 아니다. 그것은 대부분의 사람들이 평가가 요구되는 단순한 맥락에서 합리적으로 발견할 수 있는 어떤 일관성 있는 행동의 원칙을 의미한다. 그 원칙은 행동의 결과적 함의가 자신에게 좋도록 자신의 선호와 판단에 건설적으로 공급되는 것이다. 협상가는 최소한 서로 충분히 공유할 수 있을 만큼 파이를 키우는 방법을 찾아야 한다. 협상가는 현재의 상황을 다른 상황에 연결하는 것을 결코 게을리 해서는 안 된다. 그리고 사람들이 실제로 협상에서 어떻게 행동하는 가에 관한 모든 현상을 마음에 새기면서, 외부의 제3자를 상호 유익하게 활용할 방법을 찾아야 한다. 협상의 영역에서는 상대방의 관점과 이해관계로 사물을 보는 노력을 진지하게 해야만 한다. Raiffa는 판단에서의 과신이나 또는 유감의 느낌을 너무 성급히 표현하는 인지적 오류들을 경고한다. 아래에 협상가들이 현명한 의사결정을 위해 피해야할 인지적 오류들의 보편적인 예가 있다.

➢ **선택적 지각** : 보고 싶은 것만 보는 심리적 오류는 증거를 수집하기 위해 가야할 곳에 영향을 미칠 뿐만 아니라, 수집한 증거를 해석하는 데에도 영향을 미친다. 이것은 자신이 지지하는 정보에는 너무 큰 비중을 두고, 싫어하는 정보는 아주 소홀이 하게 된다. 만약 당신이 주식을 팔려고 주식시장에 관한 기사를 읽었다면, 주식 매도를 옹호하는 기사에는 덜 비판적이고, 시장에 남아있기를 옹호하는 기사에는 더 비판적이 된다. 이런 현상은 사형

73) Raiffa, H. *The Art and Science of Negotiation.* Cambridge, MA: Harvard University Press, 1982a.

제도에 대한 찬반의 논쟁에도 적용된다. 찬성과 반대를 지지하는 두 집단이 사형제도에 대해 결과를 달리하는 두 개의 과학적 조사 보고서를 읽고 나면, 두 집단은 자기 자신의 입장에 대한 가치를 더 확신하게 된다. 그들은 자동적으로 자신의 관점을 지지하는 정보는 받아들이고 반대되는 정보는 폐기한다. 이것이 작동하는 것은 두 개의 심리적인 영향 때문이다. 첫째는 우리가 하고자 원하는 것을, 왜 그것을 하고자 하는지 생각하기 전에 잠재의식적으로 결정하는 경향이다. 둘째는 자신이 싫어하는 일보다 좋아하는 일에 더 개입하게 되는 경향이다. 그래서 사람들은 자연스럽게 자신의 잠재의식을 확인하는 정보에 쏠리게 된다.

➢ **지나친 확신** : 사람들은 합의에 도달하기 위한 일념으로 협상에 들어가는 경향이 있다. 그들은 필승의 신념으로 가정을 하고 거기에 따라서 전략을 개발한다. 그들은 자신들이 더 경쟁력이 있다는 생각을 가지고 상황을 인식하는 오류를 범한다. 이런 왜곡이 필요에 기초한 환상을 초래한다. 이런 환상은 매우 자극적이어서, 상황을 더 기분 좋게 보이도록 만들고 협상을 진행하는 동안 의사결정에 영향을 미친다. 이런 심리적 경향은 협상가에게 비합리적으로 긍정적인 관점을 지니게 해서 미래에 발생할 사건에 대해 비관적이기보다는 더 낙관적인 예측을 하게하며, 그 결과에 대해 잘 관리할 수 있다는 믿음을 갖게 한다.

➢ **언약의 비합리적 확대** : 사람들은 가끔 자신의 이해관계와 일치하지 않는 행동을 한다. 일반적인 실수 중의 하나가 초기 행동의 과정에 비합리적으로 언약하면서 머무는 것이다. 일단 행동의 과정에 언약하게 되면, 사람들은 자신의 앞선 선택을 정당화하는 방법으로 자원을 배분한다. 그것이 현재의 상태에서 가치 있는 것인지는 고려하지 않는다. 이런 경향은 금전적이거나 군사적인 상황에서도 존재한다. 이런 심리적 오류는 사람들의 인식을 제한해서, 이어지는 판단에서도 편견을 갖게 하는 것이다. 사람들은 실패를 허용하길 원치 않는다. 그들은 일관성 있게 보이길 원하며, 행동 과정에 대한 일관성이 앞선 행동에 대한 언약을 증가시키게 된다.

➢ **부정적인 틀의 구성(Framing)** : 협상에서 가능한 옵션이 합의에 도달하려는 협상가의 의지에 강하게 영향을 미칠 수 있도록 틀이 구성되거나 제시된다. 협상에서 정보가 구성되는 방법이 협상가의 위험 선호에 중요한 영향

을 미칠 수 있다. 특히 미래의 결과나 사건이 불확실할 때 더욱 그렇다. 협상가들은 위험에 대한 선호가 변할 수 있고, 특정한 의사결정 상황의 영향력에 의존하기 때문에, 협상에서 비합리적인 선택을 할 수 있다. 수익이나 비용을 평가하려고 사용하는 참조 점이 협상가의 옵션에 부과된 틀의 구성을 긍정적이거나 부정적으로 결정하고, 그 옵션을 수용하거나 거부하는 협상가의 의지를 결정한다. 참조 점의 선택은 "현상유지나 기대"와 같이 눈에 보이는 기준에 의해 결정될 수 있다. 협상에서 틀을 정확히 구성하는 것이 합의와 결렬의 차이를 만들 수 있다. 양측은 전형적으로 수익과 손실로 측정된 참조 점의 조건으로 협상하며 어떤 타협도 손실로 인식할 수 있다. 이것이 협상가를 모든 제안에 대해 부정적인 틀을 구성하도록 유도할 수 있으며, 위험을 택하는 행동을 하면서 합의에 도달할 가능성을 줄이게 된다.

2) 협상의 의사결정

협상에서 합의의 결정요소를 단지 자기 자신으로부터만 찾는 것은 문제가 있다. 왜냐하면, 협상에서는 합의의 결정권을 상대방이 가지고 있기 때문이다. 협상에서 상대방이 합의하는 것은 그들이 그 합의를 원한다는 것이다. 합의가 이익이 되지 않는 한, 그들은 결코 협상에서 합의하지 않을 것이다. 그럼으로, 상대방이 원하지 않는 합의를 하기 위해서, 비용을 부과하거나 위협을 함으로서 당신의 생각을 따르도록 영향력을 행사하는 것은 효과적이거나 경제적인 방법이 아니다. 상대방이 선택에 매력을 느끼는 것은 단순히 위협에 의한 고통으로 영향을 받기 때문이 아니고, 오히려 많은 요소들의 복합적인 종합에 의해서 영향 받는 것이다. 당신이 원하는 결과들의 모음은, 단순히 당신에게 이익이 되는 결과들의 모음이 아니라, 그 결과들의 합계가 상대방에게 흥미를 끄는 것이어야만 한다.

협상에서 제안과 요구와 위협들에 대해 의문을 가짐으로서, 당신의 선택이 상대방에게 어떻게 보이는지 분석할 수 있고, 상대방이 더 효과적으로 결정할 수 있도록 계획을 변경시킬 수 있다. 당신이 요구하는 상대방은 누구인가? 당신이 원하는 결정을 그들이 하지 않는다면, 그 결과는 누구에게 영향을 미치는가? 당신이 그들에게 요구하고 있는 결정은 무엇인가? 당신이 요구하고 있는 것을, 만약 그들이 하지 않더라도 그 결과가 발생할 것인가? 그 결과는 언제 발생하는가?

당신이 그런 결정을 요구하는 것은 정당해서인가, 합리적이기 때문인가? 그들이 그런 선택을 해야만 하는 이유가 무엇인가?

협상에서 당신이 결정하는 목적이 상대방에게 의사결정을 하도록 한다. 그렇게 하기 위해서, 당신은 상대방이 그 선택의 합계를 우호적으로 볼 수 있도록 결정이나 결과를 바꾸어야 한다. 그렇다면, 제안과 요구와 위협에 대한 인식은 당신의 것이 아니라 상대방의 인식인 것이다. 당신의 목표는 바람직한 결과들을 배열함으로서 그들의 인식을 바꾸는 것이다. 그들이 의사결정을 하길 원하도록, 제안과 요구와 위협의 배합을 매력적으로 만들어야 한다.

당신에게 중요하지 않은 요소가 상대방에게는 중요할 수 있다. 협상에서는 각자가 중요하다고 생각하는 요소가 다르다. 그러나 무엇이 중요한가는 당신의 인식이나 객관적 기준이 아니라, 결정을 통제하는 상대방의 인식이다. 당신이 보기에 그들의 선호가 아무리 이해할 수 없는 것일지라도, 당신이 그들에게 영향을 미치길 원한다면, 그들의 상식위에서 거래해야만 한다. 만약 그들이 경제적 이익을 선호한다면, 그들에게 이익을 제공하는 것이 효과적이다. 상대방은 제안되고 있다는 사실보다는 경제적인 이익에 더 집착해서 영향을 받을 것이다. 혼란스런 상대방의 선택을 발견할 수 있다는 사실이 의사결정과 무관한 것이 아니다. 그 다양한 요소들이 그들에게 어떻게 보일 수 있는가를 의식적으로 고려하는 것이 더 중요하다.

[그림 8-2] 협상의 의사결정

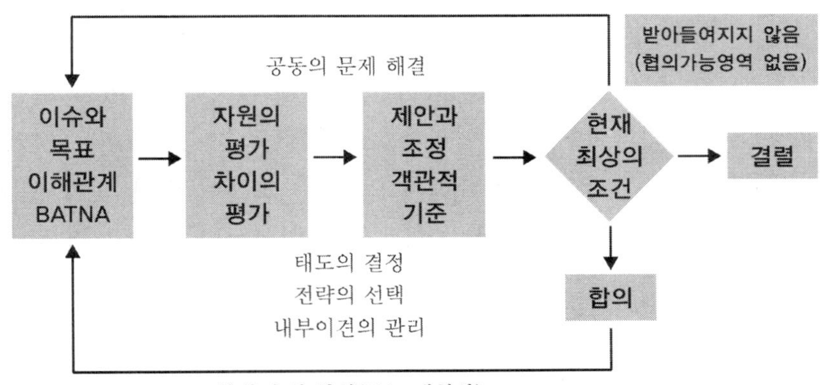

대부분의 협상은 당신 자신의 행동보다는, 상대방을 결정하게 하는 더 많은 어떤 것에 의해서 성취될 수 있다. 그래서 당신은 상대방과 함께 결정을 선호해야만 한다. 만약 그것을 당신만 선호한다면, 그들은 결정하지 않을 것이다. 양측에 공통의 이해관계가 없다면 영향력의 희망은 없다. 당신은 아래에 언급된 사항들에 주의하면서, 결과들의 합계가 그들이 의사결정하기에 충분한 이익이 되도록 보이게 해야 한다.

인식

당신이 상대방의 인식을 이해하려고 노력할 때, 당신 자신이 상대방의 입장이 되어서 갈등에 관해 가장 중요한 것이 무엇인가를 고려해야만 최상의 예측이 가능하다. 협상에서 각 당사자는 가장 중요한 이슈가 무엇인지에 관해 다른 예측을 하고 있으며, 관련 역사와 현재의 사실에 대한 인식, 그리고 목표와 의도에 관해서 다른 예측을 하고 있다. 협상가가 갈등의 당사자이건, 갈등하는 두 당사자 사이에서 갈등을 다루고 있건 간에, 그 다른 인식을 단순하게 대조하고 명백히 하는 것이 유용할 것이다.

정부나 기업이나 국제적 행동가들은 단일한 인식을 가지고 있지 않다. 많은 경우에, 넓은 범위의 관점이 있을 것이다. 가장 직접적인 접근은 당신이 변경시키려고 시도하는 사람의 인식에 초점을 맞추는 것이다. 그것은 조직의 최고 리더가 될 수도 있고, 어느 부서의 장이 될 수도 있다. 결정을 얻어내기 위해서는, 조직 자체보다는 단일 개인이나 작은 그룹을 목표로 하는 것이 더 쉽다.

당신이 상대방 리더의 인식에 관해서 어떻게 알 수 있는가? 우선은 정보수집이 필요하다. 이것은 순수하게 사실 확인 작업이다. 만약 상대방의 관점을 이해하려고 노력한다면, 이 단계에서 어떤 판단을 해서는 안 된다. 당신이 할 수 있는 최선의 방법은 다른 사람이 사물을 어떻게 보는지를 단순이 예측하는 것이다. 무엇이 그들에게 중요하고 무엇이 중요하지 않은가? 그들이 말한 것이나, 기록한 것으로부터 그들의 인식을 알 수 있다. 다른 사람의 인식을 정확하게 아는 것은 거의 불가능하지만, 예측하는 것은 노력할만한 가치가 있다.

감정과 동기

협상에서 상대방을 이해하려고 노력할 때, 당신은 또한 왜 그들이 사물을 그런 방법으로 보는지 알고 싶어 한다. 갈등상황에서는 느낌이 생각보다 더 중요하다. 갈등의 당사자들은 공통의 문제에 대해 협력적으로 해결책을 찾기보다는 더 전투적이 될 준비가 되어 있다. 화난 사람들은 상대방이 말하는 것을 들을 수 없으며, 적으로 보이는 상대방에 의해 행해진 행동에 대해서는 최악의 해석을 가할 가능성이 더 많다.

만약 상대방의 머리에서 진행되는 것에 영향을 미치려고 한다면, 그들의 마음 속에서 일고 있는 감정과 동기에 대해 알아야 한다. 부정적인 감정은 경쟁을 유발시키고, 갈등을 확대한다. 사람들이 서로 대면해서 대화하고 있을 때는, 움직임에 민감해지고 강한 감정의 동요를 더 잘 알게 되지만, 편지, 팩스, 이메일, 전화 등으로 소통할 때는, 자기 자신에게 더 관심을 갖게 되고, 상대방의 느낌을 무시할 가능성이 있다.

리더의 감정 요소를 진단하기 위해서는, 가끔은 더 지배적인 역할을 하는 이해관계자들과 지지자들의 감정도 알아야 한다. 당신은 어느 일방의 행동에서 실마리를 발견해야만 한다. 그들과 함께 문제를 논의하는 것이 도움이 될 것인가? 당사자들이 같이 다룰 수 있는 어떤 과제를 발견하는 것이 두려움과 긴장을 줄일 수 있는 것인가? 단순히 사무실 밖으로 나가는 것만으로도 관리할 수 없는 문제로부터 오는 두려움을 없앨 수 있다.

메시지의 분석

당신이 말하고 행동하는 것이 최소한 아직은 원하는 결과를 만들어 낼 수 없다는 것이 분명하다. 한 가지 방법은 당신 자신에게 묻는 것이다. 당신이 말하고 있는 것이 무엇인가? 상대방이 듣고 있는 메시지가 무엇인가? 그들이 듣고 있는 메시지가 당신이 보내는 것과 같은가, 다른가? 상대방에게 보내는 메시지에는 항상 명료함의 정도가 다양하고, 모호하며, 그들이 해야 할 무엇인가가 빠져있는 암시적인 것이 있다. 그 메시지는 만약 그들이 그것을 하지 않으면 가능한 결과에 대해, 위협과 경고에 의하여 암시된다. 그리고 만약 요구되는 행동이 취해진다면, 다른 결과가 제안되고 예측될 것이라는 점이 함축되어 있다.

당신이 요구하는 것은 그들이 미래에 하기를 원하는 것이다. 사람들은 가끔 과거에 대해 불평하면서 시간을 소모한다. 그것은 무언가를 하기를 원하는 사람이 누구이며, 무엇을 하길 원하는 가에 관해 상당한 불확실성을 남긴다. 거기에는 타이밍과 정당성에 관한 문제도 포함된다. 당신이 원하는 것을 하지 못하는 결과는, 당신의 통제를 넘어서는 사건의 위협이나 경고에 의해서 의사소통될 수 있다. 이런 메시지의 효과성은 그것의 내용뿐만이 아니라 그것의 신뢰성과 가능성에 의존한다. 이것은 제안의 경우에도 동일하다.

통상 상대방이 결정하지 않는 것은 현재 상황에 대한 인식 때문이다. 그들의 인식, 감정, 이해관계 그리고 당신이 말한 것을 듣는 그들의 해석이 그들의 현재 상황인식을 형성한다. 그런 주제들을 각각 따로 분리해서 보면, 당신이 어떻게 진행해야 할지에 관해 실마리를 제공한다. 당신은 잘못된 인식을 바로잡기를 원하고, 감정을 완화하고, 그들의 이해관계에 반응하고 더 효과적이고 더 쉽게 이해할 수 있는 메시지를 전달하고 싶다. 이런 모든 고려들이 영향을 미치려고 노력하는 상대방의 선택에 영향을 미친다. 당신의 문제에 대한 좋은 접근은 지금까지의 선택을 미래의 선택으로 바꾸는 것이다. 당신이 결정하기를 고려하고 있는 시점에 상대방은 결정을 고려하지 않는다. 당신의 문제는 상대방이 당신이 원하는 결정을 하도록 상대방이 직면하고 있는 선택을 바꾸는 것이다.

2. 협상의 마무리

협상의 합의 결과에 대해 상대방이 공정하다고 할지, 불공정하다고 할지를 예측하기는 매우 어렵다. 공정성은 객관적인 상태가 아니다. 공정한 결과는 양자가 협상의 자원을 동일하게 배분할 수 있다. 또 다른 공정분배는 각자가 기여한 것에 기초해서 보상을 하는 것이다. 매우 다른 옵션은 당사자들의 필요에 의해서 자원을 배분하는 것이다. 협상가들은 모두가 공정함에 대해 자신들의 개념을 가지고 있고 그것을 의사결정에 사용하기 때문에, 이 모든 옵션들이 공정한 것으로 간주될 수 있다.

협상은 가끔 일방이 상대방에 대해서 화가 나기 시작하고 자신의 만족보다는

상대방의 불쾌감을 극대화할 때 깨지게 된다. 협상에서 자원을 분배하는 방법, 협상의 공정성에 관하여 감정이 인식에 영향을 미치고, 이어지는 행동과 의사결정에 영향을 미치는 정도, 이런 요소들이 당사자들의 관계에 영향을 미치고 협상의 합의에도 영향을 미친다.

상대방과의 장기적 관계에서 협상가는 자신의 복지에 관하여 더 관심을 갖는 경향이 있다. 협상의 상대방은 최종적인 합의문이 서명되기 바로 전에 합의를 철회하겠다는 위협을 할 수도 있다. 이런 순간에, 당신은 혈압이 오르거나 두려움으로 오싹해진다. 협상을 어떻게 해야 한다는 합리적인 조언은 관계없는 것이 된다. 감정의 현실 앞에서 자비로운 사람은 없다. 그것은 현명한 합의의 가능성을 해칠 수 있으며, 우호적인 관계는 모두에게 해로운 반목으로 바뀔 수 있다.

협상을 마무리하는 것은 모두가 바라던 기회이지만, 이 순간이 바로 위기가 될 수도 있다. 상대방이 합의의 결과에 대해서 공정하게 생각하는 것인지, 협상이 진행되는 동안 그리고 마무리 되는 이 순간에 상대방은 협상의 파트너로서 존중받고 있다고 느끼는지, 이런 것들이 협상의 합의를 순조롭게 하기도 하고 마지막 순간에 파탄으로 결말을 보기도 한다. 통합적인 협상의 합의에는 눈에 보이는 실질적인 이익을 대표하는 실질적인 계약과, 눈에 안 보이는 무형의 가치를 대표하는 사회적 계약이 모두 포함되어야 한다.

사회적 계약은 상호 이해나 또는 관계를 둘러싸고 있는 대상을 포함한다. 예를 들어, 두 회사 간의 전략적 합작투자에는 활동 범위를 둘러싸고 있는 실질적인 합의가 있겠지만, 거기에는 또한 우리가 사회적 계약이라고 부르는, 기대되는 신뢰의 수준, 정보의 공유, 상호 언약에 대한 공유하는 이해가 있을 것이다. 이 공유하는 이해에 관한 병렬적 협상이 눈에 보이진 않지만 중요하다. 사실상 파트너십을 확립하려는 노사협상이나, 기업의 합작투자, 국가의 외교관계에서, 사회적인 계약과 실질적인 계약이 모두 협상테이블 위에 있을 수 있다는 생각이 특히 중요하다.

비록 현대의 고용 관계에서는 협상과정을 통해 구축되어야만 하는 중요한 결과로서 사회적 계약을 보는 것이 보편적이긴 하지만, 여전히 조직이나 비즈니스의 맥락에서는 관심이 적은 편이다. 그러나 사회적 계약이 중요한 것은 바로 이 부분이다. 작은 유망 기업이 큰 회사에 의해서 인수될 때, 장기공급 계약이 성립

될 때, 공기업과 사기업이 파트너십을 맺을 때, 또는 다른 연합이 구성될 때, 사회적 계약이 협상되는 방법을 탐지하고 이해하는 것이 필수적이다. 그리고 사회적 계약과 실질적 계약 간의 관계를 이해하는 것이 중요하다. 이 두 형태의 합의는 그냥 협상되는 것이 아니며, 두 결과 간의 상호의존이 계속되도록 지속적인 관리를 요구한다. 만약 이 두 개의 다른 의미를 가지고 있는 계약에서 사회적 계약의 지속기간이 짧다면, 고도의 지적인 합작투자나 유사시에 피를 나눌 수 있는 동맹관계는 기대하기 어려울 것이다. 협상의 관계는 합의로 끝나지 않는다. 합의의 결과가 실행되기 위해서는 유형의 합의와 무형의 합의가 모두 만족스러워야 한다. 협상이 마무리 되는 순간에 유형의 이익에 집착하면서 무형의 가치를 손상시키는 경우, 그 협상은 실패한 협상으로 기록될 수 있다.

3. 합의문 작성

협상의 마무리에서 힘든 과정을 거치고 난 후 모든 조건에 합의가 되면, 마지막으로 합의문이나 계약서를 서면으로 작성하게 된다. 이런 관점에 따르면, 당사자들은 우선 대화를 통해 협상을 하고 마지막으로 계약서를 쓰는 것이다. 그러나 Jeswald W. Salacuse(1985)[74]에 의하면, 많은 협상에서 이런 진행의 순서가 정 반대일수도 있다. 협상을 시작할 때 일반적으로 쓰는 책략은 상대방에게 계약서의 "초안(Draft)"이라고 불리는 자세한 서류를 제안하는 것이다. 그래서 실무에서는 논의의 기초로 사용되는 초안을 먼저 쓰고 나중에 협상한다.

첫 단계로서 포괄적인 합의의 초안을 제안하는 것이 비즈니스와 외교 협상의 실무에서는 자주 있는 일이다. 다국적 기업들은 물건을 팔거나, 자금을 빌리거나, 합작투자를 하기위해 계약 초안을 사용한다. 외국과 다양한 종류의 양자관계를 맺으려는 정부는 자신의 조약 초안에 대해 상대방의 논평을 요청하면서 협상을 시작한다. 많은 협상들이 사전에 준비된 합의의 초안으로 시작되기 때문에, 이런 실무의 장점과 단점, 그리고 대응 방법에 관해 생각해볼 필요가 있다.

---

74) Salacuse, J, W., "Toward a new treaty framework for direct foreign investment." Journal of Air Law and Commerce 50: 1985, pp.969-1010.

초안의 목적

합의의 초안은 그것을 제안하는 측에서는 많은 목적을 지니고 있다. 첫째, 그것을 준비하는 것은 협상가에게는 조직 내 외부의 이해관계자들에게 협상에 관해 설명하고, 논의될 문제에 관하여 수용 가능한 협상의 입장을 공식화하는 기회가 된다. 이 사전적 설명이 협상을 위해 중요한 준비가 될 뿐만 아니라, 그 초안을 따르는 어떤 협상의 합의도 정부나 본사로부터 승인될 것임을 협상가에게 보증한다. 둘째, 정부와 기업은 많은 다른 당사자들과 비슷한 협상을 자주 하기 때문에, 그 초안이 잠재적 협상 파트너들에게 계약이나 조약의 형태에 관하여 알리는 유효한 수단이다. 계약 언어의 통일이 다수의 합의나 조약들의 관리를 단순화할 수 있고, 다른 곳이 자신보다 더 좋은 대우를 받았다고 주장하는 국가나 기업에 의해서 재협상을 요구 받거나 차별의 책임을 피할 수 있다. 동일한 기본 초안을 가지고 협상을 시작하는 것이 일반적으로 비용 효과적이고, 효율적인 실무로 인식된다.

그러나 협상의 시작에 합의의 초안을 보내는 주된 이유는, 그것이 제안하는 측에 중요한 전술적인 이점을 제공하기 때문이다. 경험 있는 협상가들은 초안을 통제하는 측이 협상을 통제한다고 믿는다. 만약 상대방이 논의의 기초로서 초안을 수용한다면, 제안자는 협상의 안건을 효과적으로 결정하게 되고, 협상이 자리 매김할 개념적인 틀을 수립하게 된다. 넓게 보아서, 초안을 제안하는 당사자는 참조의 조건을 고정하는 반면, 상대방은 자신의 특정한 제안을 개발하기 보다는 단지 초안의 언어에 반응하게 된다. 사실상, 초안을 받는 당사자는 다양한 조항의 분석과 반응에 몰두되어서 그 자신의 협상 목적과 이해관계를 게을리 하게 된다.

초안의 문제점

비록 초안을 통제하는 측이 협상을 통제할 수 있을지라도, 현명한 협상가들은 이런 전통적인 수를 무차별적으로 적용하는 것에 대하여 조심해야 한다. 당신의 초안을 주장하는 것이 협상의 시작에는 유리할 수 있지만, 길게는 합의에 도달하는 것을 방해할 수 있다. 첫째, 협상의 초기에 준비된 초안을 보내는 것은, 상대방을 협상의 입장으로 고정시켜서 공통의 이해관계와 창의적인 해결책을 찾는 것을 방해한다. 초안은 결국 입장의 자세한 상태 이외의 어느 것도 아니다. 만약 협상 초기단계의 기능 중 하나가 양측을 모이게 하고 서로에 관해 가능한 한 많은 정보를 공유하는 것이라면, 시작에서 초안에 대한 집중은 이런 활력 있는 과정을 해롭게 할 것이다.

둘째, 비록 정부나 기업은 자신들의 초안이 통일된 서식이라고 믿을 수 있지만, 그것은 특정한 현지 조건이나 논의될 특정 상황에서는 사실상 적용이 불가능할 수 있다. 결과적으로 자기 조건에 대한 양보 없는 주장은 양측에 불만족스런 결과를 초래할 수 있다. 마지막으로, 초안을 제안하는 당사자가 통상 우세한 협상 입장에 있기 때문에, 상대방은 초안의 제안을 적대적 행동이나 교활함 그리고 당사자 간에 불평등 관계의 확언으로 볼 수 있다. 결과적으로, 협상의 시작에서 자세한 초안을 제안하는 것은 상대방에게 회의와 적대감을 심어주고 최소한 합의의 도달 과정을 지연시킬 것이다. 상기와 같은 이유로, 초안을 협상 초기에 제안하기 보다는, 협상과정에서 상황을 조심스럽게 분석하고 적절한 시기에 초안을 제안해야만 한다. 그리고 초안 조건에 대한 유연치 못한 주장은 협상을 지연시키고, 심지어 합의의 기회를 놓칠 수도 있음을 인지하여야 한다. 만약 상대방이 협상을 지배할 목적으로 전략적인 초안을 사용한다면, 그 초안에 대처하기 위해 다음과 같은 접근을 시도해 보자.

대응 초안의 준비

대응 초안은 문제 있는 협상을 위해 특별히 준비된 것일 수도 있고, 다른 협상에서 완성된 합의로부터 준비된 것일 수도 있다. 대응 초안을 제안하는 것은 협상의 통제를 공유하거나 대안적인 개념적 틀을 만드는 노력이다. 대응 초안을 준비하는 것은 상대방에게 이해관계를 생각하도록 압박하거나 논의될 이슈에 관해 자신의 입장을 개발하는 이점이 있다. 덧붙여서, 원 초안에 강력하게 반대하는 당사자는 대응 초안의 제안이 상대방에게 자신의 관심을 알리는 긍정적이고 건설적인 방법이라고 느낄 수 있다.

비록 대응 초안이 명백하게 전술적으로 보일 수 있을지라도, 협상가는 그것을 사용하는데 자주 실패한다. 대응 초안을 준비하는 것은 고도의 기술적인 문제에 관해 전문적인 수준을 요구한다. 다국적 기업과 협상하는 개발도상국들은 가끔 자신들이 이 입장임을 발견한다. 주제에 관한 정확한 지식이 없이 대응 초안을

준비하는 것은, 다국적 기업이 준비한 초안에 기초해서 논의를 하는 것보다 더 큰 약점을 문안에 삽입하는 결과를 초래할 수 있다. 만약 대응 초안을 작성하는 정부나 기업이 전문가를 지니고 있을지라도, 다국적 기업이나 선진국 정부와는 달리, 단일 거래를 위한 초안을 작성하기 위해서 충분한 인적, 시간적 노력을 제공할 입장이 아닐 수도 있다.

상대방의 초안에 대응하는 초안이 협상에 불협화의 요소를 추가할 수도 있다, 그래서 약한 입장에 있는 당사자는 이 접근의 채택을 주저할 수 있다. 대응 초안의 제안은 거의 항상 논의의 기초로 자신의 초안을 사용하자는 "초안의 싸움"을 초래하게 된다. 초안을 처음 제안한 측은, 본국의 모든 이해관계자들이 그것을 승인했기 때문에 어떠한 변경도 본사나 본국 정부의 승인이 불확실함을 주장하게 될 것이다. 대응 초안을 제안한 측도 똑 같이 주장할 수 있다. 이런 경우의 한 가지 해결책은 논의를 위해서 두 개의 초안을 모두 수용하는 것이다. 그리고 양측이 하나의 단일 텍스트를 만들기 위해서 같이 일하는 것이다. 이 작업을 달성하면, 당사자들은 숨겨진 이해관계를 결정하기 위해서 그리고 궁극적으로는 상호 만족스런 해결책을 만들기 위해서 현재의 입장을 극복하게 될 것이다.

원칙의 논의

협상의 초기에 초안을 접하게 되면, 협상가는 양측이 관계를 다룰 기본적인 원칙과 개념을 논의하는 동안에 그것을 잠정적으로 한 곁에 밀어놓자고 정중하게 요청함으로서 그것에 대응할 수 있다. 예를 들어, 합작투자 협상에서 초안의 항목별 조항을 논의하기 보다는, 협상가들은 우선 위험의 할당이나, 이익의 분배, 지속기간과 통제와 같은 합작의 주된 요소들의 개관을 정해야 한다. 합의가 이루어진 후에, 당사자들은 단순한 성명의 형태로 이해된 사항을 작성할 수 있다. 이 합의는 일방에 의해서 제안된 첫 초안을 대신해서 자세한 계약을 위한 틀로서 작용할 수 있다.

초안의 순서에 구속되지 않음

많은 경우에, 일방은 상대방의 초안을 협상의 기초로서 수용하는 것 외에 선택의 방법이 없을 수 있다. 그런 상황에서, 그 초안을 처음부터 끝까지 조항별로 논의할 것이 아니라, 상대방으로부터 잘 설명 받을 수 있다. 그리고 초안을 받은 당사자는 논의될 원칙적인 이슈를 결정하고, 초안을 적절히 판단하기 위한 생각을 상대방에게 전달해야 한다. 이 접근이 최소한 안건의 순서를 정할 수 있고 상대방이 그 초안을 통해서 부과하고자 하는 개념적인 틀에 갇히는 것을 피할 수 있다.

4. 실행의 어려움

왜 서류상으로 좋아 보이는 그 많은 거래들이 결국에는 산산조각이 나는가? 그것은 대부분의 거래들에서 단순히 "합의"를 얻어내는 것으로는 충분하지 않음을 보여준다. Danny Ertel and Mark Gordon(2007)[75]에 의하면, 당사자들은 합의문에 서명을 하고 난 후에, 그들이 실제로 가치 있는 어떤 것을 얻기 전에 해야 할 일이 많다는 것을 발견한다. 가끔은 문제의 근원이 거래의 달성 그 자체를 목표로 보는 협상가의 정신 자세이다. 그들은 서명된 계약을 어떤 일의 시작이라기보다는 협상의 마지막 종착지로 본다. 그들은 협상의 요점을 합의를 얻어내는 것으로 본다.

반면에, 만약 협상의 목적이 전략적 파트너십을 만드는 것이라면, 대부분의 사람들은 합의문에 서명을 하는 것이 협상의 가장 중요한 관점이 아니라는 것에 동의할 것이다. 만약 당사자들이 어려운 이슈를 논의하거나, 함께 일하는 방법에 관해 고려하거나, 상호간에 이해하고 있다는 확약을 명확히 하거나, 그들이 직면하게 될 놀라운 사실을 다룰 준비와 같은 효과적인 관리 체제를 만들지 않는다면 그들은 실패의 비운을 맞을 것이다. 만약 그들이 권리 있는 이해관계자와 시간을 공유하지 않거나, 파트너십에서 필요한 능력을 제공할 것임을 분명히 하지 않는다면, 그들이 실패하는 것은 거의 확실하다. 불행하게도, 이런 점을 이야기할 때 대부분의 사람들은 알겠다는 듯이 머리를 끄덕이지만, 실제로 협상에서 실행을 고려하는 일은 드물다. 조사에 의하면, 비즈니스의 제휴가 실패하는 확률은 놀랍게도 70%에 이른다.

75) Ertel, D. & Gordon, M. The Point of the Deal: How to Negotiate When "Yes" Is Not Enough. Boston: Harvard Business Press, 2007.

만약 협상의 합의가 끝이 아니고, 양측에 실제로 가치 있는 과정의 시작이라면, 승리나 협동 또는 가치의 창조나 주장이 덜 중요해지는가 하는 의문이 든다. 만약 거래에 서명한 후에 상대방과 같이 일해야 한다면, 협상테이블에서 이익을 얻기 위해 상대방에게 교활하게 하거나 또는 책략적으로 대하는 것은 의미를 잃을 수 있다. 거래의 합의에는 성공하더라도, 실행에서 승리할 수는 없다. 실행하는 동안에 어려움에 처하게 되는 아래와 같은 이유를 아는 것이 성공적인 협상을 성취하는데 효과적이다.

이행하려는 의도가 전혀 없는 합의

실행에서의 약간의 문제는 당사자의 일방이 악의로 거래에 합의했기 때문에 발생한다. 그들은 실행하는 동안에 요구되는 것을 실제로 하려는 의도가 전혀 없이 합의한 것이다.

의미하는 것에 관한 해석이 다른 합의

더 일반적인 문제는 그들이 합의한 것에 대해 또는 어떤 상황에서 그들이 책임질 것에 대해 양측이 다르게 이해하는 것이다. 이런 분쟁이 발생하면, 누구의 해석이 더 합리적인가 하는 것으로 논쟁이 전환된다. 궁극적 결과와는 상관없이, 시간은 소모되고, 가치는 파괴되며, 신뢰는 손상된다. 협상의 당사자가 서로 오해할 수 있다는 두려움이 장문의 법적인 서류를 만들어 내는 이유 중의 하나이다. 불행하게도, 그런 법적 서류의 대부분은 오해를 예방하는데 도움이 되기보다는 사실상 법정에서 일방이 유리하도록 의도된 언어들로 채워진다. 그것은 매우 다른 목표이다. 그 거래가 실무에서 어떻게 작동될 지에 관한 협상가들의 기대가 다르기 때문에, 그리고 계약서에서 누가 무엇을 어떻게 할 것인지에 관한 안내가 너무 적기 때문에, 실행하는 동안에 분쟁이 발생하게 된다.

일방이 실행할 수가 없는 합의

이것이 또한 협상에 뿌리를 두고 있는 일반적인 실행의 문제이다. 거래를 실행하는데 무엇이 요구될 것인지 보다는 서명하는 것에 초점을 두었기 때문에, 많은 협상이 어느 일방은 자원이나 능력이 부족해서 또는 거래를 실행하는데 필요한 내부적 연대의 결핍으로 인해 실행할 수 없는 결과를 생산한다.

거래의 달성에 몰두해 있는 동안, 협상가들은 상대방이 실제로 약속한 것을 실행할 수 있는지에 관한 걱정을 무시한다. 가능한 시나리오에 대해 너무 많은 "만약?"을 제기하는 사람은 중요한 회의에서 배제될 수 있다. 거래를 만드는 사람들은 협상을 소규모 집단의 참여자들로 제한하기를 원하는 경향이 있다. 그러나 만약 거래가 확정될 때 까지 그들이 이해관계자를 배제하도록 허용한다면, 그런 이해관계자들 중에서 실행에 협조하기를 거부하는 위험이 발생할 수 있다. 어떤 경우에는, 한 이해관계자가 거래에 관한 협상가의 생각을 바꿀 수 있는 정보를 가지고 있었음을 알게 될 것이다.

모든 것이 분명하지만, 상황이 바뀐 합의

장기적 거래에서 가장 일반적인 형태의 실행 문제는 세상이 역동적이라는 단순한 사실로부터 온다. 환경이 변한다는 것은 진부하지만 사실이다. 그러나 많은 거래는 미래가 항상 현재와 같다는 가정으로 정해진다. 협상가들은 거래를 달성하는 것에 초점을 맞추기 때문에, 사람들, 시장, 조건, 법률, 정치, 환경과 같은 무수히 많은 요소들이 계약이 실행되는 동안 변화할 수 있다는 점을 고려하지 않는다. 모든 우발적 가능성을 고려하는 것은 불가능하고 낭비이지만, 그러나 거래의 달성에만 너무 집중하는 것은 나중에 스스로 실망하게 될 수 있다.

모든 것이 분명하지만, 계약의 요구가 충분하지 않은 합의

태도가 중요하다. 계약서에 모든 것을 담으려는 당사자의 의지가 가끔은 실행을 어렵게 한다. 당연히 모든 것이 완벽한 계약을 요구하는 것은 사실상 불가능하다. 당신은 성공하는데 필요한 모든 일을 계약서에 나열할 수는 없다. 그런 종류의 실행 노력은 대부분 당사자들이 협상하는 동안 구축한 관계로부터 온다. 거래가 서명된 후에 당사자들이 어떻게 같이 일할 것인지를 선행적으로 생각하는 협상가들은 매우 적다. 그러나 경험적으로 말해서, 양측이 협상의 결말에 서로

불신하거나 싫어하는 경우, 성공적인 실행의 기회는 필연적으로 낮아진다. 만약 당사자들의 협상하는 방법이 업무적 관계를 손상한다면, 계약이 요구하는 것을 실행할 가능성은 사실상 멀어지는 것이다.

5. 분쟁의 발생

당신은 어떻게 싸우지 않으면서 대화를 통해 사람이나 조직을 설득할 수 있을까? 만약 상대방이 그들의 문제를 법원으로 가져가거나, 파업하거나, 관계를 단절하겠다고 위협하거나, 물리적으로 공격한다면, 당신은 그 대신에 어떻게 그들을 협상하도록 북돋을 수 있을까? 만약 상대방과의 관계가 새로 시작되는 것이라면, 당신은 어떻게 분쟁이 효과적으로 그리고 협력적으로 다루어지도록 할 수 있을까? W. Ury., J. Brett, and S. Goldberg(1988)[76]는 다음과 같이 제안한다.

> 당신의 상황이 무엇이든지, 법률 수수료나 임금의 손실, 생산 손실, 물리적이거나 감정적인 피해의 비용이 너무 크다는 것은 명백한 사실이다. 추가적으로, 분쟁의 결과는 그들이 원하는 것을 만족스럽게 얻을 수 없고, 관계는 긴장되며, 합의는 깨지고, 낡은 갈등이 다시 살아난다. 그런 분쟁 패턴의 결과는 심각하다. 비즈니스에서는 생산성과 수익이 낮아지고, 국가 간에는 외교의 단절이나 전쟁이 발발할 수도 있다.
>
> 만약 분쟁이 불가피한 것이라면, 그것을 만족스럽게 해결하기 위해서 할 수 있는 일은 무엇인가? 어떤 분쟁에서는 당신이 개입하여 해결할 수 있겠지만, 만약 그것이 성공한다 할지라도, 그 분쟁을 발생시킨 이해관계의 충돌은 여전히 남을 것이다. 그러면 새로운 분쟁이 발생하고 당사자들은 다시 싸움으로 돌아간다. 만약 단일한 분쟁을 넘어서는 해결책을 원한다면, 더 만족스럽고 더 낮은 비용으로 분쟁을 해결하기 위해서 당사자들이 사용할 수 있는 절차를 개발해야 한다. 그 분쟁이 국제관계를 다루는 것이든, 국제비즈니스를 다루는 것이든 간에, 분쟁해결 절차를 만들기 위해서는 다음과 같은 원칙을 고려하는 것이 좋다.

76) Ury, W. I., Brett, J. M. and Goldberg, S. B., Getting disputes resolved. San Francisco: Jossey Bass, 1988.

- 이해관계(Interests)에 집중하자.
- 협상으로 되돌아가는 고리를 만들자.
- 저비용의 힘(Power)과 권리(Rights)의 수단을 제공하자.
- 대화를 먼저하고 피드백은 나중에 하자.
- 저비용에서 고비용으로 가는 절차를 만들자.
- 필요한 동기와 기술과 자원을 제공하자.

이해관계에 집중하자

분쟁을 해결하는 3가지의 주된 방법은 숨겨진 이해관계와 누가 옳은지, 누가 더 힘이 센지를 조정하는 것이다. 당신은 어디서나 논쟁을 하지만, 힘을 사용하거나 권리를 주장하는 것보다는 이해관계에 초점을 맞추는 것이 비용이 덜 들고 보상도 더 많다. 단순한 원칙은 당사자들이 가능한 한 협상이나 중개를 통해서 그들의 이해관계를 조정함으로서 분쟁을 해결하도록 북돋는 것이다.

협상으로 되돌아가는 고리를 만들자

이해관계에 기초한 절차가 항상 분쟁을 해결한다고는 보증하지 못한다. 그러나 권리의 주장이나 힘을 사용하는 것은 비용이 너무 클 수 있다. 그래서 현명한 협상가는 분쟁 당사자들이 그런 싸움으로부터 협상으로 되돌아가도록 고무하는 절차를 만든다. 권리의 주장으로부터 협상으로 되돌아가는 절차는, 분쟁 당사자의 권리와 권리의 주장으로 얻을 수 있는 결과에 관한 정보를 제공하는 것이다. 그래서 권리의 주장은, 통상 당사자들의 만족도와 관계의 질을 강화하고 합의의 지속성을 보장하는 해결책을 합의하는 동안에 가장 낮은 비용에서 결정된다.

힘의 사용으로부터 협상으로 되돌아가는 절차는, 우선 흥분을 가라앉히는 기간을 갖는 것이다. 특정한 기간 동안에 분쟁 당사자들은 힘의 사용을 억제하고 그 대신 협상이 자리를 잡는 것이다. 파업과 같은 경우에는, 파업을 하기 전에 반드시 노조의 대표가 경영진을 만나서 조합원의 관심을 논의하고, 조합원들은 경영진의 반응을 논의한 후 파업에 대한 찬반 투표를 한다. 필요한 경우 제3자의 개입을 고려하는 것도 중요하다.

저비용의 힘과 권리의 수단을 제공하자

효과적인 분쟁해결 제도의 핵심은 권리나 힘에 기초한 최종 해결책에 저비용의 절차를 제공하는 것이다. 그런 절차는 이해관계에 기초한 해결이 실패할 경우에 대안으로 작용한다.

권리를 결정하는 저비용 절차

➢ **전통적인 중재** : 법원을 대신하는 저비용 절차가 중재이다. 법원과 마찬가지로 중재는 권리를 주장하는 절차이다. 당사자들은 결정을 할 중립적인 제3자에게 증거와 주장을 제공해야 한다. 중재 절차는 단순하고 빠르며, 저비용의 절차이다.

➢ **중개 후 중재(Med-Arb)** : 이것은 중개와 중재를 혼합한 중간 형태의 절차이다. 이 절차는 중개를 먼저 행하고 만약 중개가 실패하면, 중개자가 중재자로서 행동한다. 단순한 중개보다 장점은 효율성이다. 또 다른 장점은 중립적 중개자가 만약 중개에 실패할 경우 구속력 있는 결정을 한다는 사실을 당사자들이 안다는 것이다. 그래서 분쟁 당사자들은 중개자의 제안에 크게 주의를 기울인다. 중재보다 좋은 점은 분쟁 당사자들에게 강제로 부과되는 해결책보다는 협상된 해결책을 장려하는 것이다.

힘을 결정하는 저비용 절차

➢ **제한적인 파업** : 유사 파업으로 파업을 대체함으로서 고비용을 줄일 수 있다. 예를 들어, 노조원들은 파업기간에도 계속 일을 한다. 그러나 노조원들의 임금과 회사의 수익은 모두 회수되어 제3자 예탁(escrow) 계좌로 들어가게 된다. 시간이 경과하면서 금액은 계속 증가하겠지만, 그 돈은 공동으로 선택한 자선단체에 기부된다. 이 경우 양측에 손실이 되는 파업과 같은 효과가 발생하지만, 전통적인 파업의 후유증은 감소하고 상호이익이 되는 합의안의 도출도 빨라진다.

➢ **현명한 규칙** : 양측은 힘을 행사할 때 사용할 파괴적인 전술을 제한하는 명시적인 규칙을 사전에 정한다, 그러면 파업이 발생하더라도 극단적으로 양

측에 피해를 줄 수 있는 파괴적인 행동은 삼가게 된다. 폭력의 사용이나 공장의 폐쇄와 같은 행동을 금지하는 것도 하나의 예가 될 수 있다.

대화를 먼저하고 피드백은 나중에 하자

네 번째 원칙은 불필요한 갈등을 방지하고 미래의 분쟁을 막는다. 이것은 사후적인 분쟁의 분석이나 피드백을 통하는 것과 마찬가지로, 통지나 대화를 통해서 이루어질 수 있다. 노사분쟁의 경우에는, 노조원에게 영향을 미치는 경영의 결정에 대하여 사전에 노조에 통지를 하고 의견을 청취하는 것이 한 방법이다. 그리고 이런 방법을 활성화하기 위하여 규칙적인 회의를 제도화하는 것도 방법이다.

저비용에서 고비용으로 가는 절차를 만들자

순서를 정하는 원칙은 제도에서의 잠재적인 빈틈을 채우는 것이다. 만약 당사자가 일반적으로 협상에서 법정으로 점프한다면, 제도의 설계자는 중간 단계로서 중개나 중개 후 중재, 또는 중재를 개입시키는 생각을 할 수 있다.

필요한 동기와 기술과 자원을 제공하자

마지막 원칙은 모든 것을 포괄한다. 절차를 사용하려는 동기를 부여하고 관련되는 기술과 자원을 제공하는 것이다. 이것이 없으면 제도는 실패할 수 있다. 이런 원칙들은 비용을 줄이고 관계를 우호적으로 지속하려는 실무적인 방법이다.

비즈니스의 관계나, 정부 간의 관계나, 어떤 관계에서도 주기적인 분쟁해결의 진단으로부터 혜택을 얻을 수 있다. 어떤 종류의 분쟁이 발생하는지, 그들이 어떻게 해결되며, 왜 다른 방법보다는 그런 해결방법이 사용되었는지를 검토하는 것이다. 제도적 접근의 큰 장점은 그것이 특정한 분쟁에만 적용되는 것이 아니라, 어떤 종류의 분쟁에도 유효하게 적용할 수 있다는 것이다.

[그림 8-3] 저비용의 분쟁해결 절차

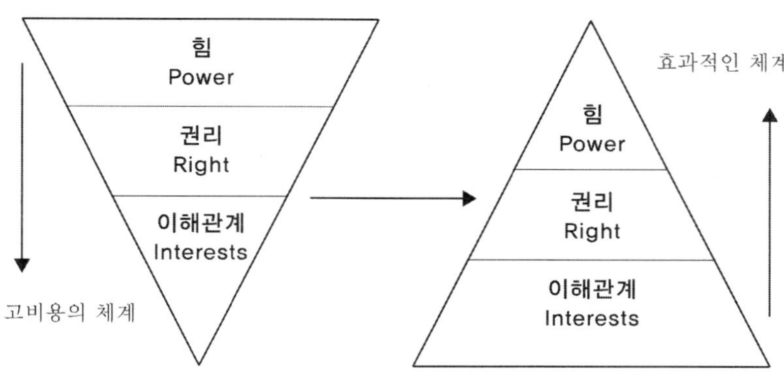

6. 재협상

현존하는 합의에 대한 재협상은 국제협상에서 항상 있는 일이다. Jeswald W. Salacuse(2003)[77]에 의하면, 재협상에는 근본적으로 다른 3가지의 상황이 있다. 그것은 계약종료 후의 재협상, 계약범위 내의 재협상, 계약범위 외의 재협상이다. 각각은 다른 문제를 일으키고, 다른 해결책을 요구한다.

계약종료 후의 재협상은 양 당사자가 법적으로는 자유롭지만, 그들의 관계를 다시 새롭게 하려고 노력할 때 계약의 종료 시점에 하게 된다. 예를 들어, 국제적인 에너지 회사가 신흥국에서 발전소를 건설하고 20년 계약으로 전기를 공급하다가 계약이 만료되었다. 그때 에너지 회사와 신흥국 정부가 두 번째 장기적인 전기공급에 관하여 논의를 시작한다면 그것이 계약종료 후의 재협상에 해당한다.

계약범위 내의 재협상은 계약이 진행되는 동안에 특정한 사건이 발생해서 당사자들이 어떤 조항에 대하여 재검토나 재협상을 할 수 있는 여건을 계약 자체가 제공할 때 발생한다. 예를 들어, 위에 언급한 발전소에서 사용하는 연료가격의 급격한 변동으로 인하여 가격조건의 재협상을 요구할 때, 그와 관련된 조항이 계약에 포함되어 있다면, 재협상은 양측에 의해 정당한 행동으로 간주된다. 이것은 원 거래에 수립되어 있는 법적인 틀 이내에서 실행되기 때문에 계약범위 내의 재협상이다.

가장 어렵고 감정이 예민해지는 재협상은 계약의 명백한 위반이나 최소한 재

77) Salacuse, J. W., The Global Negotiator. New York: Palgrave Macmillan, 2003.

협상을 허용하는 조항이 없는 경우이다. 이런 협상이 현존하는 합의의 틀 밖에서 발생하는 계약범위 외의 재협상이다, 1980년대 제3세계 국가들의 채무위기 때 부채상환기간을 재조정한 협상이 이런 경우이다. 이런 경우에, 당사자 중 일방이 합의 내에서의 재협상을 위한 기초는 없지만, 법적으로 구속되는 의무로부터 구조되기를 원한다.

세 가지 형태의 모든 재협상은 상수이며 동시대의 삶에서 발생하는 사실이다. 이들은 원래의 협상과는 구분되는 ① 함께 일함으로서 얻어진 상호 지식의 증대, ② 거래의 경험으로 얻어진 거래적인 이해의 증대, ③ 거래에 대한 투자로 증대된 상호 연결, ④ 계약 덕분에 얻어진 옵션과 같은 특징을 가지고 있다. 그리고 당사자들은 그들의 법적인 권리를 지키기 위해서 소송을 제기할 수 있다.

각 형태의 재협상은 당사자 사이에 차별화된 관계와 과정의 역동성을 지닌다. 숙련된 협상가는 이런 역동성을 고려해서 전략과 전술을 구사해야 한다. 이제 3가지 형태의 재협상을 실무적인 관점에서 검토해 보자.

계약종료 후 재협상

몇 가지 요소에서 계약종료 후의 재협상은 최초의 협상과는 구분된다. 첫째, 그들의 원래 계약이 종료되었다는 사실에도 불구하고, 법이나 관습 또는 계약의 합의에 의해서 서로가 선의로서 협상해야할 법적인 의무를 지닐 수 있다. 결과적으로, 그들이 재협상 참여를 거부할 능력은 제한적이다. 선의로 협상에 참여하는 의무의 정확한 내용은 나라마다 다르다. 재협상은 원 계약의 일방이 협상의 실패를 선언할 때 까지는 제3자와 협상하지 않을 의무를 포함한다. 그것은 또한 일방이 합리적인 이유나 합리적인 기간의 경과 없이 재협상의 종료를 요구할 수 없다. 당사자 중 일방이 선의로 재협상할 의무를 충족하는데 실패하면, 보상을 해야 할 부담을 질 수 있다. 일반적으로 계약종료 후 재협상의 성공은 원 계약기간 동안에 당사자들 사이에 발전된 관계의 성격에 의존할 것이다.

계약범위 내의 재협상

계약범위 내 재협상의 근본적인 목적은 거래에서 계약의 안정성과 변화된 상

황의 적용에 관한 두 개의 합의가 균형을 유지하는 것이다. 따라서 원래 계약의 재협상 조항이 변화를 적용하는 논의의 틀이 된다. 그들의 의도는 재협상 과정을 관리하는 것이다. 어떤 때에는 제고해야할 모든 이슈를 공개하지 않는다. 일반적으로 재협상에 동의하는 일방이 선의로 그 과정에 참여할 책임을 진다. 선의의 정확한 의미는 나라마다 다르지만, 거래종료 후 재협상에서 의미하는 선의와 크게 다르지 않다. 재협상의 과정은 그들이 합의에 서명을 하고나서 유지해온 관계의 정도에 따라서 순조로워질 것이다. 그러나 비록 재협상 조항이 협상에 참여를 요구하고 있더라도, 합의를 강요하지는 않음을 명심해야 한다.

계약범위 외의 재협상

계약범위 외의 재협상은, 재협상을 허용하는 조항을 포함하고 있지 않은 유효한 계약에 관하여 일방이 재협상을 주장하는 것이다. 최초의 협상과는 달리, 재협상은 미래 이익에 관한 양측의 희망에 의해서 점화된다. 계약범위 외의 재협상은 양측의 부서진 기대로 시작된다. 일방은 거래로부터 기대한 수익의 달성에 실패했으며, 상대방은 어렵게 협상해서 얻은 무엇인가를 포기하도록 요구받고 있다.

계약범위 외의 재협상은 성격상 잃어버린 기대 외에도, 나쁜 감정과 불신을 초래할 수 있다. 재협상을 요구받는 일방은 법적, 도덕적 권리를 지니고 있는 무엇인가를 포기하도록 요청받고 있다. 그것은 상대방이 거래를 깨려는 악의에서 행동하고 있다는 견해를 갖게 한다. 사실상 그 요구를 거절하는 것은 이미 투자된 거래를 잃게 되는 것이기 때문에, 재협상에 참여하도록 강요되고 있다는 느낌을 가질 수 있다.

대부분의 경우에, 재협상은 일방이 승리하는 과정 이외의 다른 어느 것으로 보기는 매우 어렵다. 최초의 협상은 통상 기대되는 수익을 각자가 공유하는 정도에 관한 것인 반면에, 재협상은 가끔 손실을 분배하는 것에 관한 것이다. 동시에, 당사자들은 법적이고 경제적인 관계에 함께 구속되어 있기 때문에, 그들이 괴로운 거래로부터 떠나는 것은 더 어렵다.

대부분의 나라에서는, 변경된 조건이 얼마나 중요하던지, 또는 원 계약이 이루어진 이후 상대방에 부과되는 비용이 얼마나 크던지 간에, 일방이 재협상에 참여하도록 법이 강요하지는 않는다. 재협상의 요구를 받고 있는 당사자는 그들의 계약을 강제할 법적인 조치가 가능하며 그것을 주장하기 위해서 법정으로 가는 위협을 할 것이다. 그러나 재협상을 하기보다 법적인 조치를 취하려는 의지는, 통상 재협상으로부터 기대되는 결과와의 비교 평가를 통해서 이루어진다. 재협상을 요구하는 당사자도 계약을 부인함에서 얻는 이익과 소송에서의 손실 가능성을 비교한 수익 비용 분석을 할 것이다. 계약을 존중하는 것보다 계약을 거부함으로서 얻는 이익이 더 적다면, 계약관계는 지속될 것이다.

재협상에 동의하기를 주저하는 당사자의 이유는 계약의 문제점에도 있지만 다른 계약과의 관계에 관한 재협상의 영향 때문일 수 있다. 어느 특정한 상대방과의 거래에 재협상을 하는 것은 다른 상대방과의 재협상에 대한 좋지 않은 전례를 만들 수 있다. 예를 들어, 중대한 재정 위기를 겪고 있는 부채국가에 대한 국제상업은행의 양보는, 다른 국가의 채무에 대해서도 같은 취급을 해달라는 요청을 받을 수 있다.

계약범위 외의 재협상과 관련한 위험은 국제거래에서는 항상 존재한다. 따라서 국제협상가는 두 가지의 기본적인 의문을 염두에 두어야 한다. 첫째, 계약범위 외의 재협상 가능성을 어떻게 줄일 수 있을까? 둘째, 실제로 재협상이 발생하면, 어떻게 그 과정을 가능한 한 생산적이고 공정하게 관리할 수 있을까? 이 질문에 답변하기 위해서, 협상가들은 거래가 깨지기 전과 후에 취해야할 행동을 구분할 필요가 있다.

거래가 깨지기 전의 행동

- 관계를 구축하는 데에는 시간이 걸리므로, 너무 급하게 협상을 진행하지 말라.
- 서명된 계약이 필연적으로 관계를 만들어 내지는 않는다는 것을 인식하고 당사자 간에 파트너십을 만들도록 노력하라.
- 적합한 거래에서는 재협상을 제공하라.
- 재협상에서 중개나 조정의 도입을 고려하라.

거래가 깨진 후의 행동

- 재협상의 요구에 공격적이 되거나 도덕적인 반응을 하려는 유혹을 피하고,

그 요구의 기본을 이해하려고 노력하라.

- 상대방과의 관계 지속에서 오는 가치와 소송 진행의 이익을 비교 평가하라.
- 재협상에서 가치를 창조할 수 있는 방법을 모색하라.
- 당사자들이 재협상의 대안에 대해 충분히 이해하도록 하라.
- 재협상에 직 간접적으로 관련되는 모든 당사자들을 참여시켜라.
- 재협상을 위해서 올바른 회의와 과정을 설계하라.
- 재협상에 올바른 중개자를 개입시켜라.

7. 사례 : 한/미 FTA 쇠고기협상

2008년 4월 18일, 한국정부는 미국정부와 '미국산 쇠고기 및 쇠고기 제품 수입 위생조건에 관한 협정(2008 한미 쇠고기 협정)'을 체결하였다. 이것은 공교롭게도 새로운 한국정부의 등장과 이에 이어 미국에서 열린 한미 정상회담과 동시에 이루어졌다. 그리고 곧 이어 미국산 쇠고기 수입에 반대하는 한국 내 이해관계집단의 반발이 일어나고, MBC TV의 광우병 위험에 대한 PD수첩이 방영되었다. 타이밍이 절묘한 시점에 방영된 PD수첩에는 광우병에 걸린 소가 쓰러지고, 광우병 걸린 소를 먹고 병상에 누워서 죽어가는 환자의 인터뷰가 이어졌다. 이에 따라, 미국산 쇠고기 수입에 대한 국민들의 불안 심리가 커지면서 촛불집회가 발생, 심화되자 한국은 정치적, 사회적인 혼란에 빠져들게 된다. 순수하게 일어난 촛불이 어느새 정권타도의 투쟁 촛불로 변한 것이었다. 결국 한국정부는 같은 해 6월, 사회적 혼란을 수습하기 위하여 한미 쇠고기 협정의 재협상을 치르게 되었다.

한국은 2001년 쇠고기 수입 전면 자유화 이후 미국산 쇠고기를 수입해왔고 그 비중은 2003년 전체 수입량 중 약 70%에 달했다.[78] 그러나 2003년 12월 23일 미국 워싱턴 주에서 소해면상뇌증(BSE, 일명 광우병)[79] 감염이 의심되는 6년 6개월짜리 홀스타인종 젖소 한 마리가 발견되면서 미국 당국은 쇠고기 1만 파운드

78) 한국농촌경제연구원 (2005) 미국산 쇠고기 수입 재개 파급영향 분석 (정책연구보고), 28면.

79) 소해면상뇌증 (BSE, Bovine Spongiform Encephalopathy): 소의 뇌에 작은 구멍이 생겨 발병하는 가축전염병으로 BSE 발생 초기 유럽 언론에서 '침을 흘리고 난폭해지는 소의 외부 증상'에 대해 편의상 '광우병(Mad Cow Disease)이라 명명하였다. (농림수산식품부 BSE 바로알기 www.mifaff.go.kr/BSE.htm)

에 대한 리콜을 발표하였다. 이에 따라 한국정부는 같은 해 12월 27일 미국산 쇠고기 수입을 전면 중단하였다. 일본, 러시아, 싱가포르, 호주, 대만, 말레이시아, 태국, 홍콩, 브라질, 멕시코 등도 미국산 쇠고기 수입 중단을 발표하였다. 그러나 미국은 자국의 최대 농업 수출품목인 쇠고기의 재수출을 위해 지속적으로 수입 재개 압력을 행사하게 된다.

한미 쇠고기 협상의 배경

한미 쇠고기협상은 경제적으로 한미 FTA 협상과 밀접하게 연결되어 있다. 노무현 정부와 이명박 정부에 걸쳐 미국과의 FTA 협정 체결은 경제적인 과제로 여겨졌다. 한국정부는 경제 활성화를 위해 한미 FTA가 필수적이라 판단하고, 미국이 원하는 쇠고기 시장 개방을 통해 이를 촉진하려는 협상동기를 가지고 있었다. 또 다른 경제적인 측면으로, 한국 내 쇠고기값 인하에 대한 소비자 이익의 문제도 얽혀있었다. 한편, 정치적으로는 한미쇠고기협상이 한국과 미국, 두 주권국가의 향후 관계와 밀접하게 연관되어 있었다.

2005년 9월 미국은 공식적으로 한미 FTA 체결의 4대 선결조건[80]을 제시하면서 그 선결조건에 미국산 쇠고기 수입재개를 포함하였다. 이에 따라 노무현 정부는 그 해 12월에 한미 쇠고기협상을 착수하여 2006년 1월 미국산 쇠고기 수입 재개를 합의하고,[81] 그 해 10월부터 쇠고기 수입을 재개하였다. 하지만 수입 재개 후 수입된 1~3차 수입물량에서 모두 뼛조각이 발견되어 반송 또는 폐기 조치함으로써 쇠고기 교역이 다시 중단되었다.[82] 다음 해인 2007년 4월 말에 수입이 재개(전수검사 전제로 뼈 조각 검출 상자만 불합격하는 검역조치 보완으로써)[83]되었으나, 5월 30일 국립수의과학검역원이 미국산 쇠고기 수입물량 검역과정에서 갈비뼈 두 상자를 발견하였다. 이렇게 2006년 10월 미국산 쇠고기 수입재개 시점

80) 미국산 쇠고기 수입재개, 약값 재평가 제도 개정안 취소 (약값 인하 조정 금지), 자동차 배기가스 기준 강화 방침 취소, 스크린 쿼터 축소.

81) 미국산 쇠고기 위생조건 고시; 관보 2006-15 참고.

82) 관보 2006-15고시, 1조 (4)항에 따르면 수출쇠고기에 대한 정의를 '뼈를 제거한' 것이라고 명시하고 있다.

83) 황광선 (2008) 게임모델을 통한 한미쇠고기 협상과정의 분석, 성균관대 국정관리대학원, 석사학위논문, 42면.

부터 2007년 10월까지 1년여 동안 총 16건의 검역위반 사례가 발생[84]됨에 따라 7월~10월까지 각각 세 차례의 전문가 협의회 및 가축방역협의회가 개최되고 그 사이, 8월 1일에 한국정부는 검역중단조치를 취하였다.

한편 미국은 2007년 5월 22일 국제수역사무국(OIE)[85]으로부터 광우병 위험통제국가로 승인을 받게 된다. 그리고 한국정부에 '30개월 미만 뼈 없는 쇠고기'로 규정되어 있는 수입위생조건을 OIE 가이드라인에 부합하는 방향으로 개정하는 협의를 공식적으로 요청하였다. 한미 간 합의된 쇠고기 수입위생조건과 OIE 규정은 광우병 특정위험물질(SRM)[86]에 대한 분류내용에 차이가 있는데, 예를 들어 척추뼈의 경우 2006년 쇠고기 수입위생조건에는 SRM으로 분류되었으나, OIE 규정에는 SRM에 속하지 않는다. 따라서 미국은 자국산 쇠고기가 수입이 재 금지되는 것을 막기 위해 OIE규정에 따른 수입위생조건을 개정하자고 요구한 것이다.

이와 같은 미국 측의 요청에 따라 같은 해에 한미 양국 간 수입위생조건 개정협상이 전개되어 10월 11일부터 이틀간 한미 쇠고기 기술협상 및 미국산 쇠고기 수입위생조건 개정 관련 한미 고위전문가 협의가 개최되었다. 미국은 OIE 지침에 따라 미국산 쇠고기가 교역 과정에서 나이와 부위에 제한을 받지 않는다며 수입위생조건의 소의 연령 및 부위 제한을 해제하고 갈비를 포함한 모든 쇠고기를 수입할 것을 한국 측에 요구하였다. 반면 한국 협상단은 미국의 반복적인 수입위생조건 위반 사실과 수입위험평가 과정에서 발견된 문제점 등을 지적하고 미국의 검역 문제를 거론하면서[87] 한미 고위전문가 협의는 합의를 찾지 못하고 결렬되었다.

이후 양국의 고위간부 간 면담 및 전화협의가 진행되었고 한국 정부는 단계론적 협상내용(1단계－30개월 미만 소의 뼈있는 살코기 수입, 2단계－미국이 강화된 사료조치를 이행하는 시점에 OIE기준 완전 준수)을 작성하여 11월과 12월 2

84) 김인영 (2010) 2008년 촛불집회 언론보도 프레임 분석과 정치적 함의: 신문매체의 이념양극화를 중심으로, 경희대학교 대학원 정치학과 박사논문, 34면.

85) 국제수역사무국 (OIE, Office International des Epizooties, 2003년 세계동물보건기구(World Organisation for Animal Health)로 개칭되었으나 약칭은 계속 OIE로 사용함)

86) 광우병 특정위험물질 (Specified Risk Material) - 소의 뇌와 내장, 척수 등 광우병을 일으키는 변형 프리온 단백질이 많이 들어있는 부위, 30개월 이하 소는 회장원부, 편도 등, 30개월 이상 소는 편도, 소장 끝, 뇌, 눈, 머리뼈, 등뼈, 등뼈 속 신경에 많이 분포함.

87) 경향신문 (2007.10.12) 한·미 쇠고기 이견 못 좁혀
news.khan.co.kr/kh_news/khan_art_view.html?artid=200710121730251&code=920501

회에 걸쳐 한미 통상장관회담을 가졌다. 그러나 노무현 대통령은 12월 24일의 관계 장관회의에서 30개월 미만의 쇠고기만 수입할 것을 지시한다. 이것은 4월 2일 한미FTA가 타결된 날 대통령의 대국민 담화[88]에서 밝힌 다음과 같은 내용을 뒤집은 것이다.

> "쇠고기에 대한 위생검역문제에 대해 저는 부시 대통령과 전화를 통해서 한국은 성실히 협상에 임할 것이라는 점, 협상에 있어서 국제수역사무국의 권고를 존중해서 합리적인 수준으로 개방하겠다는 의향을 가지고 있다는 점, 그리고 합의에 따르는 절차를 합리적인 기간 안에 마무리할 것이라는 점을 약속으로 확인해 주었습니다. 이렇게 한 것은 지난날 뼈조각 사건을 통해 미국이 불신을 가지고 문서까지 요구한 데 대한 해결책이었습니다. 우리 정부는 이 약속을 지킬 것입니다."

1차 협상(2008.4.11 ~ 4.18)

협상의 개시

2008년 4월 11일 과천 농림수산식품부 청사 대회의실에서 미국산 쇠고기의 위생관련 수입조건 개정을 위한 한미 양국 고위급 전문가 회의가 개최되었다. 한국 협상단 대표 민동석 농업통상정책관 등 7명과 미국 협상단 대표 엘렌 텁스트라 농업부 차관보를 비롯한 9명이 참석하였으며, 주 협상내용은 '30개월 미만 살코기'에만 해당되는 한국의 현행 수입조건에 대한 개정이었는데, 미국은 2007년 5월 국제수역사무국(OIE)에서 '광우병위험통제국' 지위를 인정받은 후 OIE지침에 맞춰 광우병위험물질(SRM)을 포함한 모든 부위 및 모든 연령의 쇠고기를 수입하도록 한국 측에 요구하였다.

이때는 한국의 이명박 정부가 출범한지 불과 2개월이 경과한 시점으로서 바로 한미정상회담을 목전에 두고 있었다. 이렇게 2008년 4월의 한미 쇠고기협상은 4월 19일 미국에서의 한미 정상회담을 앞두고 개시되었기 때문에, 한국 측이 미국산 쇠고기 수입위생조건을 다룸에 있어서 협상시점이 협상에 부정적인 영향을 미쳤다고 보는 주장들이 있었다. 그러나 한국도 이 협상을 통해 한미관계의 강화

---

88) 노무현 대통령 연설문집, 제5권, 2007년 2월 1일~2008년 2월.

는 물론 한미 FTA 체결의 전제조건을 해소하기 위한 목표를 가지고 있었기 때문에 협상시점에 대해 상호 이해관계의 득실을 따지는 것은 무리가 있는 것처럼 보였다.

당시 한국 측 협상대표였던 민동석 차관보는 협상에 대한 회고록에서, 당시 미국 측 협상대표가 "상부로부터 4월 14일까지 협상을 끝내라는 지침을 받았다"라고 말하며 미국 측 협상단이 미국의 업계와 의회의 압력을 받고 있는 것처럼 보였다고 밝힌바 있다.[89] 미국은 통상협상권을 의회가 가지고 있기[90]때문에 미국정부가 외국정부와 맺은 모든 잠정합의안(tentative Agreement)은 의회의 비준을 받아야 한다. 이러한 원칙에 따라 한미 FTA도 의회의 비준을 받아야 하는데, 미 의회는 한국의 쇠고기 시장 개방을 선결조건 중 하나로 두고 한미 FTA를 비준한다는 입장을 고수하였다. 이러한 미 의회의 쇠고기시장 개방 압력의 배경에는 미국의 대표적인 축산지대인 '비프 벨트'지역과 의원들과의 밀접한 관계가 있다. 특히 미 의회 내에는 코커스(Causus)라고 불리는 비공식 모임이 있는데 이는 미국 내 이익집단이 미 의회에 영향력을 발휘하는 방법 중 하나다.[91] 가령 쇠고기 코커스의 경우 의장인 바커스(Max S. Baucus) 의원은 '비프 벨트' 지역 중 하나인 몬태나 주 상원의원으로 몬태나 주의 경제적 이익을 대변한다.

협상 참가자

한국 측 협상단(총 8명)

- 농림수산식품부 농업통상정책관 민동석
- 농림수산식품부 축산정책단장 이상길
- 농림수산식품부 동물방역팀장 김창섭
- 농림수산식품부 통상협력과장 조신희
- 수의과학검역원 검역검사과장 위성환
- 수의과학검역원 해외전염병과장 권창희
- 수의과학검역원 수입위험평가과 수의사무관 김효룡
- 외교통상부 지역통상국 북미통상과장 홍영기 (*참관자)[92]

89) 민동석 (2010) 대한민국에서 공직자로 산다는 것: '협상대표는 동네북인가', 나남, 102면.
90) 안세영 (2009) 협상사례중심, 글로벌 협상전략, 개정(4판), 박영사, 476-477면.
91) 안세영 (각주 15) 496면.

미국 측 협상단(총 9명)

- 농무부 해외농업서비스 담당 차관보 Ellen Terpstra
- 농무부 마케팅 및 규제담당 차관보 Charles Chuck Lambert
- 무역대표부 농업담당과장 Leslie O'Conner
- 무역대표부 총법률고문보 Jim Kelleher
- 농무부 식품안전청 선임정책고문(수의사) Rick Harries
- 농무부 해외농업국 차장 Clay Hamilton
- 농무부 해외농업국 국제경제학자 및 통상전문가 Ann Dawson
- 농무부 동식물검역청 수석수의사 Kristin Schmitz
- 농무부 동식물검역청 아태지역 위생검역정책 과장 Viondette Popez[93]

협상의 주요 이슈 및 각국의 입장

월령표기

OIE 기준에 따르면 미국은 광우병 위험통제국으로 30개월 이상의 쇠고기를 수출할 경우 SRM을 제거하여야 한다.[94] SRM과 관련하여 한국 측 협상단은 1차 협상에서 SRM이 포함될 가능성이 높은 선진화된 회수육[95]과 분쇄육,[96] 그리고 내장의 수입을 금지하겠다고 요구[97]하였다. 또한 SRM은 30개월이라는 월령에 의해 구분이 되므로 미국 정부는 한국에 수출하는 쇠고기 제품에 30개월 이상인지 미만인지 표시할 것을 요구하였다.[98] 이러한 한국 측의 요구에 대해 미국 측은 SRM이 들어있는 부위는 철저히 제거를 한 뒤 수출하고 이러한 제거작업은

---

92) 참여연대 (2008) 4·18 한·미 쇠고기 졸속협상 책임 규명 보고서: 청와대·농식품부·외통부 책임자 문책해야, 관료 감시 보고서 6, 8면, 프레시안 (각주 16)

93) 프레시안 (2008.06.18) 운명의 날, 수의사는 다 어디에 있었나? www.pressian.com/article/article.asp?article_num=60080618085743&Section=

94) OIE 광우병 위험등급: 1단계-위험경미국 (Negligible BSE risk, 교역조건 제한 없음), 2단계 - 위험통제국 (Controlled BSE risk, SRM 제거한 30개월 이상 쇠고기 허용), 3단계 - 미확인국 (Undetermined BSE risk, SRM 제거한 12개월 이상 쇠고기) (OIE - www.oie.int)

95) 선진화된 회수육: 손으로 뼈를 발라낸 살코기

96) 분쇄육: 잡고기들을 분쇄하여 햄버거 등의 재료로 쓰이는 고기

97) 민동석 (각주 13) 100면.

98) 민동석 (각주 13) 101면.

미국 식품안전검사청이 도축장과 가공장에 대한 수차례의 점검을 하기 때문에 믿을 수 있다고 설명하였다.[99] 또한 쇠고기 제품에 30개월 이상 혹은 미만에 대한 표시는 한국에만 특별히 표기해야 하는 국제규범이나 미국규정이 없으므로 표시할 수 없다는 입장을 표명하였다.[100]

광우병 추가 발생 시 취하게 될 조치

한국 측은 미국에서 광우병에 감염된 소가 추가로 발견될 경우, 즉시 잠정 수입 중단할 수 있는 근거규정을 수입위생조건에 포함할 것을 요구하였다. 미국산 쇠고기와 특히 광우병에 대한 한국 국민들의 불안감을 덜어주기 위한 요구사항이었다. 그러나 미국 측 협상단은 광우병 감염소가 추가적으로 발견될 경우라도 교역은 지속되어야 한다는 입장이었다. 대신 국제수역사무국이 미국의 광우병 위험통제국 지위를 하향조정하지 않는 조건에서 교역 지속을 제안하였다.[101]

강화된 동물성 사료 금지조치

한국 측 협상단은 미국 측 협상단에게 30개월 이상 미국 쇠고기의 수입을 허용하는 조건으로 '강화된 (동물성) 사료금지조치'를 제시하였다. 강화된 사료금지조치를 도입하지 않는 한 30개월 이상 쇠고기 수입을 허용할 수 없다는 것이 한국 측 협상단의 입장이었다. 반면 미국 측은 강화된 사료금지조치는 미국이 OIE 광우병 위험통제국 지위를 받을 때 필수 전제조건이 아니었고 그러한 조치를 도입하더라도 미국산 쇠고기의 안정성에는 큰 차이가 있는 것이 아니라고 반박하였다.

99) 민동석 (각주 13) 100면.
100) 민동석 (각주 13) 101면.
101) 민동석 (각주 13) 111면.

수입위생조건 위반 시 취하게 될 조치

위반사항	한국 측 협상단	미국 측 협상단
수입 물량 내 교역금지품목 발견	·해당 작업장의 해당 수입물량 전체 불합격 ·해당 작업장 수출승인 1년간 보류 ·현지 점검 후 승인	·해당 수입물품 패키지에 관련해서만 불합격 (혹은 해당 로트에 대해서만 불합격) ·해당 작업장 수출승인 지속 (혹은 동일사태 재발 경우 수출 승인 보류)
다이옥신 등 잔류물질 검출	·해당수입물량 전량 불합격 ·작업장과의 교역 보류	·수입물품 패키지에 관련해서만 불합격 (혹은 해당 로트에 대해서만 불합격) ·해당 작업장 수출승인 지속(혹은 동일사태 재발 시에만 수출 승인 보류)

쇠고기 수출 작업장 승인 (WTO 동등성 원칙)

한국 측은 미국의 쇠고기 수출 작업장 승인과 관련하여 한국정부가 직접 현지의 작업장을 점검한 후에 승인하되 미국산 쇠고기의 수입이 원만하게 진행되고 한국 국민들의 미국산 쇠고기에 대한 신뢰가 회복될 경우에 쇠고기 수출작업장 승인에 대한 문제를 재검토하겠다는 입장을 밝혔다. 이에 대해 미국 측은 WTO의 동등성 원칙을 내세우며 수입위생조건을 시행하는 시점으로부터 “90일간 동등성을 유예한 후 동등성을 인정하여 미국정부가 인정하는 작업장을 한국정부가 그대로 인정”[102]할 것을 요구했다. 미국 측의 입장은 작업장 승인 여부는 최초부터 미국정부의 결정으로서 신규 작업장에 대해서만 한국정부가 승인 권한을 가질 수 있다는 것이었다.

협상의 합의

2008년 4월 18일 한미 쇠고기 협상은 협상개시 8일 만에 합의되었다. 합의 내용은 첫째, 연령제한 단계 해제, 둘째, 30개월 미만의 소에서 생산되는 갈비 등 뼈 있는 쇠고기 수입 허용, 셋째, 미국 국내법에서 식용으로 허용되는 소시지, 훈

102) 민동석 (각주 13) 120-121면.

제고기 등 가공육류 수입 허용, 넷째, 미국에서 추가로 광우병이 발생할 시 미국의 역학조사 실시 후 한국정부와 상호협의 후 조사결과가 OIE 기준으로 광우병 위험통제국 지위에 부합하지 않을 경우 수입을 중단하는 것이었다. 민동석 농림수산식품부 농업통상정책관은, 19일 기자회견에서 "미국산 쇠고기 수입 재개 및 개방 폭 확대를 위한 한미 협상에서 양측 대표단이 단계적인 수입 확대 방안에 합의하였다"고 발표하였다. 1단계는 30개월 미만의 미국산 쇠고기의 경우 갈비 등뼈를 포함한 쇠고기 부위를 수입하고, 2단계는 미국이 국제수역사무국(OIE)의 '강화된 사료 조치'[103)]를 이행한다고 공표하면 30개월 이상의 소에서 생산되는 쇠고기도 수입을 허용하는 것이었다. 그리고 4월 25일, 미국 식품의약청(FDA)은 강화된 (동물성) 사료사용 금지조치를 공표하였다.

한국 내부의 반발

미국산 쇠고기 수입은 한우의 가격에 직접적인 영향을 미치기 때문에 한미 쇠고기협상에 대한 국내 축산업자들의 반발이 거세졌다. 실제로 2008년 4월 18일 한미 쇠고기협상 타결이 발표되자 한우의 산지가격이 전일대비 4~5% 하락하였다.[104)] 김종훈 한미 FTA 협상 수석대표는 미국산 쇠고기 수입이 국내 쇠고기 산업에 미치는 영향에 대해 다음과 같이 언급한 바 있다.

> "미국산 쇠고기가 다시 들어오면 그 피해는 호주나 뉴질랜드산 수입 쇠고기에 돌아가지, 우리 한우농가가 피해대상이 아니다."[105)]

하지만 국내 쇠고기 산업은 미국산 쇠고기 수입에 의한 영향을 받았다. 앞서 언급한 가격하락 뿐만 아니라 국내산 쇠고기 소비가 위축되는 현상이 나타났다. 그 이유는 SRM 부위가 포함된 미국산 쇠고기의 수입은 국내 소비자들로 하여금

---

103) '강화된 사료 조치'란 광우병 교차 오염을 방지하기 위해 광우병이 의심되는 소의 뇌와 등뼈 등으로 만든 사료를 닭이나 돼지의 사료로도 사용하지 않는 것을 의미.
(동아일보 (2008.04.19) 'LA 갈비' 다시 들어온다, news.donga.com/3//20080419/8569032/1)

104) 한국농촌경제연구원 (2008) 쇠고기 시장개방과 농업부문 피해보상 (KREI 논단 2008.04.30) http://www.krei.re.kr/kor/info/news_eview.php?kid=18418

105) 김현종 (2010) 김현종, 한미 FTA를 말하다, 홍성사, 262-263면.

미국산 쇠고기뿐만 아니라 국내산 쇠고기에 대한 불안감과 불신감을 조성하여 전반적으로 축산물 소비가 줄어들었기 때문이었다.[106] 4월 18일에 합의된 협상 결과 발표 후, 5월 7일 국회에서는 한미 쇠고기협상에 대한 '쇠고기 청문회'가 열렸다. 이 날 통합민주당을 포함한 야당은 한미 쇠고기협상의 무효화 및 재협상을 정부에 요구하였다. 통합민주당은 한미 쇠고기협상은 "헌법 제 36조 3항 국민보호 의무를 포기하고 국제법상 한국에게 인정되는 검역주권을 포기"[107]한 협상이기 때문에 무효라고 주장하였다. 또한 참고인 자격으로 청문회에 참가한 민주사회를 위한 변호사 모임의 통상전문 변호사는 한미 쇠고기협상 합의문 부칙 1항에 따라 한국정부의 고시일로부터 합의내용이 유효하기 때문에 고시가 아직 되지 않은 시점이므로 재협상이 가능하다는 입장을 표명[108]하였다.

촛불집회

2008년 4월 29일 MBC TV에서 '긴급취재! 미국산 쇠고기, 과연 광우병에서 안전한가?'라는 제목으로 PD수첩을 방영하였다. 이 방송의 내용 중에는 광우병에 걸린 소가 주저앉는 장면이 삽입되었는데, 이를 본 시청자들의 불안감이 고조되면서 미국산 쇠고기 수입에 반대하는 시위를 촉발시켰다. 그리고 5월 2일, 미국산 쇠고기 수입에 반대하는 단체들이 촛불집회를 시작하였다. 1차 집회 이후 8월 15일 공식적 해산까지 총 100차 집회를 가진 이 촛불집회는 처음에는 소규모의 집회 형태였으나 후에 1,500여개 시민단체가 참여한 광우병 대책위원회가 구성되면서 조직적인 대규모 집회로 변모되었다.[109] 총 106일간에 걸쳐 열린 촛불집회에 참가한 인원은 약 93만 명으로 추정되고 점차 과격해지고 폭력적으로 되어갔다. 시위를 막기 위해 동원된 경찰력이 7,606개 중대에 이르렀으며, 또한 총 1,476명이 불법 및 폭력시위 혐의로 입건되어 43명이 구속 기소되는 등 대규모 사법처리가 이루어졌다.[110] 이렇게 시민들의 참여로 이루어진 촛불집회는 정부

---

106) 국회 농림수산식품위원회 (2008) 최근 경제여건변화에 따른 농수산업 발전방안, 145면.
107) 매일신문 (2008.05.07) 美쇠고기 여야 청문회 쟁점은?
www.imaeil.com/sub_news/sub_news_view.php?news_id=20678&yy=2008
108) 매일신문 (각주 31)
109) 김인영 (각주 8) 38면.
110) 김인영 (각주 8) 38면.

에 쇠고기 관련 재협상, 미국 측에 수출금지 요청, 고시 유보 혹은 철회, 쇠고기 관련 국정감사 실시[111] 등을 요구하였다.

미국산 쇠고기 수입에 반대하는 촛불집회가 확산되자, 농림수산식품부와 보건복지부는 5월 8일 합동으로 "미국에서 광우병이 발견되면 즉각 수입을 중단하겠습니다."라는 공고문을 게재하였고 또한 한승수 국무총리는 "우리 국민들이 그렇게 걱정하는 광우병이 미국에서 발생해서 국민 건강이 위험에 처한다고 판단되면 수입 중단 조치를 취할 것" "수입되는 모든 쇠고기에 대한 전수조사를 실시하고 즉각 조사단을 미국에 보내 철저히 조사할 것" 등의 내용을 담은 담화문을 발표하였다. 그리고 시민단체 및 촛불집회의 고시유보 혹은 철회 요청에 대해서, 정부는 6월 3일로 예정되었던 쇠고기 고시를 연기하였다. 김종훈 통상교섭본부장은 5월 20일, 서울 종로구 세종로 외교통상부 청사에서 열린 한미 쇠고기수입위생조건 협상 관련 추가협의 결과 브리핑에서, 한미 양국 통상장관이 서한[112]을 교환하여 미국에서 광우병이 발생할 경우 한국 정부가 쇠고기 수입을 중단할 권한을 갖고 있다는 점을 공식 확인했다고 밝히면서, 또한 30개월 이상 미국산 소의 6개 부위[113]가 수입금지 SRM에 추가되었다고 발표하였다.

촛불집회에 대한 한국 정부의 대응은, 초기에는 한미 쇠고기협상의 재협상은 없다고 일관하였으나 촛불집회의 거센 요구를 반영하여, '한미 쇠고기수입위생조건 협상 관련 추가협의'를 하게 되었다. 그 결과 한미 양국 간에 "관세 및 무역에 관한 일반협정(GATT) 20조와 세계무역기구(WTO) 규정에 따라 국민건강을 보호하기 위해 필요한 조치를 취할 권리를 인정한다."고 명시된 서한을 교환하고, 또한 미국산 쇠고기의 내수용과 수출용의 SRM을 동일하게 적용하여 30개월

111) 조희정, 강장묵 (2008) 네트워크 정치와 온라인 사회운동: 2008년 '미국산 쇠고기 수입 반대 촛불집회' 사례를 중심으로, 한국정치학회보 제 42집 제3호 (2008년 가을), 311-332면 중 317면.

112) 김종훈 외교통상부 통상교섭본부장과 수전 슈워브 미국무역대표부 (USTR) 대표의 서명이 있는 이 외교서한은 기존의 수입위생조건과 같은 국제법상 효력을 갖는다. 김종훈 본부장은 "국제법적 분쟁이 생기면 조항과 서문, 심지어 주 해석까지 논쟁의 근거로 채택되는데 장관급 서명을 담은 서한은 분쟁이 생길 경우 이의 없이 중요한 준거가 된다"고 밝힌 바 있다. (동아일보 (2008년 5월 21일자) 한미 '쇠고기 검역주권' 문서로 확인 news.donga.com/3//20080521/8580560/1)

113) 수입위생조건에서 수입이 허용된 30개월 이상의 소의 경추·흉추·요추의 횡돌기와 극돌기, 천추의 정중천골능선, 날개, 삼차신경절

이상 소의 경추 횡돌기, 극돌기,[114] 척추 정중천골능선[115] 3차 신경절[116] 등을 교역금지 품목에 추가하였다. 이러한 추가협의에도 불구하고 촛불집회가 계속되자 6월 13일부터 19일까지 한국 정부는 미국 정부와 추가협상을 하여 미국으로부터 30개월 이상의 쇠고기를 '한국 소비자들의 미국산 쇠고기에 대한 신뢰가 회복될 때까지' 수입하지 않는다는 내용을 합의하였다. 또한 수입대상인 30개월령 미만 미국산 쇠고기 중 뇌, 눈, 척수, 머리뼈 등 4개 부위도 수입금지 품목으로 추가하는데 합의하였다.

대통령은 5월 22일 대국민 담화를 발표하고, 6월 19일 대통령 특별 기자회견을 가져 국민에게 미국산 쇠고기 수입파문에 대한 사과문을 발표하였다.

추가협상(2008년 6월 13 ~ 19일) : 미국 워싱턴DC

30개월 이상 쇠고기를 일정기간 수출하지 않겠다는 미국 업계의 자율규제를 미국 당국이 정부차원에서 어느 정도 보장할 것인지가 추가협상의 최대 쟁점이 되었다. 한국정부는 자율규제가 지켜질 수 있도록 정부 차원의 공식문서로 보장해 줄 것을 요구하였다. 구체적 보장 방안으로는 수출용 쇠고기를 다루는 작업장이 소의 도축에서 가공까지 수입국의 요구에 맞춰 처리할 것을 규정하는 수출증명(EV)[117]제도 적용을 요청하였다. 그러나 미국은 이에 대해 좀처럼 수용의사를 보이지 않았다. 미국 정부는 이 같은 요구를 들어줄 경우 30개월 이상 쇠고기 수입을 허용한 한미 수입위생조건의 내용과 배치되는 데다 일본, 대만 등 다른 수입국과의 협상에서도 불리한 선례가 될 것을 우려하고 있기 때문인 것으로 보였다.

6월 16일, 미국 워싱턴에서 한미 쇠고기 추가협상을 하던 김종훈 통상교섭본부장이 협상의 결렬을 선언하고 도중에 귀국하려다가 미국 측의 요청으로 협상을 계속하기로 결정하였다. 통상교섭본부는 이날 "장관급 협의가 더 필요하다는 미국 측 요청에 따라 김종훈 통상교섭본부장이 귀국을 연기하고 16일 워싱턴에서 수전 슈워브 미국 무역대표부(USTR) 대표와 협의를 하기로 했다"고 밝혔다.

114) 극돌기: 등뼈 목 부위의 바깥부분
115) 척추 정중천골능선: 골반과 꼬리 연결부위 중 위로 불룩 솟은 부분
116) 3차 신경절: 머리뼈 속에 있는 신경다발
117) 수출증명제도 (EV, export verification)

또한 "양측은 30개월령 이하의 쇠고기 수입을 위한 실효적인 방안을 강구하기 위한 기술적인 세부사항을 확인하는 데 시간이 더 필요하다는 점을 인식했다"며 "김 본부장이 16일 뉴욕을 경유해 귀국하고 향후 양측이 외교채널을 통해 계속 협의하기로 했다"고 공식 발표하였다. 6월 17일, 실무회의와 장관급 회담의 2단계로 진행된 협상은 수출증명(EV)프로그램 등 30개월 이상 미국산 쇠고기에 대한 민간 자율규제의 실효성을 높일 수 있는 방안을 포함하는 내용으로 재개되었다. 한국과 미국의 통상장관은 17일(현지 시간) 오후 워싱턴에서 쇠고기 문제 해결을 위한 회담을 가진 데 이어 18일 오전 10시경 회담을 속개해 최종 합의를 도출하려 했으나 미국 측이 잠정 연기를 요청해 회담이 순연되었다.

핵심 쟁점인 30개월 이상 쇠고기가 수출되지 않도록 공식적으로 보장하는 방안에 대해 미국 측은 민간이 자율로 주도하되 만약 민간의 이행 위반 시 정부 차원에서 즉각 개입해 시정할 수 있는 다양한 방안을 제시하였으나, 한국 측은 미 정부 차원에서 각 도축 및 가공처리장이 30개월 이상 쇠고기의 수출을 하지 못하도록 보장하는 효과가 있는 수출증명(EV) 프로그램에 근접한 프로그램의 시행을 요구하였다. 그리고 6월 19일, 한미 쇠고기 협상은 한국 국민들의 우려와 기대 속에 7일 간의 추가협상을 마치고 결과적으로 1차 협상의 내용을 변경하는 첨부와 같은 추가지침서에 합의하였다.

〈첨부 1〉

합의된 추가 지침서

2008년 6월 19일

□ 수출위생증명서(9060-5) 기재 문구

쇠고기 또는 쇠고기 제품은 미 농업부(USDA)의 한국을 위한 30개월 미만 연령 검증 품질체계평가(QSA) 프로그램에 따라 검증된 작업장에서 생산되었다.

□ 티본(T-Bone) 스테이크 및 포터하우스 스테이크에 대한 지침 각주

* 이 조건은 수입위생조건의 시행일로부터 180일 동안 유지될 것이다. 한국 정부와 미국 정부는 180일 기간이 종료된 후에 이러한 표시가 쇠고기 교역과 검사에 미치는 영향을 검토한 후 우려사항을 해결하기 위해 협의하기로 합의한다.

❑ **품질체계평가(QSA)**

경과기간 동안, "쇠고기 또는 쇠고기 제품은 미 농업부(USDA)의 한국을 위한 30개월 미만 연령 검증체계평가(QSA) 프로그램에 따라 검증된 작업장에서 생산되었다"라는 문구가 비고란에 기재된 FSIS 9060-5 수출위생 증명서가 첨부된 모든 제품은 정상적인 수입검역검사를 받을 것이다.

수출제품에 상기에서 언급된 문구가 첨부되지 아니한 경우, 해당 로트는 소유주에게 반송될 것이다.

❑ **뇌, 눈, 머리뼈 및 척수**

30개월 미만 소의 뇌, 눈, 머리뼈 및 척수는 특정위험물질 또는 식품안전 위해에 해당되지 않으나, 한국 수입자가 특별히 요청하기 전까지는 뇌, 눈, 머리뼈 및 척수는 수입되지 않을 것이다. 정상적인 표본 검사과정에서 이런 제품이 확인되는 경우, 해당 상자(들)는 소유주에게 반송될 것이다.

머리뼈의 뼈조각(bone chips) 또는 척수의 잔여 조직과 같은, 30개월 미만 소의 머리뼈 및/또는 척수의 잔류물질 때문에 해당 상자(들)가 불합격되지 않을 것이다.

❑ **표본추출**

미국에서 수입되는 쇠고기 및 쇠고기 제품은 무작위 표본추출에 근거하여 검사될 것이다 (수입축산물 관리 기본 지침에 따라 1-3%)

❑ **이물질**

정상, 무작위, 표본추출에 근거한 검사 시스템의 일환으로 이물질이 확인될 경우 차후 해당 생산 작업장에서 생산된 로트 중 표본 추출된 수량이 엑스레이 검사를 받을 것이다.

❑ **미국 내 한국 수의관 배치**

미국에 배치된 한국 수의관은 동물위생 및 식품안전 문제에 관한 정보 수집과 미국 정부 기관과의 협조를 포함하여 동물위생 및 식품안전 분야에서 역할을 수행할 것이다.

이들은 한국 점검단의 일원으로서 수입위생조건 제8조에 규정되어 있는 현장 점검을 지원하거나 실시할 수 있다.

❑ **혀 및 내장 조직 검사**

한국과 미국은 혀 및 내장에 대한 현미경 검사를 실시하기 전에 특정위험 물질을 검출함에 있어 이러한 검사의 실효성을 정당화하기 위한 과학적 근거를 검토하기 위해 기술 협의를 가질 것이다.

'한미 FTA 쇠고기협상' 사례의 학습 요점

1. 학습의 목적

이 사례는 국제적인 통상협상이 국내정치의 동학 속에 진행됨을 이해하고, 국내적으로 수용 가능하면서 국익을 최대화하는 협상 타결점을 발견할 수 있는 방법을 모색한다. 국제통상협상에서 '위험(risk)'과 '안전(safety)'이 갖는 함의를 파악하고, 이를 평가·적용·소통할 적절한 방식은 무엇인지 고찰한다. 이 사례는 국제통상협상 과정에서 대국민 소통, 특히 여론과 언론에의 대응 방식의 중요성을 이해하는데 초점을 맞춘다.

2. 주요 질문

① 통상협상의 결과가 국내정치에 미치는 영향, 또는 국내정치가 통상협상에 미치는 영향은 무엇인가? (Robert D. Putnam, Diplomacy and domestic politics: the logic of two-level games를 이론적 기반으로) 국제협상에서 대표가 고려하여야 할 국내적인 문제는 무엇인가?

② 협상의 당사자들에게 내부 또는 외부의 정치적인 압력이 작용할 경우, 협상 대표의 협상력은 어떻게 발휘되는가?

③ 협상에서 마감시간이나 연계는 어떤 영향을 미치는가?

④ 국가 간의 통상협상에서 언론의 역할은 무엇이며, 보도의 일반적인 규범은 무엇인가? 정부는 협상과정에 대한 투명성을 확보하기 위하여 어떤 방식으로 언론과 소통해야 하는가?

⑤ 협상력이 불균형할 때, 약자의 입장에서 통합적인 협상을 하거나, 또는 공동의 이익을 창출할 수 있는 방법은 무엇인가?

3. 수업관리(학생들은 미리 Case를 읽고 내용을 숙지하여야 함)

- Case를 다루기 위한 사전준비(팀 구성, 자리 배치 등) : 15분
- Case 또는 Role-play를 위한 팀 토의 : 15분
- 전체 토론(또는 팀 간 토론) : 60분
- Case(또는 Role-play)의 내용이나 진행과정에 대한 Debriefing 또는 관련된 학문적 이론 및 개념 설명 : 30분

4. 주요 이슈(또는 논쟁적인 이슈)

이 사례의 학습에서 특정한 이슈에 관해 논쟁을 제기할 수 있다. 여기에는 옳거나 틀린 대답은 없다는 전제가 있어야 한다. 질문은 학생들이 이 사례를 통해서 배울 수 있는 것뿐만 아니라, 국제협상에 직, 간접적으로 연결되는 국내정치의 민감한 문제에 관하여 논쟁할 수 있는 기회를 제공하는 것이다. 예를 들어, 학생들은 이 사례에서 언론(특히 PD수첩)의 역할에 관한 느낌을 다룰 수 있다. PD수첩이 책임있는 보도를 한 것인가? 언론이 상황을 악화시킨 것인가, 또는 바로 잡은 것인가? 언론의 보도규범은 무엇인가? PD수첩은 어떤 책임을 져야 하는가? 와 같은 논쟁을 다루면서 학생들의 도전과 창의성을 북돋우기 위해서 교수는 악마의 옹호자와 같은 역할을 하면서 질문할 수 있다.

5. 추가적인 질문사항

① 이 협상에서 문제는 무엇인가? 문제는 양측에 동일한가?
② 이 협상(1차 협상 또는 추가협상)에서 한국의 목표는 무엇인가?
③ 미국의 요구에 직면해서 한국이 할 수 있는 최상의 대응은 무엇인가?
④ PD수첩에서 처음 쇠고기 관련 보도가 나왔을 때, 정부의 대응은 어떠했나?
⑤ 내부적 위기(촛불 집회)가 점증하면서 정부의 대응은 어떠했나? 사안에 대한 평가는 정부 각 기관별로 어떠했는가? 정부는 어떻게 대응했어야 하는가?
⑥ 촛불집회와 관련하여 국회(각 정당) 개입의 정도는 어떠했나?
⑦ 시민들의 촛불집회 이후 여당 및 야당과 정부의 관계는 어떻게 변화했나?

6. Debriefing

학습에서 토론이 주된 경우 핵심 쟁점과 진행과정에 대한 교수의 피드백을 제공하고, 만약 Role-play가 진행되었다면 팀별 발표와 질의응답, 그리고 핵심내용이나 진행과정에 대한 교수의 피드백을 제공함.

(비즈니스와 관련된 재협상 사례가 요구되는 경우, 권말 부록의 별첨 2 사례 : Enron's Dabhol Project를 참조하시오.)

요 약

협상의 합의를 위한 의사결정은 협상가가 책임을 완수하고 전문가로서의 목표를 완수하는 가장 중요한 일 중의 하나이다. 그것은 다양하고 복잡한 고려들을 포함하고 있으며, 상대방을 판단해야 한다. 그래서 체계적인 분석이 필요하지만, 문제는 합의의 결정권을 상대방이 가지고 있다는 것이다. 합의가 그들에게 이익이 되지 않는 한, 그들은 결코 합의하지 않을 것이다. 따라서 합의안이 매력적으로 보이도록 그들의 인식에 영향을 미치는 것이 중요하다. 협상에서 합의가 이루어지면 협상을 마무리하기 전에 합의문을 작성하게 된다. 이 합의문을 작성하는 것이 이제까지 해온 협상보다 더 어려울 수 있다. 합의문의 작성에 실수하면 성공적인 협상을 한 순간에 실패한 협상으로 되돌린다. 그리고 합의 후에도 실행되지 않을 수 있으며, 분쟁이 발생하거나 재협상에 돌입하는 경우도 있다. 협상의 합의는 기회이자 위기의 순간이다. 합의는 실행을 위한 것이며, 원만한 실행이 되어야 이익이 발생한다. 합의의 순간에 상대방을 존중하면서 신뢰를 다지는 것이 분쟁이나 재협상을 방지하는 첩경이다.

제9장 협상결과의 평가

학습 목표

- 협상결과의 평가 방법에 대한 이해
- 협상과정에 대한 요소별 평가방법에 대한 이해
- 협상결과 평가의 어려움에 대한 이해

협상의 결과라는 조건은 그 자체가 모호할 수 있다. Easton(1965),[118] Sharkansky(1970),[119] 그리고 여러 학자들이 우리에게 상기시키는 것처럼, 의사결정 과정에서 결정 그 자체인 "산출물"과 그 결정의 채택이나 실행으로부터 나오는 결과의 "영향" 사이에 구분이 만들어질 수 있다. 협상의 결과를 설명하면서, 관찰자와 마찬가지로 협상가는 빈번하게 둘 모두를 참조한다. 그래서 관찰자는 협상가가 합의(산출물)의 결론에 성공하고 당사자들이 선호하는 비용과 수익의 분배를 특징짓는 과정을 주시할 수 있다. 게다가, 결과는 가끔 영향과 마찬가지로 산출물의 특징에 기초해서 평가된다. 물론 마지막에는 영향이 통상 더 중요한 관심사항이 된다. 그러나 결정 그 자체는 그 자신의 권리에서 고려할만한 이해관계가 될 수 있다. 그것은 각 당사자에게 부여된 의무를 확정한다. 실제의 영향은 단지 나중에 결정될 수 있다 그리고 결정의 결과를 예측하는 것은 가끔은 최소한 4가지 이유에서 매우 어려울 수 있다.

첫 번째 이유는 합의된 해결책이 적용될 미래상황의 불확실성이다. 어떤 사회적 제도는 심지어 이런 종류의 불확실성에 기초하고 있다. 이것은 아주 분명하게

118) Easton, D., *A Systems Analysis of Political Life*. New York: Wiley, 1965.

119) Sharkansky, I., "Environment, Policy, Output, an Impact: Problems of Theory and Method in the Analysis of Public Policy." In I. Sharkansky (ed.), *Policy Analysis in Political Science*, Chicage: Markham, 1970.

심지어는 어떤 군사적 동맹과 국제원자력기구와 같은 협력적인 방식을 포함하는 자발적 보험제도에 적용된다. 그러나 예를 들어 상당한 양의 불확실성은 심지어 장기적 상업거래에 관한 가격과 양을 고정하는 계약의 실질적 결과에 적용될 수 있다.

두 번째, 시간이 경과하면서 행위자들은 새로운 상황에 적응할 수 있다. 그리고 그런 적응은 국제적 체제와 규정의 영향을 중대하게 수정할 수 있다(Keohane and Nye, 1977).[120] 해양법에 관한 제3차 UN 회의가, 연안국이 해안으로부터 200 해리까지 배타적 경제수역 확장을 주장하는 것을 승인한 사실은, 분명히 확립되어 있는 원양 선단의 조업 패턴에 중대한 위협을 의미한다. 그러나 다수의 원양 선단들은, 합작투자의 설립과 다른 어장이나 어족에 대한 조업 노력의 전환과 같은 다양한 적응 조치를 통해서, 그들의 실제 손실을 실질적으로 줄일 수 있었다.

세 번째, 어떤 경우에는 순전히 협력적 준비의 복잡성 자체, 또는 그것이 적용될 행동의 체계 때문에 어떤 행위자도 대단한 정확성과 자신감으로 총체적인 영향을 예측하지 못할 수 있다(Winham, 1977a).[121] 이것은 특히 미래의 협력을 위한 출발점으로 기능하는 "입법적" 합의에 적용된다. 그래서 EEC를 설립한 로마조약의 창립자들은 그들이 머리를 맞대고 계획하고 있는 복잡한 입법으로부터 나오는 어떤 정확하고 자신 있는 총체적인 비용과 수익의 예측을 거의 할 수 없었다. 그리고 만약 우리가 부수적 효과의 전체적인 범위를 추가한다면, 그림은 더욱 복잡해지기 시작한다. 마지막으로 심지어 결과를 예측할 수 있다 할지라도, 평가의 범주는 자체적으로 시간이 경과하면서 변할 수 있다(Ikle, 1964, ch. 10).[122]

협상의 결과 평가에 대한 이런 어려움을 전제로 하면서, 우리는 1994년에 합의된 북-미간 핵 협상을 사례로 하여 협상과정 및 합의된 결과에 대하여 분석적인 평가를 시도하고자 한다.

---

120) Keohane, R. O., and Nye, J., *Power and Interdepencence.* New York: Little, Brown, 1977.

121) Winham, G. R., "Complexity in International Negotiation." In D. Druckman (ed.), *Negotiations: Social-Psychological Perspectives.* Thousand Oaks, Calif.: Sage, 1977a.

122) Ikle, F. C., *How Nations Negotiate.* New York: Harpercollins, 1964.

1. 사례 : 북 - 미간 핵 협상[123)]

1994년 6월에, 빌 클린턴 행정부는 가장 민감하면서도 잠재적으로 폭발적인 외교정책의 위기라고 생각하는 문제에 직면하고 있었다. 미국은 이 고립된 사회주의 정권이 이미 핵무기를 가지고 있는지를 알아내려고, 그리고 핵무기를 만들려는 그들의 노력을 저지하려는 의도로 거의 일 년 간 김일성의 북한 정부와 협상하고 있었다.

일 개월 이전에 단속적인 협상이 불안한 방법으로 결렬되었다. 미국의 협상가들과 국제사회를 조롱하면서, 북한은 5개의 핵폭탄을 만들 원재료를 공급하기에 충분한 플루토늄을 추출하기 위해 그들의 5MWe 핵 원자로의 연료봉을 분리했다. 다양한 방법으로, 북한은 미국과 전 세계의 안보에 최대의 위협을 가하고 있었다. 그 도발적인 연료봉 제거는 북한이 연말에 적은 수의 핵무기를 가질 수 있다는 명백한 위협 이외에 다른 함의를 가지고 있었다. 만약 이 은둔적인 나라가 국제적인 핵 규제를 계속 무시한다면, 그것은 전 세계적으로 핵무기의 확산을 억제하려는 미국의 노력이 신뢰를 상실 할 수 있는 것이다. 게다가, 만약 북한이 핵무기를 생산한다는 것이 알려지면, 그것은 아시아에서 핵무기의 경쟁에 불을 붙일 것이다. 문제를 더 나쁘게 하는 것은, 많은 사람들이 북한이 이란이나 리비아 같은 다른 불량 국가들에게 핵무기를 수출할 것으로 믿는 다는 것이다. 가장 으스스한 것은 핵 교착상태를 둘러싸고 있는 긴장의 가속화가 미국을 예측할 수 없는, 아마도 파괴적이고, 적대적이며 즉각적인 전쟁으로 끌어 들일 수 있는 위협이었다.

북한은 1950년대 중반 이후 핵 프로그램을 진행해왔으며, 1980년에 조그마한 5MWe 원자로의 건설을 시작하면서, 단지 발전시설이라고 주장하였다. 그러나 북한의 핵 활동을 감시하고 있는 정보기관과 비확산위원회는 계속되는 경고를 발하고 있었다. 북한은 두 개의 더 강한 원자로를 건설하기 시작했는데, 그것은 결과적으로 일 년에 45개의 폭탄을 만들기에 충분한 플루토늄을 생산할 수 있는

---

123) 이 사례는 “Carrots, Sticks, and Question Marks: Negotiating the North Korean Nuclear Crisis"의 축소판으로 M, Watkins, & S. Rosegrant, Breakthrough International Negotiation: How Great Negotiators Transformed the World's Toughest Post-Cold War Conflicts, CA,: San Francisco, Jossey-Bass, 2001에 수록된 것임.

것이다. 대형 플루토늄 재처리시설의 비밀 건설이 보고되기 시작했다. 게다가 북한은 1989년에 거의 100일간 5MWe 원자로를 조용히 폐쇄했다. 비록 평양의 관리들은 폐쇄가 일상적인 유지보수를 위한 것이라고 주장했지만, 국제 정보기관들은 그렇게 보지 않았다. 폐쇄의 기간이 북한이 원자로를 재충전하기에 충분한 기간이고, 추출된 물질이 1~2개의 핵무기를 만들기에 충분한 플루토늄을 처리할 수 있었다.

북한을 핵 비확산으로 끌어들이는 두 개의 방법이 가능해 보였다. 첫째는 핵무기의 확산을 감시하려고 만들어진 국제 합의인 핵확산금지조약(NPT)이다. 북한은 1985년에 소련의 종용으로 NPT에 서명하였다. 그러나 가입한지 18개월 이내에 요구되는 안전합의를 전혀 협상한 적이 없었다. 만약 최종적으로 그것에 따른다면, 평양의 핵 프로그램은 더 투명해질 것이다. 북한은 UN의 기구인 국제원자력위원회(IAEA)에 핵시설의 목록을 제공할 뿐만 아니라 IAEA 조사원들에게 자신의 시설을 공개해야 한다. 안전의무를 충족하라는 북한에 대한 국제적인 압력이 증가해 왔다. 그러나 평양은 미국이 남한으로부터 핵무기를 철수하고 자신들에 대해 핵무기를 사용하지 않겠다는 약속을 할 때 까지는 순응하기를 거부했다.

1991년 9월에, 미국의 부시 대통령이 해외에서 운용되는 지상과 해상 발사 전술 핵무기의 일방적인 철수를 발표하면서 핵 정체가 풀렸다. 2개월 뒤에 한국의 노태우 대통령이 남한에 핵무기가 없음을 선언하였다. 부시의 발표는 곧 쓰러질 것 같은 소련으로부터 깊이 있는 반응을 유발하려는 의도였다. 그러나 그것은 IAEA에 협조하지 않으려고 주장하는 북한에게는 이중의 의무가 되었다. 미국이 북한의 협조에 직접적인 대화로 보상하려는 거듭되는 힌트와 무기의 철수는 일련의 좋은 사건의 시작이 되었다. 1991년 12월 13일에 남북한이 궁극적으로 화해와 불가침을 약속하는 합의에 도달했다. 12월 31일에 남북한은 지금까지 최고의 무기통제 협정인 한반도의 비핵화에 관한 남북한 선언에 서명하였다. 협정 하에서, 어떤 나라도 핵무기의 실험, 제조, 생산, 수용, 보유, 저장, 설치 또는 사용을 할 수 없다. 어떤 나라도 재처리시설의 보유나 NPT를 무시하는 조치를 취할 수 없다. 비록 실행에 대해서는 아직 협상해야 하지만, 합의는 1992년 2월 21일에 발효된다. 남북한은 1월 7일에 동시에 발표하기로 합의하였다. 부시 정부의 지원을 받는 대한민국은 1976년에 시작된 전쟁 훈련인 미국과의 연례 팀 스피리트 군사훈련을 처음으로 중단할 것이다. 그리고 북한은 장기간 지체된 NPT 안전합의에 서명하려는 의지를 발표할 것이다.

북한 핵 프로그램의 관점에서 공개하는 것이 남아 있지만, 1992년은 대미의 시작이었다. 예기치 않은 일련의 난관돌파가－남북한 UN 가입, 미국의 핵무기 철수, 남북한 공동 합의, 팀 스프리트 중단, 북한의 안전합의 서명 약속, 다가오는 미 북한 대화－한 잡지의 선언을 이끌어냈다. “한반도가 이번 주에 좀 더 안전해 보인다.” 그러나 1992년 중반에 남북한은 여러 차례 만났지만 비핵 합의에 관해 교착상태에 빠져있었다. 부분적으로는 미국 전문가의 재촉에 따라서, 남한은 북한의 의심스런 핵 장소에 대해 도전적인 검사를 포함해서 침입적인 검사 방법을 추진하고 있었다. 북한은 자신들의 군사지역에 접근하는 것은 책략이며, 각각의 검사는 우선 상호적으로 승인되어야 함을 주장하였다. 그러는 동안, IAEA의 검사는 악화되고 있었다. 북한은 1990년에 단지 “연구” 양의 플루토늄을 생산하였다. 그러나 1992년 후반에 IAEA 검사는 북한이 보고한 것 보다 더 많이 재처리했다는 의심이 드는 불일치를 발견하였다. IAEA는 결국 북한이 세 번의 다른 시기에 플루토늄을 분리했다는 결론을 내렸다. 1993년 1월에 미보고 된 연료의 전용 증거를 대면서, IAEA는 핵폐기물의 은닉처로 의심되는 두 개의 미공개 장소의 검사를 요구하였다.

1993년 초 2명의 새로운 대통령인 빌 클린턴과 김영삼이 취임했을 때, 남북한 대화는 얼어붙어 있었고 북한과 IAEA 간의 긴장은 고조되고 있었다. 북한은 IAEA가 요구한 2개의 의심되는 장소에 대한 검사를 군사시설이라는 이유로 거절하였다. 2월에 IAEA는 감춰둔 지하 저장고에 대한 미국 정보사진을 인용하며 두 장소에 대해 “특별사찰”을 요구하였다. IAEA 이사회는 북한에게 특별사찰을 허용하도록 일 개월의 시간을 주었다. 그 이후에는 이 문제는 UN 안보리에 회부될 것이다. 3월 8일에 연례 팀 스프리트 군사훈련이 시작되었다. 4일 뒤, 북한은 NPT로부터 탈퇴하려는 의도를 발표하면서 위협하는 첫 번째 회원이 되었다. 북한은 IAEA가 특별사찰을 요구하는 것은 북한을 무장해제 시키고 사회주의 체제를 목 죄려고 계획하는 공공연한 군사 행동이라고 선언했다. 북한의 탈퇴는 90일 후에 시작되며 “미국의 핵 위협과 북한에 대한 IAEA의 부당한 취급이 제거되었다고 인식될 때까지 지속될 것이다.”

북한의 발표는 미국과 IAEA 내에서 북한의 핵 프로그램의 상태에 대한 새로운 긴급 논쟁을 불러일으켰다. 이것은 미국 대중의 의식 속에 북한을 갑자기 부각시켰다. 그러나 대응하는 방법은 쉽지 않았다. 클린턴 정부는 이 일이 새로운 것이었고 북한의 비타협은 백악관의 즉각적인 관심을 얻지 못했다. 국무부 내에서, 누가 핵 갈등을 관리할 것인지가 분명하지 않았다. 이런 혼란에 직면해서, 동아시아 태평양국의 한국부서는 사실상 아이디어와 실행의 센터가 되었다, 그리고 관계부처간의 고위급 실무그룹이 정부의 대응을 조율하기 위해 구성되었다. 다자연합의 가치에 관한 걸프전의 경험을 생각하고 있는 국무부는 이미 국제적인 실무 포럼을 준비했다. 미국에 의해 입장을 취하도록 압력을 받은 IAEA는 북한이 1993년 4월에 안전합의를 위반했음을 발견하였다. 그 문제는 UN 안보리에 회부되었고, 안보리는 해결을 논의할 사찰을 요구하는 부드러운 언어로 된 성명을 발표하였다. 그러면서, 관계부처 그룹은 북한의 도전에 대응할 방법을 깊이 있게 논의 하였다. 북한은 IAEA와의 분쟁을 해결하는 방법으로 미국과의 고위급 대화를 요청하고 있었다. 그리고 국무부의 몇몇 관리들은 그런 직접 접촉을 가장 가능성이 있는 옵션으로 보았다. 국방부의 대책본부는 미국이 초점을 "특별사찰"을 얻는 것으로부터 평양의 완전한 핵 프로그램을 제거하는 것으로 전환해야 한다고 제안하였다.

갈등이 확대될 때, 국무부는 두 번째 안보리를 준비하고 있었다. 이 단계에서 북한을 징벌하기 위해 무엇을 할 것인가가 의문이었다. 그리고 미국 정부 내에서 상당히 신중한 논의가 시작되었다. 경제제재를 취할 것인가? 무슨 종류의 경제제재인가? 어떻게 해야 그것이 효과적일까? 그것을 어떻게 시행해야 하나? 군사력을 시행해야 하나? 중국이 그것을 지키도록 하기 위해 노력할 것인가? 전체적으로 의문이었다.

UN의 절차에서 그런 작업들은 신속히 분명해졌다. 첫 단계는 전반적인 경제제재로부터 다소 거리를 두는 것이었다. 이미 고립된 정부를 더 효과적으로 고립시키는 것에 대해 중대한 의문이 있었다. 북한의 중요한 경제적 상호작용은 중국으로부터 받는 기름과 기타 물품이었고 일본에 거주하고 있는 한국인으로부터 받는 현금 송금이었다. 게다가 일본이나 중국의 협력을 장담할 수 없었다. 중국은 이미 자신의 오랜 동맹에 압력을 가하는 것을 주저하고 있었고, 안보리의 영구 회원으로서 제재적 해결책도 거부할 수 있었다. 1993년 5월 11일 유엔 안전보장이사회는 중국을 자극하지 않을 정도로 충분히 온화한 용어로 북한이 NPT에 머무를 것을 촉구하는 미국 발의 결의안을 통과시켰다. 북한이 원통하게도, 중국은 기권하고 러시아는 이를 지지하였다. 비록 일부 비평가들은 결의문이 유용하지 못하다고 했지만, 이는 안전보장이사회가 북한에게 제재를 위협하고 있다는 신호를 주는 것이었다. 이는 미국에게 고위급 회담의 기반을 제공하면서, 또한 회원국들에게도 평양과의 대화에 참여할 것을 촉구하였다.

미국의 회담 결정은 북한의 오랜 목표를 실현시켰다. 이는 북한에게 세계의 나머지 초강대국과 협상하는 정통성을 준 것이었다. 북한이 무시하려고 하는 남한은 협상의 당사자가 되지 못할 것이며, 평양이 핵문제를 넘어서 경제와 외교 문제에 대한 협상을 확장하도록 허용한 IAEA도 협상의 당사자가 되지 못할 것이었다. 정치 군사문제 차관보인 갈루치가 고위급 회담을 주도하기로 선정되었다. 갈루치는 비확산에 20년의 경험을 가졌고 협상을 주도하기에 너무 높지도 너무 낮지도 않은 적정한 위치에 있었다. 애초에 우리는 이것을 좁은 핵 문제로 정의했다. 중재기관을 돕고 갈루치가 지역 전문지식에 접근하는 것을 돕기 위하여, 허바드가 대표 협상가가 되었다. 허바드는 일본과 남한에 정보를 주고 관여토록 하는 책임을 졌다. 허바드는 "우리는 처음부터 이것이 삼자 벤처라는데 동의하였다." 그리고 "우리는 북한을 상대하는 유일한 자이고 삼자그룹의 지원을 받을 것이다"라고 말하였다.

미국의 목표

근본적으로, 미국은 한반도의 비핵화와 대량 살상 무기의 확산을 제한하는 강력하고 검증 가능한 합의 창출이라는 두 개의 목표를 갖고 있었다. 장관들은 북한의 지역적 역할이나 한반도의 궁극적인 통일과 같은 질문을 언급하지 않기로 동의하였다. 정치적 문제에 대해 북한과 논의하는데 끌려 들어가기를 원치 않았기 때문에 사람들은 이것을 무기통제 비확산 문제로 다루기를 원했다. 왜 북한이 NPT 로부터 탈퇴하겠다는 협박을 했는지 그리고 북한이 협상으로부터 무엇을 얻고자 하는지에 대해 의견이 갈라졌다. 갈루치는 북한이 여전히 즉석에서 말하

고 있고 예상치 못한 국제적 압력에 반응하는 것이라고 믿었다. 정보부는 북한이 비밀 핵무기 프로그램을 감추거나 속도를 내면서 시간을 벌고 있다고 주장하였다. 다른 사람들은 평양이 보다 복잡한 동기를 갖고 있다고 주장하였다. 믿을 수 있는 정보의 부족은 어떤 견해가 사실에 가장 가까운가 하는 합의에 도달하는 것을 불가능하게 했다. 미국이 북한에 원하는 것은 모호하지 않았다. NPT 회원국으로의 완전한 복귀, 남북 비핵화 합의의 완전한 이행, 그리고 남북대화의 재개이다.

1차 회의 : 공동 선언

갈루치, 허바드 및 관계부처 실무그룹으로 구성된 협상 팀은 북한의 주요 협상자인 강석주 외교부수상을 1993년 6월 2일 미국 UN 사절단에서 최초로 만났다. 한 참석자는 이 대화를, 이미 방침을 굳힌 이문화간의 충돌로 충만한 "실패"라고 묘사했다. 갈루치는 북한을 좋아하지 않았고, 그들도 알고 있었다. 그리고 갈루치가 그들에게 이야기 할 때의 태도는 매우 놀라웠다. 그 때 강석주는 갈루치를 면전에서 잡아채려는 한 마리 고양이처럼 쳐다보았다. 갈루치가 담배 불을 붙이고는 통역에게 '도대체 이 녀석은 무슨 헛소리를 하는 거야' 하고 묻자, 통역은 '강석주가 당신의 의견에 당황하고 있다'고 했다. 갈루치는 첫 번째 접촉이 "매우 적대적"이었다는 것을 인정하지만, 두 나라 간에 통신 단절의 역사를 전제하면 이는 피할 수 없었고, 양측은 허세부리는 것에 "할인요소를 적용"하고 있었다. 갈루치는 "우리는 여기서 캐나다인과 협상을 하는 것이 아니다. 우리는 국경에 군대를 두고 있다. 이는 잠재적으로 변덕스러운 상황이다. 우리는 협상할 준비가 되어 있음을 알리기를 원하지만, 어느 누구도 약함을 알리기를 원치 않으며, 위협처럼 들리는 어떤 것을 말하는 자들은 단호하게 맹렬히 비난할 것이다."고 말했다.

북한의 NPT 탈퇴가 10일 후에 유효하게 된다는 적대행위와 시간 압박을 가정하면, 긴장은 고조되었다. 미국의 3가지 요구 중 2개－IAEA 특별사찰과 남북한 대화－는 즉각 타결될 수 없다는 것이 명확했다. 북한을 NPT에 남아있게 하는 것조차 쉽지 않은 일이었다. 북한은 얻는 것 없이 테이블을 떠나지 않을 것으로 결정한 듯 보였고, 미국은 북한의 응낙과 상호교환으로 구체적인 무엇을 제안하는데 저항하였다. 갈루치는 미국이 테이블에 올려놓은 것이 현실적이지 못하다고 인정한다. "나는 그것은 마음에 드는 협상 패키지가 아니라는 것을 알았다. 우리는 그것이 매우 내용이 없고, 제재를 피하기를 원하는 경우에만 작동할 예정이라는 것을 알았다." 마라톤 회의가 마감시간 전에 끝난 후, 양측은 공동선언에 합의를 하였고 북한은 NPT 탈퇴를 잠시 보류하였다. 우리는 마지막 순간까지 갔다. 그러나 그것은 북한이 협상하는 방식이다. 특별사찰에 대한 직접적인 언급을 조심스럽게 피한 공동선언은 남북 비핵화 합의에 대한 지지를 확인하고 세 가지 원칙을 내놓았다. ① 핵무기를 포함한 힘의 위협과 사용을 하지 않는다는 보장, ② 상대방의 주권과 내정 불간섭에 대한 상호 존중을 포함한 한반도 비핵의 평화와 안전, ③ 한국의 평화적 통일지지. 양측은 다음 달까지 해결되지 않은 이슈를 수행하기로 합의하였다.

비록 북한이 실질적인 양보를 얻지 못하였지만, 많은 관측자들은 미국과 상호 성명을 발표한데 대해 만족해한다고 믿었다. 문서는 북한이 궁극적으로 다른 이슈에 대해 어떻게 미국을 끌어 들일 수 있을 것인지에 대한 로드맵을 제공하였다. 공동 성명을 "대단히 중요하다"고 하는 칼린은 "양측이 서로 상대방 탓으로 돌릴 수 있는 무엇인가를 가졌다. 무엇인가를 해결해야 할 문제가 있을 때마다, 각각은 선언의 표현을 회고하고, 상대방은 이를 수용할 것이고, 그런 방식으로 어떤 문제를 극복할 수 있다"고 설명한다.

2차 회의 : 특별사찰에 대한 논쟁

이제 갈루치는 두 개의 의심스러운 핵 폐기 장소에 대한 특별 사찰과 정규 IAEA 사찰 재개를 수행하기 위한 회의를 시작하였다. 첫 번째 회의는 단지 시간을 벌어 주었다. 두 번째 회의는 이들 지역에 대한 접근을 북한이 어떻게 수용할 것인가 하는 문제에 대한 해결책을 찾는 노력이었다. 점차적으로 미국 정부와 IAEA는 북한의 핵 과거를 풀기 위해 특별사찰에 집중하고 있었다. 기술 전문가들은 두 개의 의심스러운 장소로부터 무엇을 알 수 있을 것이라는 데 대해 동의하지 않았지만, 어느 누구도 사찰의 정치적 중요성에 대해 의문을 표하지는 않았다.

두 협상 팀이 7월 14일 제네바에 모였을 때, 북한은 이전처럼 두 장소에 대해 완고했다. 핵심 문제는 미국 정부가 협상에 필요한 냉엄한 결정을 하지 못했다는

것이었다. 클린턴 행정부는 7월 회의에서 달성하고자 하는 목표에 대한 명확한 아이디어를 갖고 있지 못했으며, 모든 것이 특별사찰이었다. 북한이 그것을 하도록 하기 위해서, 무엇을 줄 준비가 되어 있는가? 우리는 아이디어가 없었다. 그러나 6일간의 회의가 끝나기 전에 강석주가 테이블에 놀라운 제안을 내놓았다. 그가 말하기를, 북한은 세계의 근심 걱정을 덜어주기를 원한다. 그래서 만약 미국이 경수로(LWR)를 제공해 준다면, 흑연절제 원자로를 포기할 것이다. 그 제안은 "큰 충격"이었다. 칼린은 그 제안이 주요한 돌파구를 의미했다고 말한다. 강석주가 그 말을 하자마자, 나는 '그들이 이 이슈에서 빠져 나가기를 원한다.'고 기록했다. 북한은 어떠한 비난과 미국과 대치하는 상황의 지속 없이 프로그램으로부터 후퇴할 수 있는 방법으로 틀을 짜고 있었다.

다른 팀원들은 감동하지 않았다. 워싱턴으로부터 갈루치를 조언하는 고위관리도 그러했다. 비평가들은 제안을 지연전술의 하나로 비난했다. 많은 사람들이 북한은 자신의 프로그램을 포기할 준비가 되어 있다고 믿지 않았다. 마찬가지로 그들은 누가 경수로를 제공할 것인가를 계산하지 않았다. 그래서 국가 간의 협력을 구축하자고 말하면서도, 경수로 제공이 위원회 회의에서 실제 일곱 차례나 삭제되었다. 7월 회의는 개별 언론 보도만을 만들어냈다. 한 참가자가 말하기를 "우리는 각자의 요구를 나열하는데 동의했다. 그것에 동의한 것이 아니라 단지 그것을 나열하는데 동의했다." 북한은 특별사찰에 대해 양보하지 않았지만, IAEA와 남한과 다시 협상할 의향이 있음을 표시하였고, 미국은 경수로의 도입을 검토하기로 했다. 양측은 11월에 다시 만나기로 약속했다.

폭 넓고 면밀한 접근방법

북한의 동기와 요구는 분명하지 않았다. 그러나 갈루치는 가스 흑연 원자로를 경수로 기술과 거래하자는 강석주의 제안을 계속 숙고했다. 10월에 미국 상원의원이 경수로와 바꾸자고 하는 요구를 반복하는 북한의 제안을 가지고 돌아왔다. 이것이 진지한 제안이라는 가능성에 직면하여, 관계부처 그룹은 미국의 목표를 북한의 현행 핵 프로그램의 완벽한 해체로 방향을 바꾸는 것을 고려하기 시작했다. 그들이 더 많은 것을 하는 보다 더 크고 포괄적인 패키지를 찾아보기 시작했다. 늦은 11월, 클린턴 행정부는 북한을 끌어들이는 새로운 노력에 동의했다. 김영삼 대통령의 워싱턴 방문에 앞서 발표된 이른바 포괄적인 패키지 접근방법은 북한을 테이블로 돌아오게 돕도록 설계된 프로세스 재조정이었다. 한 번에 한 걸음씩 협상하는 대신, 양측은 모든 요구와 제안을 동시에 테이블에 올려놓았다.

김영삼 대통령은 클린턴과 새로운 협상 접근방법을 승인하는데 15분을 보낼 예정이었다. 그러나 김영삼 대통령은 서울에서의 정치적 어려움에 직면하고 마음을 바꾸었다. 회의는 한 시간을 넘겼고, "확실히 흥분한" 김영삼 대통령은 새로운 정책에 대해 클린턴을 몹시 꾸짖었다. 남한의 일부 언론은 '포괄적인 접근방법'이라는 용어를 미국이 남한을 완전히 배제하고 북한과의 관계를 정상화하는 결정으로 해석하였다. 김영삼 대통령으로서는 그것이 남한의 존엄에 대한 도전이며 동맹 약속의 손상이며 개인적으로 자신에 대한 모욕으로 보았다. 회의에 참석한 국가안보자문인 레이크는 비록 근본적인 개념은 동일하지만 즉각 새로운 이름인 '폭넓고 면밀한 접근방법'을 제안했다. 미국은 '남한에 대한 위로 수준을 높이는데' 노력을 배가하고, 후속 협상의 전제조건으로 남북대화를 계속 주장하기로 약속하였다. 고위관리는 새로운 접근방법을 언론에 간략히 설명하였다. 그러나 기자들의 질문에 대한 모호한 대답은 그들이 테이블에 내놓을 것이 무엇인지를 알지 못한다는 것을 명확히 했다.

미국 팀 내의 갈등

미국 정부는 근본적 목적에 대해 분열되어 있었다. 관계부처 간 논쟁은 다음과 같이 생각을 같이 하는 사람들로 명확히 나뉘어 있었다. ① IAEA 최고권위의 보전, ② 북한에서의 핵 노력을 폐쇄시키는 계획, ③ 한반도의 평화와 안전, ④ 정보 집단에 만연한 "무엇을 하든지 상관없다. 상대방을 신뢰할 수 없으므로 모든 협상은 무익하다." 정보기관들조차도 북한에 대해 나뉘어 있었다. CIA 와 DIA, 합동참보본부는 가장 비관적 평가를 주장하였고, 국무부의 정보조사국은 보다 중도의 견해를 조성했다. 중간 입장을 찾기 어렵게 만드는 견해의 범위가 정보 집단 내에 있었다. 위성사진으로부터 볼 수 있는 것 이상의 확실한 데이터의 결핍은, 우리가 무엇을 다루고 있는가를 정확히 평가하기 어렵게 했고, 의도적으로 다루고 있는 무엇이든지 우리에게 아무런 아이디어도 주지 못했다.

1994년은 불길하게 시작됐다. 국제사찰 팀을 북한으로 되돌아가게 한 1월 초

합의가 북한 핵시설에 대한 1회성 사찰만을 허용하는 것처럼 보여 미국 정부를 곤경에 빠트렸고, 합의는 곧 깨졌다. 허바드는 북한이 남북대화를 재개하고 IAEA 사찰을 허용토록 설득하기 위해 수차례 회의를 가졌다. 그러나 교착상태가 길어지면서, 미국에 대한 압박이 고조되고 있었다. 행정부의 희망과는 달리, 상원은 남한으로의 핵무기 재도입을 요구하는 결의문을 채택하였다. 럭 장군은 이미 한미 전투능력을 증강시키기 위해 패트리엇 대공미사일을 요청했다. 중국은 아마 이런 준비에 놀라서 막후에서 북한의 응낙을 재촉한 것으로 보고됐다. 아마 이런 조처에 용기를 잃어서, 북한은 교착상태를 종결시킬 방안을 제안하였다. 2월 25일의 거래는 작년 여름 이후 최대의 돌파구였다. 협상 팀이 웃으면서 '슈퍼 화요일'이라고 하는 3월 1일, 4단계의 결과가 동시에 일어났다. ① IAEA 사찰관이 북한에 재입국하고 사찰을 시작한다. ② 남한과 북한은 사절을 교환하기 위한 날을 정하기 위해 만난다. ③ 남한은 1994년 팀 스피리트를 취소한다. ④ 미국과 북한은 3차 고위 협상의 날을 발표한다. 슈퍼 화요일은 모든 것을 동시에 하고 그 때까지 사용해 온 개별 단계 방식으로부터 벗어나는 것이었다.

슈퍼 화요일은 처음에 실행될 수 있는 듯이 보였다. 미국과 북한은 다음 협상을 3월 21일로 정하고, IAEA는 사찰을 원상태로 복원시켰다. 그러나 패키지의 한부분이 여전히 정돈되지 않았다. IAEA 바퀴는 돌고 있지만, 다른 속도로 돌고 있는 북한의 바퀴가 있었다. 외형적으로 개선중인 미국과 북한 간 관계에 놀라서, 서울은 자신의 위치를 다시 강화했다. 만약 북미협상이 계속된다면, 한국은 김영삼 정부 앞에 머리 숙일 북한의 사절이 먼저 서울에 와야 한다고 주장했다. 그에 대한 대답으로, 북한은 자신의 의견을 양보하지 않고 "최악의 가능한 일을 하였다." 즉, IAEA의 최종 사찰을 중단시켰다.

행정부는 근본적인 전술적 입장을 재 정의하기 시작했다. 우리는 북한의 관점에서, 전체에 대해 모호함을 유지하는 것이 그들의 이익이 되는 것이라는 점을 마침내 인식하게 되었다. 만약 IAEA가 북한이 플루토늄을 전환하였다는 것을 알았다면, 미국은 국제사회를 집결시켜 제재를 가했을 것이다. 그러나 만약 IAEA가 전환과 폭탄 프로그램을 발견하지 못했다면, 가능한 미국의 반응은 '북한을 스크린 밖으로 내쫓고' 보다 절박한 관심사로 방향을 전환했을 것이다. 사실은 정책구조가 근본적으로 결함이 있었다. 그것은 세 개의 대등한 부분-미국과 북한의 협상, 북한과 IAEA의 협상, 남한과 북한의 협상－으로 구성된 하나의 정책이었다. 요점은 이 모든 세 부분이 어느 정도 동등하게 작동하고 앞으로 움직여야 한다는 것이다. 개념적으로, 어느 하나에 대한 진전은 다른 두 개를 향상시키는데 도움이 된다. 문제는 다른 식으로 작동했다는 것이었다. 셋 중의 하나가 작동을 안 하면, 다른 두 개가 움직이지 못한다. 각각이 얽혀 있어서 셋 중의 하나가 때맞추어 정해진 순간에 작동하지 않는다는 것은 필연적이었다.

오랫동안 회피해온 제재조치는 미국에게 위압적인 과제를 내포했다. 첫째는 북한을 더 멀리하거나 격분시키지 않고 강력한 메시지를 북한에 보내는 결의안을 만드는 것이었다. 우리는 그들을 협상 테이블로 돌아오게 할 제재로 갈 예정이었다. 결의는 중국의 승인을 얻어야 했고, 중국은 갈등 내내 제재에 반대해 왔거나 거부할 각오였다. 워싱턴과 북경의 관계는 클린턴이 인권 조건을 부과하지 않고 중국의 최혜국 지위를 갱신하면서 최근 개선되었다. 최혜국 지위를 부여한 후 대통령은 북한 갈등을 중재함에 있어 중국의 잠재적 유용성을 주목해 왔다. 그럼에도 불구하고, 행정부는 중국과 함께 하는 데는 신중한 접촉을 필요로 한다는 것을 알았다. 이러한 압박에 눌려서 올브라이트 대사는 결의안을 협상하기 시작했다. 첫 단계는 11월에 시작해서 과학과 문화 교류를 중지하고, UN의 기술지원(5년간 1,500만불 상당)을 중지시키고, 가장 의미심장한 것으로, 강제적인 무기봉쇄와 북한 입출의 화물 비행기에 대한 UN 사찰을 부과한다. 만약 북한이 응답하지 않는다면, 미국은 일본으로부터의 송금 중단과 중국의 협조에 의존한 기름봉쇄를 포함하여 더 많은 위력을 가진 두 번째 단계를 가시화할 것이다. 올브라이트는 결의안을 수 주 내에 투표할 수 있다고 경고했다. 미국은 중국의 참가 거부 외에도 극복해야 할 장애물이 많았다. 행정부 관리는 제재 결의안을 통과시킬 수 있다고 확신했다. 그러나 비평가들은 미국 주도의 접근방법에 대한 국제적 열의의 부족을 지적했다. 충분히 상의하지 못했다고 불평하는 러시아는 교착상태를 중재할 국제회의를 요청했다. 남한은 북한의 행동을 비난하면서 계속 흥분했다. 그러나 격렬한 저항의 결과를 두려워했다. 그리고 일본 또한 북한이 직접적인 보복을 위협한 후 지역적 봉쇄에 대한 지지에 있어 주저했다.

갈루치가 말하는 "제재 기계"가 앞으로 굴러가면서, 결의안이 촉진시킬 것으로 생각한 북한의 공격을 국방부가 대비하였다. 미국은 제재를 전쟁의 한 행위로

간주한다는 북한의 위협을 진지하게 받아들이고, 많은 분석가들은 북한이 48시간 이내에 대규모 공격을 개시할 수 있을 것으로 믿었다. 비록 군사 증강에 과도한 주의를 끌지 않으려고 했지만, 클린턴 행정부는 코브라 헬기를 더 우수한 아파치 공격헬기로 대체하고 많은 브래들리 전차를 배치하면서 가능한 공격을 위해 미군을 배치하기 시작했다. 한편, 서울에서의 걱정은 명백했다. 한국 증권시장이 이틀 사이에 25% 떨어졌다. 우리는 패트리엇 미사일을 수송해 왔다. 다른 무기들도 이동 중이었다. 군대를 움직일 수 있도록 인프라를 가동 중이었다. 우리가 전쟁을 향해 가고 있다고 실제 느끼는 사람들이 군부 내에 있었다.

카터가 타결을 이끌어냄

1994년 중반, 전임 대통령 지미 카터가 서울에 도착했다. 그의 방문은 그리 주목을 받지 못했다. 뉴스에서는 단지 카터의 북한방문이 핵문제를 해결하기 위한 노력의 일환으로 이루어진다고 지나가는 논평 정도로 다루었다. 카터가 클린턴 대통령에게, 북한이 그를 분쟁에 대한 중개자로 초청했다는 것을 이야기 했을 때 행정부 관리들의 반응은 막연한 기대감으로부터 공포에 대한 경고까지 다양하게 나타났다. 비록 카터의 방문 제안이 정부 대표가 아닌 건강, 인권 및 갈등해결과 같은 범세계적 이슈들을 다루는 것으로 알려졌지만 이러한 제안은 뜻밖이었다. 어려운 선택에 직면하여, 클린턴은 부통령인 엘 고어, 국방장관인 윌리엄 페리 그리고 갈루치의 부분적인 지지에 따라 카터의 평양방문을 미국 정부의 대표가 아니라, 시민 개인 자격으로 간다는 것을 명백한 조건으로 하여 승인하였다. 카터는 추가적인 브리핑을 위해 워싱턴에 도착했다.

6월 15일, 카터는 수행자와 CNN의 방송관계자를 동행하고 남에서 북으로 DMZ를 통과했다. 지미 카터의 방문이 어떠한 타결을 이끌어 내리라고 기대한 사람은 많지 않았다. 하지만 그곳의 상황은 단지 그가 존재하고 있다는 사실만으로도 타결로 인식하기에는 충분했다. 이것은 당연히 전임 대통령이라는 직위와, 과거 1976년 남한으로부터 미군을 철수하겠다는 선거공약과 관련이 있었다. 그들은 곧바로 핵문제와 함께 또 어떻게 하면 대치상태를 피할 것인가에 대한 협상을 시작했다.

카터는 협상 첫날 어떤 타결도 이끌어내지 못했다. 하지만 북한의 핵 프로그램을 동결하라는 카터의 압력에 대해, 김일성은 누구도 예상치 못한 제안을 했다. 김일성은 북한은 핵 프로그램을 중지하고, 만일 미국이 북한에 경수로를 지원하겠다고 약속한다면 영구적인 동결도 고려하고 있다고 했다.

김일성의 제안은 워싱턴의 행정부 관료들에게 충격으로 다가왔다. 카터는 북한이 핵 프로그램을 동결할 준비가 되어 있다고 선언했고, 그것을 발표하기 위해 CNN에 1분 정도 나설 것이라고 발표했다. 이렇게 민감한 외교 사안이 그토록 공개적인 방법으로 행해졌다는 경고와 함께 새롭고 덜 위험한 방책이 열렸다는 조심스런 낙관론도 있었다, 최고 공직자들이 TV 주변으로 모여들었다. 카터가 평양으로부터 생방송으로 나타났다. 기자들에게 김일성의 약속은 "매우 중요하고 긍정적인 진전"이라고 전했다. 북한 핵 프로그램의 확실한 동결에 부과하여 평양에 남아 있는 두 명의 IAEA 감시관을 쫓아내지 않을 것이며 NPT 규제에 응할 용의가 있다고 발표했다. 우리 중 몇 명은 동결과 관련해 어떤 것을 수용할 수 있을지에 대한 발표의 초안을 만들기 시작했다.

행정부가 장벽을 높이다

협상테이블로 돌아갈 정당성을 확보하고 미국의 목표에 다가서기 위해, 클린턴 대통령은 북한이 미국과 다시 대화하기 위해 무엇을 해야 하는지에 대해 수위를 높였다. 사실 갈루치는 북한과의 갈등이 새로운 차원으로 접어들었다고 보았다. 이미 과거에 실패한 바와 같이 NPT에 대한 북한의 대응에 초점을 맞추기보다는 북한 핵 프로그램의 영구적인 해체와 함께 즉각적이고 영구적인 동결을 요구했다. 협상의 폭은 시작부터 상당히 좁았다. 그것은 일종의 전통적인 악한과의 확산방지협상이었다. 그날 밤 백악관의 뉴스센터에서는 클린턴 대통령이, '만일 오늘의 진전이 대화가 계속 진행되는 가운데, 북한이 진정으로 입증 가능하게 핵 프로그램 동결에 대한 준비가 되어 있다면 우리는 고위급 회담을 할 용의가 있다'고 발표했다. 갈루치는 북한의 외교부 차관인 강석주에게 서신을 보내서, 만일 북한이 핵 프로그램의 종결을 확신한다면 대화를 재개하자는 제안을 하였다. 긍정적이고 예상치 못했던 협조적 반응이 있은 후 클린턴은 미국이 다음 달 대화를 재개하겠다고 발표했다. 한반도를 떠나기 전, 카터는 한국인이 고려했던 또 다른 타결을 얻어내게 된다. 그것은 남・북 지도자가 처음으로 만나는 것에

합의한 것이다.

세 번째 회담에서 갈루치는 낙관적으로 생각하였다. 평양의 핵 프로그램을 동결하는 것은 싸워볼 만한 목표였다. 더욱이 카터의 방문 전에 미국의 강한 외교적·군사적 반응은 강인함과 결심을 입증하였고 그에게 힘을 실어주었다. 대통령은 다른 방법을 생각하지 않을 것이고 북한은 그 점을 알아야 했다. 우리는 더 좋게 협상에 임하고 있었다. 그러나 1994년 7월 8일, 미국과 북한의 대표가 제네바에서 세 번째 협상을 시작했을 때 김일성이 심장발작으로 82세의 나이로 죽는 일이 발생했다.

미국은 김일성의 죽음이 협상을 잘못되게 하고 북한이 그의 리더십이 없는 상태에서 경직된 상태로 돌아갈 것을 걱정했다. 그러나 북한대표가 서둘러 회담일정을 다시 잡고 8월 5일에 다시 양측이 만났을 때 북한의 입장에 분명한 부드러운 변화가 있었다. 북한대표는 더 이상 IAEA의 일상적인 사찰을 방해하지 않겠다고 했다. 또한 협상대표 강석주는 남한에서 미군의 철수를 요구하는데 시간을 낭비하지 않았다. 북한은 협상할 진정한 의지를 보여주었다. 미국은 북한의 핵 프로그램을 동결하기 위한 교환조건으로 경수로 제공이라는 큰 이슈를 다룰 준비가 되었지만, 갈루치가 협상 테이블에 가져온 것은 전보다 어려운 것이었다. 시작부터 협상을 방해하는 요구를 포함했다. 남북회담의 진전과 남북의 비핵화 협정의 완전한 이행에 따라 특별사찰은 명백한 목표였다. 동결의 일부로서 미국은 8천개 연료봉의 즉각적인 제거와 핵 프로그램의 폐기 등 좀 더 많은 것을 원했다. 10월 중순에 북한은 중요한 양보를 하였다. 모든 이전 협상에서 북한은 혐의가 있는 핵폐기물 장소에 대한 접근을 거절하였었다. 그러나 갑자기 강 대표의 말이 바뀌었다. “우리는 경수로의 적절한 비율을 얻기 전에는 이렇게 어려운 것을 할 수 없다.” 칼린은 그 시점에 시계를 보았다. 그리고 노트북에 적었다. ‘우리는 협상에 이겼다.’ 그들은 원칙을 버렸다.

거래가 되다

워싱턴의 조심스러운 승인 하에 갈루치와 강석주는 마침내 타협안을 만들었다. 평양은 미국의 양보로 (핵)폐기물의 비밀을 경수로 프로젝트가 잘 진행 될 때까지 유지할 수 있었다. 그러나 북한 또한 양보했다. 경수로의 핵 구조물이 들어오기 전에, 아마도 약 5년 이내에, 특별사찰을 포함해서 IAEA 세이프가드 협정에 맞추기로 하였다. 이 이슈가 마침내 해결되면서 남북관계는 가장 큰 잠재적 장애이자 마지막 중요한 협상 지점으로 남아있었다. 미국이 남북대화를 요구했을 때 "누군가 자동온도 조절장치를 끈 것 같았다."고 칼린은 회상한다. 악의에 불타는 협상의 마지막 문구는 북한이 남북 비핵화 협정을 이행하는 것과 이 협정의 틀이 대화를 증진하는 계기가 될 것임을 증명하기 위해 남한과 대화 할 것을 요구했다. 부시 행정부의 관리에 따르면, 그 동안 남한은 각각의 협상 다음 회의에서, 합의된 협정을 공개적으로 비판하면서 "결코 기쁘게 할 수 없는 전통적인 동맹국"처럼 행동하였다. 공식적으로 우리는 남한정부와 회담을 가졌다. 우리는 남한이 협정문의 지지자가 되지 않을 것임을 알만큼 충분히 성숙해야 했다.

미국과 북한이 10월 21일에 서명한 최종 합의된 협정문은 조각난 협상의 16개월을 덮었다. 클린턴에 의해 미국, 동맹국, 전 세계의 안보를 위해 유익하다고 평가받은 협정문은 6개의 주요 조항으로 이루어졌다.

1. 북한은 IAEA의 감독 하에 전체 가스－흑연 핵 프로그램인 5MWe 원자로, 연료가공시설, 건설 중인 2개의 더 큰 원자로, 플루토늄 재처리 시설을 지체없이 폐쇄하고 폐기한다.
2. 미국은 국제 컨소시엄에 의해 2개의 1,000MW 경수로의 건설을 감독한다.
3. 첫 번째 경수로를 위한 민감한 핵 구조물이 도착하기 전에, 북한은 특별사찰을 포함한 IAEA가 필요로 하는 사찰을 승인한다.
4. 핵 구조물이 도착하기 시작할 때, 북한은 8천개의 연료봉을 선적하기 시작한다.
5. 북한의 폐쇄된 원자로로부터 손실된 에너지를 보상하기 위해 미국은 약 5백만불의 비용으로 중유 5만톤을 공급한다. 이후 더 큰 원자로를 대체하기 위한 중유는 국제컨소시엄의 지원 하에 매년 50만톤으로 증가한다.
6. 미국과 북한은 점차적으로 경제와 외교관계를 정상화한다. 핵과 다른 이슈의 진전에 따라 각각의 수도에 연락소를 둔다.

몇 가지 측면에서, 최종 협정문은 북한이 전에 제안한 것과 1993년 경수로를 요구한 강석주의 당초 요구와 비슷하다. 미국이 더 일찍 타협했어야 한다고 믿는 일부 비평가는 전체 분쟁이 1년 일찍 해결될 수 있었다고 비판한다. 그러나 미국의 협상가는 정치적 환경이 허락하지 않았을 것이라고 주장하면서 동의하지 않는다. "93년에 할 수 있었다고 생각하지 않는다. 왜냐하면 우리의 양보에 대한 지지를 만들 수 있다고 생각하지 않기 때문이다." 또한, 양보는 한 측면이다. 갈루치가 지적하듯이, 제재에 대한 준비, 전쟁 대비, 계속되는 협상 압력이 없었다면 평양은 NPT의 요구를 넘지 않았을 것이다. 워싱턴의 비확산 목적에도 굴복하지 않았을 것이다.

협정문의 비평은 수많은 형태로 북한이 협정을 따르지 않을 것이라는 회의주의에 의해 지지된다. 핵확산방지조약의 힘과 신뢰의 영향은 불분명하다. 아놀드 캔터에 따르면 협상에 직접적 관여가 없었던 일부 유럽 동맹국은 미국이 불평등하게 세계 핵확산방지 체제에 치명상을 입힌 협상을 승인했다고 비판한다. IAEA는 협정을 지지했지만 일부 대표는 북한의 이행을 위한 시차가 있는 일정을 싫어한다. 더욱이 이란과 이라크 같은 나라는 북한에 대한 특별한 대우를 불평한다. 북한에 석유를 공급하는 것은, 그러한 도움이 체제를 버티게 할 것이라는 주장을 촉발한다. 북한이 더 많은 전기를 생산할 수 있는 핵 원자로를 공급받을 뿐만 아니라 매년 중유의 공급은 자본과 자원이 부족한 나라에 중요한 원조가 될 것이다. 분명히 좋지 않은 정부의 붕괴를 연장하고 있다. 그러나 이렇게 함으로써 한반도 평화와 더 평화로운 통일에 기여할 수 있다. 사실 북한정부가 붕괴한다면 남한은 큰 비용을 치룰 것이다. 북한의 급속한 붕괴는 남한 경제를 힘들게 할 것이다. 그들은 그것을 안다. 협정문의 서명은 협상 탐험의 끝을 표시하지만, 협정은 실행과 관계의 정상화를 위한 첫 단계를 설정한다.

2. 협상과정의 평가

Michael Watkins & Susan Rosegrant(2001)는 북－미 간 핵협상 사례에서 협상의 과정에 대해 다음과 같이 요소별로 구분하여 평가한다.[124]

---

124) Watkins, M. and Rosegrant, S. Breakthrough international negotiation: how great negotiators

- **구조의 평가** : 협상에 누가 참가하고, 이슈가 무엇이며, 다른 협상과의 연계가 존재하는가의 구조가 협상의 과정과 결과에 영향을 미친다. 잘못된 상대방과 협상하거나, 안건의 범위가 너무 좁거나, 의사소통의 채널이 잘못된 경우들이 여기에 해당된다.
- **전략의 평가** : 협상가들의 이해관계 추구를 위한 합리적 전략들이, 자신들의 진실한 이해관계를 공개할 수 없는 딜레마로 상호작용하면서 협상의 과정과 결과에 영향을 미친다.
- **심리적 영향의 평가** : 협상가들의 인식과 판단의 편견이 협상의 과정과 결과에 영향을 미친다. 예를 들어, 불확실한 상황에서 자신들이 이길 수 있다고 과신하거나, 심한 갈등상황에서 상대방을 적으로 비방하는 것 등이다.
- **국내제도의 평가** : 협상을 혼란스럽게 하는 국내정치 또는 조직의 역동성이 협상의 과정과 결과에 영향을 미친다. 협상 대표는 국내의 정치적 차이 때문에 최소한의 공통분모 입장에서만 제안하도록 제약될 수 있다.
- **문화적 영향의 평가** : 의사소통 스타일이나, 규범, 신념, 이념과 같은 문화적 차이가 협상의 과정과 결과에 영향을 미친다.

이런 영향 요소의 범주들 사이의 구분은 완전하게 분명하지는 않다. 다양한 형태의 요소들이 상호작용하고 서로를 강화한다. 빈약한 의사소통 채널이 상대방에게 정보를 공개하는 위험에 대한 인식을 증가시키고, 그것이 상대방을 의심하는데 기여할 수 있다. 이런 형태의 영향 요소들은 협상에서 폭넓게 발생한다. 그들을 주의 깊게 진단함으로서, 협상의 장애물을 극복하는 전략을 개발할 수 있다.

1) 구조의 평가

협상의 구조가 협상의 이해관계를 진전시키는데 영향을 미친다. 방어연합이 반대의 합의를 만들 수 있고, 빈약한 의사소통 채널이 오해를 낳을 수 있다. 참가자들, 이슈들, 이해관계, 대안, 연계와 같은 협상구조의 차원들이 합의의 장애물로 부상할 수 있다.[125)]

---

transformed the world's toughest post-Cold War conflicts. CA: San Francisco: Jossey-Bass, 2001. pp. 56-100의 수정 편집임.

사례에서는 협상당사자 간의 의사소통이 원활하지 못했다. 한국전 이래 미국은 북한과의 접촉을 엄격히 제한해 왔으며, 미국 외교관들은 북한과의 접촉이, 가치가 없는 북한에게 베푸는 양보로 인식하였다. 협상의 이슈(특별사찰)도 상호 양립 할 수 없는 입장에 갇힘으로서 합의가능영역이 존재하지 않았다. 또한 북한과 미국, 남한, IAEA의 연계된 협상이 상호 제약요인이 됨으로서 문제해결을 더욱 복잡하게 만들었다. 이런 구조적 요소들은 <표 9-1>과 같이 구조를 재구성함으로서 극복할 수 있다.

〈표 9-1〉 협상구조의 재구성

구조의 현상	구조의 변경
잘못된 참가자가 협상테이블에 있다.	반대자는 제거하고 지지자는 포함시킨다.
참가자가 너무 많다. 방어연합이 형성되었다.	대표를 뽑아서 참가자의 수를 줄인다. 가장 약한 연결을 끊어서 아군으로 만든다.
참가자 간 의사소통의 채널이 약하다.	제3자를 포함해서 새로운 채널을 만든다.
안건의 폭이 너무 좁거나 너무 넓다.	이슈의 안건을 조정 한다.
협상되는 이슈의 순서가 불리하다.	이슈의 순서를 변경 한다.
참가자가 양립할 수 없는 입장에 갇혀있다.	이해관계에 집중하고, 파이를 확대 한다.
합의가능영역이 없다.	협상테이블 밖에서 대안을 조정 한다.
다른 협상과의 연계가 제약요인이다.	협상이 유연해질 수 있도록 연계를 끊거나, 협상력을 키우는 다른 연계를 만든다.
마감시간 같은 조건이 유연성을 제한 한다.	제약조건을 느슨하게 하는 방법을 찾는다.
합의를 위한 시간적 압박이 없다.	행동을 강제하는 조건을 만든다.

사례에서는, 북한의 요청으로 지미 카터가 교착된 협상의 중개인으로 개입하게 되었다. 이 상황의 타이밍은 미국이 할 수 있는 모든 노력 즉, 북한과의 대화, UN 안보리의 제재, 전쟁의 준비 등이 모두 사용된 때이다. 이제 양측 모두 갈등완화의 노력이 절실히 요구되는 시점이 성숙된 것이다. 비록 그 이전에도 북한으로부터 갈등완화의 신호가 있기는 했지만, 미국은 북한이 그동안의 협상과정에서 보여준 불성실한 약속의 파기로 인하여 그것을 진실한 제안이라고 보지 않았

125) Sebenius, J. K. "Dealing with Blocking Coalitions and Related Barriers to Agreement: Lessons from Negotiations on the Oceans, the Ozone, and the Climate." In K. Arrow, R H. Mnookin, L. Ross, A. Tversky, and R. Wilson (eds.), Barriers to Conflict Resolution. New York: Norton, 1995.

다. 카터의 개입은, 김일성이 보증하는 북한의 돌이킬 수 없는 약속과, 미국의 체면을 살리면서 기존의 입장에서 물러서게 하는, 상호양보와 상호이익이 공존하는 결과를 도출하였다.

2) 전략의 평가

전략의 문제점은 이해관계를 증진시키려는 협상가들의 합리적인 노력이 유해한 방법으로 상호작용할 때 발생한다.126) 이런 형태의 장애물은 합의가능영역의 크기에 대한 불확실성이 지배할 때나, 참가자들이 서로의 의도를 확인할 수 없을 때, 그리고 참가자 간의 의사소통이 빈약할 때 증폭된다.

미국이나 IAEA가 요구하는 특별사찰은 NPT에 가입한 국가라면 누구에게나 동일하게 요구되는 정당한 사항이지만, [그림 9-1]과 같이 북한의 입장에서 특별사찰을 수용할 경우, 만약 핵무기 개발이 드러난다면, 국제사회로부터의 압력과 제재가 불가피하고 협상력은 급격히 약해질 것이며, 만약 핵무기 개발이 사실이 아니라면, 미국으로부터의 관심은 멀어지고 내부적인 결속력은 급격히 약화될 것이다. 어느 경우에도 북한으로서는 바람직한 상황이 아니기 때문에 결정의 순간이 오기까지는, 계속 모호성을 유지하면서 파이를 키우는 것이 유리하다. 이런 상황에서 협상가들은 자신을 위해 합리적인 전략적 선택을 하지만, 그럼에도 불구하고 경쟁으로 치우쳐서 위협이나 부정적 언약, 최후통첩과 같은 투쟁적 전술을 사용하게 되고 갈등은 급격하게 확대된다. 그리고 갈등이 확대될 때, 자폐적 적대감이나 자기충족의 예언, 의도하지 않은 언약과 같은 심리적 과정을 통해서 갈등이 계속된다.

- ➢ **자폐적 적대감** : 상대방과의 접촉이나 의사소통을 끊게 되고 그 결과로 갈등이 오해나 잘못된 판단일 수 있다는 것을 알 기회가 없고, 만약 상대방이 더 좋은 상태로 변했을지라도 그것을 알 수 없기 때문에 적대감은 계속된다.
- ➢ **자기충족의 예언** : 상대방이 당신에게 해로운 무엇인가를 했거나 하려고 준비하고 있다는 잘못된 가정 때문에 상대방에게 적대적인 행동을 하는 것이다. 잘못된 가정은 당신을 적대적인 행동으로 이끌고, 그것이 상대방을

126) Sebenius, J. K., 1995.

적대적인 태도로 반응하게 할 때 사실이 된다. 이런 갈등확대의 역동성이 양측 모두에게 자기충족의 예언을 강화하게 한다. 그 결과로, 양측은 상대방이 문제를 일으키는 신뢰할 수 없고 악의적인 사람이라고 생각한 것이 옳게 되는 것이다.

➢ **의도하지 않은 언약** : 갈등이 확대되는 동안에 당사자들은 완고한 입장에 과도하게 언급하고 부정적인 태도나 인식, 믿음, 상대방의 예상되는 공격에 대한 방어를 의도하지 않게 언급하게 된다. 일방은 상대방이 자신의 이익만을 취하려 하는 사악한 적이라는 관점을 언급할 수 있다. 그래서 자신은 계속 주의를 기울여야 하고 상대방이 취하는 위험에 대한 준비를 해야 된다고 확신한다. 그리고 상대방을 공격함은 물론 자신을 방어하는 수단에 투자하게 된다. 갈등을 길게 끌고 난 후에는, 당사자들은 유감을 포기하거나, 무장을 해제하거나, 감정을 해소하기 어렵다.

[그림 9-1] 전략적 장애물

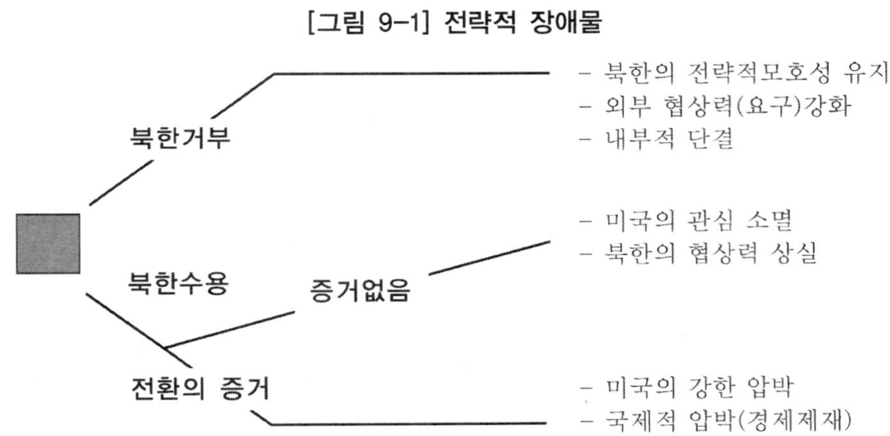

전략적인 문제점은 또한 상대방이 합의를 폐기하거나 재협상하려는 의도를 가지고 있다고 믿을 때에도 발생하며, 이런 믿음은 합의를 방해할 수도 있다. 미래의 이행이 모호하거나 불확실할 때 합의의 안정성에 대한 의문을 관리하기는 더 어렵다. 이렇게 서로 신뢰하지 못하고 관계가 취약할 때 당사자들이 자신감을 가지고 협상할 수 있는 협력적인 방법은 다음과 같은 안전판을 구축하는 것이다.

➢ **관리체제의 확인** : 서로의 행동을 투명하게 관찰할 수 있는 체제를 갖춘다.

➢ **상호억제** : 약속을 어길 경우 엄격히 보복한다는 상호 신뢰할 수 있는 언약을 한다.

➢ **점진주의** : 상호 확인할 수 있는 연속성 있는 작은 단계로 진행하면서 최종게임효과를 피한다. 현재의 의무를 준수하면서 미래의 잠정적 수익을 만들어간다.

➢ **제3의 보증인채택** : 외부의 권위 있는 제3자를 합의의 보증인으로 채택한다.

3) 심리적 영향의 평가

미국의 협상가들이 북한을 다루면서 사용한 잘 다듬어진 인지모델은 분명히 합의의 장애물로 작용했다. 예를 들어, 미국의 의사결정자들은 그들의 협상입장에서 남북한 간의 대화를 계속 포함시켰는데, 그것은 미국의 과거 역사적 기억의 한 부분이었기 때문이다. 또한 한반도에서의 쓰라린 갈등의 역사는 상대방의 행동에 대해 명백히 회의적인 견해를 가지게 하였다. 북한의 협상 전술은 서방 관찰자들에게는, 한없는 시간 끌기, 사기, 마지못한 양보 등으로 특징 지워졌으며, 그것은 미국의 협상가들에게 방어적인 전술을 채택하도록 하였다. 북한도 미국에 대해 부정적인 믿음을 가지고 있었으므로, 양측은 당근보다는 채찍을 선호하는 악순환에 빠졌다. 북한이 1993년 중반 제네바에서 제안한 경수로와 흑연감속 원자로의 교환 조건은 전통적인 반응적 가치절하의 벽에 부딪혀서, 북한이 핵무기를 추구하기 위해 고안한 시간끌기 전술로 미국에 의해 비난 받았다.

인식과 해석의 편견은 갈등을 더욱 심화시킨다.[127] 인식은 복잡한 물리적, 심리적 과정이다. 그것은 과정을 심사하고 선택하며 자극을 해석해서 개인에게 의미를 부여하는 것으로 정의된다.[128] 인식은 의미 만들기 과정이다. 사람들은 자신의 환경을 해석해서 적절하게 반응할 수 있다. 환경은 전형적으로 복잡해서 크기나 모양, 색깔, 결 등 각각 다른 속성을 지닌 다양한 자극을 제공한다. 이런 복잡성이 가능한 모든 정보의 처리를 불가능하게 만들어서 인식은 선택적이 되고

---

127) Ross, L. and Ward, A. "Psychological Barriers to Dispute Resolution," Advances in Experimental Social Psychology, 27, 1995, pp.255-304.

128) Steers, R. M., Introduction to organizational behavior, 2nd ed. Glenview, IL: Scott Foresman, 1984.

어떤 자극은 조율이 되고 어떤 것은 조율되지 않는다. 결과적으로 사람들이 더 손쉽게 정보를 처리하도록 하는 인지모델이 생기지만, 불행하게도 이것은 정확도를 손상시켜서 인식의 왜곡을 발생시킨다. 인식의 왜곡은 협상과정의 여러 면에 영향을 미칠 수 있고 일단 자리를 잡으면 오래 지속될 수 있다. 사람들이 매우 복잡한 환경과 상황을 이해하려고 사용하는 것이 인식의 지름길인데, 불행하게도 이런 인식의 오류는 사람들이 알지 못하는 사이에 발생하고, 불행한 결과를 초래할 수 있다. 예를 들어, 왜곡이 상대방에 대한 기대에 영향을 미치고, 자신의 입장에 협력하거나 양보하려는 의지와 같은 가정을 만든다. 이 가정은 또한 협상의 초기에 협상가에게 경쟁적이고 방어적인 가정을 야기할 수도 있다. 그래서 만약 최초의 가정이 잘못된다면, 협상가들은 그들의 결과를 뒤집을 수 없다. 그 때에 협상가들은 상대방이 처음부터 경쟁적이라고 해석할 수 있고, 상대방의 방어적인 자세를 공격적이고 적대적인 것으로 판단하는 입장에 놓인다.

적대적인 갈등의 경험이 갈등을 스스로 버티도록 분쟁당사자의 인식을 바꾸어 놓는다.[129] 경쟁자들은 서로를 향한 태도에서 바꿀 수 없는 감정적 연상과 기대의 심리적 잔재를 축적한다.[130] 상황과 상대방의 행동에 대한 그들의 인식은 나중에 당파적 인식(Partisan Perception)으로 형성된다. 이런 상황에서 갈등은 단순한 자기방어에서 상대방에게 상처를 주는 방향으로 목표를 전환하거나, 일방의 진정한 제안이나 양보를 반응적으로 평가절하 하는 등 일반적인 인식의 왜곡을 발생시킨다. 이런 문제는 오랫동안 적대적 관계를 지닌 노사 간이나 민족 집단 같은 집단 간에 가장 첨예할 수 있다. 집단 간에 공개적인 갈등이 발생할 때, 양측에서 내부적 응집력이 증대되는 추가적인 심리적 전환인 집단사고(Groupthink)가 발생한다. 양측에서는, "우리"는 진실과 정의를 대변하며, 단지 안전과 자존을 요구하고, 도발에 합리적으로 반응하는 반면, "그들"은 반인륜적이고 천하며 사악하다는 세계관을 갖게 된다. 이런 태도가 접촉을 피하게 하고, 어떠한 의사소통도 양보로 취급되게 한다. 온건한 리더는 더 급진적인 조치를 취하도록 강요받는다.

---

129) Robinson, R. J., "Errors in Social Judgment: Implications for Negotiation and Conflict Resolution, Part 1 and 2," Harvard Business School Notes 897-103 and 897-104, 1997.

130) Rubin, J. Z., Pruitt, D. G. and Kim, S. H., Social Conflict: Escalation, Stalemate, and Settlement. New York: McGraw-Hill, 1994.

4) 제도의 평가

효과적인 협상 팀은 내부적으로 조직되고 협상과정에서 충분한 자원을 사용하도록 권한이 주어져야 한다. 대표는 협상의 합의를 위해 힘든 작업을 준비해야 하며, 의뢰인을 대신해 약속을 하기 위한 권한을 가져야 한다. 관심을 집중하지 못하거나, 우선순위가 경합하거나, 내부의 분열은 모두 합의를 방해한다. 클린턴 행정부의 입장에서 북한의 상황은 여러 가지 외교 이슈들 중의 하나였다. 소말리아와 보스니아에서 위기에 직면하고 있었기 때문에 고위층의 관심에서 멀어졌고 악순환의 고리가 형성됐다. 더 근본적인 문제는 클린턴 행정부는 팀으로서 효과적으로 기능하는데 필요한 집단적인 학습이 부족했다.

집단이나 기업, 국가 같은 조직들 간의 협상에서 국내정치와 제도의 요소가 합의에 대한 장애물로 작용할 수 있다.[131] 격렬한 갈등에서 협상의 합의를 향한 온건파의 움직임은 강경파에 의해 강하게 저지된다. 타결에 반대하는 측은 협상을 옹호하는 자들이 다 팔아버린다고 단언한다. 그들은 또한 타협을 방해하도록 국내정치의 소란을 조장한다. 따라서 리더는 외부적으로 협상하는 동안 내부적으로 합의에 대한 지지를 얻기 위해서 열심히 노력해야 한다. 이런 형태의 국내정치의 역동성은 국제외교 협상을 복잡하게 한다. 이런 현상은 기업들의 합병 협상에서도 발생하고 노사 간의 분쟁에서도 발생한다.

모순적으로, 양측의 방해자들은 협상을 손상시키려고 서로의 노력을 강화한다. 예를 들어, 지역 분쟁에서 일방의 극단주의자들은 상대방에 대한 테러공격을 감행한다. 그 공격은 공격받은 측의 온건한 리더에게 완강하게 대응하라는 압력으로 작용한다. 이 온건한 리더는 정치적 손상을 피하려고 상대방 리더에게 공격을 시도한 극단주의자들을 처벌하라고 요구하며, 이 요구는 상대방의 리더를 끔찍한 입장에 처하게 한다. 만약 요구를 수용하면, 약하게 보여서 내부적 신뢰를 상실하게 되고, 거부하면 협상타결을 반대하는 측의 세력이 강화된다. 이것은 악순환을 초래할 가능성이 많다. 제도적 장애물을 극복하기 위해서는 강력한 리더십이나 연합이 필요하지만, 그밖에도 합의를 기정사실화하는 비밀외교나, 단계별로 국내 정치과정을 진전시킬 수 있는 다단계 협상과정과 같은 기법이 사용될 수 있다.

---

131) Putnam, R. D., "Diplomacy and Domestic Politics: The Logic of Two-Level Games." International Organization, 42, 1988, pp.427-460.

5) 문화적 영향의 평가

북－미 간 협상에서 양측은 매우 다른 문화적 가정을 구체화 하였다. 정치적으로는, 다원론적 민주주의와 중앙집권적 권위주의 사이의 갈등이었다. 경제적으로는, 세계적 자유시장경제와 사회주의적 주체 사이의 충돌이었다.

문화는 구성원들이 인정하는 가정의 토대가 되는 표면 밑을 이해해야 한다. 협상가에게 가장 관계있는 문화적 가정은 힘과 가치를 포함하고 있는 것들이다. 힘에 대한 핵심 의문은 누가 정당하게 권한을 행사하고 의사결정을 하는가이다. 어떤 문화에서는 나이와 경험, 강함에 복종하고, 다른 문화에서는 공식적인 선출이나 전문성의 축적에 힘이 주어진다. 문화에 따라서는, 협상대표에게 실질적인 권한과 유연성이 주어지거나, 또는 단지 전령에 불과하다. 가치에 관해서는, 각자가 무엇에 사회적 가치를 부여하는가이다. 만약 양측의 가치와 힘에 대한 가정이 심하게 다르다면, 그들의 내부 의사결정과정은 다를 것이고, 이 차이가 협상테이블에서 오해와 엇갈림을 유도할 수 있다.

문화는 의사소통과 의사결정에 관해 독특한 패턴을 가지고 있다. 그래서 문화의 여과기를 통해 상대방의 세계관을 이해하고 국가의 문화가 양파의 한 표피에 불과하다는 것을 인지하는 것이 중요하다. 협상가 개인의 행동은 또한 그 자신의 전문적인 훈련과 그가 속한 하위문화와 조직이 가진 독특한 문화에 영향을 받는다. 궁극적인 목표는 당신과 상대방이 이해할 수 있는 대화의 과정을 확실하게 만드는 것이다. 이것을 달성하기 위해서 상대방 문화의 모든 미묘한 특징을 이해할 필요는 없다.

문화의 또 다른 창은 실제로 협상되는 것과 협상이 이루어지는 과정에 대한 문화적 차이의 영향이다. 협상될 수 있는 것과 합의의 구속력에 대한 관점이 매우 다르다. 어떤 문화는 이슈에 더 많이 집중하고, 다른 문화는 관계를 수립하는 것에 더 집중한다. 과정적 조건에서, 시간에 대한 다른 태도와 표현의 형태가 효과적인 의사소통을 어렵게 할 수 있다. 사회학자들이 구분하는 두 개의 큰 문화적 범주는 집단주의와 개인주의이다. 집단주의 문화는 집단의 조화와 합의를 개인주의 문화보다 더 강조한다. 집단주의 문화의 구성원은 전체의 이익을 위해서 개인적인 이익을 희생할 준비가 개인주의자들보다 더 되어있다.

문화적 차이에 대한 진단과 주의

협상가들은 문화적 차이가 협상에 어떻게 영향을 미치는지를 예측하고 주의해야 한다. <표 9-2>의 진단적 질문들이 문화적 가정을 탐구하는데 도움이 될 수 있다. 문화를 다루는 여러 가지 요소들에 시선을 집중하면서, 다음의 사항들에 추가적으로 주의해야 한다.

- **고정관념(Stereotyping)** : 문화적 분석으로부터 나오는 일반화는 가르치는 가정이 아니라, 시험된 가정이다. 그것은 선택적 인식으로 믿음을 갖는 자기만족의 예언으로 흘러가기 쉽다.
- **하위문화(Subcultures)** : 국가적 문화는 협상가 행동에 관한 문화적 영향의 한 표피에 불과하다. 협상 대표는 또한 가족, 사회적 계층, 종교, 전문가, 조직으로 정의되는 특정의 하위문화에 속해 있다. 따라서 상대방 문화의 전반적인 영향력을 조사하는 것이 가치가 있다.
- **정교함(Sophistication)** : 복잡한 협상을 대표하는 개인은 다른 문화를 다루는데 경험이 있거나 가끔은 아주 정교하다. 따라서 그들은 관계나 이성에 대하여 다른 문화를 다룰 때 전략적일 수 있다.
- **표준(Standard)** : 내부에 적용되는 문화적 표준이 외부에는 적용되지 않을 수 있다. 심지어 한쪽에서는 문명적으로 다루는 것이 적절하고, 다른 쪽에서는 야만적으로 다루는 것이 적절할 때도 있다.
- **자아인식(Self-awareness)** : 만약 자기 자신의 문화에 대하여 자아인식이 없다면, 문화적 실수의 예방을 기대하기는 어렵다. 문화적 자아인식을 추구하는 것이 문화적 차이의 영향을 존중하는 첫 걸음이다.

〈표 9-2〉 문화적 영향의 진단

힘	• 어떤 종류의 사람이 상대방의 대표로 선택될 것인가? • 내부 의사결정이 합의에 의하는가, 권위의 실행에 의하는가? • "체면"이 얼마나 중요한가?
가치	• 문화가 집단주의인가 개인주의인가? • 관계가 얼마나 큰 비중을 차지하는가? • 합의된 조건을 실행하도록 사람을 설득하는 것은 무엇인가? 평판 / 두려움? • 무엇이 공격을 유발하는가?
실질	• 무엇이 협상될 수 있고, 무엇은 안 되는가? • 어떤 종류의 합의가 구속력이 있는가? • 합의는 서면으로 작성되는가, 혹은 비공식적인가?
과정	• 협상에서 수용되는 움직임은 무엇인가? • 의례와 형식이 얼마나 중요한가? • 의사소통이 직접적인가 간접적인가? • "yes"가 의미하는 것이 무엇이고, "no"가 의미하는 것이 무엇인가? • 비언어적 신호가 얼마나 중요한가? • 진실을 말하는 것에 관한 규범이 무엇인가? • 실행에 관해 어떤 분쟁이 있는가?

문화적 차이를 축소하는 최선의 방법은 상대방의 문화를 배우는 것이다. 언어가 생각의 모습을 정하므로, 언어를 이해하는 것이 문화적 집단의 기본적인 세계관을 이해하는데 크게 기여한다. 다음으로는, 스스로 상대방의 역사, 지리, 정치를 배우고, 문화에 관한 해설을 읽으면서 그 문화와 친숙해지는 것이다.

3. 협상결과의 평가

북-미간 핵 협상의 결과를 평가하기 위해서 초점을 맞추고 있는 분야는, 모두 약간은 집단적 성공, 협력의 확립이나 공동수익의 생산, 개인적 성공, 누군가의 이해관계에 우호적인 해결책의 달성 중 어느 성공의 개념과 관련될 수 있다. 여기서는 협상의 성공적인 결과로 요구되는 합의의 유무, 효율성, 안정성, 분배의 공정성에 관하여 검토하고자 한다.[132)]

협상의 성공적인 결과에 관하여 요구되는 첫 번째 요건은, 정형화된 계약(조

132) Underdal, A., "The Outcomes of Negotiation" In Kremenyuk, V. A. (ed) *International Negotiation: Analysis, Approaches, Issues. 2nd Ed.*, San Francisco: Jossey-Bass, 2002, pp.110-125의 요약 편집임.

약, 협정)이나 최소한 서로 인식하는 암묵적 약속의 교환이다. 이것은 자주 “조건부 약속의 교환”이라는 의미의 합의로 사용되곤 한다(Ikle, 1964).[133] 그러나 합의는 또한 “마음의 만남”과 관련될 수도 있다. 우리는 당사자들이 어떤 특별한 문제에 관해서 동일한 결론에 도달하는 경우, 합의한다고 말한다. 어떤 최소한의 마음의 만남이 계약의 성립에 요구되는 한에서는 합의의 두 가지 의미가 연관성이 있다. 협상의 공식적인 목적은 상호적인 약속을 만드는 것이지만, 마음의 만남은 협상보다는 진실한 논쟁의 성격으로 추정된다. 협상가에게, 후자의 관점에서의 합의는 그것이 어떤 종류의 계약을 만들거나 실행하는데 필요한 조건이 될 수 있다. 계약에 의한 합의는 최소한 3가지 면에서 부분적일 수 있다. 그것은 모호하며 피상적일 수 있고, 단지 몇 항목의 안건 만을 포함할 수 있으며, 그리고 단지 개입된 참가자의 일부만이 서명할 수도 있다. 그래서 성공은 정도의 문제이며, 마음의 만남이 중요해 진다.

북－미간 핵 협상에서, 카터가 중개자로 개입하기 전 까지는, 협상이 치킨게임의 막바지로 치닫고 있었으며, 다행이 카터의 개입에 의하여 교착상태가 타개되고 협상이 계약에 의한 합의에 도달하였지만, 양측의 마음이 만난 것이 아니고, 불가피한 차선의 선택이었다고 판단하면 이 협상은 절반의 성공이라고 평가할 수 있다.

협상의 결과에 관하여 요구되는 두 번째 요건은 효율성이다. 협상은 합의를 통해서 집단적인 의사결정을 하는 것이다. 집단적인 의사결정은 단지 개입된 당사자들 간의 합의를 통해서 만들어 질 수 있다. 약간의 통합적인 잠재력의 존재가 계약이 성립되기 위해서 최소한으로 요구된다. 통합적인 해결책은 모든 당사자들에게 Fisher and Ury(1981)[134]가 언급한 대안 수준 너머로 이익을 증가시키거나, 또는 최소한 다른 사람의 부를 악화시키지 않으면서 당사자들 중 하나 또는 몇 몇의 부를 개선하는 것으로 정의할 수 있다. 파레토 경계는 협상가가 합의를 통해서 성취하기로 희망할 수 있는 최대화를 정의한다. 그것은 효율성 한계의 외곽이다. 한번 이 경계에 도달하면, 일방의 부에서 추가적인 증가는 상대방의 비용으로 나타나게 될 것이며 그들 각자는 계속하기를 거부할 수 있다.

협상가들은 전통적으로 최소한 불확실성의 형태로서 불완전한 정보를 가지고

133) Ikle, F. C., 1964.
134) Fisher, R., and Ury, W., 1981.

국제협상에 들어간다. 게다가 만약 협상이 분배적인 협상의 특성을 취한다면, 정확하고 믿을만한 정보는 과정 그 자체를 통해서는 생성되기 어려울 수 있다. 이것은 부분적으로 각 당사자가 관련 정보를 감추려 하거나 또는 심지어 적극적으로 반대편으로 유도하려는 동기를 가지고 있기 때문이다. 그렇게 하려는 유혹이 통상적으로 협상의 관계 속에 내재되어 있는 것으로 인식된다. 각 당사자는 최소한 상대방에 의해 제공되는 정보의 어느 정도는 잠재적으로 이용될 것으로 생각할 것이다. 상호 신뢰와 정확한 정보의 부재가 적대적인 협상의 첫 번째 인과관계가 될 것이다. 의도적인 은폐나 중요한 정보의 왜곡, 그리고 심지어는 그런 왜곡이 일어날 것이라는 의심이 문제해결 과정으로서의 협상의 효율성을 심각히 손상시킬 수 있다(Johansen, 1979).[135] 북－미간 핵 협상이 이런 분배적 협상의 전형이다. 양측이 지니고 있는 기본적인 신뢰의 부족과 정보의 부재는 처음부터 협상을 적대적인 관계로 틀(Framing) 짜기에 적합하였으며, 이어지는 소통채널의 부재와 심리적 편견은 양측의 의도와 진실한 이해관계의 측정을 불가능하게 하였다.

정형화된 협상이론에서 통상 가정되는 것처럼 단순히 이면지급을 통해서 효율적 경계를 확장하는 것은 아니다. 국가는 정책수립 기능에 관해 다른 특성들 중에서도 고도의 차별화에 의해 특징지어진 복잡한 조직이다. 그래서 우리는 행위자들이 매우 자주 파레토 최적이나 또는 통합적이 되기 위해서 이면지급이 요구되지만 수익의 합계가 최대화될 것으로 기대되는 해결책의 채택에 실패하는 것을 발견하고 놀래서는 안 된다(Maler, 1989).[136] 단일한 행위자로서 국가를 모델링하는 것은, 다른 분야의 부를 위해 사회의 한 그룹이나 한 분야의 부를 희생함으로서 "순 국가 수익"을 추구하려는 정부의 의지나 능력을 과대평가하는 것이다.

협상의 결과에 관하여 요구되는 세 번째 요건은 안정성이다. 합의된 해결책은 만약 포기하려는 욕구가 없거나 효과적으로 억제되는 범위라면 안정하다고 말한다. "포기"는 여기서 명시적인 포기선언과, 비밀스런 속임수를 포함한다. "완벽한" 안정성은 만약 행위자가 일방적으로 포기하거나 배신자들이 하위 연합을 구성하려는 어떤 유인도 가지고 있지 않다면 얻어진다. 완벽한 안정성은 합의가 일

135) Johansen, L., "the Bargaining Society and the Inefficiency of Bargaining." *Kyklos*, 1979.

136) Maler, K. G., "The Acid Rain Game." Paper prepared for the ESF Workshop on Economic Analysis for Environmental Toxicology, Amsterdam, May, 1989.

단의 협력전략이 서로에게 최적이고 다른 어떤 균형에 대해서도 파레토 결핍이 아닌 공평한 균형을 구성한다면 얻어질 수 있다. 그런 합의들은 단어의 직접적인 의미에서 조차도 스스로 강제력을 지닌다(Stein, 1982).[137]

그러나 안정된 합의는, 당사자들 중 일방이나 다수가 즉각적인 수익을 얻기 위해 일방적인 배신을 기대할 때에도, 예상되는 수익이 의무감의 복종이나 제재의 두려움에 의해서 효과적으로 상쇄된다면 성취될 수 있다. 계약에 서명함으로서 책임지게 되는 약속은 일반적으로 충분한 강화기제로는 거의 신뢰할 수 없다. 정부와 마찬가지로 관찰자들도 제재의 두려움 속에서 더 자신 있게 자리 잡는 경향이 있다. 그리고 제재의 위협은 복종을 감시하는 초국적인 조직이 없을 지라도 신뢰할 수 있고 위반에 대응할 수 있다.

안정성은 최소한 두 개의 관점에서 정도의 문제로 보일 수 있다. 첫째, 배신하려는 유인의 강도가 하나의 합의로부터 다른 합의로, 그리고 한 계약 당사자로부터 다른 당사자로 다양할 수 있다. 일방은 최소한 4종류의 상황에서 배신을 고려할 수 있다. 하나는 성립된 계약이 자신의 대안 수준 밑에서 순수익을 생산하는 결론에 도달한 경우이다. 비슷한 상황이 상대방이 사실상 양보하려고 준비한 것보다 실질적으로 낮은 지급이 이루어지는 해결책을 수용함으로서 속았다는 것을 일방이 발견할 때 얻어진다. 두 경우에, 관심 있는 행위자는 계약이 만료하거나 법적으로 종료될 수 있을 때 철수를 기대할 수 있으며 그리고 재협상을 요구하거나 또는 단순히 좀 더 이른 시점에 배신을 결정할 수 있다. 북－미간 핵 협상은 이어지는 약속과 파기의 연속이었다. 파기의 이유가 감정적이고 명확하지 않은 것은, 약속의 진정성을 가늠할 수 없게 만든다. 비록 최종적으로는 합의에 도달하였지만, 앞에서 언급하였듯이, 양측의 마음이 만나지 못한 상태에서 맺은 약속이기 때문에, 합의의 안정성은 불확실할 수밖에 없다.

만약 일방이 일방적으로 배신함으로서 자신의 몫이 증가할 수 있다고 결정한다면 좀 더 복잡한 딜레마가 발생하지만, 그럼에도 불구하고 더 널리 퍼진 배신보다는 보편적이거나 거의 일반적인 순종을 더 선호할 것이다. 여기서 행위자의 순종은 윤리적인 고려, 제재 또는 중심이 되는 다른 행위자의 배신을 유발하지 않고 배신할 수 있는 확률, 그리고 성공한 배신과 실패한 배신에 대한 지급액의

137) Stein, A. A., "Coordination and Collaboration: Regimes in an Anarchic World." *International Organization*, 1982, 37, pp.299-324.

차이에 의존한다. 넷째 좀 더 점잖은 상황은 적용할 어떤 조건도 설명되지 않았지만, 그럼에도 불구하고 행위자가 성립된 합의가 자신의 주관적인 "만족 수준"에 부합하지 못하였음을 발견하였을 때이다. 단기적으로, 우리는 행위자가 따르거나 또는 대체로 재협상을 요구할 것으로 기대한다. 그러나 장기적으로, 그는 다른 사람으로부터 더 좋은 제안을 받는 것과 마찬가지로 적극적으로 재협상을 요구하는 쉽지 않은 파트너가 될 것이다.

협상의 결과에 관하여 요구되는 네 번째 요건은 분배의 공정성에 관한 것이다. 국제적인 계약이 계약 당사자들 사이에서 수익을 어떻게 분배하는지를 생각하면서, 관찰자는 전통적으로 최소한 두 개의 주된 문제에 직면한다. 첫째, 결과를 평가하는 궁극적인 척도는 순수익이지만, 대부분의 국제 합의는 그런 순수익에 관해 말하지 않는다. 어떤 조약이나 관습은 분배를 위한 명확한 규정을 전혀 가지고 있지 않다. 단지 일반적인 규칙과 규정만을 지시하고 있는 계약들이 이 범주에 속한다. 이런 규정은 확실히 계약 당사자들에게 다르게 영향을 미칠 수 있지만, 거기서 수익과 비용의 분배를 단순히 관습 그 자체의 맥락으로 읽을 수 있는 방법은 없다. 다른 일들이 동일하다면, 그것을 적용하는 곳이 더 복잡한 정권이거나 행위자의 체계라면, 순수한 영향을 결정하기는 더 어려울 것이다. 계약의 다른 범주는 수익보다는 비용을 분배하는데 명확한 규정을 가지고 있다. 예로서 각 회원이 정부 간 조직의 자금모금에 분배해야할 금액을 특정하고 있는 조약과, 핵과 전통 무기의 감축을 특정하고 있는 군축 합의를 포함한다. 여기서 수익은 계산되어질 것으로 남는다. 그리고 수익의 계산은 어떤 경우에는 너무 복잡해서 단지 아주 대강의 예측만이 주어질 수 있다. 예를 들어서 UN이나 EU의 회원이 되는 것에 관한 순수익을 계산하는 과업을 생각해보라. 북－미간 핵 협상에서 미국이 얻은 수익은 북한의 핵무기 생산 의혹을 제거하고, 북한을 NPT 협약으로 복귀시킨 것이다. 반면에 비용은 계속되는 중유 공급과 경수로의 건설 제공 그리고 위협과 억지주장에 대한 보상이다. 이 경우에 비용과 수익을 대비하여 계산하는 것은 불가능하지만, 모호한 사실을 동반한 위협에 대한 대가로, 실질적인 비용을 과도하게 지급하였다는 비판을 면할 길은 없다.

그럼에도 불구하고 어떻게든 순수익을 예측해야 될 것으로 인정하면, 우리는 기준점이나 특정한 프로젝트의 수익을 측정할 수 있는 기준선을 정의할 필요가 있다. 이런 맥락에서, 적절한 기준선은 현재의 배열이나 사건의 상태로부터 계속적으로 흘러나오는 순수익과 동일하다. 현재 배열의 계속이 가정이기 때문에, 이 기준선 자체를 그리기 어려울 수 있다. 이것과 다른 문제들을 고려해서, 우리는 의사결정자나 관찰자들이 가끔은 다양한 예측을 하는 것을 발견할 수 있다.

집단적 성공의 정의에 따라서, 개인적인 성공은 그가 처한 상황에서 행위자에 의해 성취할 수 있는 것을 행위자가 성취하는 정도로 생각할 수 있다. 이것이 만약 일방의 실질적인 순수익의 몫이 개인적 성공의 지표로 사용됨을 의미한다면, 우리는 또한 자신이 얻을 수 있는 최대화된 몫을 결정할 필요가 있다. 산술적인 문제로서 고려하면, 그것은 언급하기에 너무 하찮은 것이 되겠지만, 그러나 협상이론의 맥락에서, 그 문제는 결코 단순한 것이 아니다. 오히려, 자신의 특정한 상황에서 내재하는 제약이 주어진 행위자에 의해 얼마나 많은 총수익을 얻는 것이 가능할 수 있을까라는 결정적인 의문이 시작된다. 이 의문에 답하기 위해서는, 우리가 생각하는 협상게임이 무슨 종류인지를 먼저 결정해야 한다. 엄격하게 적대적이거나 분배적인 과정에서, 행위자의 최대 몫은 자신의 상대적인 힘에 의해서 결정된다. 완벽하게 협력적인 문제해결 게임에서, 자신의 몫(최소 또는 최대)은 어떤 규범적인 공정성이나 정의의 원칙으로부터 얻어질 것이다.

현실주의자들은, 공정성의 개념이 너무 모호해서 비용과 수익의 분배를 혼자 결정할 수 있는 평가의 척도로 사용할 수 없다고 주장할 수 있고 또 그렇게 하는 것이 옳다. 그러나 이것이 공정성과 정의의 생각이 국제협상을 다루는데 연관성이 없다는 것을 의미하는 것은 아니다. 오히려, 만약 그들이 협상의 결과를 평가하는데 그것을 사용한다면, 우리는 공정성의 어느 개념이 관련되는가를 명확히 해야 함을 의미한다. 더욱이 공정성의 모호함은 다른 행위자들이 다른 생각들을 진지하게 동의할 수 있는 가능성을 인정하도록 도울 수 있다. 완전히 강제적이거나 또는 결정적인 것이 보편적으로 받아들여지는 분배에 관한 단일한 원칙이 없다는 사실이, 공정성의 사고가 협상 행동을 이해하는데 무관함을 의미하거나 또는 국제협상의 결과가 단지 협상력의 함수로서만 이해될 수 있음을 의미하는 것은 아니다.

협상 연구의 실무적 목적은 원하는 결론에 도달하는데 요구되는 지식을 지닌 행위자를 제공하는 것이다. 더 특정하면, 결과가 만들어지는 방법의 논리를 이해

하고 성공적으로 작동되거나 영향 받을 수 있는 도구를 이해하는 것을 가능하게 해주는 이론을 개발하는 것이다. 협상은 어떤 범위에서는 직관적인 "예술품"이 될 수 있지만, 천부적 재능이 있는 협상가도 자신의 전체적인 잠재력을 달성하기 위해서는 이론과 정확한 자료를 필요로 한다. 협상이 효율성에 가장 취약한 불완전한 의사결정 과정이라는 사실을 고려해서, 집단적으로 효율적인 결과를 달성하기 위한 조건과 전략에 관해 우리의 이해를 개선하기 위해서 더 많은 에너지를 기울여야 한다. 그런 노력의 하나는 협상을 통해서 채택될 수 있는 실질적인 해결책의 설계이다. 게임이론에서 개발된 해결책이 공정한 양의 정확성을 지닌 정치적으로 가능한 해결책의 정의된 특성을 확인할 수 있지만, 개념적인 공식으로부터 실무적인 해결책으로 가는 길은 멀고도 험하다. 다른 하나는 통합적이면서 파레토 최적의 해결책이 개발되고, 채택되고, 실행될 수 있는 제도와 절차의 설계이다. 유감스럽게도, 이 제도적 관점은 협상 연구에서 지금까지는 다소 무시되는 주제였다. 세 번째 분야는 효율적 협상으로 유도하고 상호협력을 가능하게 하는 협상가 전략의 설계이다. 이것이 연구의 주된 분야이다. Tit-for-Tat 같은 협소한 개념화는 확장될 필요가 있으며, 원칙적(Principled) 협상처럼 일반적으로 적용할 수 있지만 다소 규범적인 처방은 더 엄격한 실험과 정제를 필요로 한다.

요약

협상의 결과는 그 자체로서 성공적인지 실패한 것인지를 판단하는 것이 어려울 수 있다. 그 이유는 첫째, 합의가 적용될 미래상황이 불확실하며, 둘째, 시간이 경과하면서 새로운 상황이 도래하고, 셋째, 합의의 총체적인 영향을 정확히 예측하기 어려우며, 넷째, 평가의 범주가 시간이 경과하면서 변할 수 있기 때문이다.

이런 어려움에도 불구하고, 성공적인 협상의 첫째 요건은 합의의 의미로 사용되는 정형화된 계약 또는 암묵적 약속의 교환이다. 여기서 합의는 "조건부 약속의 교환"과 "마음의 만남"이라는 조건을 공히 갖추어야 한다. 약속의 교환은 있었으나 마음이 만나지 못하면, 합의가 실행되지 않거나 실행하면서 분쟁이 발생할 수 있다. 성공의 두 번째 요건은 효율성이다. 통합적인 해결책은 합의가 파레토 경계에서 이루어지는 것이다. 상대방의 이익을 손상시키지 않으면서 자신의 이익을 최대화하는 점에서의 분배가 파레토 효율에 해당된다. 성공의 세 번째 요건은 안정성이다. 완벽한 안정성은 일단의 협력전략이 서로에게 최적이고 다른 어떤 균형에 대해서도 파레토 결핍이 아닌 공평한 균형을 구성할 때 얻어진다. 성공의 네 번째 요건은 분배의 공정성에 관한 것이다. 공정성의 개념은 다소 모호해서 비용과 수익의 계산을 결정할 수 있는 평가의 척도로 사용하기 어렵지만, 그럼에도 불구하고 공정성의 어느 개념이 관련되는지를 명확히 하면 상호 수용할 수 있는 결과에 도달할 수 있다.

제4부

국제통상협상

제10장 국제통상협상

학습 목표

- 통상협상의 성격에 대한 이해
- 통상협상의 구조에 대한 이해
- 통상협상에서 전략의 설계와 실행에 대한 이해
- 투-레벨 게임의 성격과 win-set의 개념에 대한 이해
- WTO 체제에 대한 이해
- 자유무역협정(FTA)에 대한 이해

1. 통상협상의 성격

국제통상은 2차 세계대전이후 GATT에 의한 다자간 통상협상의 결과 및 WTO 체제의 진행으로 급격하게 자유화되었다. WTO의 통계에 의하면, 산업화된 국가들은 GATT 라운드 기간 동안에 산업 생산물에 대해 평균 35% 이상의 관세인하를 단행하였으며, 이는 자유무역을 촉진하는 좋은 단초를 제공하면서 양자와 다자를 포함한 국제통상협상의 범위를 광범위하게 넓혀 놓았다.

통상협상은 국가 간에 발생하는 무역이나 인적, 기술적, 문화적 교류를 촉진하거나, 그로부터 발생하는 제반 문제들을 해결하기 위한 협상을 말한다. 통상협상은 국가 간에 발생하는 교역에 관한 제반사항을 다루므로 국가가 주체가 되면서 국가의 힘이 협상을 좌우하게 된다. 따라서 단일 협상의 주제와는 관계없이 전반적인 국력이 협상의 결과에 영향을 미치는 경우가 많다. 2000년 한중 마늘분쟁에서는 한국이 수입하는 중국산 마늘의 양과 관세가 분쟁의 사유이지만, 중국이 한국산 휴대용전화기와 폴리에틸렌에 대해 잠정적인 수입금지 조치를 취하자, 마늘 협상은 국력의 우열에 의해 중국의 의도대로 해결되었다. 또한 중일 간에 분쟁이 발생하였을 때에도, 중국은 희토류의 대일본 수출 금지를 무기로 일본을 굴복시켰으며, 미국의 경우에는 상대국과의 통상조건이 불리하거나 분쟁이 발생할 경우, 자국법인 수퍼301조를 적용해서 해결하는 경우가 많다. 그 경우 미국에 대한 통상 의존도가 높은 나라들은 미국의 의도대로 따를 수밖에 없다. 통상협상의 경우 이런 성격의 특수성 때문에 장기적이고 반복적이 되며, 하나의 이슈가 문제되더라도, 다른 이슈와 연계되거나 부수되는 하위 이슈들이 다양하게 첨가되므로 다 의제 협상이 되는 경우가 일반적이다.

통상협상은 자국의 통상이익을 극대화하는 것이 목적이다. 통상이익이란 타국과의 협상에서 얻을 수 있는 다양한 경제적 이익을 말한다. 따라서 통상협상을 하는 과정에서 자국의 통상이익을 극대화하기 위해 민, 관이 입체적인 노력을 한다. 모든 나라들이 대통령을 포함한 정부부처는 물론, 해외주재 대사관을 통해서도 자국기업의 해외활동을 지원하기 위해서 상대국과 적극적인 협상을 한다. 2009년에 있었던 UAE에 대한 원전수출도 한국전력이 현대건설, 삼성물산, 두산중공업 등과 컨소시엄을 구성하고 한국정부가 적극 지원하여 이루어진 것이다.

국제적으로는 통상협상의 목적 달성을 위하여 범국가적으로 협력 체제를 유지하지만, 반면에 국내적으로는 통상협상의 이해당사자를 대표하는 산업 간에 또는 정부부처 간에 갈등이 발생한다. 쌀 시장을 개방하는 WTO 쌀 협상에서는 농민을 대변하는 농수산부와 통상산업자원부 또는 외교부 사이에 치열한 공방이 발생하는 것이 필연적이며, 영화시장의 개방에서는 영화계 관계자들과 문화체육관광부가 반대의 입장을 명확히 한다. 또한 상대국과의 통상 분쟁도 자주 발생한다. 예를 들어, 한중 마늘통상 분쟁, 한미 지적재산권 분쟁, 자동차 시장의 불공정무역에 관한 분쟁 등 분쟁의 해결을 위한 협상도 일반적이다. 따라서 통상협상은 통상 상대국과의 관계유지는 물론 내부 이해관계자들과의 의사소통과 갈등의 방지에도 힘써야 한다.

2. 통상협상의 구조

1) 다 이슈 협상

협상에서 참가자들이 취하는 입장은 그들의 이해관계를 달성하려는 노력을 대표하는 것이다. 단일 이슈의 협상에서 다 이슈의 협상으로 전환하는 것은 협상과

정의 성격을 급격히 변화시키면서, 협상가에게 가치창조의 기회를 제공한다. 사실상 통상협상의 안건들은 이슈 간 교환을 가능하게 함으로서 파이를 키울 수 있다. 예를 들어 다른 분야에서 관세를 양보하거나 시차를 두고 손실을 보상하는 방법도 있다. 공유하는 이해관계나 보완적인 이해관계를 확인하는 것은 상호 이익이 되는 교환의 토대가 된다. 가치를 창조하기 위해서 참가자들은 무엇에 성패가 달려있는지 틀을 짜면서 어떤 이슈를 협상에 올릴 것인지를 생각해야 한다. 만약 안건이 너무 협소하면 가치를 확대하면서 합의에 이르기는 어려울 것이며, 안건이 너무 폭 넓어도 관리에 어려움을 겪을 수 있다. 이런 이유로 통상협상은 일반적으로 이슈를 작은 그룹으로 나누는 경향이 있지만, 이슈의 작은 단위들이 전체로 통합되어야 하기 때문에 충분히 합의 가능하도록 구성해서 전체 협상의 타결에 영향을 주지 않아야 한다. 이슈는 병행해서 협상될 수도 있지만, 순차적으로 협상될 수 있기 때문에, 어떤 순서로 조직되느냐가 중요하다. 이슈의 순서가 연합의 형성에 영향을 미칠 수 있고, 결과적으로는 파이의 분배가 어떻게 되느냐에 영향을 미친다.

2) 다자 간 협상

협상에서 둘 이상의 당사자가 개입하면, 어떤 참가자도 일방적으로 결과를 결정할 수 없으며, 연합이 협상력에 대한 인식을 변화시킨다. 승리연합을 구성하는 참가자 그룹은 그들이 원하는 결과를 개선할 수 있고, 방어연합에 속하면 개별적으로는 강력한 참가자일지라도 결과에 불만족할 수 있다. 그러나 이런 연합도 견고하지 못하며, 이해관계에 따라서 변할 수 있는 단기적이며 불안정한 것이다. 그러므로 지속적인 연합의 관리가 필요하다.

통상협상에서 다자가 참석하면 협상과정은 대단히 복잡해진다. 게다가 공식적인 참가자 외에 NGO 또는 로비 그룹도 과정에 영향을 미친다. 단일 방해자가 전체 협상을 결렬시킬 수도 있으므로, 모두가 만족할 수 있는 합의안을 만드는 것은 일종의 도전이다. 따라서 가끔은 협상과정을 단순화하기 위해서, 관리 가능한 수준으로 협상 참가자를 축소하기도 한다.

3) 다단계 협상

다단계 협상에서 협상가들은 협상 테이블과 협상장 밖에서 일어나는 다양한 이야기들을 연동시켜서 합의에 그 모든 것들을 수용해야 한다. 각 참가자들은 자신들의 이해관계를 달성하려고 부단히 노력하면서, 또 한편으로는 내부의 의사결정자에게 그 합의안의 승인을 얻어야 한다. 내부의 승인을 얻기 위한 수단으로 언어를 모호하게 만들어서, 내부에서의 해석을 달리 할 수 있지만, 그런 모호성에 대한 의존은 합의를 실행할 때 주된 문제를 발생시킬 수 있으며, 새로운 분쟁을 만들 위험이 있다. 내, 외부 협상을 연동시키는 것은 상호작용의 유연성을 제한하는 미묘한 균형적 행위가 될 수 있다. 예를 들어, 외부적으로 비타협적인 행동을 하는 것은 단호한 협상가로 보이게 해서 내부의 정치적인 지지를 강화할 수 있지만, 그것이 외부의 상대방에게는 불안정한 입장에 놓여서 협상의 진행을 어렵게 만들 수 있다. 나중에는 이 입장을 철회하는 것이 내부적인 체면 손상 때문에 어렵게 된다. 따라서 협상가들은 협상테이블에서의 입장이 내부 협상과정에 영향을 미치기 때문에 세심한 주의를 기울여야 한다. 다단계 협상의 성공적인 관리는 상대방의 의사결정 방법에 대한 협상가의 인지 능력에 달려있다. 그래서 협상가들은 핵심적인 질문을 해야 한다. 누가 통상협상의 권한을 가지고 있고, 누가 승인하는가? 정부 내에서 어떤 방법으로 의사결정이 되는가? 누가 의사결정에 영향을 미치는가? 예를 들어, 미국에서는 의사결정 구조가 다층적이며, 정부가 통상협상을 하지만 의회가 최종 승인을 한다.

국제통상협상은 단순히 2단계(two-level) 게임이 아니며, 이것은 다단계 또는 네크워크 게임이다. 다자협상에서, 각 참가국은 협상장에서 협상하면서 국내의 의사결정 과정에도 참여해야 한다. 통상 이슈에 관해서는 추가적인 단계의 협상이 초국적인 대리인들 사이에서도 발생한다. 이 연계된 협상을 결과에 연동하는 것이 아마도 통상협상을 진행하는데 가장 어려운 도전이 될 수도 있다. 그리고 다자통상협상의 라운드가 많은 시간을 소요하는 경향이 되는 주된 이유이기도 하다.

4) 다회차 협상

통상협상의 구조적 복잡성은 협상들 간의 시간적 연계와 관련이 있다. 수차례

에 걸친 협상의 연속성으로 앞선 관계가 결과에 강한 영향을 미친다. UR 라운드에서 뻣뻣했던 개발도상국 사이의 인식이, Doha에서 시작한 다자간 통상협상의 시작에서 그들의 협상접근 방법에 강하게 영향을 미쳤다. 이런 맥락에서, 실무적 협상가들에게 상호간에 관계를 구축하라 또는 평판을 유지하라는 경험법칙이 채택되었다. 시간적인 연계에 의해서 창출된 계속되는 관계가 미래에 투영될 수 있다. 다회차 협상의 복잡성은 합의가 자기 강제력이 없다는 것이다. 통상협상에서 합의에 도달하는 것은 매우 불안전할 수 있다. 강력한 참가자가 규정을 폐지하고 고도의 미심쩍은 조건을 주장할 수 있다. 그래서 약자는 자신의 이해관계를 달성하면서 또 합의의 안전을 지켜야 하는 두 가지 도전에 직면한다. 안전을 유지하기 위해 약자는 집단적 분쟁을 해결하는 방법과 제도를 강화하면서 합의를 감시하고 확인하는 체제를 협상해야 한다. 확실히 국제통상 규칙을 만드는 협상이 분명히 가장 복잡한 협상 중의 하나이다.

3. 통상협상의 전략

만족스런 협상의 합의를 달성하기 위해서, 참가자들은 상대방이 인식하고 있는 이해관계와 대안에 대한 협상전략을 만들어야 한다. 통상협상의 전문가들은 다음의 전략적인 요소들로부터 자신에게 유리한 게임을 만들어 낸다.

➢ **영향력 있는 조직** : 통상협상과정에 영향을 미칠 수 있는 방법으로 인력과 자금을 조달하고 제도화 한다. 로비스트들이 자신의 후원자를 위해 협상하고 영향을 미치도록 조직하듯이, 정부의 협상가들도 자신의 팀을 조직하고 승인자로부터 권한을 확보해야 한다. 참가자들은 무역협회와 같은 조직으로부터 자원을 지원받아서 전문성과 분석력을 확보해야 한다. 영향력 있는 효과적인 조직을 구성하는 것이 통상협상의 결과를 만들어내는 핵심임을 보여주는 사례가 있다. 지적재산권 협상에서 미국은 제약업계, 소프트웨어와 엔터테인먼트 회사들의 CEO 그룹으로 지적재산권 위원회를 구성해서 정책을 만들고 협상을 진행하도록 팀원들을 훈련시켰다. 그 결과 이 위원회가 지적재산권 합의의 틀을 만드는 중심적인 역할을 하게 되었다.

➢ **장소의 선택** : 자신의 목적을 달성하기에 가장 유망한 장소를 확인하고 그곳에서 협상이 열리도록 한다. 가끔은 협상이 열리는 장소가 손실과 이익에 크게 영향을 미친다. 장소의 선택이 누가 협상에 참여하고, 게임의 규칙은 무엇이며, 결과적인 합의에 어떻게 영향을 미칠지를 결정한다. 예를 들어, 지적재산권 보호에 강한 지지자들은 지적재산권을 UR 통상협상의 안건에 포함시키기 위해서 상당히 노력하였다. 왜냐하면, 지적재산권 보호의 이슈는 UN에서 다루어졌지만, 강제력이 부족해서 많은 산업 대표들의 불만이 있었는데, WTO에서는 지적재산권을 존중하지 않는 국가들에 대한 상환청구가 가능할 것으로 믿어졌기 때문이다.

➢ **안건을 정함** : 안건에 이슈를 추가하거나 제거하고, 병렬 협상을 위해서 큰 안건을 모듈로 나누고, 과정을 관리하기 위해서 높은 수준의 원칙을 세운다. 국제통상협상에서 안건을 통제하거나 이슈의 순서를 정하는 것은 결과에 강한 영향을 미친다. 효과적으로 안건을 정하는 것은 협상에서 다루어질 이슈와 이슈의 순서에 영향을 미치는 것을 포함한다. 협상가들은 통상적으로 안건에 대한 사전협상을 진행하는데, 어떤 안건의 협상은 불가능한 것으로 미리 확정하려는 시도를 한다.

➢ **연합의 구축** : 잠재적인 승리연합과 방어연합을 확인하고, 지지연합을 구축하거나, 반대편을 사전예방하거나 깨트릴 수 있는 계획을 세운다. 연합의 구축은 상호보완적인 목표를 가진 그룹을 확인하고 그들 사이에서 연합을 결성하며, 그들의 자원을 집결해서 특정한 협상과정을 만들어 내는데 초점을 맞춘다. 협상가들은 가속도를 내기위해 움직임의 순서를 가지고 연합을 만든다. 적절한 순서에 적절한 사람이 접근함으로서 저항을 줄일 수 있다. 연합의 구축에서 지속성의 의문 또한 크기 때문에 단순히 지원을 이끌어 내는 것으로는 충분하지 않으며, 지지의 약속을 받아내는 노력을 해야 한다.

➢ **연계의 지렛대** : 가치를 창출하기 위해서 협상의 이슈나 각각의 협상을 연계하거나 연결을 끊는다. 독자적인 협상은 드물다. 전통적으로 대안에 대한 협상가들의 인식은 기회를 제공하거나 장애물을 만드는 다른 협상과의 연계에 의해서 강하게 영향을 받는다. 협상은 시너지가 있는 연계, 적대적인 연계, 순서적 연계, 경쟁적인 연계, 상호적인 연계 등 다양한 방법으로 연계되어 있다. 예를 들어, 양자 간의 분쟁에 대한 제재의 위협이 다자협상에서

당사자의 이해관계와 대안의 인식을 형성할 수 있고, 반대의 경우도 있을 수 있다. 지적재산권 합의에서 그에 앞선 미국과 한국 간의 양자적 협상이 강하게 영향을 미쳤으며, 중국의 인권보호 문제가 미국의 중국에 대한 최혜국대우 지위의 재지정에 매년 영향을 미쳐왔다.

➢ **Frame 게임** : 문제와 옵션에 관한 우호적인 틀을 만들거나 홍보한다. 대중의 의견이 통상협상에서 정치적 리더의 입장에 영향을 미치기 때문에 협상의 당사자들은 가끔 논쟁의 대중적 조건을 정하는 틀 경쟁에 돌입한다. 그들은 논쟁이나 분석 또는 은유를 사용해서 해결해야 할 문제와 그들의 관점에 우호적인 방법으로 잠재적인 해결책을 정하도록 유도한다. 틀을 정하는 전술은 사람들이 선택을 하거나 의견을 정할 필요성에 직면할 때, 이해관계의 평가를 명료하게 한다. 사람들은 주어진 상황에서 이미 내재해 있는 정신모델을 사용하는데, 이 틀은 외부 현실에 대한 개인의 관찰과 문제의 성격에 대한 결론 사이에 중요하게 연계되어 있다. 그러므로 틀을 정하는 기술이 미리 형성된 믿음과 태도를 일깨워서 문제와 옵션을 정의한다. 경쟁하는 양 당사자들이 대중의 지지를 얻으려할 때, 경쟁은 우선 언어 게임이 된다. 각자는 자신의 목표를 청중의 가치와 믿음에 연계시키려 노력한다. 지적재산권 사례에서, 지적재산권 옹호자들은 개발도상국들이 지식의 해적질에 개입하고 있다는 틀을 만드는데 성공하였다.

➢ **추진력의 개발** : 상대방이 행동하게끔 만들거나, 과정을 경계 화하는 적절한 단계를 만들어서, 협상과정이 유리한 방향으로 흐르도록 만든다. 협상이 시작부터 결론까지 순조롭게 진행되는 경우는 드물다. 대신에 협상과정은 주기적으로 변화하면서, 합의에 도달할 때 까지는 진행의 파열로 결렬과 정체의 기간으로 점철된다. 숙련된 협상가들은 이런 패턴을 인식하고 합의를 위한 새로운 방식을 제안하거나 교착을 타개하기 위해 체면을 살리는 타협점을 제안하는 등 우호적인 방향으로 국면을 전환시키기 위해 노력한다. 협상가들은 바람직한 방향으로 전환하기 위해 고안된 다단계 과정을 사용한다. 기본 원칙에 대한 최초 합의가 참가자들이 만들 통상의 기본적인 틀에 관해 잠정적 협상의 형태를 만든다. 이 들이 어려운 협상의 상세한 과정에 영향을 미친다.

4. 투-레벨 게임1)

Robert D. Putnam(1998)이 국제협상 분석의 틀로 "Diplomacy and Domestic Politics: The Logic of Two-Level Games"에서 투-레벨 게임을 제시한 이유는 국내정치와 국제협상이 상호 연관되어 있음에도 불구하고 국가 간 벌어지는 협상을 분석함에 있어서 이런 측면이 간과되어 온 점 때문이다. 즉, 국내적인 분석이나 국제적인 분석 중 어느 하나만을 설명의 주된 대상으로 삼아서 국가 간의 협상을 분석해 온 까닭에, 다양한 국제정세에 내재되어 있는 국내정책과 국제정세의 상호 연관적 측면이 무시되어 온 것이다. 이런 의도에서 투-레벨 게임에서는 국제협상을 국내적 차원의 게임(Level II)과 국제적 차원의 게임(Level I)으로 나누어서 분석한다. Level I은 잠정적인 합의를 위한 외부 협상담당자 간의 협상을 말하고, Level II는 잠정합의를 비준할 것인가의 여부를 두고 국내 구성원들 간의 이해관계를 둘러싼 협상을 의미한다. Putnam은 이들 두 수준의 게임이 상호 연계되어 있다고 한다. 즉, 국제협상에서 협상의 대표들은 협상에 나가기 위해서는 먼저 국내적으로 모든 이해관계자간의 협상을 통해 국제협상에 임하는 입장을 정하지 않을 수 없고, 이런 국내적인 협상은 국가 간의 협상결과가 궁극적으로 각국의 국내정치적 과정을 거쳐 비준을 받아야 한다는 이유 때문에 다시 국가 간 협상에 영향을 미치게 된다는 것이다.

1) win-set을 통한 분석

투-레벨 게임에서 win-set은 국제협상에서 주어진 상황을 전제로 국내비준을 얻을 수 있는 모든 합의의 집합이라고 정의된다. 이러한 win-set에서 중요한 것은 다음 두 가지이다. 첫째는 논리적으로 보아서 협상국들 간의 합의가 가능하려면 양 당사자의 win-set이 교차하는 부분이 있어야 하므로 win-set의 크기가 클수록 협상대표의 협상여지가 커져서 국제적 합의의 가능성이 높아진다는 것이다. 둘째는 win-set의 상대적인 크기가 합의에 따르는 이득의 분배를 결정짓는다는 것이다.

win-set은 다음 그림을 이용한 설명에 의해 명확하게 이해 될 수 있다.

---

1) Putunam R.D. Diplomacy and domestic politics : the logic of two-level games. International Organization 42, 3, summer, 1988.

[그림 10-1] win-set의 개념

A_M A3 B1 C A2 A1 B_M

A국 B국

먼저 논의를 위해 A국과 B국의 두 당사국 사이에 협상이 진행 중이며 게임 상황은 제로섬 게임이라고 전제하자. 선분 AB는 행위자 A와 B의 합의에 따르는 이익의 전체크기를 의미한다. 여기서 A의 입장에서 보면 점 B_M은 A의 최대 이득을 말한다. 반면 B의 입장에서 보면 점 A_M이 최대 이득이 된다. 따라서 공동이득의 분배에 대한 합의가 점 C에서 이루어진다면 A가 얻는 이득의 크기는 선분 A_MC, B가 얻는 이득의 크기는 선분 B_MC로 나타난다. 여기서 A1을 A국이 수락할 수 있는 최소의 몫, B1을 B국이 수락할 수 있는 최소의 몫이라고 가정하자. 그러면 A의 win-set은 선분 A_MA1으로, B의 win-set은 선분 B_MB1으로 표시된다. 여기서 A와 B의 win-set이 겹쳐지는 부분인 B1A1이 합의가능영역(ZOPA)이 된다.

만약 A가 수락할 수 있는 최소의 몫이 A2로 이동하여 A의 win-set이 A_MA2로 축소되었다고 하자. 그렇다면 합의가능영역도 B1A2로 축소되어 합의에 도달하기가 이전의 조건에서 보다 어려워졌음을 알 수 있다. 그런데 만약 A의 최소 몫이 다시 A3로 이동한다면 win-set이 교차하는 부분이 없어서 합의가 불가능해진다. 이와 같은 논의를 볼 때 다른 조건이 같으면 win-set의 크기가 클수록 합의가능영역이 넓어져 합의의 가능성도 높아지고, win-set의 크기가 작을수록 합의가능영역이 좁아져 합의의 가능성도 낮아진다는 것을 알 수 있다. 따라서 협상국들간의 합의가 가능하려면 양 당사자의 win-set이 교차하는 부분이 있어야 하므로 win-set의 크기가 클수록 협상대표의 협상여지가 커져서 국제적 합의의 가능성이 높아진다.

2) win-set의 결정요인

한편 Putnam은 win-set의 크기를 결정하는 요인으로 국내의 주요 이익집단과 정책결정자들의 상대적인 힘의 분포, 선호, 지배연합의 형태, 각국의 정치제도, 국제협상에 임하는 협상대표의 전략을 들고 있다.

국내의 주요 이익집단과 정책결정자의 선호

먼저 정책이슈의 성격과 관련해서 이질적인 이슈보다 동질적인 이슈에서 win-set의 크기가 더 크다. 동질적인 이슈는 협상을 타결시킬지의 여부가 중요한 문제가 되는 경우가 많으므로 이 경우 어떤 협상의 결과가 나오더라도 협상가는 국내적으로 비난을 받는 여지가 적다. 그러나 이질적 이슈의 경우는 그 협상결과에 대해 국내 이해관계집단들 간의 상반된 견해가 존재할 수 있으므로 협상가들은 국제협상의 결과가 어떠하든지 간에 국내에서 비난을 받을 수밖에 없게 된다.

다음으로 이슈의 정치쟁점화의 정도가 클수록 win-set이 작아져서 국내의 비준 가능성이 작아진다고 할 수 있다. 이는 정책이슈가 정치쟁점화가 되면 조용하던 개인이나 집단을 동요시켜 이들로 하여금 정책과정에 영향을 미치려 애쓰게 하는 효과를 일으키게 되는 것이다. 이런 이유로 인해서 국제협상에서는 비밀의 준수가 무엇보다도 중요한 것으로 취급된다.

각국의 정치제도

각국의 정치제도도 당연히 win-set의 크기에 영향을 미친다. 이와 같은 정치제도의 영향을 설명하는데 중요한 개념이 바로 비준이다. 예를 들자면 국제조약은 공식적으로 국회의 동의를 얻어야 하는 경우가 많은데 각국에 있어서 그 동의의 수준이 다른 경우가 많다. 만약 미국의 경우는 상원의원 재적 ⅔ 이상의 동의를 받아야 하지만, 우리나라의 경우는 출석의원 ½의 동의만 얻으면 가능하다고 가정하면, 이 경우 미국의 win-set이 우리나라에 비해 상대적으로 작다고 할 수 있다. 또한 권력분립을 특징으로 하는 대통령제에서는 의회의 견제를 받는 경우가 의원내각제의 경우보다 많아서 상대적으로 win-set의 크기가 작다고 할 수 있다. 또한 이와 같은 공식적인 비준의 성격을 띠는 것과는 별도로 국제협상의 결과가 당사국 내의 이해관계집단, 즉 이익단체, 정책결정자, 일반국민 등에게 동의되는 것을 의미하는 비공식적 비준도 있다.

3) 협상대표의 전략

국제협상에서 협상가들이 주로 직면하게 되는 딜레마는 다음과 같다. 즉

win-set의 크기가 클수록 합의에 도달하기는 쉬운 반면, 협상에 있어서 상대방에 대한 입지가 약해져서 협상에서 많은 것을 양보하게 되는 결과를 낳는다. 그 결과 만약 양보의 폭이 너무 크게 되면 이슈의 성격에 따라 국내에서 비준의 가능성이 줄어들게 될 위험도 발생한다. 따라서 국제협상에서 협상가들은 가급적 자기의 win-set을 상대국이 작게 인식하거나 상대국의 win-set을 크게 하기 위해서 여러 가지 전략을 사용하게 된다. 국제협상에서 협상가와 관련해서 한 가지 더 주목해야 할 부분은 협상가의 국내에서의 입지가 강하거나 인기가 많은 경우, 혹은 높은 직위에 있을수록 협상에서 유리한 위치를 점하는 경우가 많다는 것이다. 그 이유는 이와 같은 경우에는 협상상대국의 협상결과에 대한 비자발적인 배신에 대한 우려를 줄여주어서 상당한 신뢰를 얻을 수 있기 때문이다.

자국 win-set의 축소전략

자국의 win-set을 축소하는 전략은 바로 손 묶기(hand-tying)전략이다. 이는 협상이슈에 대해 국내적으로 보다 강경한 입장을 취하는 집단에 공개적인 약속을 하는 것을 말한다. 이 경우 협상가들은 국내의 강한 집단의 영향을 많이 받을 수 밖에 없게 되어서 협상에서 상대국에 비해 유리한 입지를 차지 할 수 있게 된다. 그러나 이와 같은 손 묶기 전략은 협상에서의 유연성이나 독자성을 제한하는 결과를 가져오는 문제가 있다.

다음으로는 정치쟁점화 전략이 있다. 즉 여론이 별로 관심이 없었던 사안을 정치적으로 쟁점화 해서 여론의 흐름을 강경한 방향으로 이끌고 가거나 국내의 여론을 분열시켜 협상의 이슈를 이질적인 것으로 만들어서 협상과정에서 유리한 위치를 점하려는 것이다. 이 경우에도 역시 손 묶기 전략과 같은 효과를 볼 수가 있다.

그러나 자국의 win-set을 축소하는 전략은 주로 국내의 특정집단의 강한 영향력을 국제협상에 이용하는 것으로, 국가 전체로 볼 때 협상의 결과로 인한 이익분배의 문제를 야기하게 된다. 따라서 오히려 자국의 win-set을 확대해서 협상가의 재량권을 확대하는 것이 국가이익을 위해 바람직한 경우도 있는데, 이때 쓰이는 방법이 협상결과에 따른 이익을 재분배하는 이면보상(side-payment)이나 문제의 성격을 새롭게 정의하는 등의 고삐 늦추기(cutting slack)전략이다. 먼저 이면

보상은 협상당사국 내부에서 정부가 협상으로 인해 상대적으로 피해를 보는 집단에게 금전적, 비금전적 보상을 함으로서 협상과정에서 협상가의 자율성을 높이려는 것을 의미한다. 다음으로 고삐 늦추기 전략은 협상당사국 내부에서 이해관계집단과의 뒷거래를 통하거나 사안의 성격을 새로이 정의하여 win-set을 확대함으로써 정책의 자율성을 제고하는 것을 말한다.

상대국 win-set의 확대전략

협상에 있어서 상대국의 win-set을 확대함으로서 보다 유리한 입지를 차지할 수도 있다. 그 첫 번째 방법으로는 이슈 연계전략을 이용하는 것이다. 이는 개개의 사안으로는 협상에서 교착상태에 머무를 수밖에 없지만 이들을 연계시키면 국내 이해관계집단들의 효용함수의 변화를 기대할 수 있어서 협상의 타결이 가능해지는 원리이다. 다음으로는 반향전략을 들 수 있다. 이는 상대국의 국내집단에 직접적으로 호소해서 협상사안에 대한 기대나 그 사안의 이미지를 바꿈으로써 상대의 win-set을 확대하는 것이다. 이와 같은 반향전략은 종종 이슈 연계전략과 연관되어 효과를 얻는 경우가 있다. 즉 초기에 이슈 연계전략에 의해 사용된 전략이 사후적으로 협상상대국의 내부에 큰 반향을 일으킴으로써 협상에서 유리한 위치를 차지할 수 있는 경우가 있다.

5. WTO 체제[2)]

WTO(World Trade Organization)는 국제무역을 자유화하고 감독하는 조직이다. WTO는 1995.1.1일에 Marrakech 합의로 GATT를 대체하여 공식적으로 시작되었다. 이 조직은 참가자들이 WTO 합의를 고수하게 하려는 목적으로 참가국 간의 협상을 위한 뼈대를 제공하며 무역합의와 분쟁해결 절차를 정형화하는 무역 규정을 다룬다. 이 합의는 참가국 정부가 서명하고 그들의 의회가 승인한 것이다. WTO가 다루는 대부분의 이슈들은 Uruguay Round(1986-1994)에서부터 진행되어 온 무역협상들이다. 조직은 개발도상국들의 요구에 명확히 초점을 맞추고 2001

---

2) http://www.wto.org/

년에 시작된 Doha Round에서 협상을 완료하려고 노력해왔다. 2012년 6월 시점에서, Doha Round의 미래는 불확실하다. 프로그램의 목록에 있는 21개의 주제는 종료일인 2005.1.1일을 넘겼으며, 라운드는 아직 완료되지 않았다. 선진국들이 요구하는 농업부문의 보호를 유지하면서 산업재화와 서비스에 대한 무역을 자유화하는 것과 그리고 개발도상국들이 요구하는 농산물에 대한 국제공정무역의 자유화 간에 갈등이 주요 장애물로 남아있다. 이 논쟁이 Doha Round를 넘어서 새로운 WTO 협상을 시작하는데 방해가 되고 있다. 이 교착의 결과로, 양자간의 FTA(Free Trade Agreement)가 증가하고 있다. 2012년 7월 시점에, WTO 체제 내에 교착상태에 있는 농업무역협상을 위한 다양한 협상그룹이 있다. 2013년 12월 7일에 조직 역사상 최초로 모든 회원들에 의해서 Bali Package로 알려진 포괄적인 무역촉진 합의가 이루어졌다. WTO의 본부는 스위스의 제네바에 있으며, 최고 의사결정 기구는 2년마다 열리는 장관회의이다. 여기에는 모든 WTO의 회원이 참석한다. 장관회의는 다자간 무역합의에 관한 모든 문제의 의사결정을 할 수 있다.

1) WTO의 역사

WTO의 전신인 GATT(General Agreement on Tariffs and Trade, 1946-1994)는 2차 세계대전 이후 브레튼우즈 체제에서 World Bank, IMF와 함께 설립되었다. 국제무역을 관장하는 유일한 다자간 조직체인 GATT는 7개의 Round가 있었는데, 첫 번째 라운드는 관세를 낮추는데 초점을 맞추었다. 그리고 60년대 중반에 Kennedy Round에서는 반덤핑 합의가 이루어졌다. 70년대의 Tokyo Round는 관세의 형태를 취하지 않고 시스템을 개선하면서 무역 장애물을 제거하는 최초의 시도였다.

Uruguay Round

8번째 GATT 라운드인 UR은 1986년 9월에 시작되었다. 이것은 과거에 비해 가장 많은 주제를 다루었는데, 무역 시스템을 넘어서, 새로운 영역인 서비스와 지적재산권, 그리고 농업과 섬유에서 민감한 부문의 개정을 담고 있다. 모든 GATT

의 항목들이 재검토 되었다. UR의 최종 헌장 채택과 WTO 체제의 공식적인 설립이 1994년 4월 15일에 서명되었다. GATT는 상품에 관한 무역을 다루는 WTO 하위 조약으로 여전히 존재한다. 1994년의 합의는 최종헌장 외에도 60개의 합의, 부속서, 결정과 이해가 채택되었으며, 구조적으로 6개의 주요 부문을 가지고 있다.

- WTO 설립 합의
- 상품과 투자 : 투자에 관한 무역을 포함하는 상품 무역에 관한 다자간 합의(TRIMS)
- 서비스 : 서비스 무역에 관한 일반 합의
- 지적재산권 : 무역과 관련된 지적재산권에 관한 합의(TRIPS)
- 분쟁해결(DSU)
- 정부의 무역정책에 관한 검토(TPRM)

Doha Round

WTO는 2001년 Doha에서의 4번째 장관회의에서 다자간 무역자유화 협상인 Doha Development Round로 시작하였다. 이것은 더 많은 것을 포함하는 지구화와 빈곤을 지원하려는 노력이며, 특히 농업에서 장애물과 보조금을 제거하려는 야심찬 노력이다. 시초의 안건은 추가적인 무역 자유화와 실질적으로 개발도상국들을 지원하는 약속을 하는 새로운 규칙을 만드는 것이다. 협상은 대단히 논쟁적이었으며, 농업분야에서의 시장접근(관세감축과 민감 품목)과 무역왜곡보조금 감축, 그리고 비 농산물 시장접근에서 관세감축공식과 개도국 신축성 등 몇 개의 핵심 분야에서 여전히 합의가 안 되고 있다. DDA 중단은 표면적으로 농업분야에서 미국과 EU의 대립이 핵심원인으로 지적되고 있으나, 실제 농업이외 협상분야의 회원국 간 근본적인 입장 차이도 협상의 실질적 진전을 가로막은 원인이다. 유럽위원회의 입장은 도하 협상의 성공적인 결론은 다자간 무역자유화의 중심적인 역할과 규칙제정이 확인되기를 바라는 것이다. WTO가 보호주의로 돌아가려는 시도에 대하여 강력한 방패가 될 것이다.

2) WTO 시스템의 원칙

WTO는 무역정책의 뼈대를 만든다. 그것은 무역정책의 규칙을 만드는 것과 관련이 있다. WTO와 1994년 이전의 GATT를 이해하는데 5개의 원칙이 특히 중요하다.

- **비차별** : 이것은 최혜국(MFN) 규칙과 국가 취급정책으로 구성된다. 이것은 상품과, 서비스, 지적재산에 관한 WTO의 주요 규칙에 내재되어 있다. 그러나 이것의 정확한 범위와 성격은 영역에 따라서 다르다. MFN 규칙은, WTO 회원은 모든 무역에 관하여 다른 WTO 회원에게 같은 조건을 적용하는 것이다. 국가 취급이 의미하는 것은, 수입상품이 국내생산 상품보다 불리하게 취급되어서는 안 된다는 것이다.
- **상호성** : 이것은 MFN 규칙 때문에 발생할 수 있는 무임승차의 범위를 제한하는 것과, 해외시장에 대해 더 잘 접근하려는 욕구를 반영한다. 국가가 협상을 하면서 그렇게 함으로서 얻는 이익이 일방적인 자유화로부터 얻는 수익보다 더 클 필요가 있다. 상호적인 양보는 그런 수익을 구체화하려는 의도이다.
- **법적 구속력과 강제적 약속** : 다자간 무역협상에서 WTO 회원에 의해 만들어진 관세 약속은 양허목록에 열거된다. 이런 목록은 상한선에 구속력이 있다. 국가는 그 구속력을 바꿀 수 있지만, 무역 상대방과 합의해야만 한다. 이것은 무역의 손실에 대해 그들에게 보상하는 것을 의미할 수 있다. 만약 만족하지 못하면, 불만족한 국가는 WTO의 분쟁해결 절차를 적용할 수 있다.
- **투명성** : WTO 회원국은 그들의 무역규정을 공개해야 한다. 다른 회원들의 정보 요구에 응해야 하고, 무역정책의 변경은 WTO에 통보해야 한다. 이 내부적 투명성의 요구는 무역정책검토기구(TPRM)를 통한 주기적인 무역정책 보고서에 의해서 보충되고 촉진된다. WTO 시스템은 쿼타의 사용과 수입량을 제한하는 다른 제도를 억제해서 예측성과 안정성을 개선하려고 노력한다.
- **안전장치** : 특정한 상황에서, 정부는 무역을 제한할 수 있다. WTO 합의는 회원들이 환경뿐만 아니라 공공보건, 동물과 식물의 건강을 보호하도로 허용한다.

6. 자유무역협정(FTA: Free Trade Agreement)[3]

자유무역협정은 회원국 간 상품 서비스투자, 지재권, 정부조달 등에 대한 관세, 비관세 장벽을 완화함으로서 상호간 교역 증진을 도모하는 특혜무역협정을 의미하며 특히 관세철폐에 주요 초점이 맞춰져 있다. 우리나라는 GATT로 대표되는 다자무역체제의 가장 큰 수혜국으로서, 우리의 경제발전은 대외교역을 통해 성장을 이룬 전형적인 사례이다. 우리나라는 또한 명실상부한 통상국가로서 지속적인 경제발전을 위해서는 교역의 확대가 필수적이다. 그런데 최근의 세계 통상환경을 보면, 자유무역협정을 중심으로 한 지역주의가 가속화되고 있는 상황이며, 이러한 지역주의의 경향은 현재의 WTO체제에서 DDA 협상이 난항을 겪고 있기 때문에 과거 GATT체제보다 오히려 확산되는 경향을 보이고 있다.

우리나라는 1992년 EU의 출범과 1994년 NAFTA의 발효를 계기로 지역주의가 세계적으로 확산되면서 FTA 네트워크 역외국가로서의 피해를 최소화하고, 이러한 경향에 적극적으로 대응함은 물론, 능동적인 시장개방과 자유화를 통해 국가 전반의 시스템을 선진화하고 경제체질을 강화하기 위해서 FTA를 추진하게 되었다. 이 결과, 우리나라는 현재 칠레, ASEAN, 미국, EU, 인도 등 총 47개국과 FTA를 발효하였으며, 중국, 일본, 베트남, 인도네시아 등과 협상을 진행 중이다.

1) FTA 주요내용

- **상품무역** : 협정 당사국간 상품에 대한 내국민 대우 및 시장 접근 원칙을 규정하기 위한 것으로 관세철폐 조항 및 관세양허표 외 통상 비관세조치, 제도 규정 등으로 구성되어 있다.
- **서비스** : 서비스 자유화 관련 원칙, 의무를 규정한 협정문과 자유화 방식에 따라 양허 또는 유보 리스트를 열거한 부속서로 구성되며, 협정 당사국은 서비스 분야의 자유화 규모 및 폭을 결정, 이에 대한 약속을 반영한다. 금융, 통신, 자연인 이동 분야의 경우 특수성과 전문성을 고려하여 별도 챕터 또는 부속서로 구성되기도 한다.

3) http://www.motie.go.kr/

- **투자** : 투자 자유화 및 투자 보호를 목적으로 하며, 협정문에는 투자와 관련된 원칙을 규정하고, 부속서는 외국인 투자 허용 분야를 열거한 유보 또는 양허 리스트로 구성된다.
- **무역구제** : 협정 당사국간 교역으로 인하여 국내 산업이 피해를 입은 경우 관세 인상 등의 조치를 통해 구제하는 제도를 마련하기 위한 것으로, 통상 반덤핑, 상계관세, 세이프가드 제도 등으로 구성되어 있다.
- **원산지규정** : 특혜관세 적용을 받기 위해서 당사국이 자국 원산지임을 인정받기 위해 충족해야 하는 기준을 정한 것으로, 협정문과 함께 HS코드 별로 품목별 원산지기준을 규정한 부속서로 구성된다.
- **원산지 절차 및 통관** : 주로 협정 당사국 간 특혜관세 신청을 위한 원산지 증명 방식, 사전판정, 기록유지 의무 및 검증, 수출 관련 의무, 특송 화물과 관세협력 등 세관에서 이루어지는 일련의 통관과 무역원활화와 관련된 규정을 명시한다.
- **무역기술장벽(TBT : Technical Barriers to Trade)** : 양국의 표준, 기술규정 및 적합성평가절차가 협정 당사국 사이의 상품교역에 불필요한 장애를 초래하지 않도록 보호하기 위한 것이며 WTO TBT협정의 내용을 기반으로 투명성, 공동협력, 협의채널, 정보교환 등의 조항으로 구성된다.
- **위생 및 식물검역(SPS)** : 각국이 자국민, 동식물의 건강과 생명보호를 위해 시행하는 조치로서, 일반적으로 무역을 제한하는 효과를 가져 온다. FTA에서는 무역자유화 촉진이라는 기본취지에 따라, SPS 조치 관련 WTO SPS 협정상의 권리의무를 기초로 하여, 양국관계의 맥락에서 SPS 조치가 무역제한 적으로 기능하는 것을 방지하기 위한 규정들이 포함된다.
- **지식재산권** : 저작권, 상표, 특허, 디자인 등 실체적 권리의 보호수준과 권리에 대한 행정, 민사, 형사적 집행에 관한 협정 당사국간 제도를 조화하고 지식재산권 관련 협력을 제고하는 데 기여한다.
- **정부조달** : 정부조달은 세계 GDP의 약 10~15%를 차지하는 큰 시장으로서, 이런 시장개방에 대한 조건과 규칙들을 규정하기 위한 협상 분야이다. 정부조달 협정은 보통 입찰 및 낙찰과정에서의 준수의무를 다루는 협정문 부분과 시장개방 대상과 개방 하한금액을 명시하는 양허표로 구성된다.

- **전자상거래** : 전자상거래 활성화를 위해 당사국간 전자적으로 전송되는 디지털제품(예, 동영상, 이미지 등)에 대한 무관세, 비차별대우, 전자인증 및 전자서명, 소비자 보호 관련 규정 등을 명시한다.
- **경쟁** : 세계 경제의 의존성 증가로 인해 한 국가의 경쟁정책이 시장개방, 관세인하 등 FTA의 체결효과를 훼손할 수 있다는 인식 하에, 이를 방지하기 위한 의무들을 규정하기 위한 협상분야이다. 일반적으로 경쟁법 집행 시 준수해야 할 의무, 공기업 및 독점관련 의무, 경쟁당국 간 협력 등의 요소들이 포함된다.
- **노동** : 협정 당사국 노동자의 권리를 보호하기 위한 것으로, 국제노동기준에 명시된 기본 노동권의 준수, 기본 노동권을 포함한 노동법의 효과적인 집행, 이해관계자의 절차적 권리 보장, 공중의견제출제도의 도입 및 운영, 노동협력매커니즘, 노무협의회 등으로 구성된다.
- **환경** : 협정 당사국의 환경보호를 위한 것으로, 환경법 및 정책이 높은 수준의 환경보호를 제공할 의무, 다자간 환경협정의 의무 이행, 환경법의 효과적인 적용 및 집행, 환경협의회 설치, 대중참여 확대, 환경협력 확대 등으로 구성된다.
- **경제협력** : 협정 당사국간의 경제협력 증진을 위한 것으로 우리나라의 경우 주로 개도국과의 FTA에서 경제협력 챕터를 별도로 두어 경제협력의 범위, 방법 및 이행 메커니즘을 규정하고 있다.
- **분쟁해결** : 협정 당사국 사이의 분쟁을 신속하게 해결하고 협정상 의무를 위반한 국가에 대하여 의무 이행을 확보하기 위한 것으로, 통상 당사국간 협의, 패널 판정, 판정 이행의 순서로 구성된다.
- **총칙(최초조항/최종조항/제도조항/투명성/예외)** : 협정 전체에 관련된 포괄적인 내용을 규정하며, 최초조항 챕터는 목적, 다른 협정과의 관계, 정의, 최종조항 챕터는 개정, 발표, 탈퇴 및 해지, 제도조항 챕터는 협정 이행을 위한 위원회의 역할, 투명성 챕터는 공표, 정보교환, 행정절차, 예외 챕터는 일반예외, 안보예외, 과세예외 등의 조항으로 구성된다.

2) 국내 취약산업지원

우리나라 정부는 FTA 체결로 인한 국내 산업의 피해를 최소화하고 경쟁력을 강화하기 위하여 다음과 같은 국내지원 대책을 시행하고 있다.

- **산업경쟁력 강화 및 성장 동력 확충** : 농업시설 현대화 등 핵심인프라 구축, 브랜드 육성 및 유통체계 개선, 우수품종 육성 및 농업기술 확보, 농수산물 수출확대 지원
- **지속가능 환경 구축** : 친환경 자원순환 농업체계 구축, 농가의 안정적 소득체계 구축, 어족자원 보호 및 친환경 어업생태계 조성
- **직접적 피해보전 강화** : 농수산업 피해보전 및 폐업지원제도 강화, 제조 서비스업의 무역조정지원제도 확대, 전직지원 등 고용안정 노력 강화
- **제도개선** : 신용보증제도 개선, 임차농 보호, 축산업 허가제, 재해보험 확대
- **세제지원** : 면세유 공급 확대 및 기간 연장, 부가세 영세율 확대, 농식품투자조합 세제지원

3) FTA 협상의 특징

승자산업과 패자산업의 양극화

FTA의 특성상 국내시장의 전반적인 개방으로 인해 국내에 승자산업과 패자산업이 존재하게 된다. 우리나라의 최초 FTA였던 한, 칠레 FTA의 경우 승자산업은 자동차, 전자 등을 포함한 제조업 분야이나, 패자산업은 포도, 배 등을 포함한 과수산업으로 추정되었다. 그러나 칠레와의 FTA 이후 10년 이상 경과한 지금, 과수산업의 피해는 예상보다 경미한 반면 수요가 증가하게 되었고, 소비자는 저렴한 과일을 사철 편리하게 즐길 수 있어서 패자산업에 대한 지원이 체계적으로 이루어진다면, 교역의 촉진으로 인한 혜택이 훨씬 큰 것으로 보여 진다.

비대칭적 반응

한, 미간의 FTA 사례로 보았을 때, 패자산업에 속하는 집단의 저항은 정치적

으로 격렬한 경향을 보이며, 승자집단에 속하는 그룹은 무임승차를 하는 경향이 있으므로 향후에는 이들 간의 이해관계를 적절하게 조정할 수 있는 제도적인 대응책을 마련할 필요가 있을 것으로 보인다.

정치 이슈화

우리나라의 특성상 FTA는 '농민희생－제조업혜택'이란 구조로 정치 이슈화되는 경향이 있다. 따라서 농민단체가 NGO, 노조 등과 연대 투쟁하여 정치 이슈화하는 경향이 있으므로, 이에 대한 대국민 홍보 등의 대책을 통해 FTA가 전체 국민에게 이로우며, 수출 산업국인 우리나라에 최대의 수혜를 주는 필요한 협정임을 알리는 조치가 필요하다.

요약

통상협상은 국가 간에 발생하는 무역이나 인적, 기술적, 문화적 교류를 촉진하기 위해 발생하는 제반사항을 다룬다. 따라서 협상은 국가 간에 이루어지지만, 그 협상의 결과가 국내의 산업이나 개인에게 영향을 미치기 때문에 내부 이해관계자들과의 협상 또한 필수적이다.

통상협상의 구조는 대체로, 다 이슈 협상, 다자 간 협상, 다단계 협상, 다회차 협상으로 이루어진다. 이런 복잡한 협상을 성공적으로 수행하기 위해서는 영향력 있는 조직을 구성하고, 유리한 장소에서 원하는 안건에 관해 협상이 열리도록 유도하여야 하며, 승리연합을 구성하거나 협상 또는 이슈 간의 연계를 통해서 협상력을 강화해야 한다. 문제를 우호적으로 해결하기 위해서는 대중의 지지를 얻을 수 있는 틀(Frame)을 만들어야 하며, 상대방이 행동하게끔 추진력을 개발해야 한다.

통상협상은 외부의 합의를 내부에서 승인 받아야 함으로 국내정책과 국제정세의 상호 연관적 측면을 고려하여야 하며, 국내 구성원들 간의 이해관계를 조정할 수 있는 시스템의 개발이 필요하다. 또한 국제통상협상의 기본 체계인 WTO의 개념과 FTA의 특성 및 활용에 대한 국민들의 인식을 제고하여야 한다.

부 록

[별첨 1] 시뮬레이션 : 파트너십

[별첨 2] 사례 : Enron's Dabhol Project

참고문헌 / 찾아보기

[별첨 1]

시뮬레이션 : 파트너십[1)]

지금까지 학습한 협상의 준비와 본 협상의 진행 방법을 마음에 새기면서, 파트너십 협상시뮬레이션을 통해 지금까지 배운 일련의 내용들을 적용해서 통합적 협상의 합의에 이르는 과정을 연습한다. 협상에서 주의할 점은 파레토최적에 도달하는 실질적인 협상의 이익도 중요하지만, 협상의 합의 후 시너지의 창조가 필요한 파트너십을 위해 협상과정의 관리가 이익 못지않게 중요하다는 점이다.

이것은 벤처기업이 사업에 필요한 자금을 조달하기 위한 양자협상이며, 8개의 협상조건을 포함하고 있다. 각각의 조건은 합의결과에 따라서 점수로 표시되며, 각자는 점수표에서 제시된 조건에 따라야 한다. 각자는 대안을 가지고 있어서 협상의 결과로 얻어진 점수의 합계가 대안을 초과할 경우에만 합의가 가능하다. 또한 합의의 결정에는 영향을 미치지 않지만, 각자는 협상과정을 진행하는 태도에 따라서 상대방으로부터 점수를 부여받는다. 협상의 이슈가 8개이기 때문에 각자의 중요도에 따라서 이슈의 우선순위를 정하고 파레토우위에 이르도록 이슈 간의 교환을 조정하는 것이 중요하다.

협상에 사용되는 자료는 협상에 관한 일반정보, 비밀지시사항, 점수표, 과정진행 평가표로 구성되며, 진행자는 협상을 시작하기 전에 모든 참가자에게 일반정보를 숙지하게 하고 협상에 대한 사전 설명을 한다. 참가자들이 협상의 배경에 관해 이해한 후, 진행자는 참가자들을 두 개의 역할로 분리한다. 그리고 역할에 따라서 비밀지시사항과 점수표, 과정진행평가표를 배분한다. 이 사례가 8개의 협상조건을 가지고 있기 때문에 참가자들이 이것을 이해하는데 어려움이 있을 수 있다. 따라서 진행자가 개괄적인 설명을 하고 참가자들의 질문을 받은 후에 협상을 위한 각자의 준비시간을 부여할 필요가 있다. 진행에 소요되는 시간은 준비 1시간, 협상 1시간, 협상 후 토론 1시간이 적당하다.

---

1) 이 시뮬레이션은 Nicholas Sabin이 개발한 것으로서, 축소 개정한 것임.

파트너십 일반정보

Virgin은 우주여행산업에 혁명을 일으키려는 의도로 4년 전에 설립된 벤처회사이다. Virgin은 우주여행의 비용과 위험을 급격히 줄일 수 있는 재사용가능 비행선을 개발하여 탁월한 진전을 이루었다. 현재 회사는 3개의 작은 비행선 함대를 건조하고 일반 대중에게 우주여행을 제공하기 시작하는데 필요한 기반시설을 갖추기 위해서 $100백만의 투자자를 찾고 있다.

회사는 특히 투자은행으로부터 자금을 받는 것에 관심을 가지고 있다. 투자은행이 우주여행산업에 집중 투자하면서 포트폴리오 기업들과 함께 중요한 부가가치를 제공할 것으로 믿는다. 회사는 투자은행과 여러 차례 만났으며 지금은 조건과 서류를 협의할 준비를 하고 있다. 이 협상기간 동안 양측은 잠재적 투자에 관한 가장 중요한 조건을 의논할 것이다. 만약 이 협상이 성공한다면, 합의된 조건은 이번 주 후반에 서명될 상세 조건서류의 기초를 제공하게 된다. 회사가 은행으로부터 벤처자본을 받는다면, 그와 함께 풍부한 전문성이 따라올 것이다.

Virgin의 창업자는 회사를 설립하기 전에, 다수의 항공우주기업에서 관리자와 공학 R&D 전문가로 20년 이상 일했다. 창업자는 비행선을 개발해서 진수시키는 일에 전문화해 왔으며, 일반대중에게 궤도 밖 우주여행을 현실화시킬 수 있는 재사용 비행선을 개발하는 일에 헌신하고자 마침내 벤처회사를 설립하였다. Virgin은 혁신적인 형태의 비행선을 위한 독자적인 디자인의 유일한 소유자이다. 다른 어떤 회사도 Virgin이 한 것처럼 우주비행에 대해 경제적이면서 책임 있게 안전을 제시한 적은 없다. 비행선은 지금까지 10번의 우주비행을 경험함으로써 개발과 실험이 순조롭게 진행되어 왔다. 회사는 초기 여행에 참여하려는 열망으로 가득한 개인들에게 제한된 숫자의 티켓을 팔기 시작했다.

비행선은 여행자에게 활주로를 이륙해서, 지구 표면 위 100마일 상공의 최고고도에서 지구의 대기를 이탈하여 약 20분 만에 우주 밖으로 진입하였다가, 2시간의 왕복여행 후 같은 활주로에 돌아오는 진짜 독특한 우주여행을 제공한다. 우주비행에서 자랑하는 것은 우주공간의 무중력, 우주로부터 지구를 바라보는 삶

의 변화, 그리고 우주인으로서의 인정이다.

창업자는 회사를 설립할 때 우주 탐험에 관심이 있는 몇몇 부유한 개인들로부터 개시자본 $30백만을 보통주를 발행해서 조달하였다. 회사는 현재 20명을 고용하고 있지만, 더 큰 조직을 만들 계획을 하고 있다. 회사는 3개의 작은 비행선 함대를 구성해서 대중에게 궤도 밖 우주여행을 제공하는 다음 단계의 발전을 위해 $100백만의 벤처자본을 찾고 있다.

창업자를 위한 비밀지시사항

다음 정보는 당신이 투자은행과 의논하게 될 협상조건에 관한 것이다. 조건들은 순서 없이 협상할 수 있다. 각 조건에 특정한 점수 가치가 부여되는 비밀점수 양식도 포함된다. 이 점수 양식을 사용해서 합의된 협상조건을 기록하고 총점을 계산한다. 각 조건에 대한 점수 가치는 재무적 관심, 위험의 개요, 개인적인 선호 등, 당신의 총체적인 이해관계에 기초한다. 만약 특정한 작은 조건이 지시된 범위에서 합의되지 않거나(불수용 조건은 점수 양식에 "결렬"로 표시한다), 실질적인 대안에 도달되지 않으면, 투자유치는 진행되지 않을 것이다. 당신의 어떤 비밀 협상조건도 상대방에게 보여줘선 안 된다.

조건 1 : 지분율

회사는 $100백만 투자에 대해 투자은행에게 주식을 제공할 것이다. 당신은 가능한 은행에게 적은 주식지분을 주고자 한다. 지분과 가치평가는 연결되어 있어서 회사에 높은 가치를 부여하면, 은행이 받을 지분은 더 작아진다. 당신은 회사의 객관적인 가치평가를 위해 다양한 기법을 사용해 왔다. 상세 수익이 반영된 다양한 안들과 다른 항공우주회사들과의 비교를 통해서, 회사의 투자 후 가치는 약 $250백만 이라는 결론을 내렸다. 이 경우에, 투자은행은 $100백만 투자에 대해 회사 주식의 35%~40%를 받게 될 것이다. 만약 계획대로 된다면 은행은 향후 5년간 투자의 수십 배의 수익을 쉽게 벌 수 있을 것이기 때문에, 35%~40%의 지분이 은행을 공정하게 보상하는 것이라고 생각한다. 비록, 당신은 선호하는 다른 조건들과의 교환으로 40% 이상의 지분을 협상할 수 있지만, 회사의 경영권을 포기하고 싶지는 않다. 그래서 당신은 50% 이상의 회사 지분을 주는 어떤 조건의 수용도 거부한다.

조건 2 : 주식의 종류

당신은 투자은행이 투자를 위해 받아야 할 주식 종류에 관해서 협상해야 한다. 지금까지, 모든 투자자들은 보통주를 받았으며, 모든 투자자들 간에 동일성을 유지하고 싶다. 보통주는 청산이나 전환의 특혜가 없다. 그러나 은행이 특혜 없이

투자하는 것에 상당히 저항할 것이고, 당신이 다른 조건에 더 관심이 있기 때문에 보통주를 양보할 수도 있다.

당신의 차선책은 전환우선주를 발행하는 것이다. 청산의 경우에, 전환우선주는 보통주 소유자들에 앞서, 은행에게 먼저 투자의 전체가치를 회수할 수 있는 권리를 준다. 게다가, 은행은 우선주를 보통주로 전환할 수 있는 옵션을 가진다. 그것은 주식 지분의 가치가 초기투자를 초과한다면 실행할 수 있는 것이다. 당신은 은행이 지분을 보통주로 전환하도록 우주여행의 가치를 증가시킬 자신이 있기 때문에 전환우선주도 수용 가능하다.

당신이 가장 발행하고 싶지 않은 주식은 상환우선주이다. 상환우선주는 이중의 안전장치를 허용함으로써 투자를 과도하게 보상하는 것이다. 은행은 청산의 경우에 초기 투자액을 완전히 상환 받도록 허용될 것이며, 또한 남아 있는 자산에 대해 지분율에 따라 분배 받게 된다. 은행이 자신의 돈을 돌려받고 투자도 유지하는 것이 허용되는 경우는 비합리적이라고 생각한다.

조건 3 : 배당

당신은 초기회사가 성장하려고 노력하면서 현금 배당을 하는 것이 불합리하다는 것을 은행과 이미 합의하였다. 그러나 청산할 때까지 발생하는 배당을 주식으로 지급하는 옵션은 여전히 남아있다. 당신은 은행이 기초지분에 만족해야 하며 모든 투자가를 위해서 회사의 가치를 증대하는데 더 집중해야 한다고 생각한다. 게다가, 투자은행을 주식으로 과도하게 보상하는 것은 다른 주주들에게 잘못된 제휴 동기를 부여할 수 있다. 만약 은행이 주식을 너무 많이 받게 되면, 회사의 종업원이나 다른 주주들이 지나치게 희석되면서 그들의 동기를 축소시키기 때문에 그것은 투자은행에게도 실질적으로 손해가 될 것이다. 만약 당신이 배당하는 것을 선택한다면, 원래 투자은행이 소유한 지분에 대해 연 율로 협상해야 하며 가능한 최소화하는 것이 목표이다.

조건 4 : 비 희석 권리

당신은 은행과 비 희석 권리를 논의할 것이다. 비 희석 조항은 추가적인 자금 조달이 이루어지는 경우에 은행의 지분을 보호하기 위해서 포함될 수 있다. 만약 회사가 미래에 추가적인 자본을 요구한다면, 이 조항은 그것이 제3자에게 제안되기 전에 은행에게 추가지분을 살 권리를 준다. 당신은 이 조항을 적극적으로 선호한다. 추가적인 투자자들에게 옵션이 주어지기 전에 투자은행이 재투자하는 권리를 갖는 것은 합리적인 것으로 보인다. 당신도 은행이 강력한 지분을 유지하는 것이 유익하다. 만약 은행의 지분이 과도하게 희석된다면, 투자은행은 비 재무적 원천의 우선순위에서 회사를 고려하지 않을 것이다.

조건 5 : 이사회 임원의 임명

당신은 투자은행이 회사의 이사회에 지명할 이사의 수를 협상하고 있다. 이사회는 현재 당신과 2명의 독립된 이사로서 3명으로 구성되어 있다. 이사회는 전략적 목표를 정하거나, 경영진의 성과를 검토하거나, 주된 재무적 거래를 승인하는 등, 회사의 미래에 영향을 미치는 많은 책임을 지고 있다. 당신은 항상 이사회의 규모를 관리 가능한 수준으로 유지하려 하였으며 크거나 거대한 이사회를 다루는 것에는 관심이 없다. 은행에서 지명된 1명의 이사회 멤버는 회사에 대단히 좋은 통로가 될 것이며 이사회의 관점을 넓혀줄 것이다. 당신은 심지어 2명의 지명도 수용할 것이지만, 3명 이상은 수용할 수 없다. 만약 미래에 다른 투자회사로부터 자금을 받는다면, 그 회사도 역시 이사회 멤버를 기대할 것이다.

조건 6 : 창업자 지분에 대한 권리부여

투자은행은 당신의 지분에 권리를 부여하는 것을 동의할 것이다. 제안되는 권리부여는 일단 당신이 지분 전체를 포기할 것을 요구하며, 당신은 회사에서 계속 일하면서 매년 그것의 일정 부분을 되돌려 받을 것이다. 당신의 지분에 대해 권리를 부여하는 것은 당신이 즉시 지분을 팔고 회사를 떠나지 않을 것이라는 점에서 은행을 안심시키게 될 것이다. 이 조건에 대해서, 당신의 지분이 완전한 권리를 되찾을 때까지 몇 년이 걸릴지를 협의하고 있다. 당신은 3년이나 그보다 적

은 단기 권리부여 일정에 동의하는 것이 은행과의 신뢰 형성에 도움이 되거나 또는 당신이 좀 더 관심 있는 다른 조건에 대한 레버리지를 제공한다면 신경 쓰이지 않는다. 그러나 당신은 장기간의 권리부여 일정에 의해 통제되기를 원치 않는다. 당신은 이 회사와 관련하여 누구보다도 더 많은 지분을 가질 가치가 있으며, 법적 서류의 구속보다는 신뢰를 통해서 당신이 회사에 대해 장기적으로 개입하는 것이 투자자를 만족시키게 될 것이라고 생각한다.

조건 7 : CEO 교체 조항

명백하게 투자은행은 당신이 CEO 직책을 유지하는 것을 걱정하고 있다. 당신은 이것이 터무니없으며 개인적인 공격이라고 생각한다. 당신은 이 시점까지 회사 경영을 탁월하게 수행해 왔으며, 기업 경력기간 동안 R&D 프로젝트를 감독하는 다수의 관리직을 수행하였다. 그리고 누구보다도 더 친밀하게 시장과 기술을 이해하는 당신보다 누가 회사를 더 잘 감독할 수 있겠는가?

은행과의 최근 회의 과정에 이 이슈가 명확히 갈등의 한 부분이었다. 이 이슈에 관해 타협하기 위해, 은행은 당신이 향후 5년간에 회사의 잠정계획에 기초한 매년 성과지표를 달성하는 조건부로 CEO에 남는 것을 제안하였다. 만약 합의한 연간지표를 달성하지 못하면, 은행이 더 이상의 협상 없이 당신을 교체할 수 있는 권리를 가질 것이다. 이 경우에 은행이 제안한 것은 당신이 이사회 멤버로서 계속해서 회사에서 일할 수 있는 것이다.

이 조건을 위해 당신은 교체를 결정할 때 사용할 연간 성과지표를 협상하고 있다. 은행이 제안한 지표는 수익을 예측하는 것인데, 당신이 그들과 처음 만났을 때 제안한 것이다. 당신은 보수적인 예측, 중도적인 예측, 공격적인 예측의 범주로서 3개의 잠재적인 시나리오를 제안하였다. 그 시나리오는 향후 5년간의 연간 수익을 예측하고 있다.

당신은 무엇보다도 CEO 교체 조항이 없는 것을 선호하지만, 지표로서 보수적인 예측은 수용 가능하다. 당신은 당신이 만든 모든 예상이 확실히 공격적임을 알기 때문에 중도적인 예측에 동의하는 것조차도 쉽지 않다. 당신은 향후 5년간 모든 것이 빈틈없이 진전되지 않는 한 경영이 다소 처질 수 있기 때문에 공격적인 예측을 수용했을 때 기본적으로 CEO를 사임하도록 제시될 것임을 안다.

조건 8 : No Shop 조항

만약 조건이 합의가 되면, 은행은 정식 주식매입 합의문에 서명하기 전에 회사에 대한 실사를 수행할 기간을 가질 것이다. 만약 은행과의 합의 조건에 "no shop" 조항이 포함되지 않으면, 당신은 다른 투자회사로부터 투자조건을 받을 수 있는 권리를 갖게 된다. 만약 그 조항이 포함되면, 은행은 회사와 60일간의 배타적인 협상 권리를 갖게 된다. "no shop" 조항은 당신이 다른 잠재적 투자가들과 이야기 하는 것을 금지한다. 그 이후에 주식매입 합의문이 서명되지 않으면 그 조항은 만료된다. 당신은 "no shop" 조항이 다른 투자회사들과 접촉하는 것을 막음으로써 지나치게 제약적이라고 믿는다. 그런 조항을 수용하는 것은 은행 쪽으로 지나치게 편향되는 상황을 만들 것이다. 당신은 분명히 시장의 관심을 측정하기 위해 다른 투자회사와 조건을 의논해야 한다. 그래서 만약 은행이 no shop 조항을 주장하면 당신은 그들이 공정한 게임을 하고 있지 않다고 믿는다.

대안

최근 2주간 당신은 다른 2개의 벤처자본회사와 논의를 시작하였다. 그들은 투자에 관심이 있는 것처럼 보였지만, 아직 투자은행과 같은 투자조건에 대한 협상을 하지 못하고 있다. 당신은 그들이 경쟁력 있는 조건을 제공할 수 있을 것으로 생각하지만, 투자은행이 명성과 전문성을 통해서 부가할 수 있는 가치에 필적할 수는 없다고 믿는다. 관심을 보이고 있는 다른 벤처자본회사로부터 받을 수 있는 잠재적 조건을 고려하면서, 당신은 대안을 계산하였다. 당신은 실질적인 점수로 최소한 50점을 수용할 수 있다. 만약 당신이 수용할 수 있는 최소한도에서 은행과 합의에 도달할 수 없다면, 당신은 다른 벤처자본회사와 거래하는 기회를 선호할 것이다.

협상과정에 대한 평가

당신은 상대방이 협상과정을 진행하는 태도와 능력을 측정하기 위해서, 협상하는 동안 상대방에 대한 과정평가표를 작성해야 한다. 평가표는 합의에 도달하고 난 후에 상대방에게 제공하는데, 다음의 5가지 항목에 대해 점수를 부여한다.

- **신뢰** : 상대방을 얼마나 신뢰하는가?
- **존중** : 협상하는 동안 상대방으로부터 얼마나 존중되었다고 느끼는가?
- **공정성** : 협상의 과정과 결과가 얼마나 공정하다고 생각하는가?
- **이해관계** : 상대방은 당신을 이해하기 위해서 얼마나 노력하였나?
- **미래의 협력** : 당신은 상대방과 미래에 함께 일하고 싶은가?

당신은 각각의 태도에 대해 0~10점을 부여할 수 있으며, 과정 점수의 총점은 50점이다. 평가된 과정 점수는 총점에 가산된다.

협상과정 평가표

평가	최하(0-2)	하(3-4)	보통(5-6)	상(7-8)	최상(9-10)	점수
신뢰						
존중						
공정성						
이해관계						
미래의 협력						
합계						

창업자를 위한 비밀 점수 표

지시사항 : 합의에 도달하면, 합의된 옵션에 √ 하고 배분 점수를 획득 점수 난에 쓰시오. "결렬"로 표시된 점수의 결과는 그 이슈에 합의가 되지 않는 것이므로, 결렬의 점수가 있는 경우에는 전체적인 합의도 안 되는 것임. 획득한 점수의 총계가 대안의 점수보다 높아야 거래의 합의가 가능함.

협상의 이슈	옵션	배분 점수	획득 점수
1. 지분율	60% 이상	결렬	
	56-59%	4	
	50-55%	8	
	47-49%	16	
	42-46%	18	
	36-41%	20	
	31-35%	22	
	30% 이하	24	
2. 주식의 종류	상환우선주	2	
	전환우선주	5	
	보통주	6	
3. 배당	8% 이상	0	
	5-7%	5	
	3-4%	8	
	1-2%	12	
	무배당	16	
4. 비 희석 권리	권리 없음	0	
	투자은행의 권리	3	
5. 이사회 임원	3명 이상	결렬	
	2명	6	
	1명	8	
	없음	2	
6. 창업자 지분의 권리회복 기간	6년 이상	3	
	4-5년	8	
	3년 이하	10	
	기한 없음	12	
7. CEO 교체	공격적 예측	결렬	
	중간 예측	7	
	보수적 예측	14	
	조항 없음	19	
8. No Shop 조항	조항 포함	2	
	조항 불 포함	12	

실질적 대안 점수 50점

획득한 실질 점수 합계 ________

획득한 과정 점수 합계 ________

획득한 총 점수 ________

투자은행을 위한 비밀지시사항

당신은 이 투자에 관해 8개의 조건에 관하여 창업자와 의논할 것이다. 조건들은 어떤 순서로도 협상될 수 있다. 점수양식에는 각 조건에 대한 특정한 점수가 포함되어 있다. 이 점수 양식을 사용해서 합의된 조건들을 기록하고 총점을 계산한다. 각 조건에 대한 점수의 가치는 은행의 투자 관심에 기초하고 있는데, 예를 들어 산업분석, 위험의 개요, 포트폴리오 구성 등이다. 만약 특정한 작은 조건이 지시된 범위에서 합의되지 않거나(수용되지 않은 조건은 점수 양식에 "결렬"로 기록한다), 실질적인 대안에 도달되지 않으면, 투자는 진행되지 않을 것이다. 당신의 비밀지시사항은 어떤 것도 상대방에게 보여줘선 안 된다.

조건 1 : 지분율

당신은 $100백만의 투자 대가로 Virgin에서 주식을 받을 것이다. 이 협상에서 당신의 가장 큰 관심사 중의 하나는 가능한 한 최대의 지분을 받는 것이다. 지분과 가치평가는 연결되어 있는데, 회사에 대한 가치평가를 높게 할수록 $100백만 투자로부터 얻게 될 지분은 더 작아질 것이다. 초기단계에 있는 회사의 가치를 결정하는 것은 주관적인 분석일 수 있다.

회사에 대한 향후 5년간의 가치의 범위를 예측하고 그것을 현재가치로 할인하는 방법으로, 회사가 투자 후에 약$200백만의 가치가 있다고 생각한다. 이 가치평가는 $100백만 투자에 대해 회사 주식의 50%를 받아야 함을 제안하는 것이다. 그러나 당신은 위험/보상 비율을 고려해서 더 높은 지분 요구를 정당화해야 한다. 주식 지분에 대한 협상과정에서 해야 하는 또 하나의 중요한 고려는 경영권을 누가 갖느냐 하는 것이다. 당신은 주주의 영향력을 통해서 회사의 미래를 통제하려는 의도도 없고 욕구도 없다는 점을 창업자에게 명확히 하고자 한다. 그러나 과반수의 주식을 갖는 것은 회사가 실패할 때. 그리고 은행이 더 적극적인 역할을 해야 할 때 중요한 안전성을 제공한다.

조건 2 : 주식의 종류

당신은 투자로 받아야 할 주식의 성격에 관해서 합의해야 한다. 주식의 종류는 중요한 조건이다. 왜냐하면, 청산자금을 받을 때, 위험과 과정에 영향을 미치기 때문이다. 가장 기본적인 옵션은 보통주이다. 만약 보통주를 받는다면, 어떤 청산이나 전환의 특혜 없이 기존의 주주들과 동등한 자격을 가질 것이다. 존경받는 투자은행으로서, 이 투자에 관련된 위험의 양을 고려할 때 우선주를 받을 수 없다면 웃음거리가 될 것이다.

벤처자본투자에 대한 산업의 기준은 전환우선주가 되는 경향이 있다. 만약 전환우선주를 받는다면, 청산의 경우에 보통주를 소유한 사람들이 무엇인가를 받기 전에 먼저 당신이 투자원금을 되찾을 수 있는 권리가 있다. 첨가해서, 당신은 우선주를 보통주로 전환하는 옵션을 가질 수 있다. 지분의 가치가 투자의 가치를 초과할 때, 당신은 우선주를 보통주로 전환할 수 있다. 이 옵션이 수익을 공유하면서 당신의 초기투자를 보호한다.

상환우선주가 가장 유리하다. 전환우선주처럼 당신은 보통주주보다 먼저 투자를 회수할 수 있는 청산 우선권을 갖는다. 상환우선주의 추가적인 혜택은 회사의 가치가 초기투자보다 더 클 경우, 초기투자를 완전히 상환 받고 나서, 투자를 초과해서 남아 있는 잔액에 대해 보통주와 비율에 따라 분배를 받는다. 그래서 당신은 투자를 회수하는 것과 지분을 공유하는 것 사이에서 선택하지 않고 둘 다 할 수 있는 것이다.

조건 3 : 배당

당신은 또한 주식지분에 대해 배당을 받을 권리에 관해 협상해야 한다. 잠재적인 배당은 현금으로 지급되지 않을 것이다. 오히려, 그것은 청산할 때까지 주식으로 지급될 것이다. 배당에 관련된 주된 관심은 당신의 주식지분을 증가시키는 것이며, 그래서 상승잠재력을 증가시키는 것이다. 경험에 의하면, 배당이 실행될 때 산업의 평균은 연간 8%이다. 당신은 적당한 복합 배당이 수년간 이루어져서 최종 주식지분이 실질적으로 증가하는 것을 생각하고 있기 때문에 보다 높은 배

당을 받는 것에 가치를 두고 있다. 당신은 관계가 손상되지 않는다면 가능한 높은 배당을 받고 싶다.

조건 4 : 비 희석 권리

당신은 미래 자금조달 과정의 과도한 희석으로부터 주식지분을 보호하기 위해 비 희석 조항을 협상하고자 한다. 만약 회사가 미래에 추가적인 자본을 요구한다면, 그들이 제3자에게 제안을 하기 전에, 은행에게 추가적인 주식지분을 살 수 있는 권리를 먼저 제공한다. 당신은 그것이 미래 투자가에 의해 당신의 지분이 희석되는 것을 보호하기 때문에 이 조항을 선호한다. 당신은 비 희석 권리가 장기적으로는 양 당사자에게 유익한 것이므로 창업자가 합의할 수 있을 것으로 희망하고 있다.

조건 5 : 이사회 임원의 임명

회사의 이사회에 대한 적절한 대표권을 얻는 것은 투자에 대단히 중요하다. 이것은 당신에게 회사의 전략에 대한 영향력을 제공할 뿐만 아니라, 회사의 가치를 높이기 위해 희망하는 원칙적인 방법들 중의 하나이다. 이사회는 전략적 목표를 정하거나, 경영진의 업적을 평가하거나, 주된 재무적 거래를 승인하는 등 회사의 미래에 영향을 미치는 많은 책임을 지니고 있다.

이사회는 현재 창업자와 창업자가 선발한 2명의 독립적인 이사로서 3명으로 구성되어 있다. 당신은 최소한 1명을 이사회에 지명하기를 원하지만, 더 많이 지명할 수 있다면 회사에 대해 더 많은 영향력을 가질 것이다. 만약 창업자가 다수의 이사를 지명하는 것을 수용한다면, 당신은 회사와 당신의 투자 수익을 위해서 가능한 많이 지명할 것이다.

조건 6 : 창업자 지분에 대한 권리부여

당신은 창업자의 비전과 기술적인 전문성이 벤처회사의 성공에 중요하다는 것을 믿는다. 창업자의 주식지분에 권리를 부여하는 것이 창업자가 회사에 남아있도록 유인할 수 있는 한 방법이다. 만약 창업자의 지분이 권리를 부여 받으면, 창업자가 회사에 남아 있는 매년마다 일정 지분이 창업자에게 돌아간다. 창업자는 동일한 지분을 매년 돌려받을 것이고 합의된 햇수만큼 머무르고 난 후에는 완전히 권리를 부여 받을 것이다. 당신은 이 점에서 창업자의 의도를 확신하지 못하지만, 만약 창업자가 4년 이전에 회사를 떠난다면, 당신의 투자에는 재앙이 될 것임은 확실하다. 4년이 당신이 수용할 최소한의 권리부여 기간이다. 추가적인 기간은 당신의 투자를 좀 더 안전하게 한다.

조건 7 : CEO 교체 조항

창업자는 회사 개시 이래로 CEO로서 활동하였으며, 지금까지 탁월하게 직무를 수행해 왔다. 그러나 CEO는 회사에서 최고 변수들 중의 하나이며, 모험적인 회사에서 성공적인 CEO는 성숙한 회사에서 성공적인 CEO와는 급격하게 달라질 수 있다. 개인적으로, 당신은 회사의 다음 단계의 성장을 위해서는 즉시 전문경영인을 데려오고 싶다. 그러나 앞선 회의에서 창업자는 CEO에 남아 있으려는 강한 의지를 확실히 하였다. 그래서 만약 당신이 즉각적인 교체를 요구한다면, 거래는 진행되지 않을 것으로 믿는다. 투자의 이해관계를 보호하면서 창업자가 CEO 타이틀을 유지하기 위해서, 당신은 성과지표의 사용을 제안하였다. 만약 합의된 연간지표가 달성되지 않으면, 은행이 추가적인 협상 없이 즉시 CEO를 교체할 수 있는 권리를 갖는다. 그러나 창업자는 이사회 멤버로서 계속 일할 수 있다.

당신은 첫 번째 미팅에서 창업자가 제시하였던 수익을 반영할 수 있는 지표를 제안하였다. 창업자는 보수적인 예측, 중도적인 예측, 공격적인 예측의 3가지로 범주화된 잠재적인 시나리오를 제안하였다. 그 시나리오는 향후 5년간의 연간 수익을 예측하였다. 당신은 공격적인 예측으로 합의하는 것에 가장 관심이 있다. 만약 창업자가 공격적인 예측에 부합할 능력이 있다면, 당신의 투자에는 그만큼 더 좋은 것이다. 중도적인 예측은 수용될 수 있지만, 보수적인 예측을 지표로서 받아들이는 것에는 극도로 주저한다.

조건 8 : No Shop 조항

"no shop" 조항이 주식매입 합의문이 서명되어서 형식적으로 구속되기 전에 창업자가 더 좋은 조건으로 협상하기 위해 다른 투자자와 거래하는 것을 방지한다. 만약 'no shop' 조항이 포함된다면, 은행은 회사와 60일 간의 배타적인 협상 권리를 갖게 된다. 만약 주식매입 합의문이 서명되지 않으면 그 이후에는 그 조항은 만료가 된다. 당신은 이 시점에 다른 투자자가 회사에 관심을 가지는지는 확신할 수 없지만, 잘못된 정보를 지닌 투자자가 만약 과도하게 후한 조건을 제안한다면 충격적인 효과가 있음은 알 수 있다. 경험으로 볼 때 다수의 투자자가 경쟁적인 조건을 제시하기 시작하면 가치는 2배가 되면서 모든 레버리지는 기업가에게 넘어가고 거래는 쉽게 통제할 수 없음을 보아왔다.

이런 이유로, no shop 조항이 은행에게는 중요한 조건이다. 그것이 없으면, 당신은 모든 조건을 재협상해야 될 수도 있다. 그리고 만약 과도한 입찰이 발생하면, 거래로부터 철수할 수도 있다. 당신은 no shop 조항이 회사에게 해롭지 않음을 창업자에게 명확히 하고자 한다. 비록 다른 투자자들이 창업자에게 더 높은 가치를 제공할 수 있지만, 그들은 투자은행이 밀접한 업무적 관계를 통해서 포트폴리오 기업들에게 제공하는 부가적인 가치를 따라올 수는 없다. 당신은 이 조항을 단순히 "포함" 또는 "불 포함"으로 협상해야만 한다.

기대와 염려

당신은 이 투자의 잠재성에 대해 매우 낙관적이지만, 앞에 높여있는 도전을 현실화해야 한다. 당신의 경험과 직감에 기초하면, Virgin이 대중 우주여행에서 산업의 지배적인 리더가 될 수 있다고 생각한다. 당신은 갑작스런 기술적 위험에 대해 가장 염려하고 있는데, Virgin은 자신의 독자적인 디자인이 안전문제를 최소화 할 것으로 자신하고 있는 것처럼 보인다. 그러나 당신은 단 한 번의 비정상적인 비행으로 희생자를 낼 경우 회사의 신뢰성에 가해질 파괴적인 효과를 이해하고 있다. 게다가, 미래의 경쟁자에 대응하면서 회사의 몇몇 핵심 개인에 의존해야 하는 벤처기업의 위험을 고려해야만 한다.

대안

투자에 내포되어 있는 위험의 실제적인 크기를 고려해서, 당신은 대안을 계산하였다. 당신은 최소한 50점을 수용할 수 있다. 만약 당신이 최소한 수용할 수 있는 점수로 회사와 합의에 도달할 수 없다면, 당신은 거래를 포기하고 다른 회사를 투자 대상으로 고려할 것이다.

협상과정에 대한 평가

당신은 상대방이 협상과정을 진행하는 태도와 능력을 측정하기 위해서, 협상하는 동안 상대방에 대한 과정평가표를 작성해야 한다. 평가표는 합의에 도달하고 난 후에 상대방에게 제공하는데, 다음의 5가지 항목에 대해 점수를 부여한다.

- **신뢰** : 상대방을 얼마나 신뢰하는가?
- **존중** : 협상하는 동안 상대방으로부터 얼마나 존중되었다고 느끼는가?
- **공정성** : 협상의 과정과 결과가 얼마나 공정하다고 생각하는가?
- **이해관계** : 상대방은 당신을 이해하기 위해서 얼마나 노력하였나?
- **미래의 협력** : 당신은 상대방과 미래에 함께 일하고 싶은가?

당신은 각각의 태도에 대해 0~10점을 부여할 수 있으며, 과정 점수의 총점은 50점이다. 평가된 과정 점수는 총점에 가산된다.

협상과정 평가표

평가	최하(0-2)	하(3-4)	보통(5-6)	상(7-8)	최상(9-10)	점수
신뢰						
존중						
공정성						
이해관계						
미래의 협력						
합계						

투자은행을 위한 비밀 점수 표

지시사항 : 합의에 도달하면, 합의된 옵션에 √ 하고 배분 점수를 획득 점수 난에 쓰시오. 결렬로 표시된 점수의 결과는 그 이슈에 합의가 되지 않는 것이므로, 결렬의 점수가 있는 경우에는 전체적인 합의도 안 되는 것임. 획득한 점수의 총계가 대안의 점수보다 높아야 거래의 합의가 가능함.

협상의 이슈	옵션	배분 점수	획득 점수
1. 지분율	70% 이상	20	
	60-69%	18	
	51-59%	15	
	50%	11	
	46-49%	9	
	40-45%	6	
	35-39%	3	
	30% 이하	결렬	
2. 주식의 종류	상환우선주	12	
	전환우선주	8	
	보통주	0	
3. 배당	10% 이상	12	
	8-9%	9	
	4-7%	6	
	1-3%	3	
	무배당	0	
4. 비 희석 권리	권리 없음	0	
	투자은행의 권리	6	
5. 이사회 임원	3명	7	
	2명	5	
	1명	3	
	없음	0	
6. 창업자 지분의 권리회복 기간	6년 이상	14	
	5년	12	
	4년	8	
	3년 이하	결렬	
7. CEO 교체	공격적 예측	16	
	중간 예측	10	
	보수적 예측	6	
	조항 없음	결렬	
8. No Shop 조항	조항 포함	10	
	조항 불 포함	2	

실질적 대안 점수 50점

획득한 실질 점수 합계 __________

획득한 과정 점수 합계 __________

획득한 총 점수 __________

시뮬레이션에 대한 토론

협상이 끝나면 아래의 내용에 대하여 토론하고 보충설명을 한다. 토론은 가급적 학생들 사이에서 자발적으로 이루어지게 하고, 교육자는 촉진자로서 역할 하는 것이 좋다. 교육자가 토론에서 중요시 할 점은, 학생들이 통합적인 협상을 위해서 협상의 시작과 과정의 진행을 어떻게 하였는가에 주목하는 것이다.

학생들은 일반적으로 각각의 이슈에 관하여 즉각적인 제안과 대응으로 시작하는 경향이 있다. 이것은 협상을 입장으로 시작하게 되며 통합적 협상을 위한 진실한 정보의 공유를 어렵게 하고 이슈간의 교환을 어렵게 하면서 분배적인 상황으로 유도한다. 그래서 통합적인 협상을 위해서는 상호간의 관계를 중요시 하면서 우선 업무적 관계 수립의 분위기를 조성하고, 서서히 상대방의 이해관계의 우선순위를 파악하기 위해서 간접적인 방법으로 접근하는 기법을 사용하는 것이 바람직하다.

1) 점수표의 나열(벽에 붙이는 것도 좋은 방법임)
2) 실질적 결과와 과정적 평가에 대한 토론
   - 전략 설계에서 실질적 이익과 관계의 이익에 대해 어떻게 계획하였나?
   - 총이익의 결과에 대한 평가
     - 실질적 이익에 대한 평가
     - 과정적 이익에 대한 평가
   - 유형의 이익과 무형의 이익을 교환하는 것은 실제로는 어려울 수 있음.
3) 협상에서 통합적인 접근에 대한 토론
   - 통합적 협상을 위한 4가지의 중심적인 과정을 이행하였나?
     - 협력과 정보의 공유
     - 상대방의 실질적 욕구와 목표에 대한 이해
     - 공통점의 강화와 차이의 최소화
     - 쌍방의 목적과 목표에 부합하는 해결책의 개발
   - 양측의 최대이익을 만들기 위해 협동적 문제해결 방법을 사용하였나?
     - 이해관계를 같이하는 높은 가치의 옵션에 대한 합의(#4)
     - 이슈 안에서 파레토최적 옵션에 대한 합의(#1)

- 우선순위가 다른 이슈의 교환

4) 관계와 상호성의 규범에 대한 토론

- 상호성의 규범이 관계에서 신뢰를 쌓는다.
  - 자신의 가치에 대한 믿음과 공정성에 대한 확실한 태도가 중요함
- 관계의 덫 : 너무 빠른 신뢰와 상호성의 불균형에 관한 경계가 필요함

[별첨 2]

사례 : Enron's Dabhol Project[1)]

이 사례는 미국의 엔론(주)가 인도의 Dabhol 지역에 건설한 발전설비 프로젝트에 관한 것이다. 이 사례는 다국적기업의 해외직접투자에서 발생하는 이슈와 관심에 관한 문제점들을 보여준다. 이 프로젝트는 인도가 점차적으로 경제자유화하고 글로벌화 하는 과정의 맥락에서 볼 필요가 있다. 이 프로젝트에 대해 민족주의적 표현을 포함한 내부의 반응은 무엇인가? 이 사례는 인도 중앙정부의 승인을 받은 프로젝트가 현지에서 협상되고 재협상되는 과정과 결과를 보여준다.

인도 답홀 프로젝트의 배경

1995년에 인도는 약 9.2억 명이 넘는 인구에 년 2.5%의 성장률을 기록하고 있으며, 1인당 연 소득이 $370에 불과한 가난한 나라로서, 도시에 약 2.5억 명의 중산층이 살고 있다. 세계에서 가장 큰 민주주의 국가인 인도는 26개의 주와 6개의 연합주로 구성되어 있으며, 강력한 중앙정부와 600석의 선출직 의회를 보유하고 있다. 각각의 주는 독자적인 입법과 행정부를 가지고 있으며 매 5년마다 선거를 한다.

인도에서 전기 생산과 판매는 전통적으로 중앙정부와 주정부의 배타적인 독점사업이다. 1948년의 인도 에너지공급 법으로 독점이 시작되었으며, 발전을 주관하기 위해 중앙정부에서는 CEA(Central Electricity Authority)가 설립되고, 주에는 SEB(State Electricity Boards)가 설립되었다. 이런 정책 하에 1995년의 발전 능력은 81,000MW이다. 그러나 너무 고비용 생산이면서도, 인도의 빠른 성장에 따른 수요를 충족하지 못하고 있다. SEB는 발전 비용의 50% 선에서 전기를 공급하고

1) 이 사례는 Salacuse, J. W., (2003), The Global Negotiator, New York: Palgrave Macmillan, pp.236-247에 수록된 것임.

있는데, 그나마 농업부문에는 20% 더 싼 값으로 공급하고 있다. 인구의 70%가 농촌지역에 있지만, 전기 소비는 30%에 불과하다. 결과적으로 전력산업의 누적 적자는 $64억에 이르고 있다.

전기 판매에 보조금을 지급하는 이유 중의 하나는 전력산업 개편, 특히 사유화에 반대하는 강력한 반대자들 때문이다. 전력요금을 인상했던 어떤 주에서는 폭동이 일어나고 사망자가 발생한 사례가 있다. 1995년에 발전능력은 피크타임 수요의 77%에 불과하다. 이런 간격은 점점 더 벌어지는 추세이다. 불충분한 발전능력은 인도의 경제성장에도 악영향을 끼치고 있으며, 전문가들은 인도 산업 발전의 가장 큰 장애요인으로 발전부문을 얘기하고 있다. 보조금 지급 요인으로 인도 정부가 추진하고 있는 발전량 증대는 목표의 50%에도 미달하고 있다. 약 10만 가구가 전기 없이 살고 있으며, 1인당 전력소비는 세계에서 가장 낮은 수준이다.

이런 전력부문의 문제를 개선하기 위해서 정부는 1991년에 전력 법을 개정해서 민간기업의 투자를 허용하였다. 사기업과 외국기업이 SEB에 전기를 팔수 있도록 했으며, 최소한 16%의 ROE가 가능한 투자를 촉진하고 있다. 또한 외국기업의 100% 투자도 허용하면서 수익금 전액의 본국 송금도 허용한다. 그리고 새로운 프로젝트에 대해서는 4:1까지의 부채 : 자본 비율을 허용하고 있다.

1992년에 인도 중앙정부의 관료들이 미국을 방문해서 전력분야의 투자를 요청하였으며, 달라스를 방문해서 엔론(주)에게도 동일한 요청을 하였다. 미국 텍사스 주 달라스에 있는 엔론은 다각화를 통해 성장하면서 1992년에 $90억 매출에 $4.5억의 수익을 올린 에너지 회사이다. 본래 천연가스 회사인 엔론은 1990년대에 British 발전 플랜트를 시작으로 해외 진출을 시작하였으며, 개발도상국과 이머징 마켓의 에너지 수요를 충족하는 리더 역할을 하고 있다. 엔론은 이런 에너지 수요를 합리적인 가격과 환경 친화적인 천연가스로 충족시킬 수 있다고 생각한다. 엔론은 엔론 글로벌을 자회사로 설립해서 개발지역의 발전부문과 파이프라인 사업을 수행하고 있다. 엔론 글로벌은 아시아의 중국, 인도네시아, 터키 같은 개발도상국 정부가 독점을 포기한 발전과 가스 분야에서 외국인 직접투자를 통해 대규모 플랜트 사업을 추진하고 있다.

엔론은 인도의 시장규모와 민주주의, 법 제도의 수준과 전국적으로 영어가 통용된다는 점에 매료되었다. 엔론은 인도정부의 관료들에게 "만약 인도정부가 외국투자에 의지가 있고 이를 촉진한다면, 엔론이 첫 번째 개척자가 되겠다."고 선언하였다. 인도 중앙정부 관료들의 방문 다음 달에 엔론 글로벌 팀이 인도를 방문하였다. 팀장은 엔지니어 출신으로 업무추진력이 있는 사람이다. 그는 인도정부의 요청으로 인도에서 경제적으로 가장 발전된 지역인 인구 8천만의 Maharashtra 주 봄베이를 방문하였다.

엔론 글로벌 팀장은 전력 프로젝트의 성공 가능성이 생산된 전기를 장기 구매할 수 있는 신뢰할 수 있는 구매자가 있어야 함을 알고 있었다. 마하라슈트라 주정부의 대표와 회의를 마친 후 MSEB(Maharashtra State Electricity Board)가 그런 구매자가 될 수 있음을 알았다. 며칠간의 추가적인 회의 후에 엔론은 2단계로 나누어지는 2000MW의 발전소 건설을 제안하였다. 1단계는 $10억이 소요되는 700MW 발전소, 2단계는 $20억이 소요되는 1300MW의 발전소로서, 인도에서 1200마일 떨어진 카타르에서 생산되는 액화천연가스를 연료로 사용할 계획이다. 발전소는 봄베이 남쪽으로 120마일 떨어진 항구인 답홀에 세워진다. 협상결과 엔론 글로벌과 MSEB는 프로젝트의 일반조건과 생산된 전기의 최고가가 KWH당 7.3cents(2.4 rupees로 환산)로 특정되어 있는 MOU에 사인하였다.

MOU는 언론에 공개되었다. 어떤 정부 관리는 "인도와 미국 사이에 새롭게 싹트는 비즈니스에서 왕관에 박힌 보석과 같다"고 묘사하였다. 이것은 새로운 경제자유 프로그램 하에서 인도에 투자되는 가장 큰 해외투자였다. 이어서 엔론과 MSEB, 중앙정부 그리고 해외투자를 승인하는 IFIB(Indian Foreign Investment Board)사이에 심도 깊은 논의가 계속되었다. 협상은 비공개로 진행되었고, 과거 발전설비 계약의 절차대로 경쟁 입찰은 배제되었다. 답홀 프로젝트는 전력분야의 해외투자를 지원하기 위해 뉴델리에서 개발된 "fast-track 절차"로 진행되는 8

개의 프로젝트 중에서 최초이며 가장 큰 프로젝트이다.

협상은 여러 가지 문제를 일으켰다. IFIB는 이 프로젝트가 투자자에게 거의 26.52%에 달하는 ROE를 제공하는데 강하게 반대하였다. 이것은 다른 투자자들이 수락한 16.8%의 거의 2배에 가까운 것이었다. 엔론은 전 세계적으로 이머징마켓에서의 기대수익은 30%가 넘는다고 주장하면서 IFIB의 입장에 흥분해서 협상을 결렬시켰다. 결과적으로 엔론은 수익률을 25.22%로 축소하였고, IFIB도 주정부와 중앙정부의 압력으로 이를 수락하였지만, 다양한 부서의 공무원들은 여전히 너무 높다고 생각하였다. 그리고 정부조직 내에서는 계약조항에 대해 여전히 논란이 계속되고 있는데, 특히 높은 ROE와 요율상승조항, 지금까지 없었던 사적투자에 대한 정부보증, 그리고 환율변동에 대한 보호조항 등이다. 중앙정부의 요청으로 마련된 세계은행의 보고서도 문제였다. 보고서는 답홀 프로젝트가 너무 크다고 주장하였다. 그래서 주정부와 중앙정부의 관료들 사이에 논란을 일으키고 있으며, 언론에도 보도되었다. 프로젝트는 약간의 규모를 축소하였지만 전반적으로는 현상을 유지하였다.

또 다른 문제는 협상이 진행되는 동안 대중으로부터 프로젝트에 대한 부정적인 견해가 증가한 것이다. 마하라슈트라 주의 봄베이와 기타 도시에서 집단 폭동이 발생하고 있으며, 심지어 봄베이 증권거래소는 폭발물 공격을 받았다. 주정부는 이런 일에 대비가 없었으며 내무장관이 이에 책임을 지고 사임하였다. 수상은 후임으로 방위장관을 임명하였으며 다시 안정을 되찾았다. 언론에 문제를 지적하는 기사가 등장하기 시작했는데, 답홀 프로젝트는 뇌물을 제공하고 비밀리에 진행되었으며, 주의 전력요금이 급격히 오를 것이고, 인도는 이 미국 프로젝트로 인해 피를 말리게 될 것이라고 세계은행이 비난했다는 것이다.

야당은 1년 뒤에 있을 다음 선거에서 답홀 프로젝트를 현 정부의 무능력하고 낭비적이며 국익에 무관심한 대표적인 부패 사례로 지목하고 있다. 그들이 큰 소리로 주장하는 것은, 모든 거래가 경쟁 입찰 없이 비밀리에 진행되었다는 점이다. 어떤 전문가들은 1947년 독립 이래 계속 지배적인 다수당을 점하고 있는 여당이 1년 뒤에 있을 선거에서 야당인 BJP와 Shiv Sena 연합에 패하고 정권이 넘어갈 것으로 예측하고 있었다.

이런 상황에서 협상은 계속 되었으며, 프로젝트를 수행하기 위해서, 엔론은 각각 10%의 지분을 소유할 GE와 Bechtel의 두 미국 회사를 포함시켜서 1993년 4월에 답홀 전력회사를 구성하였다. 1993년 12월에 협상은 완료되었고 답홀 전력회사와 MSEB는 Dabhol Power Purchase Agreement(PPA)에 서명하였으며, 합의서의 주요 내용은 다음과 같다.

- 답홀 전력회사(DPC)는 기본발전량 625MW에 최대발전량 700MW의 발전소를 설계하고 건설한다. 전력구매계약 서명일자로부터 33개월 이내에 상업적인 서비스를 시작하여야 하며, 서비스 시작 후 1년 이내에 625MW의 기본 발전량을 유지하여야 한다. 만일 이 조항을 충족하지 못할 경우 MSEB에 벌금을 지급하여야 한다.
- 인도 중앙정부와 MSEB는 프로젝트와 관련된 부지와 도로, 통신 및 관련 기본시설을 제공한다.
- MSEB는 최초 20년간 정해진 요율에 의해 답홀 전력회사로부터 전력을 구매한다. 20년이 종료되는 시점에, MSEB는 계약을 5년 또는 10년간 연장하거나, 공장 재건축 비용의 50%에 공장을 구매하는 옵션을 갖는다.
- 요율은 KWH당 7.03 cents(2.4 rupees)로 예상되는 전력비용에 기초하며, 인도의 인플레이션을 근거로 계산하면 2015년에 11.34 cents가 될 것으로 예측된다.
- MSEB는 rupees로 지급하지만, US$로 환전하는 것을 책임진다.
- 중앙정부와 마하라슈트라 주정부는 MSEB가 지급을 못할 경우 전력구매계약에 의해 답홀 전력회사에 지급할 것을 보증한다.
- 전력구매계약은 인도 법에 의해 관리되지만, 전력구매계약에 관해 분쟁이 발생하면 우선 MSEB 대표와 답홀 전력회사 대표가 의견을 조정한다. 이 과정이 실패하면, 양측은 UNCITRAL 중재규칙에 따라 런던중재재판소에 분쟁해결을 의뢰한다.
- MSEB의 계약위반일 경우, 답홀 전력회사는 전력구매계약에 의한 기대수익

의 현재가치와 공장재건축가치 중 더 큰 가치로 청구할 권리를 가진다.

엔론은 신속하게 차입을 하고 프로젝트를 실행하였다. 1단계 프로젝트를 위해서 파트너로부터 $279백만의 지분 참여를 받았고, 은행으로부터 $643백만의 담보대출을 받았다.

강요되는 변화

건설 활동이 진행되는 동안 답홀 프로젝트에 대한 대중의 반대가 커졌다. 인도의 활동가들과 조직들이 봄베이 고등법원에 프로젝트의 적법성과 협상과정에 이의를 제기하는 법률소송을 하였다. 비록 법원이 그 고소를 기각하였지만, 정치적 반대가 계속 더 커졌다. 특히 정치적 반대 연합인 BJP와 Shiv Sena가 그 이슈를 마하라슈트라 주 의회에 상정하였다. 그들은 1995년 3월에 계획된 주 선거를 준비하면서 답홀 프로젝트의 반대를 캠페인의 중심에 장식하였다. 힌두 민족주의를 강조하고 미국의 경제 문화적 제국주의의 위험을 경고하면서, BJP-SS 정치인들은 캠페인 연설에서 프로젝트에 대한 대중의 반대를 자극하였다. 그들은 엔론의 착취적인 수익률 때문에 전력요금은 터무니없이 비싸며 가난한 사람들을 괴롭힐 것이라고 공격하였다. 엔론이 인도에 주는 것은 아무것도 없으며, 인도가 자체적으로 할 수 있는 것도 없고, 전체적인 협상과정이 부정으로 얼룩졌다고 주장하였다. 관찰자에 따르면, 답홀 프로젝트가 외국투자의 자유화 이후에 회의적인 경제적 민족주의자들을 결집시키는 국가적 상징이 되었다.

1995년 3월의 주 의회 선거에서, BJP-SS 연합이 다수의석을 차지하고 현재의 여당 정부를 몰아내었다. 5월에 답홀 프로젝트를 조사하기 위해서 위원회가 구성되었다. 위원회는 7월에 프로젝트의 1단계 지급의무를 부인하고 2단계는 취소할 것을 제안하는 보고서를 제출하였다. 위원회의 제안은 협상과정에 투명성이 없었으며, 경쟁 입찰 절차가 없었고, 프로젝트와 관련된 규정의 완화, 프로젝트의 과비용, 고율의 전력요금과 상승조건, 전력을 구입해야 되는 MSEB의 의무, 프로젝트에 반대하는 세계은행의 보고서, 프로젝트의 환경훼손 문제 등의 근거에 기초하고 있었다.

이 보고서에 기초해서, 주 정부의 새로운 장관인 Joshi는 MSEB와 답홀 전력회사 간의 전력구매계약을 취소하였다. 이 시점에서 답홀 프로젝트는 대략 $300백만의 비용이 투입되었으며, 건설지연에 따른 추가비용은 하루에 $25만으로 예상되었다. 이에 대한 대응으로, 답홀 전력회사는 전력구매계약에 따라 런던 중재재판소에 MSEB와 마하라슈트라 주 정부를 상대로 $300백만이 넘는 손해배상을 청구하는 법적 권리를 제기하였다. 마하라슈트라 주는 봄베이의 고등법원에 불법적인 방법으로 취득한 중재조항과 MSEB의 지급보증은 효력이 없다는 소송을 제기하였다. 미국 정부는 계약을 부인하는 것은 인도에 대한 외국투자에 부정적인 결과를 초래할 것이라고 상황의 중요성을 제기하였다. 인도투자를 고려하고 있는 외국투자자들은 사건에 대해 그들의 염려를 표현하면서 더 조심스러움을 나타내었다. 인도의 언론들은 마하라슈트라 주 행동의 분별에 대해 의견이 나뉘었다. 점증하는 논쟁에 직면해서, 답홀 프로젝트를 재검토했던 Munde 차관은 "정부의 결정은 확고하며, 재협상을 원치 않는다."고 성명을 발표하였다.

재협상

중재를 진행하는 동안에, 엔론은 마하라슈트라 정부에 답홀 프로젝트의 재협상 의사를 명백히 하였다. 1995년 가을에, 엔론과 마하라슈트라 공무원 그리고 정치 지도자들 사이에 프로젝트에 대한 논의가 재생되었다. 그것은 Joshi 장관과의 회의에서 절정에 달했다. 그로부터 얼마 후, 장관은 마하라슈트라 주가 프로젝트를 재검토하고 11월에 협상을 재개하겠다는 발표를 하였다. 재검토와 재협상을 수행하기 위해서, MSEB의 장과 마하라슈트라 주의 전력담당, 그리고 4명의 학계와 산업계 전문가로 구성되는 패널이 지명되었다.

재검토 패널은 2주 동안 엔론과 만나서 답홀 프로젝트의 구조조정에 관해 의논했을 뿐만 아니라 프로젝트에 대한 원칙적인 비난도 청문하였다. 엔론과 의논한 중심 이슈들은 전력요금, 자본비용, 지급조건, 환경에 관한 것들이었다. 마침내 1995년 11월 19일, 패널은 마하라슈트라 주 정부에 답홀 프로젝트의 재협상 조건의 개요가 담긴 제안서를 제출하였다. 그 내용은 패널과 엔론이 합의한 것이었다. 엔론은 12월 10일까지 런던에서 진행되는 중재를 중지하기로 동의하였다.

1996년 1월 8일에 마하라슈트라 주 정부는 재협상 조건을 위한 패널의 제안을 수용하였다. 이것은 결국 답홀 전력회사와 주정부, MSEB 사이의 전력구매계약 개정의 기초가 되었다. 궁극적으로, 많은 논쟁이 있고 난 후 7월에 인도 중앙정부는 개정된 전력구매계약을 승인하였고 마하라슈트라 주의 의무에 대한 중앙정부의 재 보증을 연장하였다. 1996년 8월에 엔론은 런던에서 진행되는 중재절차를 포기하였고 마하라슈트라 주는 뭄바이(봄베이) 고등법원의 소송을 취소하였다.

재협상과 정부의 승인에도 불구하고. 엔론은 건설을 즉각적으로 재개할 수 없었다. 엔론과 정부 사이의 갈등과 재협상이 진행되는 동안, 노조와 대중 이해관계 집단, 활동가들이 인도법원에 프로젝트의 중단을 요구하는 24건의 소송을 제기하였다. 마하라슈트라 정부가 재협상된 합의를 승인했음에도 불구하고, 법원은 이 소송들이 해결될 때까지 프로젝트의 건설을 중단시켰다. 결국 법원은 모든 소송들을 다루었고, 1996년 12월이 돼서야 마지막 소송이 기각되고 건설이 재개되었다.

재협상된 조건

재협상은 전력구매계약의 모든 조건을 수정하였다. 다음이 변경의 요약이다.

- **지분 참여** : 프로젝트 회사는 원래 3개의 미국회사(Enron 80%, GE 10%, Bechtel 10%)로 구성되었지만, MSEB가 30%의 지분참여를 하고, 엔론의 지분은 50%로 축소되었다.
- **발전 용량** : 1단계의 발전 용량은 695MW에서 826MW로 증가되었으며, 2단계까지의 총 발전 용량은 2015MW에서 2450MW으로 증가하였다.
- **자본 비용** : 프로젝트가 너무 비싸다는 비난에 대한 대응으로 자본비용은 $28.5억에서 $25.0억으로 축소하였다. 패널은 재 가스화시설을 답홀 프로젝트에서 분리해서 별개의 프로젝트로 운영함으로서 새로운 전력요금에 변동비로 포함시켰다.
- **전력 요금** : 원 계약에서는 대략 KW당 7.03센트에 매년 4%의 상승 조건이 었으나, 연료가격과 환율변동에 따라서 2단계가 운영될 때까지 KW당 6.03

센트로 변경하며, 2단계가 운영되는 시점에 연료가격과 환율변동에 따라서 20년간 가격상승 없이 5.08센트로 변경하였다.

➢ **연료** : 원 계약에서는 1단계에 석유를 사용하고, 2단계에는 액화천연가스를 사용하는 것이었다. 재협상된 조건은 1단계에서 국내 생산되는 나프타를 사용해서 석유 수입에 사용되는 외화를 절약하도록 하였다.

➢ **환경** : 원 계약에는 환경에 관한 조항은 없었으나, 재협상 조건에는 엔론과 답홀 전력회사가 매월 공기와 수질 검사를 하고, 나무를 심으며, 해양생물을 보호하기 위하여 잔류물 방출을 관리하고, 프로젝트의 건설 때문에 이주해야 되는 가정으로부터 1명씩 고용하기로 하였다.

➢ **기타 조건** : 기타의 다양한 조건들이 재협상에 포함되었다. 예를 들어, 답홀 전력회사는 발전 장비의 구매 시 가능한 한 현지 공급업체를 사용한다. 엔론은 주정부의 계약취소로 발생한 $175백만 정도의 비용과 그리고 이로 인해 발생한 일당 $25만의 이자비용을 부담하기로 한다.

재협상으로 인한 영향

엔론과 마하라슈트라 주정부는 재협상에서 둘 다 승리하였다. 마하라슈트라 정부는 전력요금을 낮추고 자본비용을 축소하였다. 반면에 증가된 프로젝트 용량은 분명히 엔론에 유리한 것이었다. 그리고 자본비용 축소의 중요한 부분은 엔론으로부터 주정부로 가치가 이전된 것이 아니라, 발전 장비의 가격을 낮추는 우호적인 시장개발로부터 도출되었다.

정부가 재협상에 대해 만족스러움을 표했음에도 불구하고, 프로젝트에 대한 대중의 반대는 계속되었다. 비록 인도 법원이 프로젝트에 대한 모든 소송을 기각하였음에도 불구하고, 프로젝트 현장에서 대중의 저항과 데모가 계속되었다. 이런 저항을 다루는 주정부와 경찰의 방법에 대해 인권문제가 제기되었다. 그럼에도 불구하고, 1999년 5월에 프로젝트의 1단계는 완공되었으며, 상업적인 운영을 시작하였다. 같은 달에, 엔론은 2001년 말 완공계획으로 프로젝트의 2단계에 대한 $18.7억의 금융조달을 하였다. 궁극적으로, MSEB는 전력구매계약에서 약속된 전력요금을 지불할 수 없음을 알게 되었다. 2001년에 미지급된 전력요금은 대략

$45백만에 이르렀으며, 답홀 전력회사는 운영을 중단하고 MSEB와 주정부 그리고 중앙정부에 법적인 절차를 시작하였다. 그해에, 엔론은 다른 사업에서의 계속되는 손실로 파산하였다.

사례에 대한 토론

엔론 사례는 정치와 경제 그리고 정치조직이 혼합된 매력적인 상황을 제공한다. 인도처럼 산업화가 진행 중인 민주주의 국가가 경제를 외국 투자자에게 개방할 때, 우리가 알아야 할 이슈가 무엇인가? 새롭게 산업화하는 국가에서 해외직접투자의 성공과 실패에 영향을 미치는 요소는 무엇인가?

- 정치집단은 대중이 원한다고 믿는 것에 기초해서 정치적인 안건을 정하는가?
- 만약 그렇다면, BJP-SS는 단지 대중이 미리 선점한 생각에 반응하는 것으로 엔론을 캠페인 이슈로 삼은 것인가?
- 새로운 주정부가 계약을 취소하도록 이끈 요소는 무엇인가?
  - 그렇게 하는 것이 정당한 것인가?
- 어떤 그룹이 주정부의 입장을 지지하고 있는가?
- 어떤 그룹이 엔론의 입장을 지지하고 있는가?
- 이런 그룹들은 전통적으로 이해되는 이해관계자 집단으로 생각할 수 있는 것인가?
- 엔론이 다르게 행동했다면, BJP-SS와의 적대적인 관계를 피할 수 있었는가?
- 엔론은 왜 재협상을 원했는가?
- BJP-SS는 왜 엔론과 재협상을 하였는가?
  - 그것이 정치적으로 유리한 것인가?
  - 그것이 그들 입장에서 항복으로 여겨질 수 있는 것이 아닌가?
- 재협상의 결과는 엔론의 미래에 어떤 영향을 미치는가?
- 이 사례가 해외직접투자를 계획하는 기업에 어떤 교훈을 제공하는가?

참고문헌

곽노성, 국제협상론, 서울: 경문사, 2004.

김현종, 한미 FTA를 말하다, 홍성사, 2010.

민동석, 대한민국에서 공직자로 산다는 것: '협상대표는 동네북인가', 나남, 2010.

안세영, 글로벌협상전략, 서울: 박영사, 2003.

이달곤, 협상론, 제2판, 서울: 법문사, 2002.

이재길 'WTO 쌀 협상', 기록과 회고, 한국경제사회발전연구원, 2012.

Ancona, D., Friedman, R. and Kolb D., "The Group and What Happens on the Way to "YES"," Negotiation Journal, 7 (2): 1991, pp.155-173.

Arild Underdal, "Multinational Negotiating Parties," Cooperation and Conflict, VIII, No. 3, 4. 1973, pp.173-182.

Athos,, A. G., & Gabarro, J. J. Interpersonal Behavior: Communication and Understanding in Relationship. Englewood Cliffs, NJ: Prentice Hall, 1978.

Aumann, R. J. "Nobel Prize Lecture" at the Royal Swedish Academy of Sciences in Stockholm, 2005.

Axelrod, R. The Evolution of Cooperation, New York: Basic Books, 1984.

Barrick, M. R., & Mount, M. K. The Big Five Personality dimensions and job performance: A meta-analysis. *Personnel Psychology*, 44, 1991.

Barry, B., & Friedman, R. Bargainer characteristics in distributive and integrate negotiation. *Journal of Personality and Social Psychology*. 74, 1998.

Bazerman, M. H., & Neale, M. A. "Improving negotiation effectiveness under final offer arbitration: The role of selection and training." Journal of Applied Psychology, 67(5), 1982, pp.543-548.

Brams, S. J., & Doherty, A. E. "Intransigence in Negotiation: The Dynamics of Disagreement." Journal of Conflict Resolution, 37, 1993, pp.692-708.

Brodt, S. E. & Tuchinsky, M. "Working together but in opposition: An examination of the Good-Cop/Bad-Cop negotiating team tactic." Organizational Behavior and Human Decision Processes, 81 (2), 2000, pp.155-177.

Buechler, S. M. Social movements in advanced capitalism. New York, Oxford University

Press, 2000.

Butler, J. "Trust, Expectations, Information Sharing, Climate of Trust and Negotiation Effectiveness and Efficiency." Group & Organization Management, 24, 2, 1999, pp.217-238.

Caplow, T. Two Against One. Englewood Cliffs, NJ: Prentice Hall, 1968.

Cialdini, R. B. Influence: Science and practice (4th ed.). Boston: Allyn and Bacon, 2001.

Cutcher-Gershenfeld, J., & Watkins, M. "Toward a Theory of Representation in Negotiation." In R. H. Mnookin and L. E. Susskind, Negotiating on behalf of others (pp. 23-51). Thousand Oak. CA: Sage Books, 1999.

D'Aveni R. A. Hypercompetition. New York: Free Press, 1994.

Deep, S., & Sussman, L. What to Ask When You don't Know What to Say: 555 Powerful Questions to Use for Getting Your Way at Work. Englewood Cliffs, NJ: Prentice Hall, 1993.

Deutsch, M. Distributive justice: A social-psychological perspective. New Haven, CT: Yale University Press, 1985.

Dixit, A., & Nalebuff, B. Thinking Strategically: The Competitive Edge in Business, Politics, and Everyday Life. New York: W. W. Norton, 1991.

Donohue, W. A., & Kolt, R. Managing Interpersonal Conflict. Newbury Park, CA: Sage, 1992.

Druckman, D., & Hopmann, P. T. "Content Analysis." In Kremenyuk, V. A. (ed.). International Negotiation: Analysis, Approaches, Issues. 2nd ed., San Francisco: Jossey-Bass, 2002.

Ertel, D. & Gordon, M. The Point of the Deal: How to Negotiate When "Yes" Is Not Enough. Boston: Harvard Business Press, 2007.

Faure, G. O. The cultural dimension of negotiation: The Chinese case. *Group Decision and Negotiation*, 8, 1999.

Fisher, R., Kopelman, E., & Schneider, A. K. Beyond Machiavelli: Tools for Coping with Conflict. NY: New York, Penguin Books, 1996.

Fisher, R., Schneider, A. K., Borgwardt, E., and Ganson, B. Coping with International Conflict: A Systematic Approach to Influence in International Negotiation. New Jersey: Prentice-Hall, 1997.

Fisher, R., Ury, W., & Patton, B. Getting to yes: Negotiating agreement without giving in (2nd ed.). New York: Penguin, 1991.

Foster, D. A. Bargaining across borders: How to negotiate business successfully anywhere in the world. New York: McGraw-Hill, 1992.

Fox, E. L. "Alone in the Hallway: Challenges to Effective Self-Representation in Negotiation." 1 Harvard Negotiation Law Review 85, 1996.

Freymond, J. F. "Historical Approach." In Kremenyuk, V. A. (ed.). International Negotiation: Analysis, Approaches, Issues. 2nd ed., San Francisco: Jossey-Bass, 2002.

Galinsky, A. D. & Mussweiler, T. "First offers as anchors: The role of perspective-taking and negotiator focus." Journal of Personality and Social Psychology, 81 (4), 2001, pp.657-669.

Gibbons, P., Bradac, J. J., & Busch, J. D. "The role of language in negotiations: Threats and promises." In L. Putnam & M. Roloff (Eds.), Communication and negotiation (pp. 156-75). Newbury Park, CA: Sage, 1992.

Gilkey, R. W. and Greenhalgh, L. "The Role of Personality in Successful Negotiating." Negotiation Journal 2(3): 1986, pp.245-256.

Goffman, E. Frame analysis. New York: Harper & Row, 1974.

Gouldner, A. W. "The Norm of Reciprocity: A Preliminary Statement." American Sociological Review, 25, 1960, pp.161-179.

Greenhalgh, L. and Lewicki, R. J. "New Directions in Teaching Negotiations: From Walton and McKersie to the New Millennium" In Negotiations and change: From the Workplace to Society, ed., by Kochan T. A. and Lipsky, D. B. New York: Cornell University Press, 2003.

Greenhalgh, L. Managing Strategic relationships. New York: Free Press, 2001.

Guetzkow, H., and Gyr, J. "An Analysis of Conflict in Decision-Making Groups." Human Relations, 7, 1954.

Hall, E. T. & Hall, M. R. *Understanding cultural differences*. Yarmouth, Maine: Intercultural Press, 1990.

Hardin. G. The tragedy of the commons. Science 162: 1968, pp.1243-1248.

Hofstede, G. *Culture and organizatios: Software of the mind*. London, UK: McGraw-Hill. 1991.

Holms, M. "Phase Structures in Negotiations." In L. Putnam and M. Roloff (eds.), Communication and Negotiation. Newbury Park, CA: Sage, 1992.

Holms, M., & Poole, M. S. "Longitudinal analysis of interaction." In S. Duck & B.

Montgomery (eds.), Studying interpersonal interaction (pp. 286-302). New York: Guilford, 1991.

Holsti, O. R. "Foreign Policy Formation Viewed Cognitively." In Axelrod, R. (ed.), Structure of Decision. Princeton, N.J.: Princeton University Press, 1976.

Janis, I. L. Groupthink: Psychological Studies of Policy Decisions and Fiascoes. Boston: Houghton Mifflin, 1982.

Janosik, R. J. "Rethinking the culture-negotiation link". *Negotiation Journal,* 3, 1987.

John, F. Nash, "The Bargaining Problem," Econometrica, XVIII, No. 1. 1950, pp.155-160.

Kahneman, D. & Tversky, A. "Prospect Theory: An Analysis of Decision under risk." Econometrica, 47(2), 1979, pp.263-292.

Kahneman, D., and Tversky, A. "Choices, Values, and Frames." In H. Arkes and K. Hammond (eds.), Judgment and Decision Making: An Interdisciplinary Reader. New York: Cambridge University Press, 1986.

Kissinger, H. White House years. Boston: Little, Brown and Co, 1979.

Kolb, D. M., & Williams, J. The Shadow Negotiation: How Woman can Master the Hidden Agendas that Determine Bargaining Success. New York: Simon & Schuster, 2001.

Kramer, R. M., and Brewer, M. B. Effects of group identity on resource use in a simulated commons dilemma. Journal of Personality and Social Psychology 46: 1983, pp.1044-1057.

Kramer, R. M., Shah, P. P., & Woerner, S. L. "Why Ultimatums Fail: Social Identity and Moralistic Aggression in Coercive Bargaining." In R. M. Kramer & D. M. Messick (Eds.), Negotiation as social process (pp. 285-308). Thousand Oaks, CA: Sage, 1995.

Kriesberg, I. Social conflicts, 2nd ed. Englewood Cliffs, NJ: Prentice Hall, 1982.

Kriesberg. I. "Timing and the Initiation of De-Escalation Moves." In Ed. by Breslin, J. W. & Rubin, J. Z. Negotiation Theory and Practice. Cambridge, MA: PON at Harvard Law School, 1991.

Lax, D., & Sebenius, J. The Manager as Negotiator: Bargaining for Cooperation and Competitive Gain. New York: Free Press. 1986.

Malhotra, D. K. & Bazerman, M. H. Negotiation Genius, New York: Bantam Book, 2007.

Mayer, B. The Dynamics of Conflict Resolution. San Francisco: Jossey-Bass, 2000.

Menkel-Meadow, C. “Why hasn't the world gotten to yes? An appreciation and some reflections.” Negotiation Journal 22(4): 2006a, pp.485-503.

Milgram, S. Obedience to authority: An experimental view. New York: Harper & Row, 1974.

Mnookin, R. H. & Susskind, L. (eds.). Negotiating on Behalf of Others. London: Sage, 1999.

Murnighan, J. K. "Defectors, Vulnerability and Relative Power: Some Causes and Effects of Leaving a Stable Coalition." Human Relations 34: 1981, pp.589-609.

Murnighan, J. K., & Brass, D. “Intraorganizational coalitions.” In Bazerman, M., Lewicki, R., & Sheppard, B. (Eds.), The Handbook of Research on Negotiations. Greenwich, Conn: JAI Press, 1990.

Nierenberg, G. The Complete Negotiator. New York: Nierenberg & Zeif Publishers, 1976.

O'Connor, K. M., & Carnevale, P. J. “A nasty but effective negotiation strategy: Misrepresentation of a common-value issue.” Personality and Social Psychology Bulletin, 23, 1997, pp.504-515.

Olson, M. The Logic of Collective Action: Public Goods and the Theory of Groups. Cambridge, MA: Harvard University Press, 1965.

Petty, R. E., & Cacioppo, J. T. “The elaboration likelihood model of persuasion.” In L. Berkowitz (Ed.), Advances in experimental social psychology (Vol.19, pp.123-205). New York: Academic Press, 1986b.

Petty, R. E., & Cacioppo, J. T. *Communication and persuasion: Central and peripheral routes to attitude change*. New York: Springer Verlag 1986a.

Pruitt, D. G. and Rubin, J. Z. Social conflict: Escalation, stalemate and settlement. New York: Random House, 1986.

Putnam, L. L., & Holmer, M. “Framing, reframing, and issue development.” In L. Putnam & M. Roloff (eds.), Communication and negotiation (pp.128-55). Newbury Park, CA: Sage, 1992.

Putnam, R. D. "Diplomacy and Domestic Politics: The Logic of Two-Level Games." International Organization, 42, 1988, pp. 427-460.

Pye, L. W. *Chinese negotiating style*. New York: Quorum Books. 1992.

Rackham, N. “The behavior of successful negotiators.” Huthwaite Research Group. Reprinted in R. J. Lewicki, D. M. Saunders, & J. W. Minton (eds.),

Negotiation: Readings, exercises and cases (1999, 3rd ed.). Chicage, IL: McGraw-Hill, 1980.

Raiffa, H. The Art and Science of Negotiation. Cambridge, MA: Harvard University Press, 1982a.

Raven, B. H., and Kruglanski, A. W. "Conflict and Power." In P. Swingle (ed.), The Structure of Conflict. Orlando, Fla.: Academic Press, 1970.

Richard, S. G. Bargaining for Advantage : negotiation strategies for reasonable people, NY, New York, Viking Penguin, 1999.

Robert L. B. "Game Theoretic Analyses of Bargaining," in Oran R. Young(ed.), Bargaining, Chicago: University of Illinois Press, 1975, pp.85-130.

Robinson, R. J. "Defusing the Exploding Offer: The Fairpoint Gambit." Negotiation Journal, 11, 1995, pp.389-404.

Robinson, R. J. "Errors in Social Judgment: Implications for Negotiation and Conflict Resolution, Part 1 and 2," Harvard Business School Notes 897-103 and 897-104, 1997.

Rogers, C. R. A Way of Being. Boston: Houghton Mifflin, 1980.

Ross, L. and Ward, A. "Psychological Barriers to Dispute Resolution," Advances in Experimental Social Psychology, 27, 1995, pp.255-304.

Ross, L., & Stillinger, C. "Barriers to Conflict Resolution." Negotiation Journal, 7, 1991, pp.389-404.

Rubin, J. Z. & Sander, F. E. A. Culture, Negotiation, and the eye of the beholder. *Negotiation Journal*, 7 (3), 1991.

Rubin, J. & Swap, W. "Small Group Theory: Forming Consensus Through Group Process." In International Multilateral Negotiation: Approaches to the Management of Complexity, ed. by I. W. Zartman. San Francisco: Jossey-Bass, 1994, pp.132-147.

Rubin, J. Z. and Brown, B. R. The Social Psychology of Bargaining and Negotiations. New York: Academic Press, 1975.

Rubin, J. Z., Pruitt, D. G. and Kim, S. H. Social Conflict: Escalation, Stalemate, and Settlement. New York: McGraw-Hill, 1994.

Salacuse, J, W. "Toward a new treaty framework for direct foreign investment." Journal of Air Law and Commerce 50: 1985, pp.969-1010.

Salacuse, J. W. The Global Negotiator: Making, Managing, and Mending Deals Around

the World in the Twenty-First Century. New York: Palgrave Macmillan, 2003.

Schein, E. H. Organizational Culture and Leadership, 2nd ed., San Francisco: Jossey-Bass, 1992.

Sebenius, J. K. "Dealing with Blocking Coalitions and Related Barriers to Agreement: Lessons from Negotiations on the Oceans, the Ozone, and the Climate." In K. Arrow, R H. Mnookin, L. Ross, A. Tversky, and R. Wilson (eds.), Barriers to Conflict Resolution. New York: Norton, 1995.

Sebenius, J. K. "Sequencing to Build Coalition: with Whom Should I Talk First?" In Wise Choices: Decisions, Games, and Negotiations, edited by R. Zeckhauser, R.L. Keeney, et al. Boston: Harvard Business School Press, 1996, pp.324-348.

Sebenius, J. K. "Six Habits of Merely Effective Negotiators." Harvard Business Review, 80, 2001, pp.76-85.

Sebenius, J. K. "Thinking Coalitionally: Party Arithmetic, Process Opportunism, and Strategic Sequencing." In Negotiation Analysis edited by P. Young, Chp. 3. Ann Arbor: University of Michigan Press, 1991.

Sherif, M., Harvey, O J., White, B. J., Hood, W. R., and Sherif, C. W. Intergroup Conflict and Cooperation: The Robber's Cave Experiment. Norman: University of Oklahoma Press, 1961.

Simon, T. "Speech patterns and the concept of utility in cognitive maps: The case of integrative bargaining." Academy of Management Journal, 36, 1993, pp.139-56.

Simons, T., & Tripp, T. M. "The Negotiation Checklist." In Negotiation: Readings, Exercises, and Cases. ed. by Lewicki, R., Saunders, D. M., Minton, J. W., & Barry, B. 4th Ed. New York: McGraw-Hill, 2003.

Solomon, R. H. "China: Friendship and obligation in Chinese negotiating style", In H. Binnendijk (Ed.), *National negotiating styles*. Washington, DC: Foreign Service Institute., 1987.

Spector, B. "Decision Analysis for Practical Negotiation Application." Theory and Decision, 34, 2, 1993a.

Steers, R. M. Introduction to organizational behavior, 2nd ed. Glenview, IL: Scott Foresman, 1984.

Stern, P. C. Effect of incentives and education on resource conservation decisions in a simulated 'commons dilemma.' Journal of Personality and Social Psychology 34: 1976, pp.1285-1292.

Stone, D. Patton, B., and Heen, S. Difficult Conversations: How to Discuss What Matters Most. NY: New York, Penguin Books, 2000.

Susskind, L., McKearnan, S., & Thomas-Larmer, J. The consensus building handbook. Thousand Oaks: Sage Publications, 1999.

Thomas, K. W. "Conflict and Conflict Management." In M. D. Dunnette (ed.), Handbook of Industrial and Organizational Psychology. Skokie, III.: Rand McNally, 1976.

Thomas, K. W., & Kilmann, R. H. Thomas-Kilmann conflict mode survey. Tuxedo, NY: Xicom, 1974.

Thompson, L. Negotiation behavior and outcomes: Empirical evidence and theoretical issues. *Psychological Bulletin,* 108, 1990b.

Thompson, L. The mind and heart of the negotiator. (2nd ed.), Upper Saddle River, NJ: Prentice Hall, 2001.

Ting-Toomey, S., & Kurogi, A. Facework competence in intercultural conflict: An updated face-negotiation theory. *International Journal of Intercultural Relation, 22*, 1998.

Tinsley, C. H., Brett, J. M., Shapiro, S. L., & Okumura, T. When do cultural values explain cross-cultural phenomena? An introduction and test of cultural complexity theory. Unpublished paper, Dispute Resolution Research Center, Northwestern University, Evanston, IL., 2004.

Touval, S, "Multilateral Negotiation: An Analytic Approach." In Negotiation Theory and Practice, edited by Breslin, J. W., & Rubin, J. Z., Cambridge, MA: PON Books, 1991, pp.351-365.

Touval, S., & Rubin, J. Z. Multilateral Negotiation: An Analytic Approach. Boston: Harvard Law School, 1987.

Ury, W. I., Brett, J. M. and Goldberg, S. B. Getting disputes resolved. San Francisco: Jossey Bass, 1988.

Walton, R. E., & McKersie, R. B. A Behavioral Theory of Labor Negotiations: An Analysis of a Social Interaction System. New York: McGraw-Hill, 1965.

Watkins, M. and Rosegrant, S. Breakthrough international negotiation: how great negotiators transformed the world's toughest post-Cold War conflicts. CA: San Francisco: Jossey-Bass, 2001.

Watkins, M. Shaping the Game: The New Leader's Guide to Effective Negotiating. Boston: HBS Press, 2006.

Weingart, L. R., Prietula, M. J., Heider, E. B., & Genovese, C. R. "Knowledge and the sequential process of negotiation: A Markow Chain analysis of response-in-kind." Journal of Experimental Social Psychology, 35, 1999, pp.366-393.

Wyer, R. S. Prediction of behavior in two-person games. Journal of Personality and Social Psychology 13: 1969, pp.222-238.

Young, H. P. (ed.), Negotiation Analysis. Ann Arbor: University of Michigan Press, 1991.

Zartman, I. W. Ripe for resolution: Conflict and intervention in Africa. New York: Oxford University Press, 1985.

찾아보기

가

가치구조 40
가치사슬 29, 36
가치창조(Value Creation) 80, 82, 103, 104
가치청구(Value Claiming) 47, 49, 80
갈등 268
갈등스타일 161, 164
갈등완화 247
갈등의 확대 58
갈등해결 21, 57
갈등확대의 역동성 325
감정 269, 270
감정적 해결 238
개도국 신축성 354
개인갈등 200
개인적인 선호 32
개인주의 28, 178, 252
거부권 114
겁쟁이 전술 76
게임의 전환 224
게임이론 40, 62
결합이득 39
결합이익 79
경쟁 56, 62
경쟁스타일 59, 165
경쟁적 52, 56
경쟁적 연계 158
경쟁적인 특성 57
경제적 가치 49, 79
경제적 교환 26, 28
경제적 합리성 28
경험적 학습 27
경험적인 틀 34
고 맥락 254
고삐 늦추기(cutting slack)전략 351
고정관념(Stereotyping) 330
공감(Empathy) 112, 186
공공재 68
공동의 문제해결 16, 239
공동의 연결이익 77
공유가치 254
공유되는 이해관계 151
공유이익 79
공유지의 비극 64
공정성 74, 249, 270
공정성의 인식 57
공통의 이해관계 56
공통이익 39, 79
과정변수 접근법 42
과정적 이해관계 85, 151
관계의 개념화 28
관계의 맥락 28
관계의 연속성 30
관계적 가치 79
관계적 이해관계 85
관계적 합리성 31
관세감축공식 354
관세철폐 356
관점취하기 186
교착상태 42
구조 322
구조적 접근법 38
구조적인 요소 67
구조진단 142
구조화 35
국내적 차원의 게임(Level II) 348

국내협상 ··· 23
국제적 차원의 게임(Level I) ··· 348
국제조약 ··· 350
국제통상협상 ··· 22
국제협상 ··· 23, 38
권력거리 ··· 253
귀납적 ··· 37
귀납적인 접근 ··· 27
그림자 협상 ··· 237
기대치 ··· 154
기정사실화 ··· 39
기준점 ··· 72, 114

▌나▐

내국민 대우 ··· 356
내쉬균형 ··· 33
내용분석 접근법 ··· 43
내향성(introversion) ··· 167
네트워크 ··· 33, 205
네트워크화 ··· 29

▌다▐

다 이슈의 협상 ··· 342
다단계 협상 ··· 344
다수 이슈 ··· 150
다수의제 ··· 107
다자 간 협상 ··· 343
다자무역체제 ··· 356
다자협상 ··· 28, 107
다회차 협상 ··· 344
단일 이슈 ··· 150
단일 이슈의 협상 ··· 342
단일의제 ··· 89, 107
단일제안서방식 ··· 108
단일협상안 ··· 108
당파적 인식(Partisan Perception) ·· 180, 327
닻의 고정효과(anchoring effect) ··· 72
대내협상 ··· 135
대리인 ··· 113, 143, 144
대리인 문제 ··· 27, 145
대면기법 ··· 41
대안(BATNA) ··· 52, 70, 100, 155
대안적 전략 ··· 262
대안적 접근 ··· 28
대안적 해결책 ··· 86
대안적인 관점 ··· 32
대외협상 ··· 135
대응 제안 ··· 49, 53
대칭성의 문제 ··· 41
독립변수 ··· 43
동기 ··· 269
동시적 연계 ··· 158
동일가치곡선 ··· 95

▌라▐

로우볼(Lowball) ··· 75

▌마▐

마감시간 ··· 159
마음의 만남 ··· 332
맥락 접근법 ··· 38
모의협상 ··· 44
모호성 ··· 324
목표 ··· 49, 100, 154
무역구제 ··· 357
무역기술장벽(TBT : Technical Barriers to Trade) ··· 357
무역왜곡보조금 ··· 354
무역정책검토기구(TPRM) ··· 355
무역조정지원제도 ··· 359
무임승차 ··· 111, 113, 355
무차별곡선 ··· 94
무한반복게임 ··· 63
무형의 가치 ··· 79
무형의 합의 ··· 272
문화적 가정 ··· 329, 330

문화적 경계 ······ 23
문화적 편견 ······ 28

바

반덤핑 ······ 357
반영(Reflection) ······ 185
반응적 가치절하 ······ 326
반향전략 ······ 352
발견적 방법(heuristic) ······ 261
방어연합(blocking coalitions) 118, 142, 343
벼랑 끝 전술 ······ 76
보완적인 이해관계 ······ 151
복잡성 ······ 33
부가적 합의 ······ 110
부정적인 틀의 구성(Framing) ······ 265
분배의 공정성 ······ 335
분배적 전술 ······ 52
분배적 협상 ······ 27, 47, 48
분배전략 ······ 70, 74
분배전술 ······ 74
분쟁 ······ 279
분쟁의 해결 ······ 27
분쟁해결 ······ 281
불확실성 ······ 261, 304
비밀외교 ······ 328
비준 ······ 350
비합리성 ······ 31, 32

사

사회적 계약 ······ 29, 271
사회적 딜레마 ······ 32, 64
사회적 책임 ······ 66
사회적 협상(Socio-Negotiation) ······ 16, 31
산출물 ······ 304
상계관세 ······ 357
상충되는 이해관계 ······ 151
상호성 ······ 355
상호성의 규범 ······ 182
상호억제 ······ 65, 67, 326
상호의존성 ······ 22
상호의존적 ······ 36
상호적 연계 ······ 158
상호제안 ······ 42
상호주의 ······ 71, 112, 202
상황인식 ······ 86, 159, 162, 193, 270
상황적 맥락 ······ 33
상황진단 ······ 240
선의 ······ 284
선택 ······ 261
선택유형 ······ 40
선택적 지각 ······ 264
선호 ······ 262
세이프가드 ······ 357
손 묶기(hand-tying)전략 ······ 351
수용스타일 ······ 165
순서적 연계 ······ 158
승리연합(Winning coalitions) 117, 142, 343
승자산업 ······ 359
승－승(win-win) ······ 56
승－패(win-lose) ······ 56
시간끌기 ······ 326
시간선호의 차이 ······ 81
시뮬레이션 ······ 33, 34, 59
시작 제안 ······ 51
신용보증제도 ······ 359
실질적 이해관계 ······ 85
심리적인 요소 ······ 67, 68

아

안정성 ······ 333
앵커링 덫(anchoring trap) ······ 169
양보 ······ 53, 73
양자독점이론 ······ 39
양자협상 ······ 28, 107
양허목록 ······ 355
언약(Commitment) ······ 53, 114

언약의 비합리적 확대 ··· 265
언약의 입장 ··· 56
업무갈등 ··· 200
업무적 관계 ··· 195
역사적 접근법 ··· 37
연결이익 ··· 86
연계 ··· 55, 157, 323
연계의 지렛대 ··· 346
연계협상 ··· 126
연역적 ··· 37
연합 ··· 39, 107, 113, 114, 117
영향 ··· 304
영향력 ··· 206
영향력의 주변경로 ··· 210
영향력의 중심경로 ··· 207
옵션 ··· 54, 88
완벽한 안정성 ··· 333
외향성(extraversion) ··· 167, 168
우발상황 ··· 55
원산지규정 ··· 357
위생 및 식물검역(SPS) ··· 357
위험 ··· 261
위험허용의 차이 ··· 81
위협 ··· 54, 56
유보 점(reservation point) ··· 48
유형의 가치 ··· 79
유형의 합의 ··· 272
의뢰인 ··· 113
의사결정분석 ··· 262
의사소통 채널 ··· 322
이면보상(side-payment) ··· 351
이면지급 ··· 333
이슈 ··· 149, 152
이슈 연계전략 ··· 352
이슈의 구조 ··· 39
이해관계 ··· 150, 152, 179, 270
이해관계의 상충 ··· 145
이해관계의 차이 ··· 81
이해관계자 ··· 27, 34, 143, 146
인식 ··· 268, 270, 326
인식의 왜곡 ··· 327
인지모델 ··· 326
인지적 오류 ··· 264
인지적 편견 ··· 27
인지적 해결 ··· 238
일괄타결 ··· 108
일방승리 ··· 47
일방패배 ··· 47
입장(Position) ··· 150, 152, 178, 179, 268
잉여가치 ··· 48, 70

‖ 자 ‖

자기충족의 예언 ··· 324
자아인식(Self-awareness) ··· 330
자유무역협정(FTA: Free Trade Agreement) ··· 356
자폐적 적대감 ··· 324
잠재적 요소 ··· 50
잠재적 이해관계자 ··· 31
잠정합의안(tentative Agreement) ··· 291
재구성(reframing) ··· 169
재협상 ··· 283
저 맥락 ··· 254
저항 점(resistance point) ··· 48, 49, 50, 51, 70, 100, 156
저항가격 ··· 48
적극적 경청(Active Listening) ··· 185
전략 ··· 40, 47
전략의 문제점 ··· 324
전략적 사고 ··· 40
전략적 선택 ··· 40
전략적 옵션 ··· 262
전략적 유연성 ··· 33
전략적 접근법 ··· 40
전술 ··· 47
전술의 지렛대 ··· 28
전통적인 맥락 ··· 33

전형(archetypes) ········· 167
절대우위전략(dominant Strategy) ········· 62, 63
점수 시스템 ········· 92, 96
점진주의 ········· 326
정보의 비대칭성 ········· 145
정보의 원천 ········· 50, 51
정보의 유용성 ········· 44
제3자 개입 ········· 244
제로섬(zero-sum)게임 ········· 26, 349
제안 ········· 51
조건부 계약(Contingent contract) ········· 90
조건부 약속의 교환 ········· 332
조건부계약(Contingent contract) ········· 104
조직내부의 협상 ········· 27
종속변수 ········· 43
죄수의 딜레마 ········· 15, 31, 32, 59, 62, 64
주장(Assertiveness) ········· 186
중개(Mediation) ········· 245, 281
중개 후 중재(Med-Arb) ········· 281
중개자(mediator) ········· 141, 246
중재(Arbitration) ········· 245, 281
중재자(arbitrator) ········· 141
지나친 확신 ········· 265
집단 ········· 113
집단 상호작용 ········· 107
집단 정체성 ········· 69
집단사고(Groupthink) ········· 109, 111, 327
집단주의 ········· 178, 252
집단협상 ········· 26, 27
집단화 ········· 39

‖ 차 ‖

참가자 지도 ········· 142
참조 점 ········· 266
처방적 ········· 41
첫 제안 ········· 49
체계적인 틀 ········· 34
체면 ········· 179
초안(Draft) ········· 272
최혜국(MFN) ········· 355
최후통첩 ········· 231
추론 ········· 261
추론의 타당성 ········· 43
치킨게임 ········· 332

‖ 카 ‖

커뮤니케이션 유형 ········· 170, 172

‖ 타 ‖

타이밍 ········· 323
타협스타일 ········· 165
태도 ········· 52
태도의 구조화 ········· 27
통상협상 ········· 135
통합 ········· 79
통합 전략 ········· 88
통합적 협상 ········· 27, 47, 79
통합적인 해결책 ········· 332
투-레벨 게임(Two-Level Games) ········· 348
투명성 ········· 355
특혜관세 ········· 357
특혜무역협정 ········· 356
틀의 구성(Framing) ········· 193, 261

‖ 파 ‖

파레토 경계 ········· 332
파레토 최적 ········· 79, 80
파레토 효용 ········· 33
파레토 효율 ········· 31, 80, 91, 96
파레토최적 ········· 39
파트너십 ········· 276
판단의 차이 ········· 81
패자산업 ········· 359
패키지 거래 ········· 90
패턴의 인식 ········· 225
편견(bias) ········· 261

평등 원칙 249
포괄적 관세화 120
프로파일링 172
필요 원칙 249

하

하위문화(Subcultures) 330
하이볼(Highball) 75
한계점 50
합의가능영역(ZOPA) 48, 49, 157, 349
합의문 272
해석의 편견 326
행동 유형 170, 172
행동 프로파일링(Behavioral Profiling) 169
행동경로 54
행동스타일 164, 166
행동특성 170
행태변수 41
행태적 기술 41
행태적 의사결정이론 261
행태적 이론 27
행태적 접근법 41
행태적 해결 238
협동스타일 165
협력 56, 62
협력과 경쟁의 딜레마 62
협력스타일 59
협력적 52, 56
협력적인 관계 57
협상(negotiation) 25, 35
협상 입장 54
협상가능영역 71
협상가의 딜레마 77
협상결과 38
협상과정 27, 35
협상구조 141
협상기법 41
협상기술 28, 41
협상력 42, 71, 203
협상범위 49
협상상황 35, 159, 162
협상스타일 34, 161, 164
협상의 교착 235
협상의 스타일 24
협상의 패러다임 16
협상준비점검표 173
협상환경 29
형평 원칙 249
확률적 합리성 261
회피스타일 165
효율성 332
효율적 경계 80, 96, 99
후진귀납(backward induction) 63
흥정(bargaining) 35
힘의 균형 248

B

Bogey 75
brainstorming 87

C

Chicken 75

D

Doha Round 353
DSU 354

F

far-point gambit 232
Five-Factor 모델 168
Frame 게임 347
FTA(Free Trade Agreement) 353

G

GATT(General Agreement on Tariffs and Trade) ··· 114, 341, 353

H

Holdouts ··· 114

L

logrolling ··· 86

N

Nibble ··· 75

R

Post-settlement Settlement ··· 91

R

ripeness ··· 247

T

take-it-or- leave-it ··· 232
Timing ··· 246
Tit-for-Tat ··· 63
TPRM ··· 354
Trades ··· 114
TRIMS ··· 354
TRIPS ··· 354

U

UR(우루과이라운드) ··· 119
Uruguay Round ··· 352

W

win-set ··· 348
WTO(세계무역기구, World Trade Organization) ··· 119, 341, 352

■ **저자 박건식**

한국외국어대학교 독일어과 문학사
헬싱키경제대학 경영대학원 EMBA 석사
경기대학교 정치전문대학원 국제정치학/협상 박사
조흥은행 부장 역임
통일연구원 초청연구위원 역임
애플투자증권 사외이사 역임
티웨이항공 감사 역임
경기대학교 정치전문대학원 외래교수 역임
국립외교원 외래교수 역임
현) 한국협상학회 부회장
동국대학교 사회과학대학 국제통상학과 외래교수

국제협상 글로벌 통상시대 – 개정판

개정판 1쇄 발행 —— 2015년 1월 10일
개정판 2쇄 발행 —— 2020년 8월 20일
지은이 —— 박 건 식
펴낸이 —— 전 두 표
펴낸데 —— 도서출판 두남
서울시 강동구 성내로6길 34-16 두남빌딩
신 고 : 제25100-1988-9호
TEL : 02) 478-2065~7, 2311
FAX : 02) 478-2068
E-mail : dunam1@unitel.co.kr
http://www.dunam.co.kr

정가 25,000원

ISBN 978-89-6414-569-2 93320